权威·前沿·原创

皮书系列为
"十二五""十三五"国家重点图书出版规划项目

中国社会科学院创新工程学术出版资助项目

拉美黄皮书
YELLOW BOOK OF
LATIN AMERICA AND THE CARIBBEAN

拉丁美洲和加勒比发展报告
（2016~2017）

ANNUAL REPORT ON LATIN AMERICA AND THE CARIBBEAN
(2016-2017)

主　编／袁东振
副主编／刘维广

社会科学文献出版社
SOCIAL SCIENCES ACADEMIC PRESS (CHINA)

图书在版编目（CIP）数据

拉丁美洲和加勒比发展报告.2016~2017/袁东振主编.——北京：社会科学文献出版社，2017.6
（拉美黄皮书）
ISBN 978-7-5201-1039-6

Ⅰ.①拉… Ⅱ.①袁… Ⅲ.①社会发展－研究报告－拉丁美洲－2016－2017②社会发展－研究报告－西印度群岛－2016－2017③经济体制改革－研究报告－拉丁美洲－2016－2017④经济体制改革－研究报告－西印度群岛－2016－2017　Ⅳ.①D773.069②D775.069

中国版本图书馆CIP数据核字（2017）第139629号

拉美黄皮书
拉丁美洲和加勒比发展报告（2016~2017）

主　　编／袁东振
副 主 编／刘维广

出 版 人／谢寿光
项目统筹／高明秀　祝得彬
责任编辑／王晓卿　李秀梅　李　博

出　　版／社会科学文献出版社·当代世界出版分社（010）59367004
　　　　　　地址：北京市北三环中路甲29号院华龙大厦　邮编：100029
　　　　　　网址：www.ssap.com.cn
发　　行／市场营销中心（010）59367081　59367018
印　　装／北京季蜂印刷有限公司
规　　格／开本：787mm×1092mm　1/16
　　　　　　印张：28　字数：422千字
版　　次／2017年6月第1版　2017年6月第1次印刷
书　　号／ISBN 978-7-5201-1039-6
定　　价／89.00元

皮书序列号／PSN Y-1999-007-1/1

本书如有印装质量问题，请与读者服务中心（010-59367028）联系

▲ 版权所有 翻印必究

拉美黄皮书编委会

主任委员 吴白乙

委　　员（按姓氏笔画排列）

　　　　　刘维广　张　凡　杨志敏　岳云霞　房连泉
　　　　　贺双荣　姚枝仲　柴　瑜　袁东振　董经胜

主编简介

袁东振 法学博士，中国社会科学院拉丁美洲研究所副所长，研究员，博士生导师，兼任中美洲和加勒比研究中心执行主任；中国拉丁美洲史研究会副会长，中国拉丁美洲和加勒比友好协会理事。

长期从事拉美问题研究，主要成果有：《拉美国家政治制度研究》（合著）、《拉美国家可治理性问题研究》（主编）、《拉美国家政党执政的经验与教训研究》（合著）、《拉丁美洲崛起的世界意义及对中国的影响》、《拉美"21世纪社会主义"的理论与实践特性》、《拉美国家社会治理的经验与教训》、《对拉美国家社会冲突的初步分析》、《对拉美国家经济与社会不协调发展的理论分析》、《拉美国家民主巩固与转型的趋势与困境》等。

刘维广 法学博士，中国社会科学院拉丁美洲研究所《拉丁美洲研究》编辑部主任，编审。主要研究方向为拉美政治、拉美国际关系等。

主要成果：担任2011年以来的《拉丁美洲和加勒比发展报告》以及《国际变局中的拉美：形势与对策》、《拉美国家现代化进程及其启示》等著作的副主编，主编《展望中拉合作的新阶段》（合编）；发表了《新世纪以来的中古关系》（合著）、《古巴社会主义经济建设与发展》、《中国拉美现代化研究评述》、《墨西哥国家行动党的渐进式改革以及党政关系的非传统模式》、《切·格瓦拉及其思想在中国的影响》等学术论文。

导 言

袁东振[*]

2016年以来，世界经济与国际政治领域均发生了一系列引人注目的重要变化。在世界经济领域，全球经济增速放缓并呈继续恶化趋势，国际贸易增速下滑，多数国家失业率有所攀升，全球金融市场的脆弱性加剧，财富占有和收入分配形势恶化，反全球化势力和趋势有所增强。2017年世界经济形势仍不容乐观。在国际政治领域，足以影响世界发展走向的重大"黑天鹅"事件接连发生，如特朗普当选美国总统并对内外政策做出重大调整、英国脱欧公投并启动脱欧程序、欧洲地区民粹主义倾向抬头，它们不仅冲击了区域发展，也进一步加剧了世界发展的不确定性。

作为发展中世界的重要组成部分，拉美国家既有自己独特的发展轨迹，又有自身难以克服的脆弱性，特别是拉美国家自身所固有的不合理经济结构使其不可避免地深受外部因素的影响。在世界经济增速趋缓和外部环境变化的冲击下，拉美国家政治经济和社会发展的脆弱性进一步暴露，国家治理能力缺陷更加凸显。在内外部多重因素的作用下，2016年拉美经济进一步衰退，发展环境更趋复杂，需要应对的各种难题增多，结构调整任务更加迫切。随着经济危机后果的持续发酵，拉美地区的政治生态和社会环境发生了一系列新变化，一些国家对国内政策进行了重大调整，对外政策在保持连续性的同时也出现一些新动向。变化、不确定和差异性是2016年拉美政治经济和社会发展的重要关键词。

---

[*] 袁东振，中国社会科学院拉丁美洲研究所副所长、研究员、博士生导师。

本年度《拉丁美洲和加勒比发展报告》力图对2016年以来拉美地区发展，特别是经济、政治、社会和国际关系形势的变化及其趋势做出分析判断，对拉美国家遇到的新发展难题进行剖析，对拉美各国的差异性和特殊性做出解读，对新形势下拉美国家在全球治理中的地位和作用以及中拉关系的机遇与挑战等重要问题进行思考和总结。

一 面对逆全球化势力上升，拉美在参与全球经济治理方面遭遇新挑战和新的不确定性

进入21世纪以后，以金砖国家为代表的新兴经济体群体性崛起。新兴和发展中经济体成为世界经济增长的主引擎，在世界经济中的比重增加，对全球增长的贡献提升，推动世界政治经济格局出现新的重要变化。新兴和发展中经济体所拥有的共同属性决定了其在国际贸易、金融和投资等诸多领域有共同诉求，要求更广泛参与全球经济协调机制，对发达经济体主导的传统治理体系进行改革。在当前复杂多变的世界形势下，全球经济治理遭遇新困境，并进入深度变革期，新兴和发展中经济体在参与全球治理方面遇到新挑战。目前世界秩序的不确定性和贸易保护主义倾向抬头不仅可能使经济全球化蒙上阴影，也对包括拉美国家在内的新兴和发展中经济体的增长与对外合作带来新困难、新压力和新的不确定性。

本年度《拉丁美洲和加勒比发展报告》的主题报告《中拉合作：探索全球经济治理变革中的发展共享》试图构建一个全球经济治理演进的简单框架，并从全球治理体系与新兴和发展中经济体的视角分析拉美国家作为新兴经济体在全球经济治理中的地位、参与全球经济治理体系的困难与诉求，以及全球经济治理框架下中拉经济合作的新机遇。作者认为，拉美是全球中高收入新兴和发展中经济体最为集中的地区，在国际经贸活动中相对活跃，因其经济体量、发展水平、特殊的经济结构、国际贸易和投资活动的参与度以及资源储量，在未来世界经济增长和全球发展中具有重要地位。拉美国家长期以来虽一直是全球经济治理较为活跃的参与者，但其话语权和影响力相

对有限。在当前外部环境不利、内部改革滞后的双重压力下，拉美国家积极寻求发展战略调整，力求实现经济增长模式转型，推动产业结构升级，推进区域一体化，扩大对外开放。作者认为，中拉经贸合作正在为适应上述变化而进行深度结构性改革，以期在发展中迎来更大机遇。

二 经济危机的政治和社会后果持续发酵，推动拉美政治社会生态出现新变化

伴随经济危机后果持续发酵，拉美社会形势进一步恶化。2003～2013年是拉美经济增长的"黄金十年"。2003～2008年经济年均增长4.8%，人均年均增长3.4%。2008年世界金融危机爆发后，拉美经济增长受到冲击，2009年一度出现1.9%的负增长。但拉美国家凭借国际市场大宗商品的价格高位，成功抵御了世界金融危机的冲击，2010年实现5.9%的较高增长，人均增长4.8%。然而，随着2014年以后国际市场大宗商品价格持续下跌，拉美经济结构不合理的弊端不断凸显，经济步入下行通道，一些国家陷入衰退和危机。继出现2014年1.1%的低增长和2015年0.4%的负增长后，2016年拉美经济下滑1.1%，人均下滑2.2%。经济衰退的政治和社会后果虽有滞后性，但已越来越明显地表现出来。经济形势不利加剧公共支出压力，政府社会支出减少，一些左翼的社会计划和福利项目难以持续。由于经济形势恶化，21世纪以来拉美地区整体向好的社会形势逆转，多数国家失业率上升，就业质量下降，贫困反弹，一些脱贫人口重新返贫。联合国拉丁美洲和加勒比经济委员会（以下简称"拉美经委会"）认为，2013年拉美贫困率为27.9%，处于历史最低水平。随着经济下滑，贫困率从2014年的28.2%升至2015年的29.2%，贫困和赤贫人口分别净增700万和500万。2016年后，拉美贫困人口继续增加，未来两年2500万～3000万人有返贫风险。由于社会形势恶化，拉美地区政治生态发生新变化。许多国家执政环境恶化，执政难度和压力增加，一些国家政治力量对比发生重大改变。一些从政府政策中受益的群体（特别是中间阶层）的利益受到损害，不满情绪增加，其政治立场和政治态度发生变化。

拉美黄皮书

对于拉美地区政治经济和社会的这些新变化和新趋势《2016～2017年拉美政治形势》《2016～2017年拉美经济形势》和《2016～2017年拉美社会形势》三篇报告做了详尽分析和展望。《2016～2017年拉美政治形势》认为，虽然整个地区政局相对平稳，但拉美政治生态出现了新调整，政治形势出现了新变动。委内瑞拉等国政局出现不稳定和紧张状态；拉美左翼失去地区政治主导权，左翼共识退却，左翼政权承压，左翼占优的格局已发生根本变化。报告还强调，拉美左翼的执政高潮虽趋于退潮，但其仍有不可忽视的影响力。《2016～2017年拉美经济形势》指出：2016年以来拉美经济持续衰退，基本指标持续恶化，短期衰退与分化持续且愈加突出；外债指标超过警戒线，外债敞口扩大；外部市场环境继续恶化，贸易投资量下降；经济结构性改革进入僵持阶段，难以突破；经济治理能力相对薄弱，政策逆周期性不足。报告认为，拉美处于经济周期的底部，具备反弹的内外部条件，但也面临经济激励和抗风险能力不足的挑战；2017年拉美经济有望扭转加速下滑的局面，甚至恢复一定增长，但在外部不确定性加大的背景下，地区经济中短期内难以实现强势反弹，经济复苏的波动态势还会延续，各项基础指标仍难获得较大改善。《2016～2017年拉美社会形势》认为，经济形势不利造成拉美地区社会形势进一步恶化，就业、教育、卫生等领域的进步受到威胁。

三 拉美国家外部环境发生重要变化，国际关系形势变数增多

2016年以来地区政治生态和外部环境的急剧变化对拉美国家的对外交往产生了重大影响，拉美外交形势出现若干新取向。从总体上说，拉美国家在对外交往方面依然坚持多样性，既积极同中国、印度等新兴经济体展开合作，也注意维持与美国、欧洲的传统关系。

拉美外部环境发生变化的最重要原因是特朗普当选和执政后拉美与美国关系的不确定，这种不确定极大地加剧了拉美外部发展环境的不确定性。长

期以来，对于拉美来说，美拉关系一直是最重要的双边关系。与此同时，美拉关系也是复杂的关系。从历史上看，一旦美国加大在拉美的存在，拉美国家通常会表现出强烈的民族主义情绪，警惕美国干预拉美地区的事务。而一旦美国不重视甚至忽视拉美，拉美国家通常也会发出抱怨，担心会失去与美国合作所获得的利益。美拉关系一直在若即若离、忽近忽远、忽冷忽热中循环转换。

进入21世纪后，拉美一批左翼政党执政，这些政府与美国的关系相对疏远。随着近年拉美政局右转，中右翼政府采取更加多元和平衡的外交策略，美拉关系似乎应得到进一步改善和加强，然而特朗普当选并就任美国总统为美拉关系带来许多不确定因素，增加了拉美国家特别是与美国经济联系密切的墨西哥和中美洲国家的忧虑。特朗普的政策至少会在三个方面给美拉关系带来消极影响或不确定性。一是贸易保护主义倾向的影响。特朗普退出跨太平洋伙伴关系协定（TPP），主张重新谈判北美自由贸易协定（NAFTA），向墨西哥商品征收高额关税。此种政策倾向势必影响拉美国家的发展。二是移民政策的影响。目前美国约有1100万人非法移民，大部分来自墨西哥和中美洲地区。特朗普反非法移民的政策势必造成拉美特别是中美洲国家侨汇收入减少，损害这些国家的发展。三是对古巴政策的影响。特朗普竞选期间对改善古美关系持批评态度，未对取消对古封锁做出承诺。一旦美古关系生变，就会在拉美产生不良反应。

《2016～2017年拉美国际关系》对拉美国家外部环境的变化，特别是特朗普当选美国总统及其政策调整对拉美对外关系的冲击和影响进行了分析解读。报告指出，2016年以来拉美国际关系形势跌宕起伏、充满变数。奥巴马政府在最后一年任期继续创造并巩固其"政治遗产"，延续对地区国际关系及其走向的塑造进程。但美国大选结果搅乱了拉美各国的发展态势，让多国政府和民众心神不宁。特朗普当选带来了极大的不确定性，拉美地区各国不得不密切关注美国新政府的动向，以减缓美国政策变化可能导致的冲击和伤害。报告认为，由于美拉关系不确定性增加，拉美对外关系多样化倾向将得到进一步推动，拉美国家间将产生恢复和发展关系的新冲动，不仅可推动对"拉丁美洲"的认同，重新激发沉寂多年的区域、次区域组织和机制，

而且会使各国抱团向北（美国）维护权益，向西（亚太）拓展空间。但作者强调，拉美国家追求对外关系多样性，无论北美、欧洲还是亚太地区，都是其对外关系的主要战略方向，不存在非此即彼的替代关系。

四 中拉合作取得新进展，中拉关系再次跨入新阶段

中拉关系的新进展是2016年值得关注的热点问题。习近平主席于2016年11月出访拉美三国并出席在秘鲁首都利马举行的亚太经合组织（APEC）领导人非正式会议，开启了中国对拉美外交的新阶段。在世界经济增长低迷的背景下，拉美各国既积极利用中国因素带来的机遇，又试图应对中国因素带来的挑战，中国在拉美国家发展进程中的地位和作用再次彰显。鉴于中拉关系取得的新进展和重要性，本年度《拉丁美洲和加勒比发展报告》围绕中拉合作的主题刊登了两篇专题报告。两篇专题报告选取不同视角，相互补充，对中拉关系新阶段和中拉合作进行了分析解读。

专题报告《跨入发展新阶段的中拉关系》从中国对外战略定位的视角对中拉合作做出宏观分析。作者认为，中国提出构建中拉命运共同体，推动建立中拉"全面战略伙伴关系"，标志着中拉关系进入全面发展的新阶段。拉美在中国外交战略中的目标及定位，以及中拉关系在发展目标、合作内容、合作领域及发展动能等方面都发生了重大变化。作者指出，中拉关系发展的内部、外部环境正发生复杂而深刻变化，这些变化既给中拉关系带来了机遇，也带来了挑战；虽然国际环境总体上有利于中拉关系发展，但中国对拉战略预期目标的实现仍面临诸多困难。专题报告《拉美地区基础设施一体化》则把中拉基础设施合作作为分析案例，从一个特殊合作领域透视中拉合作的成就与发展前景，认为中拉基础设施合作将迎来历史新机遇。

五 拉美国家间的差异性进一步显现，承受的经济社会和政治压力不尽相同

拉美国家间的差异性首先表现为经济增长的差异。2016年拉美国家经

济增长率有较大差异,巴西、委内瑞拉、阿根廷和厄瓜多尔等南美国家分别为 -3.6%、-9.7%、-2%和-2%,多米尼加、巴拿马则分别高达6.4%和5.2%,尼加拉瓜、哥斯达黎加、玻利维亚和巴拉圭等国家也均超过4%。预计这种差异还将进一步延续。随着大宗商品价格反弹和中国需求回调,与中国经济关联度较高的南美国家经济有望重获增长;而中美洲和加勒比地区经济增长压力加大,除美国不确定性因素加大的悲观预期外,还存在大宗商品价格回升引发的输入型通胀压力,其经济增速或将进一步减缓,甚至步入衰退。拉美国家间的差异性还体现在其他方面。如前所述,随着经济危机的政治和社会后果不断发酵,拉美国家执政难题和社会不稳定因素均有所增多。然而,经济衰退、社会不满、政治动荡呈现出明显的相关性,不同国家的情况差异较大。社会不满多出现在巴西、阿根廷、委内瑞拉等经济持续衰退的国家,政治动荡也多发生在社会不满情绪较严重的这些国家。而在经济持续增长的多米尼加、巴拿马、哥伦比亚等,社会和政治局势依然保持相对稳定的状态。本报告的"国别和地区"部分对这些差异性问题均有所涉及。

变化、不确定性和差异性是2016年拉美形势的关键词,并仍将是未来一年拉美政治、经济和社会发展的重要特点。

目 录

Ⅰ 主报告

Y.1 中拉合作：探索全球经济治理变革中的发展共享
················· 中国社会科学院拉丁美洲研究所经济研究室 / 001

Ⅱ 形势报告

Y.2 2016~2017年拉美政治形势：左翼失去地区政治的主导权
·· 杨建民 / 045
Y.3 2016~2017年拉美经济形势：持续下探　反弹乏力
·· 岳云霞 / 065
Y.4 2016~2017年拉美社会形势：经济收缩影响社会进步
·· 房连泉 / 083
Y.5 2016~2017年拉美国际关系：多事之秋　祸福相依 ······ 张　凡 / 097

Ⅲ 中拉关系专题报告

Y.6 跨入发展新阶段的中拉关系：定位及影响因素 ········ 贺双荣 / 120
Y.7 拉美地区基础设施一体化：发展进程与中拉合作 ······ 谢文泽 / 135

Ⅳ 国别和地区

Y.8 巴西：特梅尔总统上台　形势比预期复杂 ………………… 张　勇 / 150

Y.9 墨西哥：内外不确定性增大 ……………………………… 谌园庭 / 162

Y.10 阿根廷：经济加速改革　外交深度调整 ………………… 林　华 / 178

Y.11 古巴：稳固内政　积极外交 ……………………………… 范　蕾 / 190

Y.12 委内瑞拉：政治缠斗加剧不确定性 ………………………… 王　鹏 / 204

Y.13 智利：改革攻坚期　渐进缓行 …………………………… 芦思姮 / 213

Y.14 哥伦比亚：全面和平协议达成　经济预期向好 ………… 左晓园 / 225

Y.15 秘鲁：新政府开局平稳　经济稳中向好 ………………… 何美兰 / 236

Y.16 玻利维亚：修宪公投失败　政治社会危机不断 ………… 宋　霞 / 250

Y.17 厄瓜多尔：在多重考验下前行 …………………………… 方旭飞 / 258

Y.18 乌拉圭：经济社会堪忧　执政压力加大 ………………… 何露杨 / 268

Y.19 巴拉圭：经济逆势增长　政府执政能力削弱 …………… 李　慧 / 277

Y.20 哥斯达黎加：政治分裂　改革受阻 ……………………… 楼　宇 / 286

Y.21 尼加拉瓜：奥尔特加两度连任　夫妻共同执政 ………… 李　菡 / 294

Y.22 洪都拉斯：经济持续增长　社会形势有所改善 ………… 韩　晗 / 302

Y.23 萨尔瓦多：执政党面临诸多困境 ………………………… 刘凡平 / 312

Y.24 危地马拉：改革之路坎坷 ………………………………… 魏　然 / 322

Y.25 巴拿马：运河扩建竣工　丑闻让政府形象受损 ………… 王　帅 / 330

Y.26 多米尼加：延续与变革 …………………………………… 高庆波 / 340

Y.27 海地：总统选举一波三折　政治经济前景堪忧 ………… 赵重阳 / 350

Y.28 加勒比地区：全面发展遭遇结构性障碍 ………………… 李江春 / 359

Ⅴ 附录 统计资料

Y.29 附表1-10 ………………………………………… 郑　猛 / 374

Introduction ……………………………………………………… / 401
Contents ………………………………………………………… / 408

主 报 告
Main Report

Y.1
中拉合作：探索全球经济治理变革中的发展共享

中国社会科学院拉丁美洲研究所经济研究室＊

摘　要：　进入21世纪以来，新兴和发展中经济体成为世界经济增长的主引擎，深刻地改变了全球经济格局，并对传统的经济治理体系提出了挑战。拉美是全球中高收入新兴和发展中经济体最为集中的地区，在国际经贸活动中相对活跃，并因其丰富而特有的资源禀赋，在未来世界经济增长和全球发展中具有重要地位。长期以来，拉美一直是全球经济治理活跃的参与者，但话语权和影响力相对有限。当前，在全球经济治理中外部环境不利、内部改革滞后的双重压力激发了拉美国家发

＊ 中国社会科学院拉丁美洲研究所经济研究室成员：岳云霞，经济学博士，研究员；张勇，经济学博士，副研究员；谢文泽，经济学博士，研究员；王飞，经济学博士，助理研究员；史沛然，经济学博士，助理研究员。

展战略"求变"的需求,集中体现在经济增长模式转型之需、产业结构升级之需、区域一体化之需以及外部融资之需上。习近平主席代表中方提出,中国愿同拉美国家加强治国理政经验交流,增强宏观政策规划和协调,推动中国发展规划同拉美和加勒比国家发展战略衔接。中拉合作的演进方向将沿着降低交易成本、发挥比较优势和共同应对外部性三条主线展开,这些将为改善全球经济治理做出基础性和建设性的贡献。

关键词: 中拉合作 全球经济治理 新兴和发展中经济体

一 导言

第二次世界大战之后,以联合国、世界银行、国际货币基金组织(IMF)、关税与贸易总协定(GATT)、世界贸易组织(WTO)为基础的全球经济治理体系逐步形成,美欧等发达国家和地区长期在这一体系中发挥主导作用。然而,自冷战结束后,发展中国家探索各自发展模式的自觉意识逐步提高,尤其是新兴经济体在21世纪利用既有的国际经济规则,充分发挥比较优势,获得了快速的经济增长。面对新兴经济体集体性崛起的态势以及应对全球经济失衡的机制失灵,传统全球经济治理体系的有效性和代表性遭遇挑战,重构全球经济治理体系成为国际社会的重要共识和集体行动。

一般而言,全球经济治理是全球治理在经济领域的自然延伸。巴特利特(Bartlett)[1]认为,全球经济变化意味着21世纪将呈现三种长期趋势:其一,发达工业化民主国家面临的挑战日益增多,它们在缓慢的增长环境中寻

---

[1] 黄薇:《全球经济治理变迁与中国应对战略》,《当代世界》2016年第2期,第42~43页。

求经济振兴；其二，新兴市场的国际政治自信上升，反映了它们不断扩大的经济实力；其三，全球经济治理复杂性日益增加，表明新制度安排的形成正在挑战二战后创建的国际组织①。而从历史角度看，二战以来全球经济治理的变迁经历了美国主导的"硬治理"时期（1944～1975年）、七国集团（G7）主导的"北方软治理"时期（1975～2007年）以及"南北共治"的多元化时期（2008年至今）。

实际上，全球经济治理的演变是与美国对外经济政策的变化密不可分的。德雷兹内（Drezner）②用"基于权力""基于利益"和"基于历史制度主义"三种方法对过去150年美国参与全球经济治理的历史③进行了考察，并得出结论：三种方法有助于解释美国参与全球经济治理的发展逻辑，但是基于历史制度主义的方法（包含传统、理念和历史遗产）在解释持续性和变化上更有效。具体而言，基于权力的方法认为，美国参与全球经济治理的程度是其在全球权力分布中所处地位的函数。该方法能够解释美国对外经济政策的整体轮廓，但是在两个关键时刻遇到了困难：其一，两次世界大战期间美国已经成为经济霸主，但采取单边主义；其二，20世纪70年代末美国相对权力开始下降，但仍持续参与全球经济规范。基于利益的方法假定多元利益是美国政策偏好的出发点。美国基于劳动力和资本要素的相对流动以及不同经济部门的竞争力和生产率来预测参与还是脱离全球经济治理。该方法有助于解释金融和货币领域为何在美国历史中相对更具有合作倾向。但是，该方法难以解释为何美国在19世纪末拒绝多边主义，以及为何在后布雷顿森林体系时期保持持续的开放和参与多边经济体制。历史制度主

---

① David Bartlett, "The Economic Dimensions of Globalization," in N. C. Noonan, V. Nadkarni, eds., *Challenge and Change* (US: Palgrave Macmillan, 2016), p. 140.
② Daniel W. Drezner, "Is There an Exceptional American Approach to Global Economic Governance?" in G. J. Ikenberry et al., eds., *America, China, and the Struggle for World Order* (US: Palgrave Macmillan, 2016).
③ 具体划分如下：第一波全球化时期（1860～1914年）、两次世界大战期间（1919～1939年）、布雷顿森林体系时期（1941～1971年）、后布雷顿森林体系时期（1971～1991年）、华盛顿共识时期（1991～2008年）。

义的方法强调美国传统、理念及历史遗产在创造政策反馈和路径依赖政策上所发挥的作用。按照这个逻辑，决策机制体现了创造者的创建理念。与基于利益的方法不同的是，历史制度主义认为，决策传统形成利益集团的偏好，反过来这又强化最初这套政策偏好的稳定性。随着时间的推移，参与主体偏好和约束主体的规则之间相互强化，导致政策被内生改变越来越不可能，除非受到诸如全球权力转移等外部因素或者引发经济危机的内在矛盾积累所形成的体制冲击。

从更广泛的意义上，徐秀军[①]对国外学者关于国际结构转型的解释进行了归纳总结。20世纪70年代末，肯尼思·华尔兹（Kenneth N. Waltz）用国际体系中的物质结构状况解释国家行为，认为结构是国际政治中权力分配的结果。新自由制度主义者认为，决定国际结构转型的直接原因是国际制度以及各种具体规则的改变。建构主义学派认为国际结构不是表层的物质结构，而是深层的观念结构。

本文试图构建一个全球经济治理演进的简单框架，并在此框架下分析拉美作为新兴经济体在全球治理中的地位和诉求，以及中拉经济合作的新形势、新阶段和新机遇。该框架的基础前提是，全球经济治理因为具有正的外部性而具有准公共品的特征，从而容易形成需求强烈而供给不足的长期矛盾。具体逻辑如下（见图1）。其一，从供给方看，每个国家都试图搭别国的"便车"享受全球经济治理的效果——秩序稳定和交易成本降低，而不希望别国搭自己的"便车"，这就导致全球治理这种公共品长期供给不足。在现实世界中，能提供"全球治理"这样体积庞大的公共物品的国家不多，美国学者金德尔伯格（Kindleberger, 1973）认为这样的国家必须具备霸权国家的所有属性。当霸权国家维持国际体系稳定的"成本"大于"收益"时，就会产生放弃国际责任的思想[②]。因此，成本收益比较是全球经济治理供给

---

① 徐秀军：《新兴经济体与全球经济治理结构转型》，《世界经济与政治》2012年第10期，第52~55页。
② 裴长洪：《全球经济治理、公共品与中国扩大开放》，《经济研究》2014年第3期，第9~10页。

者面临的约束条件。其二,从需求方看,一方面,21世纪以来新兴市场集体崛起改变了发达国家和发展中国家相对实力的对比,从而产生了对全球治理制度层面有代表性的主观需求;另一方面,国际收支失衡以及储蓄与投资失衡所导致的全球经济失衡产生了全球为应对经济危机对新国际规则的客观需求。两者共同形成了全球治理结构变化的内生动力。其三,随着权力体系发生变化,全球治理结构从"霸权治理"向"合作共治"转移,同时通过国际机构改革(联合国、IMF、世界银行等)和规则、制度变迁(国际贸易体系、国际货币体系和国际投资体系)及平台机制建设(G20等)实现治理途径的多元和高效。其四,中国和拉美国家在与全球治理的互动过程中,一方面通过优化经贸合作提升自身的实力,一方面依托增加的实力获取更多的规则制定权,从而对完善全球经济治理体系做出建设性贡献。

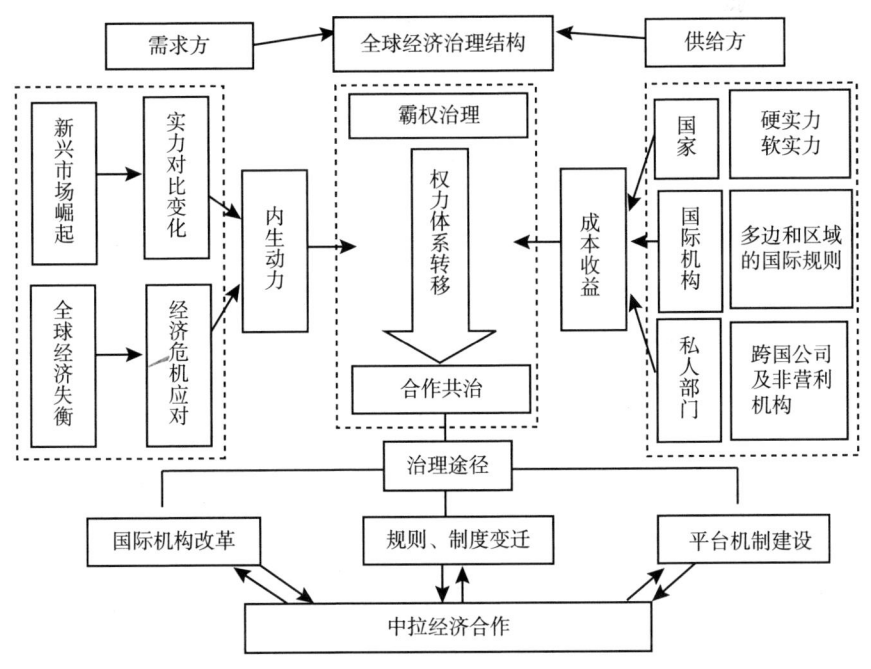

图1 全球经济治理框架演变逻辑

资料来源:作者绘制。

围绕这一框架,本文将分为如下四个部分:第一,全球经济治理体系与新兴和发展中经济体;第二,全球经济治理体系下的拉美;第三,全球经济治理体系下的中拉共同利益;第四,面向发展共享的中拉经济合作。

二 全球经济治理体系与新兴和发展中经济体[①]

21世纪初期,以金砖国家为代表的新兴经济体群体性崛起,在世界经济中的比重和对全球增长的贡献不断加大,使国际经济力量对比发生重大变化,世界经济格局随之发生演变。新兴和发展中经济体在国际贸易、金融和投资等诸多领域有着与自身发展相符的诉求,对以发达经济体为主导的传统治理体系提出了挑战。2008年全球金融危机以来,囊括了主要发达国家和新兴经济体的二十国集团(G20)逐渐取代G7成为全球经济治理的主要平台,这成为全球治理体系变革中的标志性事件,表明新兴和发展中经济体已开始日益广泛地参与全球经济协调机制,治理体系的深入改革成为必然。

(一)全球经济治理体系的改革动力

经济和金融全球化深入发展为资源的全球流动提供了便利,客观上要求跨国政策协调和金融监管。但是,由于经济全球化的强势与全球经济协调的弱势并存,世界经济长期暴露于失衡的风险之下,且不平等程度日渐加深。在全球金融危机背景下,传统全球治理体系的深层次矛盾集中爆发,现存国际经济制度滞后性问题显现,全球经济治理体系迫切需要转型升级。

1. 旧治理体系"代表性不足"问题突出

长期以来,发达国家在世界经济中发挥了引领作用。然而,进入21世纪前后,新兴经济体的地位日益提升,凭借"群体性崛起"后的动力成为全球经济增长的主导力量[②]。自1999年起,新兴和发展中经济体的经济增速一直

---

① 本文对经济体的分类标准参照IMF《世界经济展望》(World Economic Outlook)历年出版物。
② B. S. Bernanke, *Rebalancing the Global Recovery, Approaches to Monetary Policy Revisited-Lessons from the Crisis*, 6th ECB Central Banking Conference, 18 - 19 November 2010, p. 244.

高于发达国家,在全球经济中的比重也不断提高,最终在2008年之后超过了发达经济体(见图2)。同时,自2001年起,新兴和发展中经济体对世界经济增长的拉动就超过了发达经济体;2005~2009年,其贡献率几乎超过了2/3;2009~2011年全球金融危机期间更是完全支撑了世界经济的增长。此后,虽然新兴和发展中经济体的增长率连续5年下滑,但已稳定地成为世界经济增长最主要的拉动力量。2016年,新兴和发展中经济体增长4.2%,在全球GDP中的占比达到58.1%,对全球经济增长率的贡献突破75%①。据联合国贸易和发展会议等机构估计,新兴和发展中经济体将继续充当全球增长的主动力,2016~2018年其占世界总产值的比重大约为60%②。与经济整体实力扩张相对应,新兴和发展中经济体在对外贸易和投资、对外金融实力以及外汇储备等方面表现突出,世界影响力快速提升。与之相比,发达经济体在2008年全球金融危机及2012年欧债危机中遭受重创,内部经济复苏乏力,对外经济活动趋弱。

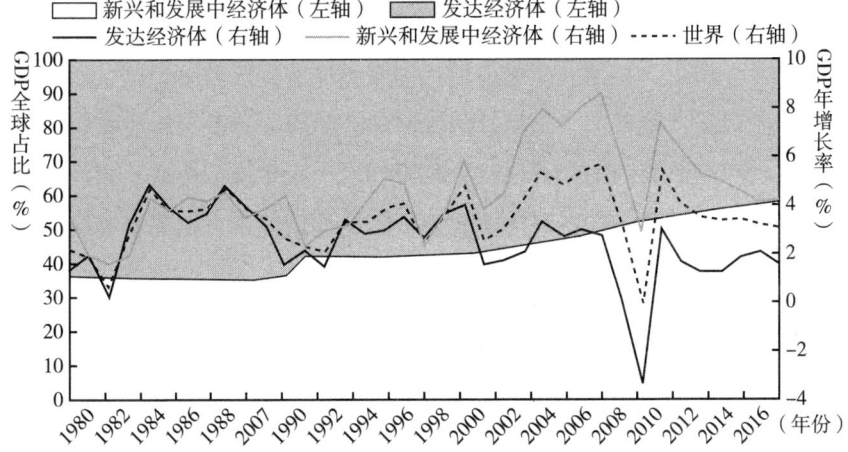

图2 发达经济体与新兴和发展中经济体的地位更替

资料来源:IMF, *World Economic Outlook Database*, http://www.imf.org/external/pubs/ft/weo/2016/02/weodata/index.aspx, 2017年2月10日。

---

① IMF, *World Economic Outlook*, October 2016, Washington, D.C., US., p. xv.
② UN, *World Economic Situation and Prospects*, January 2017, New York, pp. 1–5.

随着双方经济实力的变化,发达经济体与新兴和发展中经济体之间的经济关系出现了新特征,从单向依附转为相互依赖。IMF利用全球向量自回归模型(VAR)估计了发达经济体与新兴和发展中经济体之间的相互溢出效应①。实证结果显示,前者对后者产生的溢出效应达到52.8%,而后者又会对前者产生回溢,比例为17.4%。简单时间序列模型估计的结果显示,新兴和发展中经济体增速下降1个百分点,发达国家将下降0.2个百分点。

然而,在新兴和发展中经济体迅速崛起的同时,传统的全球经济治理体系未能及时而充分地进行适应性的调整,路径依赖效应使其具有一定的刚性。二战后,依托在联合国、世界银行、IMF和WTO中的主导力量,发达国家提出和制定了国际体系中的规则,并利用其经济力量成为国际规则的裁判和执行者。世界经济秩序以及全球经济治理体系正是建立在这一系列规则之上,参与世界经济活动的主体必须遵循这些规则。新兴经济体,特别是以中国为代表的亚洲国家崛起后,原有规则受到挑战,虽进行了一定调整,但其本质未发生变化,具体表现为由发达国家主导的国际贸易规则、以美元霸权为支撑的国际金融秩序、以发达国家跨国公司为主体的国际投资体系、由发达国家支配话语权的国际金融机构都没有发生根本性的改变。因此,在传统全球经济治理体系对新兴经济体代表性不足的情况下,旧体系与经济转型新趋势之间的矛盾日益凸显。

2. 全球公共产品新供给方的影响加大

根据世界银行的定义,"全球公共产品是指那些具有很强跨国界外部性的商品、资源、服务以及规章体制、政策体制,它们对发展和消除贫困非常重要,也只有通过发达国家与发展中国家的合作和集体行动才能充分供应此类物品"②。在传统全球经济治理体系下,全球公共产品的供应主要是由超级大国主导的,并通过主权国家以及一系列国际组织来落实。随着新兴和发

---

① 模型使用1996~2013年经过季节调整之后的GDP数据,根据AIC准则,选取二阶滞后。
② Development Committee, World Bank, *Poverty Reduction and Global Public Goods: Issues for the World Bank in Supporting Global Collective Action*, September 6, 2000.

展中经济体的成长，全球公共产品的供应方结构出现了新变化，对全球经济治理体制所刻画的国际规则也有了新要求。

首先，新兴和发展中经济体的经济外部性增大，对全球经济产生的溢出效应也在逐渐增强。新兴经济体对全球经济产生的溢出效应也在逐渐增强，通过贸易、初级产品价格以及金融等渠道改变了传统格局。一是贸易层面，新兴经济体增长放缓将打乱全球供给链，以日欧为代表的发达经济体受到的冲击最大。二是初级产品价格。IMF估计，新兴经济体GDP增速每下降1个百分点，发达经济体将萎缩0.2个百分点，全球初级产品价格将下跌6%；反之，若发达经济体经济增速下降1个百分点，全球初级产品价格下跌的幅度不会超过4%。三是金融层面，新兴经济体融入全球金融市场的程度提高、速度加快，传统层面上的溢出效应出现反转，新兴经济体遭受的冲击给发达经济体带来的回溢效应（Spillback Effect）明显增强。据IMF估算，当前新兴经济体外汇市场波动对发达经济体的外溢效应最大，为40%，股票市场波动的外溢效应为33%。

其次，新兴和发展中经济体在传统国际机构中的贡献增大。以联合国为例。作为全球最大的政府间国际组织，会费是联合国主要的经费和正常预算的来源，用于支付维持机构正常运转所需要的经常性开支。随着新兴和发展中经济体取得长足的经济进展，其GDP总值和支付能力相应增加，承担联合国会费的比例也明显扩大。图3以金砖国家（BRICS）和七国集团（G7）作为新兴经济体和发达经济体的代表，显示了联合国会费承担比例。可以看到，21世纪以来，特别是全球金融危机以后，BRICS国家承担的联合国会费大幅增加，2017年较2000年上涨284.8%；与之形成对比，G7国家承担的会费比例呈现出明显的下降趋势，同期内降低28.1%。新兴经济体在传统全球经济治理体系中日益承担更多责任，这无疑有益于以联合国为代表的"旧"体系的运作，对于维护世界经济的相对稳定发挥了积极作用。

最后，新兴和发展中经济体在援助、金融等非传统项目中开始发挥作用。在传统的南北援助体系中，发展中国家多数情况为受援对象。然而，伴随经济实力的迅速增长，以中国、巴西、印度等为代表的新兴国家开始大规

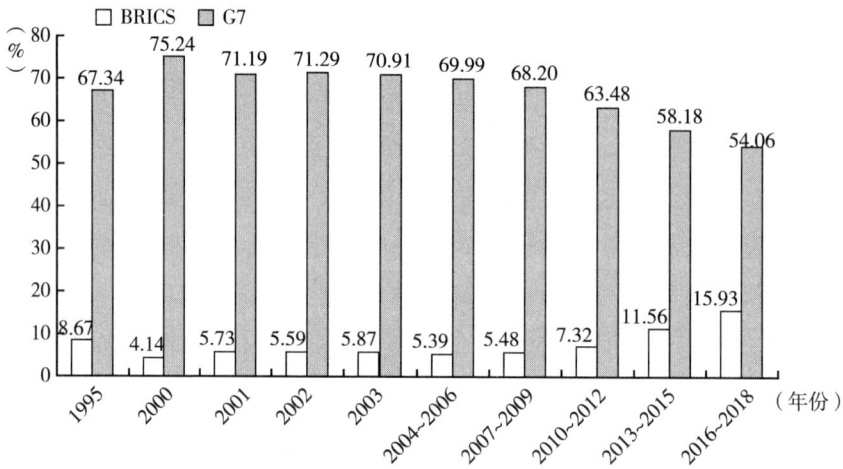

图3 联合国会费承担比例：BRICS 与 G7

资料来源：UN Committee on Contributions, *Status Reports*（1995～2010），http://www.un.org/en/ga/contributions/status.shtml，检索日期：2017年2月10日；"Regular Budget and Working Capital Fund（2010－2017），" http://www.un.org/en/ga/contributions/budget.shtml，检索日期：2017年2月10日。

模增加其对外援助支出，同时成为援助国和受援国。特别是2008年全球金融危机以来，发达国家援助预算收紧，新兴经济体的援助呈上升态势（2012年全球经济二次触底以来更为显著，见图4），丰富了援助资金的来源，提升了发展中国家在全球治理中的参与。此外，金砖国家新开发银行、亚洲基础设施投资银行等新型区域金融机构的出现也显示出新兴经济体在非传统的金融服务领域有了更为广泛而深入的参与，促进了全球经济治理体系的完善。

新兴和发展中经济体外部性的增强及其对全球公共产品的提供表明它们有意愿也有能力参与全球经济治理，也在一定程度上解决了公共产品供不应求的矛盾。但是，在现有治理范式下，新兴和发展中经济体作为新供给者的权责匹配度不足，无法产生足够的激励，促使其承担更多的治理责任；同时，也因新兴和发展中经济体话语权和决策权未能得到相应的提升，全球治理参与主体多样性的优势未能充分发挥。

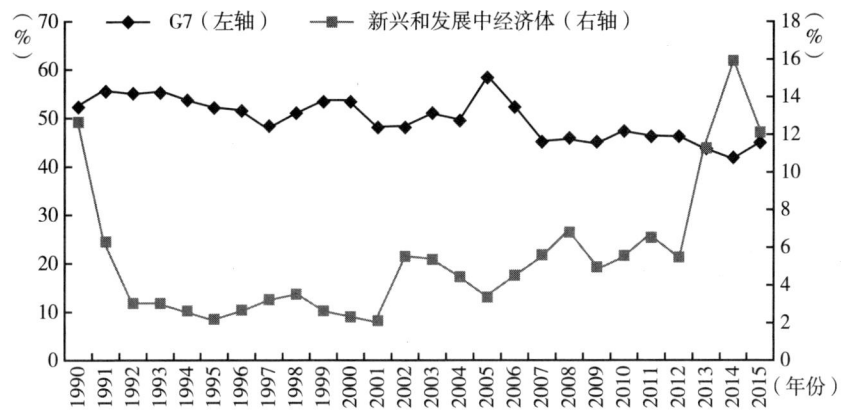

图 4　官方发展援助承担比例：G7 与新兴和发展中经济体

注：①为了突出显现两类经济体的变化趋势，图中将其绘制于不同纵轴。
②为了与全文保持一致，图中新兴和发展经济体官方发展援助（ODA）规模 = 数据可获的非发展援助委员会援助国（Non‐DAC）的 ODA 规模 + 韩国 ODA 规模 − 欧盟内 Non‐DAC 成员国的 ODA 规模。
资料来源：International Development Statistics（IDS）online，http：//www.oecd.org/dac/financing-sustainable-development/development-finance-data/idsonline.htm，检索日期：2017 年 2 月 10 日。

3. 全球经济治理理念分歧加大

二战以来的全球经济治理基本上是以发达国家的理念、经验和理论为主导，但这种传统范式目前受到内外部的双重压力。就外部而言，新兴和发展中经济体在参与全球经济治理的同时提出了新的发展理念。例如在发展方面，中国主导的"共商共建共享"理念成为代表性的主张，反映了发展中国家要求平等发展的诉求。在国际援助方面，新兴援助国强调南南合作，倡导在分享自身发展经验的基础上，与受援国构建互利增长模式。而在国际金融体系治理方面，以金砖国家新开发银行为代表，新兴经济体提出股权均等、平等对话交流的新模式，有助于推动发展中国家共同发展、共同繁荣。这些新的理念为传统全球经济治理模式带来了创造性的贡献，但也显现出原有范式适应性不足和发展滞后的问题。

就内部而言，传统全球经济治理体系所面临的压力不仅来自新兴经济体

崛起引发的国际经济格局变化，还来自发达经济体之间的分化。在全球治理的方式和对新兴经济体的包容性方面，欧洲与美国一直存在分歧。美国奉行单边主义，力求行使全世界的"领导"作用，建立由其主导的国际新秩序。即使美国在全球金融危机中遭到重创，其他国家对美国经济的依赖使其认为维持超级霸权仍是决定国际格局的关键因素，坚信其优越地位具有长期稳定性，并希望针对世界权力结构的变化采取"再平衡"的战略和政策。欧洲则更倾向于采用多边规则和制度。2003年，欧盟明确将支持和推动基于"有效多边主义"的国际秩序设定为自身的战略目标。欧洲对全球经济治理的愿景是试图把新兴经济体纳入现存的国际制度中，即促进现存国际制度的扩张或者扩大。同时，欧洲并不反对新兴经济体所提倡的对现存国际制度的改革，其希望通过提高现存国际制度的完善度和合理性，加强多边主义的效力。

传统全球经济治理体系面临的内外部矛盾促使其进行了一定的改革。事实上，早在2008年之前就有学者观察到了全球经济治理机制的变化，权力在进行转移。全球金融危机爆发后，G20首脑峰会和金砖国家合作机制成为新兴经济体在全球经济治理制度建设中最大的两大突破。首先，G20成为全球经济治理的首要平台。具有代表性的新兴经济体能够更加公平、广泛和深入地加入全球宏观经济政策的协调之中，对全球经济恢复有积极作用，同时也避免自身受到不利冲击。其次，金砖国家合作机制加速发展。自2009年金砖国家领导人第一次峰会以来，"金砖国家领导人会晤"已经在5个成员国轮流主办过一次，第二轮轮回也即将完成。以金砖国家新开发银行和外汇储备库为标志，金砖国家在推动国际金融体系改革等方面取得了突破性进展。

（二）新兴经济体的参与实践与诉求

新兴经济体在改变全球经济格局的同时，不断尝试加大其在治理体系中的话语权，在国际贸易、投资、金融和机制建设等领域提出诉求，期望推动进行必要的改革。

1. 国际贸易规则

全球金融危机以来,特别是2012年世界经济"二次探底"后,国际贸易环境日趋复杂,贸易保护主义升温,国家间贸易争端增多。尤为显著的是,美欧等发达经济体由倡导自由贸易转向了所谓的"公平贸易"。2008~2016年10月底,美国对外实施了600多项贸易保护措施,仅2015年就实施了90项,位居各国之首,是德国、英国等国家的两倍多[1]。多数发展中国家推行以出口为导向的外向型发展模式,从而成为全球贸易保护主义的最大受害群体。因此,面对世界经济格局和贸易格局的急剧变化,新兴和发展中经济体积极推动国际贸易规则的改革。

首先,以金砖国家为代表的新兴和发展中经济体扛起了应对贸易保护主义的大旗。现行国际贸易体系以WTO基本协议条款为基础,多边贸易谈判是促进贸易自由化目标的实现方式。但是,由于各国在国际贸易的目标、理念和方式上的诉求差异以及当前全球经济增长的低迷,各种形式的贸易保护主义并起。为防止在危机中各国采取"以邻为壑"的贸易短视政策,金砖国家通过G20机制推动达成在短期内不采取新的贸易保护主义措施的政策承诺,第一次是2008年的G20华盛顿峰会,承诺期至2013年底,第二次是2013年的G20圣彼得堡峰会,承诺期至2016年底。但是,2015年10月至2016年5月,G20成员还是实施了145项新的贸易限制措施,月均新措施数量为2009年以来的最高水平[2]。

其次,新兴和发展中经济体积极维护自由贸易。作为全球各国的最大公约数,多边贸易体制的建立来之不易。坚持世界贸易体制规则,双边、多边和次区域开放合作,是新兴经济体扩大各自利益汇合点,促进国际贸易规则进一步改革的具体要求。新兴和发展中经济体力争维护并促进国际贸易规则进一步完善,将使多边贸易规则在全球贸易投资自由化、解决贸易摩擦以及

---

[1] 中国商务部:《中国对外贸易形势报告(2016年秋季)》,http://zhs.mofcom.gov.cn/article/cbw/201611/20161101564835.shtml,检索日期:2017年1月26日。

[2] 中国商务部:《中国对外贸易形势报告(2016年秋季)》,http://zhs.mofcom.gov.cn/article/cbw/201611/20161101564835.shtml,检索日期:2017年1月26日。

反对保护主义等议题中发挥更大的作用。例如,在金砖各国的努力下,2013年底WTO第九届贸易部长会议达成了其成立18年来首份多边贸易协议,使多哈回合谈判和WTO机制获得了新的发展机遇①。又如,在亚太地区,东盟10国发起了亚太区域经济合作与经济治理的机制(区域全面经济伙伴关系协定,RCEP),邀请中国、日本、韩国、印度、澳大利亚和新西兰6个国家共同参加,通过削减关税及非关税壁垒建立统一的市场,从而达到避免"意大利面碗效应"等守则过多和操作混乱等情况。

2. 国际金融改革

全球金融危机暴露出国际金融体系存在严重缺陷,各国都开始对国际货币金融制度的合理性和有效性进行思考。但是,囿于既得利益以及该体系自身的惯性,改革议程推行缓慢。实现群体性崛起的新兴经济体提出了国际金融改革的目标:推动建立公平、公正、包容、有序的国际金融秩序,增加新兴经济体在国际金融机构中的发言权和代表性,加强国际金融体系的有效性。全球金融治理改革也因此成为历次G20峰会的重要议题,其中就包括以美元为中心的国际货币体系改革以及以构筑全球金融安全网为核心的国际资本流动监管。

一是国际货币体系改革。美国次贷危机、欧债危机以及新兴和发展中经济体的增长困境暴露了以美元为中心的国际货币体系的内在缺陷,来自新兴经济体的不满和改革呼声最为强烈②。布雷顿森林体系创建之后,美元主导及其引起的"特里芬难题"引发了国际货币体系的内在不均衡和不稳定,这就要求国际货币体系的三大组成部分——国际储备货币、汇率制度和国际收支调节机制——进行必要的改革。首先,国际储备货币需要多样化,需要创造一种与主权国家脱钩并能保持币值长期稳定的国际储备货币,从而避免主权信用货币作为储备货币的内在缺陷。其次,

---

① 朱杰进:《包容式改进与金砖国家合作机制的转型》,载孙溯源主编《金砖国家与全球治理》,上海人民出版社,2016,第26页。
② E. Truman, "The International Monetary System and Global Imbalances," *Policy Brief*, No. 10 - 4, Peterson Institute for International Economics, 2010.

主要货币之间的汇率应保持相对稳定，以规避汇率风险、竞争性贬值造成的不公平竞争，以及资本账户开放下的汇率政策选择困境。最后，国际收支调节需要机制化，必须在全球范围内建立特定的机制，从而在一国国际收支失衡时帮助其通过价格、汇率、利率等宏观经济变量的自动调节重新实现均衡。

二是国际资本流动监管。自20世纪90年代以来，全球短期资本的流动规模迅速膨胀，与金融衍生品结合展开跨国金融投机成为当代国际金融危机的重要推手①。经济全球化使国际资本流动更加便捷，信息技术日新月异更使资金的流量和流速激增，进一步刺激了国际金融交易的发展。这在促进经济发展的同时也增加了金融市场的复杂性和监管难度，使金融危机的发生概率升高、破坏程度加重。新兴经济体在经历了20世纪80年代以来一次又一次的金融危机之后②，产生了管理国际资本流动的诉求。尤其经过G20杭州峰会在开启制定全球层面和国家层面资本流动管理规则的有益尝试后，增加短期资本流动透明度、通过征税控制高频短期资本交易、限制金融企业货币错配以及特定时期严格限制短期资本流动都是新兴经济体未来在国际资本流动全球监管中的诉求重点。

3. 国际投资规则

新兴和发展中经济体与发达国家在国际直接投资规则上具有分歧。发达国家认为应遵循习惯国际法所确立的最低待遇标准对外资给予保护，并对财产征收给予"及时、充分、有效"的补偿，新兴和发展中经济体则坚持对外国财产征收最多给予与本国国民财产同样的补偿标准。围绕这一分歧，发达国家和新兴经济体在双边、区域和多边层次就国际投资规则的目的、结构和具体内容进行了反复的谈判，逐渐形成了以双边投资协定（BITs）及特惠贸易与投资协定（PTIAs）为主体的双边、区域和多边协定

---

① 黄仁伟：《全球经济治理机制变革与金砖国家崛起的新机遇》，《国际关系研究》2013年第1期，第60页。
② 这就包括20世纪80年代的拉美债务危机，20世纪90年代的亚洲金融危机以及发生在多个新兴经济体（墨西哥、俄罗斯、巴西、阿根廷）的金融动荡。

共存、相互区别又相互重叠的国际投资规则体系①。这些投资协定的迅速发展与扩大成为全球经济治理体系中的一个显著趋势,为促进投资自由化与便利化、加强投资者保护、优化投资营商环境和化解投资争端提供了重要的制度性保障②。

进入 21 世纪之后,国际投资格局深刻调整,其流向和格局均发生了显著变化。2012 年,新兴经济体外商直接投资流入量所占的全球份额首次超过发达经济体。与此同时,新兴经济体的对外投资迅速崛起,世界投资流动模式呈现出双向发展的趋势。在跨国公司成为母国实现海外利益重要渠道的背景下,新兴经济体的跨国公司对外直接投资因受到一些国家设置的"国家安全"屏障而屡屡失败。发达国家认为,新兴和发展中经济体的政府在其跨国公司的经营中扮演了重要角色,在一些具有战略意义的行业形成了一批由国家控股的大型国有企业。这些企业积极参与到海外并购中,表现出明显的资产寻求动机,对发达国家主导的国际投资规则形成了挑战,还易引发不公平竞争,甚至威胁到国家安全③。因此,许多发达国家通过采取新的标准,试图建立新规则,对新兴经济体的跨国公司直接投资进行限制。例如美国在 2012 年提出了第四个双边投资协定(BIT)范本④,试图重塑全球投资规则,创造了以"负面清单"为基础的投资市场准入方式。通过 BIT 项目,美国能够为美国投资者提供核心利益保障,使其投资免于歧视性待遇、外汇管制和征收等威胁,改善缔约国的投资环境,保护美国投资者的海外利益⑤。由此,新兴经济体崛起后的直接投资行为以及海外并购潮对现存国际直接投资规则形成了改革诉求。

---

① 桑百川、靳朝晖:《国际投资规则新发展及对中国的影响》,《山西大学学报》(哲学社会科学版)2012 年第 3 期,第 224 页。
② 盛斌、段然:《TPP 投资新规则与中美双边投资协定谈判》,《国际经济评论》2016 年第 5 期,第 9 页。
③ 黄河等:《国际经济规则的政治经济学》,上海人民出版社,2015,第 75 页。
④ 自 1982 年与巴拿马签署第一个 BIT 至 2015 年底,美国已经达成 46 个 BIT(其中 40 个生效)。30 多年中,美国先后于 1984 年、1994 年、2004 年和 2012 年发布了 4 个 BIT 范本。
⑤ 祁欢、阎聪:《2012 美国 BIT 范本对中美 BIT 谈判之影响的再研究》,《山西大学学报》(哲学社会科学版)2015 年第 1 期,第 125 页。

4. 国际金融机构改革

国际金融机构是全球经济治理的机制化产物，同时也是治理的践行者。联合国"2015年后可持续发展议程"强调在发展议程中采取综合政策手段确保包容性经济发展、包容性社会发展和环境可持续发展，这就要求大量资源和资金的转移实现在全球范围内的有效配置。因此，国际金融机构需要改变其逻辑，在经济标准之上更加注重社会和环境标准，促进包容性发展的实现[①]。

世界银行、IMF以及全球范围内成立的各个区域性多边开发金融机构在帮助新兴和发展中经济体发展经济、提供政策建议、改善基础设施等方面起到了积极的作用，并且积极承担了维持国际金融秩序的责任。新兴经济体的地位提高之后，一直坚持不懈地追求国际金融机构的改革，增强其发言权和代表权。

在国际货币基金组织改革方面，由于少数发达国家掌握着过多的份额和投票权，致使其政策建议存在差别化待遇，在应对全球金融危机中的措施被证明效果有限，成员国要求其改革的呼声此起彼伏[②]。2008年，IMF曾经进行过一次改革，但几乎没有效果。2010年，IMF再次进行份额与投票权改革，以金砖国家为代表的新兴经济体获得了更高的份额和投票权（见表1），但是，由于相关方案在美国国会迟迟未获批，直至2016年1月才正式生效。在此期间，世界经济发生了巨大的变化，新兴大国所占股权份额却始终低于其经济总量所占的比重。

在世界银行改革方面，根据2015年4月的股权份额改革方案，中国所拥有股权份额从2.77%提高到4.42%，从第六位上升至第三位。但是，美国仍然保持了15.85%的份额，是世界银行股权份额最多的国家，以中国为代表的新兴和发展中经济体的话语权仍然有限。这两项改革本应在2011年完成。

---

① ECLAC, *Financing for Development in Latin America and the Caribbean: A Strategic Analysis from a Middle-income Country Perspective*, Santiago, Chile, March 2015, p.5.
② IMF成立之初，各国均拥有250票的基本投票权，为的是尊重各成员国的地位，体现国家主权平等，避免其在决策时出现问题。但是，后来基本投票权变动违背了最初原则，经历了较大幅度的起落，从11.3%增加到20世纪90年代的15%，2008年又变为2.1%。

表1 IMF份额与投票权改革前后对比

年份	改革前后	份额比例(%)		投票权比例(%)	
		七国集团	金砖国家	七国集团	金砖国家
2008	改革前	42.5	10.6	43.0	10.4
	改革后	45.3	11.5	43.0	11.0
2010	改革前	45.3	11.5	43.0	11.0
	改革后	43.4	14.8	41.2	14.1

资料来源：IMF, *Finance Department*, July 2011。

三 全球经济治理体系下的拉美

2016年11月24日中国外交部发布的第二份《中国对拉美和加勒比政策文件》指出，"拉美和加勒比地区是新兴经济体和发展中国家的重要组成部分……是国际格局中不断崛起的一支重要力量"。拉美因其经济体量、国际贸易和投资活动的参与度以及资源储量，在全球新兴和发展中经济体中占有特殊地位。同时，在现有的全球经济治理体系中，拉美始终是积极的参与者。

（一）新兴和发展中经济体中的拉美

拉美地区陆地面积2004.2万平方千米，约占世界陆地总面积（12973.6万平方千米）的15.4%[①]。2016年拉美地区约有6.34亿人，占世界人口总数（74.33亿人）的8.5%[②]。根据世界银行的统计，按2010年美元不变价格计，2000~2015年拉美地区GDP由38784亿美元增至59132亿美元，占

---

① 根据世界银行World Development Indicators统计数据计算，参见http://databank.worldbank.org/data/reports.aspx? source = world-development-indicators，检索日期：2016年11月20日。
② 根据联合国2015年预测数据计算，参见United Nations Department of Economic and Social Affairs/Population Division, "Total Population-Both Sexes," *World Population Prospects: The 2015 Revision*, https://esa.un.org/unpd/wpp/Download/Standard/Population/，检索日期：2016年11月2日。

世界 GDP 的比重由 7.8% 升至 7.9%①。根据国际货币基金组织的统计，拉美地区占世界 GDP 的比重由 2000～2002 年的 7.2% 升至 2014～2016 年的 7.5%（见表 2）。

表 2　21 世纪以来 6 个发展中经济体板块在全球经济中的地位变化

单位：%

国家和地区	占世界 GDP 的比重（年均值）		占全球商品贸易进出口总额的比重		占全球服务贸易进出口总额的比重	
	2000～2002 年	2014～2016 年	2000 年	2015 年	2000 年	2015 年
亚洲	11.4	24.8	8.6	19.2	6.9	14.7
拉美	7.2	7.5	5.6	5.8	4.2	3.7
中东、北非	4.7	5.6	3.7	5.3	3.3	4.5
独联体	2.5	3.5	1.7	2.5	1.3	2.3
欧洲	2.3	2.7	1.6	1.4	2.1	2.7
撒哈拉以南非洲	1.7	2.4	1.3	1.9	1.4	1.4
合计	29.8	46.5	22.5	36.1	19.2	29.3
国家和地区	外国直接投资（FDI）流入量比重		外国直接投资（FDI）存量比重		国际货币基金组织 SDR 分配比例	
	2000 年	2015 年	2000 年	2015 年	2000 年	2016 年
亚洲	3.9	13.9	4.5	9.1	8.2	9.3
拉美	5.9	9.5	6.2	7.0	9.6	7.7
中东、北非	0.5	2.5	1.3	3.5	6.5	6.0
独联体	0.4	1.7	0.7	2.2	0.0	4.3
欧洲	1.2	2.0	1.2	2.6	1.3	3.0
撒哈拉以南非洲	0.5	2.3	1.4	1.9	4.9	3.5
合计	12.4	31.9	15.3	26.3	30.5	33.8

资料来源：①占世界 GDP 的比重根据国际货币基金组织数据库 World Economic Outlook Database 中的有关数据计算。计算方法为：基于市场汇率计算的 GDP 比重×60% + 基于购买力平价计算的 GDP×40%。

②占全球商品贸易进出口总额的比重、占全球服务贸易进出口总额的比重根据世界贸易组织数据库 Time Series on International Trade 中的有关统计数据计算。

③外国直接投资（FDI）流入量比重、外国直接投资（FDI）存量比重根据国际货币基金组织 CDIS 中的有关统计数据计算。

④国际货币基金组织 SDR 分配比例根据国际货币基金组织数据库 SDR Allocations & Holdings 中的有关统计数据计算，2000 年为 2000 年 12 月 31 日的数据，2016 年为 2016 年 11 月 30 日的数据。

① 根据世界银行数据库 World Development Indicators 的统计数据计算。

1. 拉美地区是新兴经济体和中高收入发展中经济体的密集地

拉美地区有 33 国，均属于发展中国家，在国际货币基金组织所列的 152 个[①]新兴和发展中经济体中占 21.7%，且其中至少有 17 个国家属于中等偏上或高收入经济体，收入水平相对领先于其他发展中地区。世界银行按人均国民收入将世界各国（地区）划分为低收入经济体、中等偏下收入经济体、中等偏上收入经济体和高收入经济体四组。根据世界银行 2015 年的划分标准（按 2010 年美元不变价格计），人均国民收入低于 1026 美元的为低收入经济体，1026~4036 美元的为中等偏下收入经济体，4036~12475 美元的为中等偏上收入经济体，超过 12475 美元的为高收入经济体。截至 2016 年 12 月，在世界银行的"世界发展指标"数据库中，100 个发展中国家（地区）有 2015 年的"人均国民收入"数据，其中包括 24 个拉美国家[②]。在这 24 个拉美国家中，有 6 个属于高收入经济体，即巴哈马、特立尼达和多巴哥、巴巴多斯、智利、乌拉圭、安提瓜和巴布达；有 11 个属于中等偏上收入经济体，即巴西、阿根廷、墨西哥、苏里南、哥斯达黎加、哥伦比亚、多米尼加、秘鲁、厄瓜多尔、牙买加、伯利兹。

地区 33 国中，有 7 国为新兴经济体，即巴西、墨西哥、哥伦比亚、阿根廷、智利、委内瑞拉、秘鲁。2000~2015 年这 7 个拉美国家的 GDP 增加了 17551 亿美元，对世界 GDP 增长的贡献率为 7.0%。拉美地区新兴经济体的数量及其对世界 GDP 增长的贡献率在新兴和发展中经济体中仅次于东亚、

[①] IMF, *World Economic Outlook*: *Subdued Demand*: *Symptoms and Remedies*, Washington, D. C., US., October 2016, p. 207, TableA.
[②] 24 个拉美国家按 2015 年人均国民收入（2010 年美元不变价）由高到低排序为：巴哈马（19758 美元）、特立尼达和多巴哥（19758 美元）、巴巴多斯（15171 美元）、智利（14355 美元）、乌拉圭（13381 美元）、安提瓜和巴布达（13247 美元）、巴西（10918 美元）、阿根廷（10333 美元）、墨西哥（9444 美元）、苏里南（9069 美元）、哥斯达黎加（8822 美元）、哥伦比亚（7309 美元）、多米尼加（6257 美元）、秘鲁（5725 美元）、厄瓜多尔（5275 美元）、牙买加（4889 美元）、伯利兹（4125 美元）、萨尔瓦多（3680 美元）、巴拉圭（3615 美元）、危地马拉（2972 美元）、玻利维亚（2317 美元）、洪都拉斯（2158 美元）、尼加拉瓜（1797 美元）、海地（728 美元）。

东南亚和南亚地区①。其中,巴西、阿根廷和墨西哥是 G20 成员,其人均国民收入高于 G20 新兴经济体的平均水平②。同时,巴西还是"金砖五国"之一,其人均国民收入居 5 国之首,而其他 4 国按人均国民收入由高到低排序依次为俄罗斯(10741 美元)、南非(7402 美元)、中国(6470 美元)和印度(1731 美元)。

2. 拉美地区是发展中国家(地区)的第二大经济板块

国际货币基金组织将 152 个新兴经济体和发展中国家(地区)按地理区域分为 6 个发展中经济体板块:亚洲(29 个),拉美(32 个),中东、北非及阿富汗和巴基斯坦(22 个),独立国家联合体经济体(12 个),欧洲(12 个),撒哈拉以南非洲(45 个)。

表 2 选择了 6 个指标,即占世界 GDP 的比重、占全球商品贸易进出口总额的比重、占全球服务贸易进出口总额的比重、外国直接投资流入量比重、FDI 存量比重、国际货币基金组织特别提款权分配比例,评价 6 个发展中经济体板块在全球经济中的地位。如表 2 所示,2015 年,除服务贸易外,拉美地区的其他 5 个指标在 6 个发展中经济体板块中均居第二位。2000~2002 年拉美地区 GDP 占世界 GDP 的比重为 7.2%,2014~2016 年这一比重提高至 7.5%。2000~2015 年拉美地区占全球商品贸易进出口总额的比重由 5.6% 提高至 5.8%,占 FDI 流入量的比重由 5.9% 提高至 9.5%,占 FDI 存量的比重由 6.2% 提高至 7.0%。国际货币基金组织 2000 年分配给拉美地区的 SDR 比例为 9.6%,居 6 个经济板块首位;2016 年拉美地区的这一比例降至 7.7%,居第二位。2000 年拉美地区占全球服务贸易进出口总额的比重为 4.2%,居第二位;2015 年这一比重降至 3.7%,居第三位。

---

① 东亚、东南亚和南亚地区有 9 个新兴经济,其对世界 GDP 增长的贡献率为 37.7%(其中中国的贡献率为 26.3%)。
② 在 G20 的 20 个经济体中,有 10 个属于发展中的新兴经济体,即阿根廷、巴西、中国、印度、印度尼西亚、墨西哥、俄罗斯、沙特阿拉伯、南非、土耳其。2015 年,这 10 个发展中的新兴经济体人均国民收入约为 9387 美元。

拉美地区有32国是世界贸易组织成员国，只有巴哈马为该组织的观察员国。在WTO的成员中，拉美国家是较为活跃的新兴经济体和发展中国家。根据WTO的统计数据，截至2016年11月底，包括18个拉美国家在内的33个新兴经济体和发展中国家提起了222件诉讼，其中128件诉讼是由18个拉美国家提起的。新兴经济体和发展中国家提起的分别针对美国和欧盟的诉讼为65件和52件，其中拉美国家分别提起了32件和31件。①

此外，加勒比地区的安吉拉、安提瓜和巴布达、阿鲁巴、巴哈马、巴巴多斯、英属维尔京群岛、开曼群岛、库腊索、多米尼克、格林纳达、蒙特塞拉特、圣基茨和尼维斯、圣卢西亚、圣文森特和格林纳丁斯、圣马丁、特克斯和凯科斯群岛等16个经济体是离岸金融中心，2015年这些离岸金融中心的FDI流入量合计约720亿美元，约占全球FDI流入量的4.1%，FDI流出量约847亿美元，占全球FDI流出量的5.7%左右。英属维尔京群岛的FDI流入量和流出量位居16个离岸金融中心首位，2000~2013年FDI流入量由81亿美元增至1121亿美元，FDI流出量由371亿美元增至1033亿美元；2015年FDI流入量和流出量分别约为516亿美元和762亿美元。②

3. 拉美地区的自然资源优势较为突出

CAF - 拉丁美洲开发银行在其研究报告——《2040年的拉丁美洲》中指出，"拉丁美洲是世界上资源禀赋最好的地区"。③ 2016年8月拉美经委会发布的研究报告——《世界趋势与拉丁美洲的未来》指出，丰富的自然资源不仅是拉美地区调整产业结构的基础，也是拉美地区实现发展目标的基础④。

---

① WTO, *Map of disputes between WTO Members*, https://www.wto.org/english/tratop_e/dispu_e/dispu_maps_e.htm?country_selected=ARG&sense=e, 检索日期：2016年12月18日。

② UNCTAD, *Foreign Direct Investment: Inward and Outward Flows and Stock, Annual, 1970 - 2015*, http://unctadstat.unctad.org/wds/TableViewer/tableView.aspx?ReportId=96740, 检索日期：2016年12月21日。

③ Drew Arnold et al., *América Latina 2040—Romper con la Complacencia: Una Agenda para el Resurgimiento*, SAGE, 2010, p. 1.

④ Sergio Bitar, "Las Tendencias Mundiales y el Futuro de América Latina," *Serie Gestión Pública*, No. 78 (agosto de 2016), p. 47.

拉美地区的资源优势主要集中在南美地区，尤其是在石油、矿产、农业三大自然资源领域。南美地区是世界第二大石油富集区。根据石油输出国组织（欧佩克）和 BP 公司 2016 年的统计，截至 2015 年底，南美地区已探明的石油储量约 3300 亿桶（约合 510 亿吨），占全球探明石油储量的 19.4%，仅次于中东。委内瑞拉的探明石油储量约 3009 亿桶（约合 470 亿吨），占全球探明石油储量的 17.7%，居世界第一位，可开采 300 多年[①]。

南美地区的锑、铝土、铜、黄金、铁、铅、锂、镍、稀土、铼、银、锡、锌等 13 种矿产的矿石产量较多，资源储量较为丰富。例如，2016 年巴西的铁矿石产量约 3.9 亿吨，占全球产量的 17.5%；探明铁矿石储量约 230 亿吨，占全球探明储量的 13.5%。同年，智利和秘鲁两国的铜矿产量约占全球的 40.3%，探明储量约占全球的 40.4%；阿根廷、智利两国的锂矿探明产量约占全球的 51.4%，阿根廷、智利、玻利维亚 3 国的锂矿探明储量约占全球的 54.4%[②]。

南美地区的土地资源、水资源较为丰富，农业增长潜力较大，尤其是大豆等油料作物。联合国粮食及农业组织（FAO）预计，到 2050 年全球粮食需求将在 2006 年的水平上至少增加 60%。为了满足这一需求的增长，世界种植业和畜牧业年产量需要同比增加。提高单产和扩大耕地面积是增加产量的两大基本措施，但是广泛的土地退化和水资源短缺的加剧限制了提升单产的潜能[③]。经济合作与发展组织（OECD）、联合国粮食及农业组织认为，2016~2025 年全球新增耕地主要集中在南美地区和撒哈拉以南非洲地区，南美地区的新增耕地主要用于种植大豆等油料作物，撒哈拉以南非洲的新增耕地主要用于种植谷物[④]。CAF - 拉丁美洲开发银行指出，拉美地区拥有肥沃的土地、

---

① OPEC, *Annual Statistical Bulletin 2016*, p. 22; BP, *Statistical Review of World Energy*, 65th edition, BP p. l. c., June 2016, p. 6.
② U. S. Department of the Interior, U. S. Geological Survey, *Mineral Commodity Summaries 2017*, pp. 55, 91, 101; U. S. Geological Survey, Reston, Virginia, January, 2017. 占全球产量的比重和占全球探明储量的比重根据有关数据计算。
③ 联合国粮食及农业组织：《2016 年粮食及农业状况：气候变化、农业和粮食安全》，2016，第 4 页。
④ OECD-FAO, *Agricultural Outlook 2016 – 2025*, 2016, pp. 17, 18.

充足的阳光、丰沛的水资源，而中东和北非、亚洲等其他发展中地区的水资源缺乏日益加重①。根据联合国粮食及农业组织的统计数据，南美地区约有6.2亿公顷土地可用于农业生产，其中已耕地约为1.4亿公顷，未开垦农业用地多达4.8亿公顷左右。2017~2025年全球大豆产量预计由3.2亿吨增至3.9亿吨，其中以美国为主的发达国家大豆产量预计由1.2亿吨增至1.4亿吨，以巴西、阿根廷为主的发展中国家大豆产量预计由2.0亿吨增至2.5亿吨②。2017年巴西、阿根廷的大豆产量预计分别为1.02亿吨和5500万吨，两国合计1.57亿吨③，约占发展中国家大豆产量（2.0亿吨）的78.5%。

（二）拉美在全球经济治理中的地位演变

第二次世界大战以来，在全球经济治理体系的演变中，拉美始终是积极的参与者和相对活跃的贡献者。随着全球化脚步加快和新兴市场国家力量日渐增强，拉美在全球经济治理中的作用也益发重要。

1. 布雷顿森林体系的成立和终结（1945~1973年）

第二次世界大战结束后，全球经济格局发生了巨大变化：第一，除了北美之外，世界其他区域的既有工业体系被战争摧毁殆尽，美国成为世界上最强的经济体，到1950年，美国GDP占全球GDP的27%；第二，二战后的经济体系被政治格局重塑——"资本主义的西方"和"社会主义的东方"以及它们分别代表的美苏阵营，再加上广阔的"第三世界"，不仅代表了各自阵营所选择的意识形态，也一定程度上代表了阵营内各国的经济制度和体系；第三，发展中经济体认识到了工业化的重要性，二战后，为了加强国际经济合作、重建国际货币秩序以及恢复自由、通畅的国际贸易，布雷顿森林体系得以建立，在此体系下，一系列国际性经济、金融、贸易机构和组织也

---

① Drew Arnold et al., "*América Latina 2040—Romper con la Complacencia: Una Agenda para el Resurgimiento*," SAGE, 2010, p. 1.
② OECD-FAO, OECD-FAO, *Agricultural Outlook 2016–2025*, 2016, p. 124.
③ United Sates Department of Agriculture, Foreign Agriculture Service, *Oilseeds and Products Update: Brazil*, Dec. 28, 2016; United Sates Department of Agriculture, Foreign Agriculture Service, *Oilseeds and Products Update: Argentina*, Dec. 21, 2016.

随之创立①，并主导了欧洲经济的复兴和第三世界国家战后经济体系的重建，它们正是现有全球经济治理体系的重要组成部分。

这一时期，拉美的各个国家均积极参与战后全球经济治理体系的建立。表3为拉美和加勒比国家加入世界银行、国际货币基金组织以及世界贸易组织的具体年份。从表3中不难看出，拉美不少国家在上述组织和机构成立之初就已加入。因此，拉美地区在全球经济治理的参与方面具有相对领先性。

表3 拉美和加勒比国家加入国际机构的时间

国家和地区	世界银行	国际货币基金组织	世界贸易组织
安提瓜和巴布达	1983.09	1982.02	1987.03
阿根廷	1956.09	1956.09	1967.01
巴哈马	1973.08	1973.08	N/A
巴巴多斯	1974.09	1970.12	1967.02
伯利兹	1982.03	1982.03	1983.1
玻利维亚	1945.12	1945.12	1990.09
巴西	1946.01	1946.01	1948.07
智利	1945.12	1945.12	1949.03
哥伦比亚	1946.12	1945.12	1981.01
哥斯达黎加	1946.01	1946.01	1990.11
古巴	N/A	1946.03	1948.01
多米尼加	1980.09	1978.12	1993.04
多米尼克	1961.18	1945.12	1950.05
厄瓜多尔	1945.12	1945.12	1991.05
萨尔瓦多	1946.03	1946.03	1991.05
格林纳达	1975.08	1975.08	1994.02
危地马拉	1945.12	1945.12	1991.01
海地	1953.09	1953.08	1950.01
洪都拉斯	1945.12	1945.12	1994.04
牙买加	1963.02	1963.01	1963.12

---

① 例如1944年成立的IMF和世界银行、1947年成立的关税及贸易总协定（GATT）等。

续表

国家和地区	世界银行	国际货币基金组织	世界贸易组织
墨西哥	1945.12	1945.12	1986.08
尼加拉瓜	1946.03	1946.03	1950.05
巴拿马	1946.03	1946.03	1995.01
巴拉圭	1945.12	1945.12	1994.01
秘鲁	1945.12	1946.01	1951.01
圣基茨和尼维斯	1984.08	1984.08	1994.03
圣卢西亚	1980.01	1979.11	1993.04
圣文森特	1982.08	1979.12	1993.05
特立尼达和多巴哥	1963.09	1963.09	1962.01
乌拉圭	1946.03	1946.03	1953.12
委内瑞拉	1946.12	1946.12	1990.31
美国	1945.12	1945.12	1948.01

资料来源：世界银行、国际货币基金组织、世界贸易组织官方网站。

同期，拉美积极推动成立了一批具有重要影响的区域性经济治理机构。其中，最重要的机构当属1948年成立的拉丁美洲和加勒比经济委员会（ECLAC，以下简称"拉美经委会"）。卡德纳斯等（Cardenas，2000）指出，拉美经委会的重要性体现在"它带来了（南美）大陆自我觉醒的曙光，并为区域身份的发展提供了理论和实践的支持"。它的成立也对拉美自由贸易协会（ALALC，后改名拉美一体化协会）、安第斯共同体和中美洲共同市场的成立起到了至关重要的作用。这些区域性多边组织的成立是全球经济治理的一项重要实践，对全球经济治理格局有着不可忽视的作用。

此外，拉美对全球经济治理体系的积极参与者地位还表现在区域内国家在跨国卡特尔中的重要地位。其中最典型的例子当属石油输出国组织（OPEC）。石油输出国组织的现有13个成员中，位于拉美的共两个：成员创始国的委内瑞拉和1973年、2007年两次加入的厄瓜多尔。自成立以来，石油输出国组织对世界油价和国际关系影响深远，拉美力量始终是其中不可忽视的一支力量。

在这一时期，拉美积极参与全球经济治理的成果是卓有成效的，并且和世界经济复苏保持趋同:二战结束后的30年中,拉美地区经济迅速发展,GDP、人均GDP和出口的年均增长率分别为5.6%、2.7%和4.3%,显著高于两次世界大战期间。更值得一提的是,这一时期的经济增长主要由制造业推动——制造业在GDP中的比重从二战前约为18%提升至1973年的26%,年平均增长率为6.8%。但是,在经济取得发展的同时,拉美地区的经济发展水平始终差异较大,经济体量亦有差距,区域内发展的不均衡始终存在。不平衡对拉美一体化,特别是一体化进程下的拉美各国参与全球经济治理产生了长期的影响。

2. 布雷顿森林体系的终结、石油危机至次贷危机(1973~2008年)

随着布雷顿森林体系的终结和第一次石油危机的爆发,全球经济进入了衰退期,以美国为代表的发达经济体则发生了以"滞涨"为主要特征的经济危机。在此期间,全球经济治理的特点表现在:第一,随着布雷顿森林体系的终结,世界金融市场发生了重大变革;第二,经济危机频发,政府首脑会议/对话性质的国家组织成立,新兴经济体在全球经济治理中的地位日渐提升;第三,全球一体化和区域一体化程度加强、脚步加快。

G7/G8①的成立成为这一时期全球经济治理最重要的事件之一,并对未来的全球经济格局和全球经济治理格局产生了重大影响。在1997年亚洲金融危机之后,G20成立。G20在原有G7的基础上加入了"金砖五国"和其他7个重要经济体。尽管二者成立的背景都是为了防止和解决金融危机,但不同于全部由发达经济体国家组成的七国集团,二十国集团的成员中新兴工业国家和发展中经济体占了绝大多数。二十国集团的成立标志着新兴经济体在全球经济治理中地位的总体上升。

在G20中,拉美成为不可忽视的一支力量:阿根廷、巴西和墨西哥均是G20成员,墨西哥于2012年主办了第七次二十国集团领导人峰会,第十三次领导人峰会亦将于2018年在阿根廷举办。属于G20对话框架下的财政部长及中央银行行长会议亦分别曾于2003年在墨西哥和2008年在巴西召开。

---

① 随着加入成员国数量的变化,G7/G8集团也曾被称为G5、G6。

全球一体化和区域一体化程度加强是这一阶段全球经济治理的另一特点，表现为共同市场和全球、区域贸易协定的签署。随着二战后经济的发展，全球化程度提高，国家、区域间的经贸往来日益频繁，对共同市场的呼声亦日益高涨。自20世纪80年代起，欧洲一体化进程加快，1992年7月签订的《马斯特里赫特条约》标志着欧洲共同体的成立，欧盟由贸易实体逐渐转变为政治和经济联盟，1999年欧元的推出更进一步完善了欧洲单一市场。同一时期，北美自由贸易协议（NAFTA）签订，成为当时世界最大的区域经济一体化组织。北美自由贸易协定的签署方一共三国，分别为美国、加拿大和墨西哥。墨西哥是其中唯一的发展中经济体，也是唯一的拉丁语系国家。

另一个对全球经济治理影响深远、拉美国家亦密切参与其中的国际性经济合作组织为亚洲太平洋经济合作组织（APEC）。该组织始设于1989年，智利、墨西哥、秘鲁为其正式成员，哥斯达黎加、哥伦比亚、厄瓜多尔和巴拿马亦曾提出加入申请。同时期的拉美境内的区域贸易协定的进程也不断发展、扩大。这一时期拉美最重要的区域贸易协定当属1991年成立的南方共同市场（MERCOSUR，以下简称"南共市"）——这是南美大陆最大的经济一体化组织，是南美大陆国在一体化进程中参与全球经济治理和政治治理的代表性力量。

3. 后次贷危机时期（2008~2016年）

在经历了席卷全球的次贷危机之后，全球经济治理格局又产生了新的变化。这些变化具体表现在：第一，全球经济治理日益呈现多元化，国家间治理体系、区域间治理体系和全球治理体系共存，联系日益紧密；第二，多边协议的效力增强，现有的国际组织在经历了金融危机之后纷纷进入全新的改革期；第三，发展中经济体的信誉普遍上升，整体经济得到了增长，在国际事务上的声音日渐响亮。

在进入21世纪的将近20年中，发展中经济体在全球经济治理中的地位日趋重要，新兴和发展中国家在全球商品产出中所占的份额增长了100%，成为世界贸易和发展的主要力量。然而，发展中经济体在世界银行、IMF等现行国际经济治理体系下的重要金融机构中的投票比例并未得到同比提高。

以国际货币基金组织为例,整个拉美的投票权为8.28%,相较于美国的16.52%,仅为其一半;拉美国家中最高的是巴西,为2.23%;墨西哥其次,为1.80%(见表4)。

表4 拉美各国在国际机构中的投票权

单位:%

国家和地区	世界银行	IMF	国家和地区	世界银行	IMF
安提瓜和巴布达	0.05	0.03	海地	0.08	0.06
阿根廷	0.81	0.66	洪都拉斯	0.06	0.08
巴哈马	0.11	0.07	牙买加	0.15	0.11
巴巴多斯	0.07	0.05	墨西哥	1.46	1.80
伯利兹	0.05	0.03	尼加拉瓜	0.06	0.08
玻利维亚	0.06	0.06	巴拿马	0.05	0.10
巴西	1.85	2.23	巴拉圭	0.08	0.07
智利	0.46	0.38	秘鲁	0.36	0.29
哥伦比亚	0.45	0.44	圣基茨和尼维斯	0.04	0.03
哥斯达黎加	0.08	0.10	圣卢西亚	0.05	0.03
多米尼加	0.05	0.03	圣文森特	0.04	0.03
多米尼克	0.12	0.12	特立尼达和多巴哥	0.14	0.12
厄瓜多尔	0.15	0.17	乌拉圭	0.18	0.11
萨尔瓦多	0.04	0.09	委内瑞拉	0.90	0.77
格林纳达	0.05	0.03	拉美	8.17	8.28
危地马拉	0.12	0.11	美国	16.51	16.54

资料来源:世界银行、IMF官方网站。

在此状况下,拉美积极参与现有全球经济治理体系的改革。由于全球经济治理体系下的重要机构改革进展缓慢,多边经济合作组织无法满足发展中经济体的利益,越来越多的区域性金融机构建立,成为后金融危机时代全球经济治理体系的新力量、新声音。其中,金砖国家集团正是发展中经济体参与和完善全球经济治理、提高治理体系中的话语权的最新尝试。巴西作为拉美的代表,与其他四国一起共同推动全球经济治理继续向前发展。同时,随着金砖国家新开发银行的成立,全新的、由发展中经济体创立并主要面向发展中经济体的区域性货币协定和援助机制开始生效,拉美正是这一时期南半球势力在全球经济治理整体提升过程中不可忽视的一环。

这一时期拉美积极参加全球经济治理的另一个重要表现是拉美区域一体化的进程进一步向前推进。南美洲国家联盟(UNASUR)、美洲玻利瓦尔联盟(ALBA)、拉美和加勒比国家共同体(CELAC)、太平洋联盟(Alianza del Pacífico)等一系列象征着区域一体化程度加强的组织和机构在这段时间纷纷成立。相较于更早成立的南共市,除了太平洋联盟是以经济一体化为核心,UNASUR、ALBA和CELAC究其本质,核心是政治一体化。当然,随着经济治理在全球治理中的地位日益加强,这些一体化机构和组织依然将(区域)经济治理放在相当重要的位置,如美洲玻利瓦尔联盟内的人民贸易协定(Commercial Treaty of the People)和南美洲国家联盟计划在2019年推行的南美洲共同市场都说明了拉美在追求政治一体化的同时,也始终重视经济一体化,而经济一体化恰恰是自二战以来全球经济治理的一个重要趋势和标志。在全球性的金融危机之后,拉美的中小国家选择以加速政治、经济一体化的方式参与到全球经济治理的大格局中。

同时,值得一提的是,拉美对全球经济治理的贡献还体现在越来越多的拉美裔人士出任国际经济组织的行政首脑,如世界贸易组织、联合国粮食及农业组织的总干事均来自巴西。这从侧面表现出拉美在全球经济治理体系中重要参与者的地位和地位正在逐步加强。

(三)全球经济治理体系中拉美作用的制约因素

回顾拉美在全球经济治理体系中的参与可以发现,该地区在全球经济治理中的参与已由双轴向三轴并行转化。一方面,拉美是新兴和发展中经济体中的先行先试者,积极参与了传统治理体系;另一方面,拉美在改革全球经济治理方面发挥了一定的引领作用,是新型治理机构的主要参与方之一。此外,拉美在参与全球性经济治理框架的同时,还在持续通过区域性治理机构参与和影响全球治理。因此,整体而言,在新兴和发展中经济体中,拉美参与全球经济治理具有相对丰富的经验和一定的领先性。但是,在现行全球经济治理体系中,拉美始终以参与者和追随者的身份存在,在其拥有明显比较优势的资源和市场领域始终未能形成有效的话语权和决策权,未能发挥与其经济地位和资源禀赋相适应的领导者作用。而造成拉美在全球经济治理中的当下地位的诸多因素中,经济结构和发展水平的抑制作用最为突出。

在经济结构方面,拉美是世界上最重要的原材料商品生产地之一。优异的自然条件使拉美成为粮食和其他农业制成品、包括铜矿和铁矿在内的众多天然矿石以及原油的重要出口地区。而且,拉美的原材料出口在其总商品出口中的比例远远高于世界平均水平,而工业制成品出口则远远低于世界平均水平。表5为1962~2015年拉美和全球商品出口中各项产品所占的百分比,结合图5和图6不难发现,虽然拉美的工业制成品出口在全部商品出口中的占比呈现逐年提升的局势,但始终低于全球平均水平。

表5 拉美和全球商品出口平均比值

地区	铁矿石和其他金属	工业制成品	石油	食品	农产品和原材料
拉美	13.094%	32.814%	18.069%	30.490%	4.952%
全球	4.715%	64.921%	11.401%	12.518%	4.064%

注:数据显示的是拉美和全球商品总出口中各项出口品1962~2015年的平均比值。
资料来源:世界银行。

以大宗商品、原材料为主的商品出口结构使拉美经济对外部市场有着极强的依赖性,受外部周期影响大,货币系统和汇率系统相对脆弱,经济发展水平波动率大;拉美区域内贸易水平普遍低于世界其他地区,整个区域的经济发展具有很强的趋同性,经济危机一旦爆发,很容易在整个区域内蔓延;在经济外部依赖性强且经济增长并不稳定的前提下,拉美的大多数国家客观上只能选择"参与"而非"主导"全球经济治理。

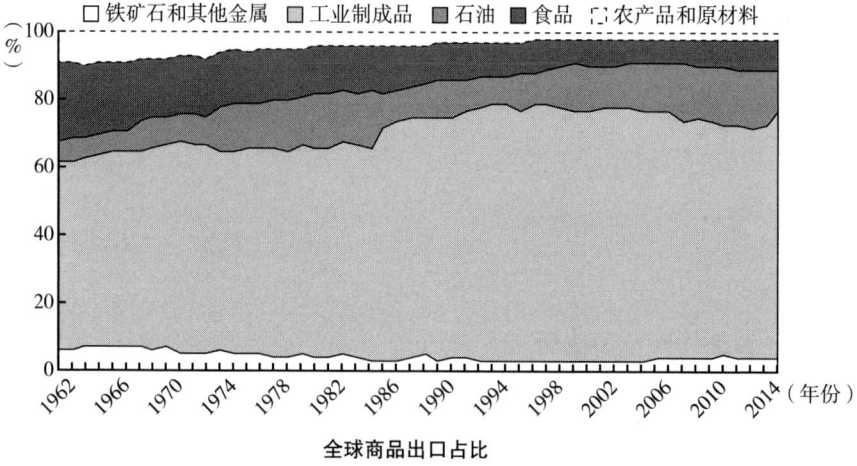

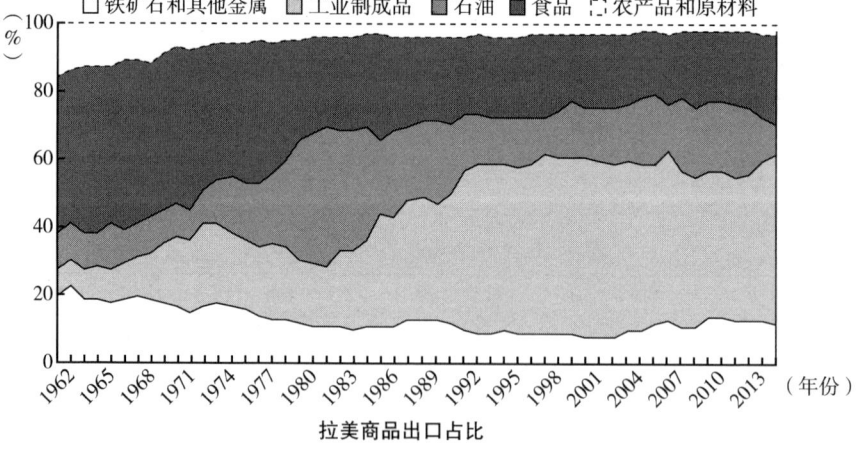

图5 全球与拉美商品出口中各项出口品的占比

注：图中为全世界以及拉美商品总出口中各项出口品的逐年占比。
资料来源：世界银行。

在发展水平方面，拉美的经济发展程度并不均衡，区域一体化进程持续推动，但尚未出现类似欧盟的组织，也没有形成统一货币，这使拉美各国在全球经济治理中的地位和作用也"因国而异"——经济发展程度高的国家如巴西和墨西哥能发出更多的声音，在全球经济治理中发挥的作用也更大，但加勒比小国则更多的是接受全球经济治理的果实。另

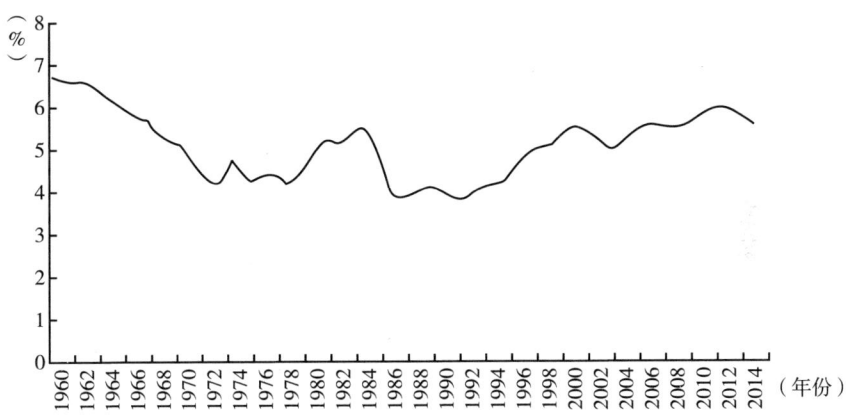

图 6　1960~2015 年拉美商品出口总额全球占比

资料来源：世界银行。

外，尽管"拉美"这一概念早已有之，但在具体参与全球经济治理时，由于区域内经济发展水平、主要贸易对象、地理位置、历史因素乃至意识形态的不同，呈现在世人面前的更多的还是碎片化的"拉美各国"，而非"拉美"。

四　全球经济治理体系下的中拉共同利益

在中国式全球治理理念不断完善的同时，中国始终坚持发展中国家的国际定位，加强与新兴和发展中国家的沟通合作。2015 年 9 月，习近平主席在访问联合国总部时明确指出：中国是发展中国家一员，中国的发展机遇将同发展中国家共享；中方将把自身发展和发展中国家共同发展紧密联系起来，把中国梦和发展中国家人民过上美好生活的梦想紧密联系起来，携手走出一条共同发展的康庄大道。作为新兴和发展中经济体最为密集的地区之一，拉美与中国在全球经济治理体系变革中的共同利益不断扩大。2016 年 11 月，中国发布了第二份对拉美和加勒比政策文件，文件中明确指出"中方愿同拉美和加勒比国家深化南南合作，巩固多边贸易体制，推动全球治理

改革,共建开放型世界经济体系"。① 这不仅为中拉合力打造命运共同体开启了历史新起点,也为推进中拉全面合作伙伴关系迈向更高水平做出了"顶层设计"。在此背景下,经贸合作不仅是推动中拉合作升级转型的核心动力,还成为推动双方实现共同利益的重要途径。

(一)全球经济治理体系下中拉合作的背景

世界经济正处于深度调整和孕育变革之中。中拉合作的背景主要体现在地缘政治因素错综交织,地区冲突和动荡时起彼伏,原本疲弱的复苏环境变得更加脆弱;各区域经济增长分化加剧、保护主义抬头,"贸易战"和"汇率战"的风险正在凝聚;全球宏观经济政策难现2009~2012年"共克时艰"联合应对危机的协调,欧盟、日本的宽松货币政策与美国的紧缩货币政策形成鲜明对比,而新兴市场经济体因美国2017年存在的3次加息预期面临资本大规模撤离的压力;涵盖贸易、货币、投资体系等的全球治理体系因为新兴市场集体崛起正在酝酿新的变革;以新能源、大数据、互联网等为代表的新一轮科技和产业革命孕育兴起,无论是发达国家还是发展中国家,都在积极寻找开启下一轮增长周期的发力点。

顺应世界经济格局的变化,中拉双方的合作内容和方向也发生了变化,为全球经济治理体系提供了新的理念和更多的公共产品。一方面,中国正在积极为世界和中拉合作贡献信心和智慧。自2010年党的十七届五中全会关于"十二五"规划的建议中首次提出"中国应积极参与全球经济治理"后,中国的全球经济治理理念逐渐完善。十八大报告明确了中国将积极参与多边事务,支持联合国、二十国集团、上海合作组织、金砖国家等发挥积极作用,推动国际秩序和国际体系朝着公正合理的方向发展。十八届五中全会提出,中国将积极参与全球经济治理和公共产品供给,提高自身在全球经济治理中的制度性话语权,构建广泛的利益共同体,促进国际经济秩序朝着平等

---

① 详见《中国对拉美和加勒比政策文件(全文)》,新华网,http://news.xinhuanet.com/2016-11/24/c_1119980472.htm,检索日期:2017年1月11日。

公正、合作共赢的方向发展。2016年9月,在G20工商峰会开幕式上的主旨演讲中,习近平主席首次全面阐述中国"共商共建共享"的全球经济治理观,指出当前全球经济治理的重点是"共同构建公正高效的全球金融治理格局,维护世界经济稳定大局;共同构建开放透明的全球贸易和投资治理格局,巩固多边贸易体制,释放全球经贸投资合作潜力;共同构建绿色低碳的全球能源治理格局,推动全球绿色发展合作;共同构建包容联动的全球发展治理格局,以落实联合国2030年可持续发展议程为目标,共同增进全人类福祉"。此后,在2016年10月的金砖国家领导人第八次会晤和11月的APEC领导人非正式会议中,中国始终强调经济全球化是大势所趋,封闭和排他性安排不是正确选择,强调要促进贸易和投资自由化、便利化,反对一切形式的保护主义。同时,习近平主席用"促进经济一体化,建设开放型经济""促进互联互通,实现联动发展""促进改革创新,增强内生动力""促进合作共赢,深化伙伴关系"贡献了实现亚太长远繁荣的"中国方案"。更令人兴奋的是,中国第二份对拉政策文件的适时发布不仅确认了"五位一体"的新格局,而且为推动中拉合作向更高水平迈进提出了务实的"行动指南"。

另一方面,周期和结构因素促使中拉经贸合作的性质发生变化。这主要表现在三个方面。其一,双边贸易高速增长时代已经趋于结束。根据CEIC数据库的统计,2000~2012年中拉贸易年均增长率达到28.7%。2013~2015年贸易增速开始放缓,2013年和2014年增长率分别为0.04%和0.7%,2015年下降10.4%(见图7)。造成这一结果的主要原因有三个方面。一是相对于数量因素,国际初级产品价格下跌对中拉贸易总额的影响更大。二是中拉贸易的"双高"特征,即国别和初级产品集中度高,导致贸易结构弹性适应环境变化的能力较差。三是鉴于中国经济"新常态"的变化,原有贸易结构提供的增长空间减少。因此,中拉贸易步入下降周期预示着双方专注贸易平衡、结构优化的时期开启。

其二,投资"接棒"贸易成为中拉合作的新引擎,并从集中于自然资源转向国际产能合作。从中国对外投资存量在世界的分布看,拉美是继亚洲

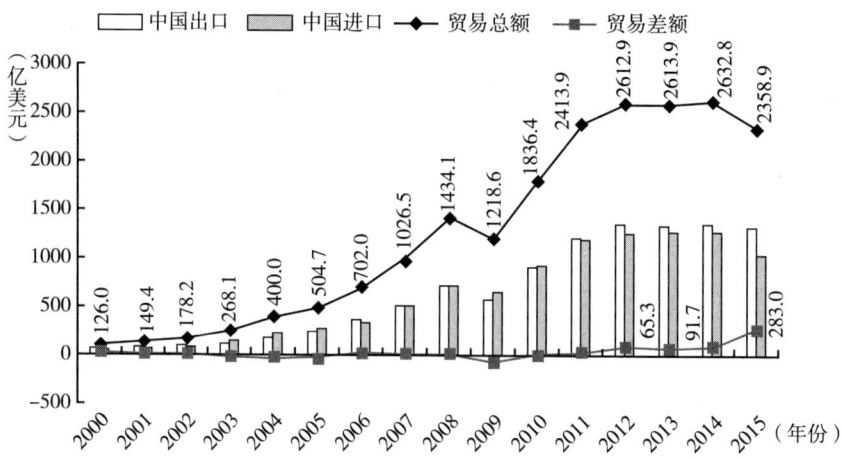

图7　2000~2015年中拉贸易变化趋势

资料来源：CEIC数据库。

之后中国对外投资的第二大目的地。2015年，亚洲、拉美和欧洲占中国对外投资的比重分别为70%、11.5%和7.6%[1]。如表6所示，截至2015年末，中国对拉美地区直接投资存量达到1263.2亿美元。尽管90%左右的中国对拉投资集中于开曼群岛和英属维尔京群岛，但是，2012年以来除上述两地区以外的其他拉美国家接收的中国投资占比明显增加。而且拉美经委会认为，中国对拉美FDI统计存在低估现象[2]。从投资领域看，除传统的能源资源合作，基础设施建设、农业、制造业、科技创新、信息技术等领域正在成为中拉经贸合作的新增长点。

其三，作为实体经济的催化剂，中拉金融合作由联合应对2008年金融危机阶段转入稳步推进货币合作、积极探索保险和金融租赁形式、拓展中国同拉美区域性金融机构合作等深耕时期（见表7）。

---

[1] 作者根据CEIC数据库数据计算，检索时间为2017年1月14日。
[2] 它认为主要原因包括：不是所有公司都对投资进行登记；中国和接收国之间信息不对称，许多公司通过在第三方持股的方式进行投资，第三方通常登记为金融或服务公司，如通过英属维尔京群岛、开曼群岛或者香港特别行政区进行投资；中国公司在基础设施建设上的投资很大，它们在接收国生产和提供各种服务，但这些计作出口而不是投资。

表6 2003～2015年中国对拉美地区直接投资存量

单位：百万美元

年份	拉美地区整体		拉美地区内部			不含开曼群岛和英属维尔京群岛	
	总计（年末）	占中国对外直接投资总存量的比重（%）	开曼群岛和英属维尔京群岛			金额（年末）	占拉美地区的比重（%）
			开曼群岛（年末）	英属维尔京群岛（年末）	两者合计占拉美地区的比重（%）		
2003	4619.32	13.9	3690.68	532.64	91.4	396	8.6
2004	8268.37	18.5	6659.91	1089.38	93.7	519.08	6.3
2005	11469.61	20.0	8935.59	1983.58	95.2	550.44	4.8
2006	19694.37	26.3	14209.19	4750.4	96.3	734.78	3.7
2007	24700.91	20.9	16810.68	6626.54	94.9	1263.69	5.1
2008	32240.15	17.5	20327.45	10477.33	95.5	1435.37	4.5
2009	30595.48	12.4	13577.07	15060.69	93.6	1957.72	6.4
2010	43875.64	13.8	17256.27	23242.76	92.3	3376.61	7.7
2011	55171.75	13.0	21692.32	29261.41	92.4	4218.02	7.6
2012	68211.63	12.8	30072.00	30850.95	89.3	7288.68	10.7
2013	86095.93	13.0	42324.06	33902.98	88.5	9868.89	11.5
2014	106111.1	12.0	44236.72	49320.41	88.2	12553.97	11.8
2015	126318.9	11.5	62404.08	51672.14	90.3	12242.68	9.7

资料来源：根据CEIC数据库计算，检索时间为2017年1月14日。

表7 应对危机时期和后危机时代中拉金融合作比较

金融合作	2013年以前	2013年以后
背景	2008年国际金融危机爆发；2010年欧债危机冲击；2009年G20被确定为世界经济首要论坛	G20峰会议题从金融领域扩展到发展问题，聚焦经济增长。2016年杭州G20峰会的主题为"构建创新、活力、联动、包容的世界经济"
主要内容	2009年1月12日中国正式成为美洲开发银行第48个成员国；中国和阿根廷、巴西签署双边货币互换协议；中国与巴西、委内瑞拉和厄瓜多尔签署"贷款换石油"协议；2007年中国与委内瑞拉设立联合融资基金；2012年"金砖五国"同意向IMF提供新注资；等等	1. 中国对拉美总融资安排规模达880亿美元：中国宣布设立300亿美元的中拉产能合作专项基金；中国与巴西共同宣布设立200亿美元中巴扩大产能合作基金；"1+3+6"中拉务实合作框架内包括200亿美元中拉基础设施专项贷款、100亿美元优惠性质贷款和50亿美元中拉合作基金；另外30亿美元为中国对加勒比国家的优惠贷款 2. 金砖国家新开发银行成立 3. 巴西加入亚洲基础设施投资银行
特点	危机时期旨在维护金融稳定；合作以双边为主	后危机时代旨在促进金融创新；合作以多边或区域金融机构为主

资料来源：笔者根据相关新闻整理、总结。

(二) 全球经济治理体系下的中拉共同选择

受世界经济复苏乏力影响，拉美地区也呈现出"经济低迷与风险犹存"的悲观预期。特别是2003～2008年大宗商品超级繁荣周期延缓了拉美国家内部结构性改革的步伐，使对外脆弱性、高度不平等以及结构异质性等拉美痼疾长期对增长形成约束。联合国拉美经委会的数据显示，2015年和2016年拉美经济分别衰退0.5%和1.1%，而且自2011年以来拉美已经连续6年处于经济下行周期[①]。这种外部环境不利、内部改革滞后的双重压力势必激发拉美国家发展战略"求变"的需求，这集中体现在经济增长模式转型之需、产业结构升级之需、区域一体化之需以及外部融资之需上。而2016年习近平主席在秘鲁国会演讲中指出，中国愿同拉美国家加强治国理政经验交流，增强宏观政策规划和协调，推动中国发展规划同拉美和加勒比国家发展战略衔接，这正是中拉经贸合作面临的新机遇。

第一，结构性改革将促进中拉双方合作提质增效。一般而言，经济增长会受周期因素和结构因素的双重影响。当一国经济结构符合其发展阶段的比较优势时，经济周期波动的影响可通过反周期的宏观政策熨平。可是，当宏观政策应对周期波动的边际效果下降时，它可能预示着结构因素已经超越周期因素成为阻碍该国经济增长的主要因素，那么结构性改革便呼之欲出。当前中拉两国正面临这种情况。一方面，中国进入经济中速增长的"新常态"，正在通过供给侧改革提高潜在增长率，另一方面，拉美国家正在实施结构性改革以促进包容性增长，两者共同决定了结构因素已经成为影响中拉经贸合作深化的主要因素。

从需求角度看，中国和拉美经济增长方式互为镜像，都存在消费、投资和净出口不协调的方面。中国开始从投资拉动型向内需主导型经济转变，更加注重释放有效需求，强调提高消费率、适当降低投资率，而拉美则需要适

---

① CEPAL, *2016 Preliminary Overview of the Economies of Latin America and the Caribbean*, Dec. 2016, p. 83.

当降低消费率、提高投资率,更加注重产业政策和吸引外资的作用。2009年以来中国消费率和投资率分别大致保持在50%和47%的水平,而拉美则分别为80%和21%,双方互鉴空间较大。而从产业角度看,自2012年以来中国服务业产值超过工业,产业结构升级开始加速,而拉美经过20世纪80~90年代的"去工业化",虽然服务业保持了约65%的比重,但是工业占比已经低于30%①。

显然,中国结构性改革的步伐快于拉美国家。对于前者而言,当前"中国居民消费和服务业成为经济增长的主要动力,2016年前三季度第三产业增加值占国内生产总值的比重为52.8%,国内消费对经济增长的贡献率达71%"。② 对于后者而言,21世纪以来拉美地区"出口原材料、进口资本品"的特征始终很突出(见表8),进出口结构的单一性意味着拉美结构升级较为缓慢。因此,随着中国结构性改革的外溢效应逐渐发挥,中拉经贸合作将催生新的机遇。其一,中国消费作用提升以及消费模式转型将增加对拉美国家高附加值消费品的进口需求,进而有利于其出口结构多元化。其二,中国对海外投资的政策激励将促进中拉产能合作,有利于弥补拉美制造业竞争力的缺失,从而推进拉美再工业化进程。其三,随着中国服务业地位的提升,服务贸易将逐渐弥补货物贸易失速的缺口,成为中拉贸易的新增长点。

表8 2001~2015年拉美地区进出口结构占比

年份	出口(%)				进口(%)			
	原材料	中间产品	消费品	资本品	原材料	中间产品	消费品	资本品
2001	22.76	19.04	29.02	25.57	7.57	21.96	29.40	38.81
2003	26.26	20.60	25.79	24.08	8.60	23.19	29.20	36.76
2005	28.92	20.88	25.90	21.42	8.78	23.14	29.29	36.88
2007	27.15	23.00	23.84	20.41	8.83	22.19	29.37	33.00
2009	31.19	22.40	23.98	18.36	8.70	22.80	29.82	36.18

---

① 根据CEIC数据库数据计算,检索时间为2017年1月20日。
② 习近平:《共担时代责任、共促全球发展——在世界经济论坛2017年年会开幕式上的主旨演讲》,新浪网,http://finance.sina.com.cn/world/gjcj/2017-01-18/doc-ifxzqnva3903301.shtml。

续表

年份	出口(%)				进口(%)			
	原材料	中间产品	消费品	资本品	原材料	中间产品	消费品	资本品
2011	36.51	21.98	18.26	17.71	8.51	23.01	31.77	34.53
2013	36.75	19.84	20.18	20.37	7.91	21.87	32.13	35.68
2015	27.40	21.20	21.60	26.60	6.30	22.46	31.18	37.34

资料来源：世界综合贸易解决方案（WITS），http：//wits.worldbank.org/CountryProfile/en/Country/LCN/Year/2001/TradeFlow/Export/Partner/WLD/Product/all-groups。

第二，多边主义停滞赋予区域内和跨区域一体化新契机。当前，英国脱欧即将进入正式谈判程序以及美国新任总统特朗普表现出"美国优先"的保护主义倾向，给经济全球化造成了负面影响。这种形势客观上给区域内和跨区域一体化提供了契机。其一，拉美是世界上区域内贸易比例最低的地区之一。拉美区域内贸易占其贸易总额的比例为18%，而在欧盟该比例为63%，在北美、东亚及东南亚均占比50%。① 经验显示，相比于区域外贸易，区域内贸易更具有多元化的特征，高附加值产品出口也集中，而且有更多的中小企业参与，有利于就业创造。因此，拉美经委会一直提倡加快区域内一体化以实现"以平等为目标的结构变革战略"，即通过贸易一体化加强总需求，以弥补发达国家留下的需求缺口；通过生产一体化（重组价值链以及共享基础设施）提高生产率和竞争力；通过金融一体化增强区域抵御外部冲击的能力。其二，拉美国家参与亚洲价值链的热情和机会增加。特朗普贸易政策的实质"是要从以规则为基础的多边主义向以实力为基础的双边主义转变"②，这将挫伤实力较弱的拉美国家与其贸易的积极性。而且美国政府未来会更加关注贸易执法，而不是推动贸易自由化，这可能导致美国与其他国家的贸易摩擦增加。而中国一直倡导建设开放型世界经济，这将增加对拉美国家参与亚太区域一体化的吸引力。因此，中国将在巩固原有优势

---

① CEPAL, *Horizons 2030: Equality at the Centre of Sustainable Development*, May 2016, p.155.
② 宋泓：《特朗普上台后美国贸易及相关政策的变化和影响》，《国际经济评论》2017年第1期。

的基础上，通过签订双边自由贸易协定和跨区域自由贸易区谈判，加大与拉美区域一体化的融合力度。

第三，中拉基础设施合作与"一带一路"倡议的精髓吻合。国家或地区生产一体化主要依赖于包括交通、物流、能源和电信等在内的完善的基础设施的可利用性。这些物理性网络通过承载贸易流和价值链，成为连接国家或地区与世界其他地区经济关系的必要系统。据拉美经委会预计，2006～2020年拉美地区应该每年拿出占GDP5.2%的投资用于满足经济增长所引发的基础设施需求。如果到2020年要实现消除人均基础设施存量与东亚高增长经济体之间的差距，拉美地区在2006～2020年要使年均投资额占GDP的比例达到7.9%，即为2007～2008年平均支出的4倍。①

与此同时，从2013年中国提出"一带一路"倡议到现在3年多的实践，目前已经有100多个国家和国际组织参与其中，中国同30多个沿线国家签署了共建"一带一路"合作协议，同20多个国家开展了国际产能合作，以亚洲基础设施投资银行（以下简称"亚投行"）、丝路基金为代表的金融合作不断深入。2015年，中国同"一带一路"参与国的双边贸易额突破1万亿美元，中国企业对沿线国家的直接投资额近150亿美元②。虽然拉美地区尚未纳入"一带一路"沿线范畴，但是中拉基础设施合作符合"一带一路"倡议的精髓（政策沟通、设施联通、贸易畅通、资金融通、民心相通）。特别是基础设施互联互通是"一带一路"建设的优先领域。目前拉美地区基础设施一体化项目主要有南美基础设施一体化项目（IIRSA），中美洲交通、能源和通信设施项目，以及安第斯电力联网系统（Andean Electrical Power Interconnection System）。凭借多年积累的技术、资金、人才优势，加之对政府和社会资本合作（PPP）模式的探索，中国必将在促进拉美基础设施互联互通上大有作为。2017年5月，中国将在北京主办"一带一路"国际合作高峰论坛，届时更多的拉美国家将会关注这种联动式发

---

① 参见 CEPAL, *Regional Integration: Towards an Inclusive Value Chain Strategy*, May 2014, p. 80.
② 参见新华社《以钉钉子精神推进"一带一路"建设》，http://news.xinhuanet.com/politics/2016-08/17/c_1119409415.htm。

展。

第四,金融合作和创新将为改善全球经济治理积累经验。目前中国已经成为全球经济金融体系的重要参与者和改革者。由中国发起设立的金砖国家新开发银行开创了发展中国家组建多边开发机构、开展金融合作的先例。亚投行的成立为全球金融治理与合作提供了新模式。积极推动IMF和世界银行份额改革、人民币加入IMF特别提款权货币篮子以及建立丝路基金等也是中国在国际经济治理中的重要突破。对于拉美而言,由于大部分拉美国家属于中等收入国家,它们较难获得优惠性的外部融资,因此,为了为反周期财政政策融资,它们需要积极调动国内外资源。基于上述背景,在巩固双边金融合作的基础上,中拉合作基金、优惠性质贷款、基础设施专项贷款、中拉产能合作投资基金以及中国—加勒比相关融资安排将逐渐发挥更大的作用,同时,保险、金融租赁等新的合作形式将得到尝试。这些将为改善全球经济金融治理积累宝贵的实践经验。

第五,中拉参与全球经济治理的合作力度将增加。其一,中拉合作由"1+33"迈向"1+1",平台不断扩大。2012年6月,时任中国国家总理温家宝在联合国拉美经委会的演讲中提出了成立中拉合作论坛的倡议。2014年7月,习近平主席同11个拉美国家领导人在巴西共同宣布成立中拉论坛,开启了中拉整体合作进程。2015年1月,中拉论坛首届部长级会议在北京举行,会议通过了《中国—拉共体论坛首届部长级会议北京宣言》《中国与拉美和加勒比国家合作规划(2015~2019)》和《中国—拉共体论坛机制设置和运行规划》3个重要成果文件。中拉论坛的成立实现了中国与全球区域(尤其是发展中地区)整体合作的全覆盖。2018年中拉论坛将在智利召开,双方对合作充满期待。其二,合作议题不断扩大。从2016年G20杭州峰会框架对贸易投资合作的突破,到落实2030年可持续发展议程、消除贫困、应对危机及气候变化等,中拉双方发展利益的融合度逐渐提高,这不仅为改善全球经济治理、提高新兴市场在国际政治经济事务中的影响力和话语权做了贡献,而且最终为推动全球治理体系朝着公正合理的方向发展做出了重要贡献。

五　面向发展共享的中拉经济合作

经济全球化发展至今，虽然根本趋势并未发生逆转，但是道路并非一帆风顺。2008～2009年由美国次贷危机引发的全球金融危机持续发酵，形式从银行危机到主权债务危机，再到企业的"去杠杆"，传递渠道也从美国转向欧洲，再到新兴经济体，其影响至今尚未消除。而2016年6月英国脱欧事件让深陷债务危机、难民危机、民粹泛滥等影响的欧洲一体化进程雪上加霜，更为严峻的是，其可能在欧洲引发"多米诺骨牌"效应。而11月9日共和党候选人唐纳德·特朗普当选美国第45任总统又让世界秩序演变面临新的不确定性，因为其贸易保护主义倾向很可能给经济全球化蒙上阴影。面对如此复杂多变的世界形势，全球经济治理势必遭遇严峻的挑战，并进入深度变革期。中拉经济合作正在为适应这种变化而进行深度的结构性改革，以期形成共享式发展，创造更大的外溢效应，促进全球经济治理体系的完善。中拉经贸合作顺应全球经济治理发展的时代潮流。中国一直倡议全球经济治理应该"以平等为基础""以开放为导向""以合作为动力""以共享为目标"①，坚持"共商共建共享"的原则，共同增进全人类福祉。而从经济学角度考察，未来中拉合作的演进方向将沿着降低交易成本、发挥比较优势和共同应对外部性三条主线展开，这些将为改善全球经济治理做出基础性和建设性的贡献。

首先，降低交易成本是提高合作效率的源泉。这主要体现在三个层次上。第一，无论是政治高层交往、治国理政经验交流，还是人文交流，都有利于促进民心相通、加强相互了解。第二，磋商和对话机制的常态化是合作的制度保障。高层协调与合作委员会、高级混合委员会、政府间常设委员会、战略对话、经贸混合委员会、政治磋商等机制都发挥了重要作用。而

---

① 参见《习近平：中国发展新起点全球增长新蓝图——在二十国集团工商峰会开幕式上的主旨演讲》，人民网，http://cpc.people.com.cn/n1/2016/0905/c64094-28690521.html。

且，2015年中拉论坛的创建，以及待条件成熟时领导人有望共同出席峰会的预期将合作机制化水平推向了更高阶段。第三，促进贸易投资便利化是关键举措。例如，中秘、中智分别启动自由贸易协定升级可行性联合研究和升级谈判，将为双边经贸合作注入新的动力。

其次，充分发挥比较优势是合作共赢的基础。从静态比较优势看，拉美将凭借资源能源以及以资源为基础的制成品成为中国能源供给多元化和工业原料供应的重要渠道，而中国的优质产能和优势装备对接拉美国家的需求，有助于拉美提高自主发展能力。从动态比较优势看，以客户工业为主的墨西哥和中美洲国家为突破外需萎缩、保护主义抬头的"重围"，正在进行技术创新和产品升级的改革；以初级产品出口为主的南美国家为摆脱"资源诅咒"的宿命及规避大宗商品价格波动的风险，除进行产业升级外，还在积极融入亚洲的产业链以扩大产业内贸易。而中国正在将高铁、核电、航天等技术与装备打造为布局互联互通网络的优势产品，这也有利于拉美地区实现生产和基础设施一体化的目标。

最后，应对外部性是合作发展的共同诉求。中拉双方在改善全球经济治理，落实2030年可持续发展议程，应对气候变化、网络安全及各种危机（金融危机、石油危机、粮食危机）等方面具有共同利益。例如，中拉将从三个方面进行全球经济治理的合作：加强在G20、APEC、IMF等国际经济金融组织和机制中的协调配合，推动以世界贸易组织为核心的多边贸易体制发展；推动IMF、世界银行治理结构的改革，增加新兴市场国家和发展中国家的代表性；推动全球金融安全网建设，提升全球应对系统性冲击的能力。因此，中拉深化国际协调和合作具有重要意义，这也将为经济全球化时代中的南南合作树立典范。

（柴瑜　审读）

形势报告
Situation Reports

Y.2
2016~2017年拉美政治形势：
左翼失去地区政治的主导权

杨建民*

摘　要： 2016年拉美地区政局相对平稳，政府换届均在宪法框架内进行，但委内瑞拉等国家政局出现不稳定和紧张状态。2016年巴西罗塞夫总统被弹劾下台，特梅尔组织了中右翼政府，巴西政治实现右转，拉美左翼占优的政治格局发生了根本变化。左翼共识正在退却，右翼共识正在形成，拉美地区内外的右翼力量将继续发动攻势，迫使左翼政党下台。委内瑞拉等左翼政权面临空前挑战。2017年，除关注智利等国家的选举外，右翼开始执政国家的政策变化也值得跟踪研究。

---

* 杨建民，法学博士，中国社会科学院拉丁美洲研究所研究员、政治研究室主任、古巴研究中心执行主任。

拉美黄皮书

关键词： 左翼政府　政治主导权　右翼共识　拉美地区

2016年拉美地区政局相对平稳，政府换届均在宪法框架内进行，但委内瑞拉等国家政局出现不稳定和紧张状态。2016年共有牙买加、秘鲁、多米尼加、圣卢西亚、尼加拉瓜和海地6个国家举行大选。多米尼加、尼加拉瓜和海地的执政党赢得选举；秘鲁、牙买加和圣卢西亚的反对党赢得选举，执政党发生更迭。同样，执政党发生更迭的还有巴西，迪尔玛·罗塞夫（Dilma Rousseff）总统被弹劾下台，左翼劳工党连续执政13年的局面被终结，巴西政治实现右转。虽然委内瑞拉、厄瓜多尔、玻利维亚、乌拉圭、尼加拉瓜和智利的左翼政府继续执政，但拉美左翼占优的政治格局发生了根本变化。

一　拉美政局动态——选举与公民投票

2016年，牙买加、秘鲁、多米尼加、圣卢西亚、海地和尼加拉瓜举行大选，在宪法框架内通过选举实现了政府换届。2016年2月玻利维亚举行了关于延长总统连选连任两次的宪法修正案公投，同年10月哥伦比亚就政府与哥伦比亚革命武装力量（FARC）达成的和平协议进行公投，这两次公投都没有获得通过。

2016年2月25日，牙买加举行大选，反对党工党取得众议院63个席位中的33席，其领袖安德鲁·米切尔·霍尔尼斯（Andrew Michael Holness）组织内阁，出任总理。人民民族党则获得其余30个议会席位。工党在竞选中提出了经济社会改革"十点计划"，采取降低个人所得税等措施，以努力振兴经济，创造更多的就业，解决住房、教育、医疗等社会问题。霍尔尼斯在胜选后表示，新政府将致力于提振经济、改善民生，带领牙买加"从贫困走向繁荣"。

2016年4月10日，秘鲁举行了第一轮大选。前总统藤森的女儿、中右翼的人民力量党候选人藤森庆子（Keiko Fujimori）领先，获得39.86%的选票；同样是中右翼的"为了变革的秘鲁人"党候选人巴勃罗·库琴斯基（Pablo Kuczynski）名列第二，获得21%的选票。上述两名候选人进入了2016年6月5日的第二轮大选。传统政党阿普拉党候选人、前总统阿兰·加西亚（Alan Garcia）因涉嫌腐败，仅获得5%的选票，列第五位；秘鲁可行党候选人、前总统亚历杭德罗·托莱多（Alejandro Toledo）仅获得1.31%的选票，名列第八位；执政的秘鲁民族主义党候选人米尔顿·冯·赫西（Milton Von Hesse）则在选前退出了选举。最终，选举结果出乎经济学人智库（EIU）等国际智库关于藤森庆子可能在第二轮选举中当选总统的预料，① 库琴斯基实现翻盘，以0.24个百分点的微弱优势当选总统。② 但是，藤森庆子的人民力量党成为议会第一大党，获得议会130个席位中的73席。③

秘鲁民众曾于选前的4月5日举行大规模示威游行，当天是藤森庆子的父亲、前总统藤森在1992年发动"自我政变"的纪念日。这使秘鲁选举分裂为"反藤森主义"和"藤森主义"两派。因库琴斯基只在秘鲁民主政府中任过职，所以他代表"反藤森主义"，吸引了首轮选举排名第三、第四及第五的候选人的选票。这三人分别为左翼候选人韦罗妮卡·门多萨、中左翼候选人阿尔弗雷多·巴内切亚和前总统阿兰·加西亚，他们分别赢得了大约17%、7%、5%的选票。

2016年5月20日，多米尼加举行大选，多米尼加解放党候选人、现任总统达尼洛·梅迪纳（Danilo Medina）获得超过61%的选票，在首轮选举中胜出，蝉联总统。执政的多米尼加解放党在参众两院的选举中也获得压倒性胜利。2015年6月12日，多米尼加议会通过宪法修正案，允许总统可以连任两届，每届任期4年。

2016年6月6日，圣卢西亚举行议会选举，反对党统一工人党（The United Workers Party）获得17个议会席位中的11席，击败了执政的圣卢西

---

① Economist Intelligence Unit, *Country Report-Peru*, Dec. 2015, p. 4.
② 藤森庆子和库琴斯基在第二轮总统选举中的得票率分别为49.88%和50.12%。
③ "Peruvian General Election, 2016," https：//en.wikipedia.org/wiki/Peruvian_general_election_2016.

亚工党（St. LuciaLabour Party）而胜选，统一工人党领袖艾伦·沙塔内（Allen Chastanet）出任总理。统一工人党和圣卢西亚工党在圣卢西亚长期轮流执政。工党政府由于采取扩大消费税征收范围以降低政府负债等措施，遭到民众反对。而统一工人党则趁机提出取消增值税、减免企业税和财产税、提高个人所得税征收门槛等竞选承诺，受到选民欢迎。

2016年11月6日，尼加拉瓜举行大选，选出总统、副总统、90位国会议员和20位中美洲议会代表。曾于2006年和2011年两度当选总统的桑地诺民族解放阵线（以下简称"桑解阵"）候选人奥尔特加（Daniel Ortega）及其夫人罗萨里奥·穆里略（Rosario Murillo）分别作为总统和副总统候选人参加大选。最终奥尔特加以72.5%的绝对多数票第三次就任总统，排名第二的立宪自由党候选人马克西米诺·罗德里格斯（Maximino Rodriguez）仅获得15%的选票。执政的桑解阵在议会获得了66%以上的绝对多数席位。

2015年10月20日，海地举行首轮总统选举。因没有候选人获得当选需要的多数，需要举行第二轮选举。但原定于当年12月27日举行的第二轮选举不断被推迟。2016年1月7日，海地临时选举委员会宣布将于1月24日举行第二轮总统选举，但实际上第二轮选举未能举行。2016年2月14日，海地组织了过渡政府，若瑟莱姆·普利韦尔（Jocelerme Privert）出任临时总统，埃内克斯·J. 让－夏尔（Enex J. Jean-Charles）出任过渡政府总理。随后，海地确定2015年举行的第一轮总统选举无效。

2016年11月20日，海地重新举行总统选举。根据11月28日海地临时选举委员会公布的总统选举初步结果，执政党海地光头党候选人霍韦内尔·莫依兹（Jovenel Moïse）以55.67%的得票率领先其他候选人。"为海地进步和解放而抉择联盟"候选人塞莱斯坦（Jude Célestin）以19.52%的得票率位居第二。莫依兹获得了选举的胜利，于2017年2月7日就职。

二 拉美左翼丧失地区政治的主导权

继2015年底阿根廷右翼变革联盟在选举中击败左翼正义党领导的"胜

利阵线"联盟上台后，2016年巴西的罗塞夫总统被弹劾下台，巴西政坛实现了右转。从此，左翼失去了在拉美地区政治中的主导权，中右翼执政党开始调整左翼执政时期的内外政策，挤压左翼在拉美执政的空间。虽然目前仍有不少中小国家的左翼在拉美国家执政，但2016年巴西政治的右转使拉美左翼彻底失去了地区政治的主导权。不仅如此，拉美还出现了新右翼政权与传统右翼合流的政策趋势，值得关注。

（一）巴西政治右转使拉美左翼失去了地区政治的主导权

2016年左翼总统罗塞夫被弹劾下台，巴西政治实现右转。2015年12月3日，众议院正式受理对罗塞夫的弹劾案。2016年5月12日，参议院临时中止罗塞夫总统职务6个月，巴西民主运动党人、副总统米歇尔·特梅尔（Michel Temer）任代理总统。2016年8月31日，参议院以61票赞成、20票反对通过了弹劾案，判定罗塞夫违反预算法，罢免其总统职务。特梅尔继而成为巴西第37位总统，任期至2018年12月。特梅尔执政后组织了以中右翼政党为主的执政联盟，结束了左翼劳工党在巴西连续执政13年的历史。巴西政治也更加碎片化，执政联盟以巴西民主运动党（PMDB）为主，包括右翼民主党、中派的巴西社会民主党等9个政党。不仅如此，劳工党还在2016年10月的市政选举中严重受挫。同时，为了给2018年大选蓄势，巴西各政党力量进入新一轮分化、重组与联盟的博弈阶段。

巴西左翼政府的下台是继2015年11月阿根廷左翼政党正义党领导的"胜利阵线"联盟在选举中落败以来拉美政治中的重大事件，标志着拉美地区左翼执政高潮的结束，拉美政治开始进入左右交替并以中右翼为主的新的执政周期。目前，只有委内瑞拉、智利、厄瓜多尔、乌拉圭、玻利维亚和尼加拉瓜等中小国家仍然由左翼政党执政，拉美地区的前四大经济体巴西、墨西哥、阿根廷和哥伦比亚均由中右翼政党或政党联盟执政，尤其是新近由左翼执政倒向中右翼执政的阿根廷和巴西将对拉美政治格局产生深刻的影响。

（二）传统的中右翼政府同样面临挑战，但政治相对稳定

墨西哥和哥伦比亚等国家的传统中右翼政府推进结构改革和国家重建进程，政治表现相对稳定，2016年经济也都实现了2%的正增长。

在墨西哥，恩里克·培尼亚·涅托（Enrique Peña Nieto）总统继续推进其结构改革。在结构改革取得重要进展的情况下，教育改革也在不断推进，但后者仍然存在相当大的阻力。尽管全国工商阶层对教育改革的支持率很高，但目前墨西哥两个全国性教育工作者工会对教育改革的态度不同，其中一个是有分离倾向的全国教育工作者协会（CNTE），它从2012年就反对政府的教育改革政策，2013年的大规模教师游行示威就是在其领导下发生的。2015年政府将原属CNTE管理的瓦哈卡州公共教育研究与其脱钩，又因该组织涉嫌洗钱冻结了其银行账户。虽然该组织受到了政府打击，但仍然在首都有着重要影响力。

培尼亚总统在2013~2014年虽然成功推动了结构改革，但其民众的支持率却因腐败等问题不断下降。2016年，培尼亚政府结构改革的设计者、财政部部长路易斯·比德加赖（Luis Videgaray）因建议邀请美国大选两位候选人到墨西哥访问造成不良影响而引咎辞职。墨西哥方面邀请美国总统候选人唐纳德·特朗普（Donald Trump）和希拉里·克林顿到墨访问本来是要增进共识，维护墨西哥的利益。结果特朗普率先访问墨西哥，在会见培尼亚总统时甚至明确提出要修建美墨边境隔离墙，并要求墨西哥方面支付费用。而希拉里在得知特朗普率先访问墨西哥后拒绝了邀请。此举被墨西哥舆论认为培尼亚和比德加赖对特朗普的态度过于软弱，使政府陷入非常难堪的境地，最终导致比德加赖辞职。①

2016年6月5日，墨西哥12个州举行州长选举，执政党革命制度党遭遇自2000年大选以来最为惨痛的失败，仅获得5个州长职位，获得州长职位的数量减少4个，包括人口众多的韦拉克鲁斯州。7月15日，党主席马里诺·法比奥·贝尔特龙内斯（Malino Fabio Beltrones）引咎辞职，由名不

---

① Economic Intelligence Unit（EIU），*Country Report*：*Mexico*，Oct. 2016，pp. 26-28.

见经传的技术官僚恩里克·奥乔亚（Enrique Ochoa）接任。虽然奥乔亚就任党主席饱受争议，但他受到培尼亚总统的支持，不出意外的话，他将领导革命制度党参加2018年的大选。①

经济上，一方面，2017年油价可能稳中有升；另一方面，墨西哥受益于以出口为基础的制造业，而制造业出口增长得益于相对强劲的美国需求以及与中国生产成本差距缩小产生的竞争优势。此外，墨西哥宏观经济和货币政策较为稳定，国际储备较为充足，国际货币基金组织的700亿美元的两年期灵活信贷对石油价格下跌和经济下行带来的财政困难起到了缓冲作用。因此，与左翼执政国家相比，墨西哥在经济上相对稳健。

在哥伦比亚，桑托斯政府推进和平进程，并取得了重要进展。虽然公投没有获得通过，但政府致力于推进和平进程的努力和成果得到了国内外各界的肯定与支持，桑托斯总统还因为大力推进和平进程获得了诺贝尔和平奖。

2016年8月26日，哥伦比亚政府同哥伦比亚革命武装力量签署了解决哥伦比亚冲突的最终协议。2016年10月2日，为批准该协议，哥伦比亚举行公民投票。最终结果出乎人们意料，赞成和平协议的得票率为49.78%，另有50.22%的选民反对，协议没有被通过。而在公投进行前的8次民意测验中，赞成协议的均超过半数。②

支持协议生效的政党包括民主选择中心、民族统一社会党、激进变革党、绝对革新独立运动、土著人社会联盟运动、哥伦比亚绿党、哥伦比亚保守党、哥伦比亚自由党等。反对者的代表是以前总统阿尔瓦罗·乌里韦（Álvaro Uribe）为首的反对党，他们认为和平协议违宪。乌里韦公开评判桑托斯与游击队的谈判，他的立场受到其所在的民主中心党和一些重要政治人物的支持。他认为和平协议使游击队成员免于牢狱的制裁，他甚至认为自动获得10个议会席位、毒品种植合法化等都违反了哥伦比亚宪法。

---

① Economic Intelligence Unit（EIU），*Country Report: Mexico*，Oct. 2016，pp. 34 - 35.
② 参见哥伦比亚和平协议西班牙文全文，Acuerdo General Terminacion Conflicto y la Construccion de una Paz estable y Duradera，https://www.mesadeconversaciones.com.co/sites/default/files/24_08_2016acuerdofinalfinalfinal-1472094587.pdf，检索日期：2016年12月15日。

拉美黄皮书

因为全民公投没有通过和平协议，政府和游击队只能重开谈判，重新签署协议。2016年11月24日，哥伦比亚政府和哥伦比亚革命武装力量重新签署了和平协议。这是2016年哥伦比亚和平进程的最重要进展。当然，在哥伦比亚革命武装力量放下武器等落实协议的诸多方面仍然存在严峻挑战。

（三）新上台的中右翼政府与传统的中右翼政府的政策合流趋势明显，地区的右翼共识正在形成

阿根廷和巴西的新右翼政府上台后，其与墨西哥和哥伦比亚等国家的传统右翼政府在政策上的合流趋势更加明显，他们都致力于提高经济市场化和开放度，重塑国家经济。在这样的形势下，拉美地区可能会很快形成右翼共识。

在阿根廷，毛里西奥·马克里（Mauricio Macri）自2015年12月就职新总统后，提出了建设"正常国家"的口号，奉行自由主义经济政策，放开外汇管制，改善投资环境。除放开汇率管制等自由主义措施外，他还致力于宏观经济调整和结构改革，试图减少经济扭曲，使经济重返可持续增长的轨道。为了改善投资环境，吸引外国和多边组织的贷款，马克里政府还采取了两个方面的措施。第一，政府继续与2001年不同意债务重组的债权人谈判，试图解决政府债务问题。2016年3月16日，阿根廷众议院通过议案，同意马克里政府向2001年不同意债务重组的债权人还款。第二，马克里总统否决了正义党占多数的参众两院通过的劳工法案。该法案规定企业解雇工人要给予其180天工资的两倍赔偿。这是马克里就职以来第一次行使否决权，议会如果再次推翻总统的否决，需要2/3以上多数。该事件一方面表明正义党占多数的议会不可能像开始那样配合总统的政策，另一方面马克里也表现了要成为强势总统的决心。当然，马克里政府为了阻止工会抗议总统否决，同意自2017年起将最低工资提高33%至8060比索，约合540美元。虽然2016年阿根廷经济增速为-2.4%，① 但EIU认为，虽然短期内马克里政

---

① CEPAL, *Balance Preliminar de las Economías de America Latinay Caribe*, *Argentina*, Santiago de Chile, 2016, p.1.

府的宏观经济调整带来了经济下滑的结果，但长期来看，2017～2020年，阿根廷经济将恢复3%以上的经济增长。①

在巴西，特梅尔政府上台后，降低公共债务、限制财政支出和进行新一轮私有化是其主打的三张"经济牌"。虽然绝大多数改革措施须经过国会对法律做出修改，能否在议会获得通过仍然是特梅尔政府面临的挑战，但其在政策上改弦更张，对冲左翼政策的不利影响与阿根廷不谋而合。

在右翼主导的拉美国家，经济市场化和私有化倾向更加明显，地区一体化政策也向太平洋联盟国家靠拢，增加了经济开放度，同时，与其他国家签署双边自由贸易协定的可能性增加。例如，乌拉圭在南方共同市场担任主席国期间，已经与加拿大、日本、韩国、一些北非国家和欧盟进行了有关自由贸易协定的初期谈判。2016年7月，墨西哥和阿根廷签署了有关经济一体化的一系列协议，乌拉圭和智利在9月签署了类似的相关协议。太平洋联盟和南方共同市场的贸易谈判也在酝酿之中。②

三 地区的左翼共识退却，左翼政权继续承压，右翼力量攻势明显

阿根廷和巴西政治的右转使拉美地区政策和一体化组织中的左翼共识开始退却，左翼政权将承受更大的压力。

（一）地区的左翼共识退却，右翼力量进一步增强，左翼政权将承受更大压力

21世纪头10年，拉美地区不同国家的农民、土著和工人开始组织直接民主运动，中下层的政治参与度大大提高，这直接导致了拉美左翼实现群体性崛起。从只是抗议到获得对抗某些新自由主义政策的能力，再到在整个地区推动新政

---

① Economic Intelligence Unit (EIU), *Country Report*, *Argentina*, June 2016, p.3.
② Economic Intelligence Unit (EIU), *Country Report*, *Brazil*, September 2016, pp.26-27.

府上台，拉美国家在地区政策和一体化等许多方面形成了左翼共识。①

实际上，右翼势力从未放弃对左翼政权和左翼政策的批评、阻碍和伺机反攻。在政治上，右翼力量根据本国的政治格局和宪政特点，采用了多样化的战略，重新组织起来并伺机反攻。由于力量相对减弱，他们选择依靠媒体操纵和宪政操纵来推翻民选政府。2009年洪都拉斯总统曼努埃尔·塞拉亚（Manuel Zelaya Rosales）与加勒比石油公司建立了联系，加入了美洲玻利瓦尔联盟，并提出了通过全民公投推动制宪议会成立的倡议，而这些都不符合大资本家的利益，最后被最高法院以叛国罪罢免了总统职位。2012年6月，巴拉圭左翼卢戈政府因在处理农村争夺土地运动问题过程中使用暴力而被参议院弹劾。这次弹劾直接导致了左翼政府下台和红党政府回归。2016年，中右翼又通过弹劾迫使巴西左翼劳工党下台，实现了巴西政坛的右转，拉美右翼从而获得了地区政治的主导权。至此，委内瑞拉成为右翼需要攻取的最重要目标。自查韦斯去世后，右翼力量在2015年底的议会选举中崛起，进而利用经济危机煽动社会的不满情绪，不断向左翼政府施压。

2012年在巴拉圭议会将卢戈总统弹劾下台时，左翼共识仍然存在，当时左翼执政的巴西、阿根廷、乌拉圭同时发表声明，反对"议会政变"，以巴拉圭违反1998年的《乌斯怀亚协定》为由中止了巴拉圭的南方共同市场（以下简称"南共市"）成员资格，直到巴拉圭民主得到恢复为止。而如今在南共市，左翼共识已经烟消云散。巴拉圭、阿根廷和巴西都已经由中右翼政党执政，特梅尔就任总统后积极推动南共市的市场化和对外开放。右翼执政的阿根廷、巴西、巴拉圭不满委内瑞拉的人权记录和民主状况，不同意委内瑞拉接任轮值主席国。而左翼执政的乌拉圭外交部签署声明结束了自己轮值主席国的任期，委内瑞拉总统尼古拉斯·马杜罗（Nicolás Maduro Moros）则在2016年8月3日单方面宣布接任轮值主席国。委内瑞拉的轮值主席国问题引起了南共市成员国的激烈争论，委内瑞拉援引1991年的《亚松森条约》和

---

① Michael Löwy y Samuel González, "El capitalismo contra la democraciaen Europa y América Latina," http://www.rebelion.org/noticia.php?id=210584，检索日期：2017年2月6日。

1994年的《黑金城议定书》（Ouro Preto）认为各成员国应按字母顺序轮流担任主席国，而巴西、阿根廷和巴拉圭三国则指出根据《黑金城议定书》第37条规定，南共市的所有决定必须由成员国一致同意。8月4日，在乌拉圭蒙得维的亚举行的南共市首脑会议上，巴西、阿根廷、巴拉圭和乌拉圭四国决定由四国大使组成"集体"主席，直到6个月后由阿根廷接任轮值主席国。

2015年11月，在委内瑞拉议会中期选举前，阿根廷当选总统毛里西奥·马克里宣布鉴于委内瑞拉践踏民主原则，将要求南方共同市场将委内瑞拉开除。而在委内瑞拉右翼反对派联盟在议会选举中取得胜利、马杜罗宣布承认执政党选举失败后，马克里才搁置了该计划。①

2016年，随着阿根廷和巴西政治的右转，南共市此前的左翼共识已经烟消云散。南共市的4个创始会员国同时向委内瑞拉施压，谴责马杜罗政府的非民主做法，如囚禁反对派领导人、无视反对派在议会中的多数地位、日益严峻的政治和经济危机等，要求其遵守《乌斯怀亚协定》中的民主条款，遵守2005年的人权保护协定，停止军事统治，尊重民主制度，恢复民主，否则委内瑞拉可能被降格为类似于玻利维亚和厄瓜多尔那样的联系国或被直接开除出南共市。②

（二）委内瑞拉已经成为拉美地区内外右翼攻取的首要目标

自2015年底反对派获得议会多数席位以来，委内瑞拉开始经历史上最为严重的政治经济危机，但国家的决策权仍然被控制在左翼的查韦斯派手中。由于阿根廷和巴西已经右转，委内瑞拉又是最激进的左翼执政国家，同时拥有世界最多的原油储备，因此委内瑞拉成为拉美地区内外右翼力量攻取的首要目标。而当前委内瑞拉的形势非常紧张，这正是激进左翼政府链条中的薄弱环节。

马杜罗用总统令管理国家，这说明委内瑞拉政治仍然延续着查韦斯刚上台时的紧张状态。自2013年4月马杜罗执政以来，他先后5次要求国会和最高法院授权其用总统令管理国家。第一次是在2013年11月19日至2014年11

---

① "Macri backtracks on ousting Venezuela from Mercosur," *Buenos Aires Herald*, December 2015.
② Economic Intelligence Unit (EIU), *Country Report: Venezuela*, September 2016, pp. 44 - 45.

月19日,马杜罗号召进行"经济战",国会授予其依总统令管理国家的权力。第二次是在2015年3月,美国宣布制裁7名委内瑞拉官员,马杜罗提出要运用法律"面对世界上最强大国家——美国的侵略"。2015年3月15日至12月31日,马杜罗再次获得此项权力。第三次是在2015年12月6日,委内瑞拉反对派联盟赢得议会选举之后,当时仍由执政党控制的"跛脚"国会提名13位支持马杜罗的法官到最高法院任职。2016年1月15日,马杜罗宣布国家经济进入紧急状态,并宣布授予自己另外60天的国会授权统治权,直到2016年3月15日。2016年3月18日,该项权力期限届满,最高法院宣布授予政府另外60天行使总统令的权力,直到2016年5月17日。在2016年5月11日该项权力期限行将届满时,马杜罗又宣布延长该项权力至2017年1月。

马杜罗利用执政党控制的政府、最高法院、国家选举委员会等行使职权。2016年9月9日,最高法院裁定由反对派主导的议会通过的所有法律"无效"。这实际上剥夺了议会的立法权,对民主的多数原则造成了直接损害。实际上,自反对派通过选举控制议会以来,高度政治化的最高法院就授权总统以总统令的形式治理国家,即使反对派利用议会多数通过法案,法案也会被最高法院裁定违宪。EIU估计,马杜罗用"非民主"措施减少罢免公投的可能性可能引发社会动荡甚至政变。①

在几次总统被授权用总统令管理国家期间,国防部部长弗拉基米尔·帕德利诺·洛佩斯(Vladimir Padrino López)成为委内瑞拉第二号人物,2016年7月12日,他被总统授权负责产品运输、物价控制、玻利瓦尔社会计划等重要职责,马杜罗把政府管理经济的权力交到了军人手中。有人批评这种做法类似于古巴。尼古拉斯·马杜罗称:"所有政府各部和政府机构必须服从负责国家主权安全使命的国家命令,而这些命令出自总统和洛佩斯将军。"②

---

① Economic Intelligence Unit(EIU), *Country Report:Venezuela*, September 2016, p. 8.
② Sabrina Martín, "Venezuela:Maduro Hands over Power to Defense Minister," *PanAm Post*, July 13, 2016, https://panampost.com/sabrina-martin/2016/07/13/venezuela-maduro-hands-over-economic-power-to-defense-minister/.

2016年，委内瑞拉的政治对抗不断加剧，在道路和超市巡逻的警察和安全部队不断地和反政府的游行队伍发生冲突，物资供应更加缺乏。以食品为例，2014年委内瑞拉中央银行开始公布食品的"稀缺指数"，当时为30%；2016年，央行停止公布该指数，但一家民调机构披露，2016年食品稀缺指数为83%。为了避免发生类似于1989年警方与游行者发生冲突造成几百人死亡的"加拉加斯暴动"那样的事件，政府派警察和安全部队加强了戒备和封锁措施，这使缓解食品稀缺的希望更加渺茫。① 根据联合国拉丁美洲和加勒比经济委员会（简称"拉美经委会"）公布的数据，委内瑞拉经济2016年全年约出现9.7%的负增长。②

经济上，债务负担使政府不堪重负，通货膨胀居高不下。2016年10月委内瑞拉有10亿美元债务到期，2017年4月有30亿美元债务到期，2017年底需支付的总债务将达到80亿美元。③ 从2013年4月到2015年12月，委内瑞拉的通货膨胀率达到585.2%，食品的通货膨胀率更高达1236.8%，而同期最低工资只提高了371.2%。2016年8月12日，马杜罗政府被迫提高最低工资50%。2016年前7个月，委内瑞拉官方公布的通货膨胀率为565.2%，而该地一家智库公布的通货膨胀率为624%。④

2016年10月的民调显示，自2015年4月以来，60%~70%的委内瑞拉人赞成举行罢免公投，只有不到30%的人反对，到2016年10月反对的比例下降到了20%以下。2016年8月11日，美洲国家组织15个国家发表联合声明，敦促委内瑞拉不要再拖延罢免公投的进行，要快速解决当前的政治、经济、社会困难。2016年10月21日，委内瑞拉国家选举委员会以舞弊为由取消了罢免公投。2017年3月30日，委内瑞拉最高法院宣布由于反对派联盟控制的议会长期处于"非法状态"，由最高法院代替议会行使立法

---

① Economic Intelligence Unit (EIU), *Country Report: Venezuela*, September 2016, p. 7.
② CEPAL, *Balance Preliminar de las Economías de America Latina y Caribe*, Venezuela, Santiago de Chile, 2016.
③ Economic Intelligence Unit (EIU), *Country Report: Venezuela*, September 2016, p. 33.
④ Economic Intelligence Unit (EIU), *Country Report: Venezuela*, September 2016, pp. 30-31.

权。5月1日，马杜罗总统宣布启动制宪大会，重新制定宪法。反对派拒绝参加制宪大会，并组织大规模抗议活动，政局再度紧张。

（三）美国等外部势力趁机推动拉美政治右转和右翼共识的形成

鉴于拉美左翼的离美倾向，美国始终没有坐视其发展壮大。从2002年委内瑞拉政变到2009年洪都拉斯塞拉亚总统被弹劾下台，再到2014年对委内瑞拉的制裁，美国的支持与拉美右翼的发展和执政密切相关。对于委内瑞拉等激进左翼政府，除制裁、孤立等手段外，美国还利用媒体抓住腐败和经济困难等问题煽动社会对左翼政府的不满情绪，进一步削弱左翼政权。2016年6月23日，美国负责政治事务的副国务卿托马斯·香农（Thomas Shannon）访问委内瑞拉，会见了马杜罗总统和反对派人士，重申美国支持罢免公投；马杜罗则指责美国对委内瑞拉发动"经济战"，并与反对派结盟。

2016年7月，梵蒂冈代表对委内瑞拉政府和反对派进行调解，希望解决目前的政治经济危机，美洲国家组织也派代表参加了调解。但由于双方都没有让步的打算，对话注定无果而终。8月25日，美洲国家组织秘书长路易斯·阿尔马格罗（Luis Almagro）致信仍在狱中的委内瑞拉反对派领导人莱奥波尔多·洛佩斯（Leopoldo López），批评了马杜罗政府的政策，指出委内瑞拉的民主已经终结。这使马杜罗政府面临来自地区国家的更大压力。① 2016年10月和11月，马杜罗政府和反对派联盟"民主团结联盟"进行了两次政治对话，涉及国内和平稳定问题、国内经济问题、政治犯问题、3名当选议员的资格问题、各权力机构的职能等。朝野双方也都做出了一些让步，如政府释放了5名被关押的反对派领导人，反对派联盟则宣布推迟国会对马杜罗总统的"政治审判"等。但由于反对派联盟以政府未落实第二轮对话的协议为由，拒绝参加原定在12月6日举行的第三轮政治对话，委内瑞拉国内局势再度紧张。

---

① Economic Intelligence Unit（EIU），*Country Report*：*Venezuela*，September 2016，p. 20.

四 拉美左翼执政高潮已经过去，但左翼力量仍然不可忽视

尽管阿根廷、巴西政治的右转导致拉美粉红色浪潮退却，拉美政治进入以右为主、左右共治的时期，但是拉美左翼仍然在委内瑞拉、智利、厄瓜多尔、玻利维亚、乌拉圭、尼加拉瓜等国家执政。厄瓜多尔、玻利维亚和尼加拉瓜左翼的支持率仍然很高，左翼政党在议会中拥有多数席位，左翼政权仍然非常稳固。即使在右翼上台执政的国家，左翼力量仍然不可忽视，如墨西哥左翼力量近年有所上升，巴西劳工党仍然是参众两院第二大党，[①] 秘鲁执政联盟也吸收了不少左翼政党参加等。

（一）一些左翼国家的政权仍然稳固

目前，左翼政党在玻利维亚、尼加拉瓜、厄瓜多尔、乌拉圭等国家的执政地位仍然稳固。2016年2月21日，玻利维亚就总统连选连任两次的宪法修正案进行公投，最终只获得48.71%的赞成票，以51.3%的多数否决了该修正案。埃沃·莫拉莱斯（Evo Morales）总统刚上台时，玻利维亚宪法规定总统不得连任。2009年，在莫拉莱斯政府的推动下通过的玻利维亚2009年新宪法第168条规定总统只能连任一次。执政的"争取社会主义运动"党推动修改这条限制，2015年9月26日玻利维亚多民族议会以113∶41票多数通过修改宪法第168条的议案。[②] 为保障投票顺利进行，玻利维亚还通过了"良治法案"，宣布在投票前数天禁止选举宣传，在谈判前48小时禁止销售和购买白酒，还采取了交通管制措施，以确保公民正常投票。[③]

[①] 目前，劳工党在参众两院的席位分别为10席和58席，均为第二大党。
[②] "La ALP sancionó la Ley de Reformaparcial de la CPE," http://www.vicepresidencia.gob.bo/La-ALP-sanciono-la-Ley-de-Reforma-parcial-de-la-CPE.
[③] Amy Booth, "Bolivia's Re-election Referendum: The Case for Yes and No," http://latincorrespondent.com/2016/02/bolivias-re-election-referendum-the-case-for-yes-and-no/.

虽然修正案最终没有获得通过，莫拉莱斯总统不能再参加2019年总统选举，2016年执政党、政府内部与支持莫拉莱斯的一些原住民和农民组织被卷入一系列腐败丑闻和冲突，以及由此带来的一系列政治和社会危机，如2015年政府的"土著发展基金"（Fondioc）腐败丑闻曝光，导致前农业发展部部长辞职，但执政党仍控制了立法机构2/3多数，其仍是玻利维亚唯一一个有全国影响力的党派。反对派仍处于脆弱而分裂的状态。

在尼加拉瓜，奥尔特加第三次当选总统的主要原因有如下几个方面：一是自2007年就任总统，奥尔特加一直加强总统权力，控制了最高法院和最高选举委员会等国家机构；二是利用执政党在议会的绝对多数，桑解阵在2014年通过宪法修正案，取消了总统连选连任的限制，还改变了选举规则，规定总统有权任命军警出任公共部门的职务，延长了市长和副市长等地方官员的任期，为执政党在2016年的选举中获胜创造了有利条件；三是反对党不断被削弱。最大的反对党独立自由党的领导人爱德华多·蒙特亚莱格雷（Eduardo Montealegre）被迫辞职，最高法院于2016年6月宣布由贝德罗·雷耶斯（Pedro Reyes）取而代之，并取消了此前该党推出的正副总统候选人资格。同时，与独立自由党结盟的公民行动党的法律资格也被取缔。最高选举委员会还取消了来自独立自由党、桑地诺革新运动的16名反对派议员的资格。奥尔特加当选后，他很可能会再次推动宪法改革，为其夫人竞选总统做准备。虽然奥尔特加高票当选总统，但该次大选在国际上还是受到了广泛关注。2016年6月，反对派领导人向美洲国家组织揭露了奥尔特加违反人权和选举不透明等行为，促使美洲国家组织与奥尔特加政府建立了"建设性交流与对话机制"，并允许美洲国家组织派观察员监督尼加拉瓜大选。而在此前，奥尔特加政府拒绝一切外国和国际组织派员监督本国选举。反对派"全国争取民主联盟"和"争取民主广泛阵线"质疑执政党的对话诚意，要求履行美洲民主宪章，停止这场虚假的选举，重新组织一次透明、自由和民主的选举。

在厄瓜多尔，拉斐尔·科雷亚（Rafael Correa）依靠其执政以来经济稳定增长和目前执政党在国会的控制地位，政权仍然相对稳固。为了能够继续执政，科雷亚推动修宪，取消对总统连任的限制。由于执政党在国会137席中拥有100席，宪法修正案在2015年12月获得通过，但科雷亚已经于2015年11月19日宣布不再参加总统选举，同时依新法案的规定，科雷亚届时没有资格参选，实际上他已经丧失了参加2017年2月总统选举的资格。执政党主权祖国联盟运动提名前副总统莱宁·莫雷诺（Lenín Moreno）为总统候选人。2017年4月，在厄瓜多尔举行的第二轮总统选举中，左翼执政党主权祖国联盟运动候选人莱宁·莫雷诺以微弱优势当选总统，在拉美政治的"左退右进"中为左派守住一城。

（二）智利的中左翼在2017年仍然有望在大选中获胜

智利经济在铜价下跌的背景下表现低迷，预计2016年经济增长率为1.7%。巴切莱特（Michelle Bachelet）总统的支持率屡创新低，不过她仍然在艰难地推动养老金和教育改革。由于中左派在参众两院处于微弱优势，巴切莱特的改革会继续推进。2017年11月，智利将按照新的选举规则举行大选。自还政于民以来，智利的选举实行双提名的比例代表制，只有获得选区前两位的候选人才能获得席位，这种设计最初是为了培育在军事独裁统治下被压制了多年的民选力量，但后来在政治上形成了中左和中右两大政治集团。虽然民选力量逐渐强大，但代表性不足的问题逐渐显现，中小政党和独立派人士无法获得席位。近年来，智利发生了学生游行等表达政治改革诉求的运动。巴切莱特政府对选举制度进行了改革，规定独立派人士和小党也可以提出自己的总统候选人。目前，前总统里卡多·拉戈斯（Ricardo Lagos）希望得到中左联盟——"新多数派联盟"（NM）的候选人提名，而中右翼的"智利前进"（CV）则可能推出前总统皮涅拉（Sebastián Piñera）为总统候选人。此外，前外交和内政部部长、前美洲国家组织秘书长因苏尔萨（José Miguel Insulza），以及社会党参议员伊萨维尔·阿连德（Isabel Allende）也希望竞争新多数联盟的总统候选人。而独立派参议员吉利尔（Alejandro Guillier）同样希望获得中左翼联盟的提名，而且他的支持率比中右总统候选人皮涅拉的支持率要高。EIU估计，2017年中左翼新多数联盟更可能赢得选举，而拉戈斯当选的可能性更大。

拉美黄皮书

（三）古巴改革仍需拓展，美古关系继续改善

在社会主义古巴，2016年4月成功召开了古巴共产党"七大"。大会听取了劳尔·卡斯特罗（Raúl Castro）的中心报告，选举出了新的中央委员会、政治局和书记处。新的中央委员会由142人组成，其中新进中央委员55人，政治局新进5名委员，增至17人。劳尔当选古巴共产党中央第一书记，马查多·本图拉（Machado Ventura）当选第二书记。

大会的主要内容有四个方面：一是讨论古巴社会主义经济社会模式的理论化问题，该问题一直是古巴启动"更新"进程以来最重要的理论化问题。它将为古巴革命、党的建设和社会建设提供一个繁荣、可持续的社会主义方向。二是讨论"2016~2030年发展规划"，该规划由落实纲要常设委员会组织专家学者编制而成。过去5年仅落实了完成21%，77%处于落实过程中，尚未启动的不到2%。劳尔在中心报告中解释了其中的原因，他认为"更新"之路并不容易，也不可能没有障碍甚至冲突，转型不可能一个五年就能完成。古巴面临的基本障碍仍然是过时的观念与对未来缺乏信心等。他批评党内很多人的观念还停留在苏联时期。三是讨论2011年以来实施"六大"纲要的执行情况以及未来5年实施"更新"改革的主要措施。四是讨论党的工作，即2012年古共第一次全国代表会议通过的《党的工作目标》的落实情况。会议结束后，又经过一段时间的讨论和修订，古巴正式公布了古巴更新模式的理论化文件和"2016~2030年发展规划"。劳尔的中心报告提出建立繁荣、可持续的社会主义。

虽然"更新"进程和美古关系的改善都可能给国家发展带来新契机，但到目前为止，古巴经济仍然没有获得实质性改善。2016年经济增长率只有0.4%。[1]

值得一提的是，面对右翼的进攻，拉美左翼并没有坐以待毙。2016

---

[1] CEPAL, *Balance Preliminar de las Economías de America Latinay Caribe*, Santiago de Chile, 2016, p. 1.

年12月14日，美洲玻利瓦尔联盟第十二次年会召开，决定继续加强联盟的作用，重申尊重各国主权平等、民族自决和领土完整原则，反对干涉他国内政，支持委内瑞拉为防止帝国主义推翻本国政权而采取的各种措施，反对建立类似于美洲自由贸易区等组织的新自由主义政策，支持委内瑞拉在南共市的轮值主席国的合法地位和权利，支持委内瑞拉政府与反对派的对话，欢迎南美洲国家联盟和几位前总统的调解，制止反对派的暴力行动等。

五 2017年拉美政治的主要动向

对于2017年的拉美政治，我们应该关注即将举行的选举及2018~2019年选举前拉美政治格局的变化，关注拉美右翼上台后采取的新政策及美国政府换届对拉美政治的影响，继续跟进哥伦比亚和平进程和古巴改革的方向与趋势。

（一）拉美各国近期将举行的选举

2017年，厄瓜多尔分别于2月和4月举行了两轮选举，政府完成换届。巴哈马（11月）、智利（11月）也将举行大选，阿根廷议会将举行中期选举（10月）。2018年，巴巴多斯、格林纳达、哥斯达黎加、墨西哥、巴西、委内瑞拉、巴拉圭将举行大选。2019年，危地马拉、萨尔瓦多、安提瓜和巴布达、多米尼克、玻利维亚将举行大选。今后3年是左翼执政的关键时期，右翼力量会进一步增强。左翼能否顶住压力并采取适当的政策对冲经济困难带来的多方面危机，能否在即将举行的选举中获胜，都是影响拉美政治格局的重要因素。

（二）拉美右翼上台后的政策变化，以及特朗普上台后对拉美政治的影响

拉美右翼上台后，势必对左翼政策进行较大幅度的调整，如当前的阿根

廷和巴西。美国政治的右转也会对拉美政治右翼共识的形成起到推动作用。如前文所述，墨西哥政治已经受到美国大选的影响。

此外，哥伦比亚和平进程与正处于美古关系正常化和社会主义模式更新过程中的古巴仍然值得高度关注。

（贺双荣　审读）

Y.3
2016～2017年拉美经济形势：
持续下探　反弹乏力

岳云霞*

摘　要： 2016年，世界经济持续疲弱，"黑天鹅"事件频发，全球贸易和投资继续走低，大宗商品价格低迷，拉美和加勒比地区经济连续衰退，地区整体经济增长、通胀、就业和国际贸易等多项基础指标均不及上年。三大次区域经济增速均有所下滑，地区间的分化持续扩大，中美洲地区的经济指标依旧领先于南美洲和加勒比地区。面对经济困难，地区各国采取了针对性的财政政策和货币政策，但受限于政策空间，经济政策显现短期性和应急性特征。展望未来，在外部出现利好的形势下，2017年地区经济有望扭转加速下滑的局面，甚至恢复一定增长。但是，在外部不确定性加大的背景下，地区经济在中短期内难以实现强势反弹，其经济复苏的波动态势还会延续，反映经济基本面的各项基础指标仍难获得较大改善，而内部增长差异还将继续。

关键词： 拉丁美洲和加勒比地区　经济形势　经济政策

2016年，在全球经济复苏乏力和"黑天鹅"事件频出的背景下，拉美和加勒比地区经济陷入深度衰退，主要基础性指标均有一定程度的恶化。地区内部

---

* 岳云霞，中国社会科学院拉丁美洲研究所经济室研究员，经济学博士，主要研究方向为拉美经济、国际贸易与投资。

存在较为显著的差异性,中美洲地区继续领涨,加勒比地区的增长形势逆转,而南美洲地区的经济则进一步下滑。未来一段时期内,随着外部利好因素的出现,地区经济有望出现改善,但由于外部不确定性增加,而内部多重结构性脆弱因素尚未消除,强势复苏难以出现,经济波动甚至会延续,而地区间分化的局面也将持续。

一 2016年经济基本形势

2016年,世界经济呈持续疲弱态势,需求、贸易、投资和生产率的长期下滑削弱了经济增长的动力。拉美和加勒比地区再度"拖累"全球增长,地区整体经济连续第2年下降,主要经济指标均不及上年同期。三大次区域均出现程度不等的减速,中美地区降速增长,南美地区尚处于经济周期底部,而加勒比地区的经济增长则由正转负,地区内部的分化仍在扩大。

(一)经济持续衰退,分化依旧明显

2012年以来,世界经济持续低迷,主要地区的劳动生产率增速下滑,贸易萎缩,投资不振,工资增长乏力且债务水平不断提高,这些使世界经济年均增速仅为2.5%,远低于2008年全球金融危机之前3.4%的年均增长水平。2016年,世界经济进一步走低,国内生产总值(GDP)增长率为2.2%,其中发达经济体和发展中经济体的年增长率分别为1.5%和3.6%,均低于上年增速,为近8年来的最低水平[①]。同期,由于英国脱欧、美国大选和意大利公投等"黑天鹅"事件频发,逆全球化趋势和贸易保护情绪高涨,国际贸易的阻力加大,全球贸易额连续第5年增长缓慢,年内显现出自2008年全球金融危机以来的最弱表现,全年仅增加1.2%,低于2015年的2%和2014年的2.7%。全球投资率也有较为明显的下降,特别是石油和采掘部门的投资自2015年起出现大幅下滑。由于产能和需求的同步萎缩,大

---

① UN, *World Economic Situation and Prospects 2017*, New York, January 2017, p. 2.

宗商品价格下降态势有所减缓。2016年，大宗商品价格指数下降6%，低于上年的25%。其中，能源类产品与金属和矿石产品价格分别下降16%与4%，农产品价格则因厄尔尼诺现象引发的减产而小幅上升3%①。

拉美和加勒比地区是全球经济下滑最为明显的区域之一，地区整体经济表现连续3年在新兴和发展中地区处于末位。如图1所示，2016年受全球经济环境影响，拉美和加勒比地区GDP增长率下降1.1%，人均GDP下降2.2%，这是该地区自债务危机以来第一次出现持续2年的衰退。地区33国中，有21国经济减速，有7国②出现程度不一的衰退。从具体经济活动来看，总需求不振是地区经济衰退的直接原因，投资萎缩则削弱了地区经济增长的潜力。年内，地区国内总需求下降2%，其中，私人消费减少0.9%（在南美洲地区下降2.3%，在中美洲地区增加3%），公共消费降低1%，较上年均明显恶化。总需求不足同样拉低了进口需求，地区全年商品和服务进口量萎缩3%，而出口量上升不足1%，这使净出口在经济增长中的贡献高于上年。同期，由于投资回报下降、经济景气度看低、部分国家货币政策收紧和公司债务攀升，拉美和加勒比地区投资下降，特别是采掘业投资大幅减少，这些导致地区固定资本形成连续11个季度负增长，2016年减少约6.8%，各次区域的投资活动均弱于2015年。地区内部差异显著，固定资本形成在南美洲地区9.9%的大幅缩水与在中美洲地区7%的增幅对比鲜明。整体而言，由于投资、劳动生产率和经济增长之间存在紧密关联，拉美和加勒比地区的投资不足，对经济增长的拉动有限，地区经济的恢复乏力。

拉美和加勒比地区各国及各次区域的经济表现各异，但均不及上年水平。南美洲地区受到外部贸易条件不利和内部需求不振的双重挤压，自2010年第一季度开始经济增速减缓，自2014年第二季度至今出现持续衰退，2016年GDP下降2.4%，在2015年-1.7%的增速的基础上进一步下探。中美洲和墨西哥面临美国经济复苏和大宗商品价格走低两大利好，经济

---

① ECLAC, *The Preliminary Overview of the Economies of Latin America and the Caribbean 2016*, Santiago, Chile, December 2016, p. 22.
② 分别为阿根廷、巴西、厄瓜多尔、委内瑞拉、伯利兹、苏里南、特立尼达和多巴哥。

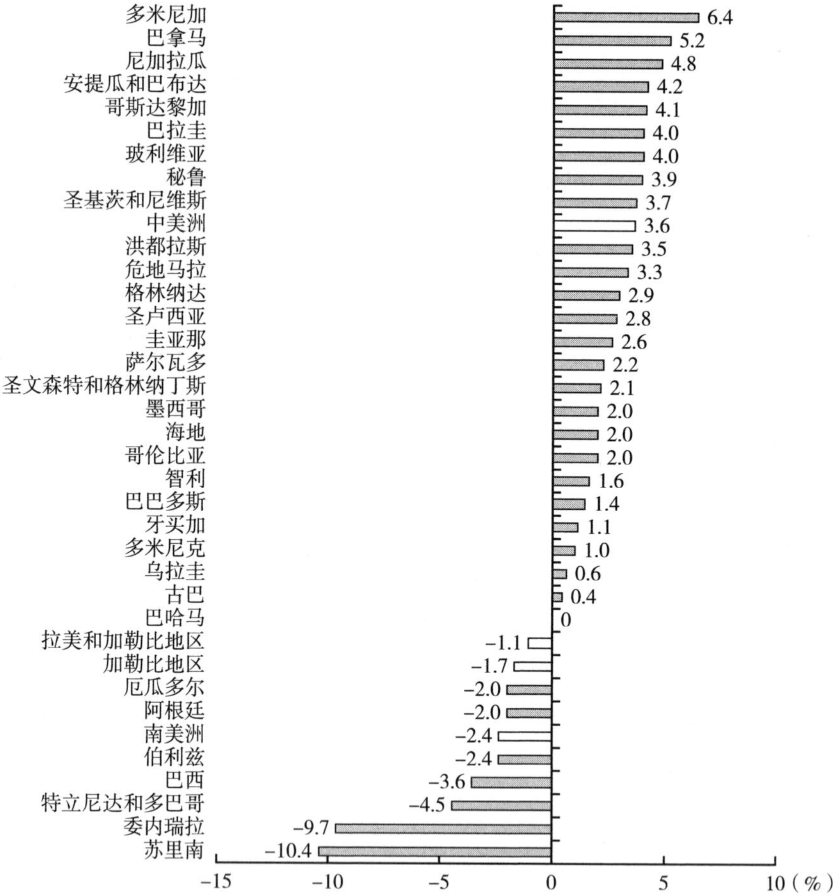

国家/地区	GDP增长率(%)
多米尼加	6.4
巴拿马	5.2
尼加拉瓜	4.8
安提瓜和巴布达	4.2
哥斯达黎加	4.1
巴拉圭	4.0
玻利维亚	4.0
秘鲁	3.9
圣基茨和尼维斯	3.7
中美洲	3.6
洪都拉斯	3.5
危地马拉	3.3
格林纳达	2.9
圣卢西亚	2.8
圭亚那	2.6
萨尔瓦多	2.2
圣文森特和格林纳丁斯	2.1
墨西哥	2.0
海地	2.0
哥伦比亚	2.0
智利	1.6
巴巴多斯	1.4
牙买加	1.1
多米尼克	1.0
乌拉圭	0.6
古巴	0.4
巴哈马	0
拉美和加勒比地区	-1.1
加勒比地区	-1.7
厄瓜多尔	-2.0
阿根廷	-2.0
南美洲	-2.4
伯利兹	-2.4
巴西	-3.6
特立尼达和多巴哥	-4.5
委内瑞拉	-9.7
苏里南	-10.4

图1 2016年拉丁美洲和加勒比地区各国GDP增长率

资料来源：Cepalstal, Statistics and Indicators, http://estadisticas.cepal.org/cepalstat/WEB_CEPALSTAT/estadisticasIndicadores.asp? idioma = i，检索日期：2016年12月30日。

表现好于地区平均水平，GDP增长率分别为3.6%和2%，但均低于上年4.7%和2.5%的增速。加勒比地区则受到粮食价格上涨和极端天气的冲击，经济转为负增长，GDP下降1.7%[①]。同时，国家间的差异也有所扩大。联

---

① ECLAC, *The Preliminary Overview of the Economies of Latin America and the Caribbean 2016*, Santiago, Chile, December 2016, pp. 38-40.

合国拉美经委会的数据显示,巴西、委内瑞拉、阿根廷和厄瓜多尔等南美国家的GDP增长率分别为-3.6%、-9.7%、-2%和-2%,是影响地区经济表现的主要因素;苏里南、特立尼达和多巴哥、伯利兹等加勒比国家的GDP依次下降10.4%、4.5%和2.4%,累及地区经济的整体表现;多米尼加、巴拿马、尼加拉瓜、安提瓜和巴布达、哥斯达黎加、玻利维亚和巴拉圭的GDP增长率均超过4%,特别是前两国的增长率分别为6.4%和5.2%,已连续3年成为地区经济增长最快的国家;其他国家的GDP年度增长率则为0%~4%,不足以扭转地区经济的整体颓势[1]。

拉美和加勒比地区各经济部门的增长也转向疲弱而出现下滑,上年的分化也在持续。据拉美经委会统计,截至2016年6月底,地区所有经济部门都出现程度不一的减速,第一、第二、第三产业[2]对产值增长的贡献率依次为-0.56%、-0.08%和-0.51%[3]。各次产业降幅较大的部门分别为采掘业、制造业和商业服务业。其中,制造业连续3年衰退,增加了地区经济转型和复苏的不确定性。

(二)输入型压力增大,通胀整体上升

拉美和加勒比地区经济具有较强的外部性,外部压力对地区通胀水平产生了较大影响。2016年,地区价格压力主要来自两方面的因素。一是国际粮价上升引发的输入型通胀压力,这导致地区食品通胀率达到10.7%,其中,南美洲地区为14.4%,中美洲地区、多米尼加和墨西哥为3.4%,加勒比地区为7.4%[4]。二是本币贬值引发的国内价格上升。截至2016年12月,

---

[1] ECLAC, *The Preliminary Overview of the Economies of Latin America and the Caribbean 2016*, Santiago, Chile, December 2016, pp. 38-40.
[2] 拉美经委会的统计中,第一产业包括农业、矿业和采掘业;第二产业包括建筑业、制造业以及水、电、燃气供应业;第三产业涵盖所有服务活动。
[3] ECLAC, *The Preliminary Overview of the Economies of Latin America and the Caribbean 2016*, Santiago, Chile, December 2016, pp. 42-43.
[4] 截至2016年8月。World Bank, *Global Economic Prospects*, Washington, D. C., January 2017, p. 116.

地区13国货币相对于美元进行贬值,其中阿根廷、委内瑞拉、海地、墨西哥和苏里南5国的汇率贬值幅度超过15%①,这使地区多国面临较大的价格上涨压力。

在外部压力的作用下,拉美和加勒比地区的通胀水平明显上升。截至2016年9月,地区平均通货膨胀率为8.4%,高于上年同期的6.9%;但剔除食品价格的影响,地区核心通胀率与上年大体相当②。同时,地区通胀呈现部门差异,商品和服务价格的涨幅分别为10.3%和7.8%,商品部类通胀压力明显加大。

在地区价格普遍上涨的背景下,由于通胀的主导因素有异,次区域和国家间的通胀率各不相同。具体而言,截至2016年9月底,南美洲地区由于本币贬值和食品价格压力,通胀率由2015年的9.2%涨至2016年的10.9%。中美洲和加勒比国家多数为石油进口国,油价下降在一定程度上缓解了价格压力,中美洲、多米尼加和墨西哥的年化通胀率为3.4%,低于地区平均水平,但高于上年同期的2.5%。加勒比地区的平均通胀率由2015年的1.8%跃升至6.3%。地区各国中,阿根廷(42.4%)、苏里南(77.1%)和委内瑞拉的通胀率处于极高水平③;海地(12.5%)、巴西(8.5%)、乌拉圭(8.9%)和哥伦比亚(7.3%)的通胀水平超出了政府管理的目标区间;巴哈马、圣基茨和尼维斯、圣卢西亚等国则出现了通缩(见图2)。

(三)失业率上升,劳动力市场局部恶化

拉美和加勒比地区经济持续2年的衰退使劳动力市场的供需失衡进一步加剧,就业形势相对恶化。2016年,拉低失业率的两大因素继续产生影响。一方面,由于经济萎缩,地区就业率加速下降,城市平均就业率由上年的

---

① World Bank, *Global Economic Prospects*, Washington, D.C., January 2017, p.117.
② ECLAC, *The Preliminary Overview of the Economies of Latin America and the Caribbean 2016*, Santiago, Chile, December 2016, pp.47–48; World Bank, *Global Economic Prospects*, Washington, D.C., January 2017, p.117.
③ 由于货币总量上升、本币大幅贬值和国际粮价上升等综合因素的作用,委内瑞拉通胀水平超过了上年公布的180%。拉美统计机构估计其通胀率高达515.4%。

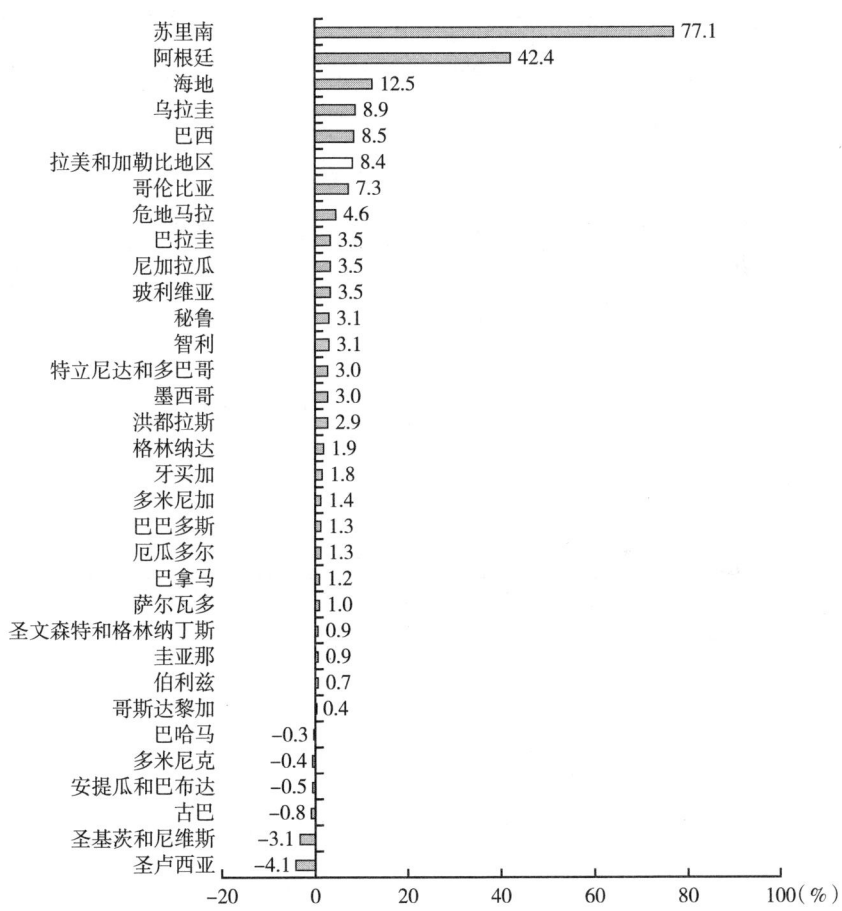

图2　2016年拉丁美洲和加勒比地区通货膨胀率

注：不包括委内瑞拉数据；安提瓜和巴布达、巴哈马、格林纳达、多米尼克、圣卢西亚、圣基茨和尼维斯、圣文森特和格林纳丁斯、苏里南、特立尼达和多巴哥的数据截至2016年6月；巴巴多斯的数据截至2016年8月；其余国家的数据截至2016年9月。

资料来源：ECLAC, *The Preliminary Overview of the Economies of Latin America and the Caribbean* 2016, Santiago, Chile, December 2016, p. 48.

57.7%降为57.1%，降幅超过2014年和2015年；另一方面，地区劳动参与率再度上升，由上年的59.8%增至60.1%[1]。在两大指标的叠加作用下，地

---

[1] ECLAC, *The Preliminary Overview of the Economies of Latin America and the Caribbean* 2016, Santiago, Chile, December 2016, p. 53.

区失业率大涨,城市公开失业率①预计由7.4%升至9%,新增失业人口将达到410万,而地区失业人口总数将扩大至2130万②。在数据可获的地区19国中,有13国的城市失业率相对恶化。

地区就业情况的内部差异同样显著。南美洲各国的失业率均出现程度不一的上升,其中,巴西的失业率在2016年第三季度达到11.8%,阿根廷、智利、哥伦比亚和厄瓜多尔的失业率也明显上升,南美洲地区城市公开失业率由2015年的8.2%涨至2016年度的10.5%③。同期,中美洲和加勒比地区多数国家的失业率则出现先升后降的变化趋势。2016年全年,中美洲、多米尼加和墨西哥的城市公开失业率由4.9%降为4.6%,而加勒比地区的失业率则由10%降至9.3%④。

经济衰退与劳动力市场的地区内部分化使地区就业结构各自不同。就南美地区而言,除了智利外,其他各国登记就业率的增速都明显减缓,而巴西和乌拉圭的登记就业率则在下降;同时,阿根廷、智利、厄瓜多尔、秘鲁和乌拉圭的非充分就业率都在上升,而哥伦比亚和巴拉圭的非充分就业情况得到改善。就中美洲和加勒比地区而言,除了巴拿马外,其他各国登记就业率的增速保持不变或相对平缓,但制造业、商贸业、酒店业和其他服务业的登记就业率出现下降。这两大次地区内部,危地马拉的非充分就业问题愈加突出,而哥斯达黎加和墨西哥的非充分就业情况出现好转。

受通胀和失业率上升影响,拉美和加勒比地区的实际工资增长缓慢。据拉美经委会统计,2015~2016年,地区实际工资仅上升了1%,增速连续2年下降⑤。实际工资增幅存在较大的国别差异,南美洲地区的实际工资增长

---

① 仅包含数据可获的国家。
② ECLAC, *The Preliminary Overview of the Economies of Latin America and the Caribbean 2016*, Santiago, Chile, December 2016, pp. 53-54.
③ UN, *World Economic Situation and Prospects 2017*, New York, January 2017, p. 145.
④ ECLAC, *The Preliminary Overview of the Economies of Latin America and the Caribbean 2016*, Santiago, Chile, December 2016, pp. 53-54.
⑤ ECLAC, *The Preliminary Overview of the Economies of Latin America and the Caribbean 2016*, Santiago, Chile, December 2016, pp. 58-59.

寥寥，巴西和哥伦比亚甚至有所下降；中美洲和加勒比地区的实际工资增长情况好于地区平均水平，但增幅亦不及上年同期水平。从地区整体来看，实际工资增长缓慢最终损害了家庭购买力，通过消费的传导作用冲击经济增长，转而又对就业市场造成不利影响。

（四）国际收支衰退性顺差，外汇储备上升

由于进出口同步下降，且进口因总需求不振而大幅降低，拉美和加勒比地区的经常项目逆差有所收窄，金融和资本项目顺差减少，但足以形成国际收支盈余，使地区外汇储备上升。

经常项目的各分项均有利于缩小逆差，使逆差额在GDP中的占比5年来第一次下降。货物贸易是经常项目逆差收窄的主要来源。由于大宗商品价格下降减缓，地区贸易条件恶化速度有所减缓，全年平均下降1%（上年为9%），其中油气出口国的贸易条件平均恶化9%，矿产品出口国的贸易条件恶化2%，中美洲和加勒比国家（特立尼达和多巴哥除外）的贸易条件则出现好转。受此影响，地区货物出口总额减少5%，各国出口额有程度不一的下降。其中，委内瑞拉、哥伦比亚、厄瓜多尔、玻利维亚、特立尼达和多巴哥等油气出口国面临着价量双降的局面，出口额降幅平均达到21%；智利和秘鲁等矿产品出口国的出口量有所回升，但受价格下降影响，出口额稳中有降。与此同时，经济衰退引发了进口的大幅缩水。2016年，地区货物进口下降9%，巴西和厄瓜多尔的货物进口甚至分别达到了24%和19%。综合进出口，地区货物贸易赤字由上年的529亿美元骤降为98亿美元，减少了81%[①]。收入项也是经常项目的逆差来源，其主要构成为外资利润汇回和外债利息支付。由于跨国公司对外利润汇出下降，收入项逆差由上年的1318亿美元降为1243亿美元。经常转移仍是经常项目下唯一的顺差项，地区侨汇平均增加7%，促使该项盈余由1243亿美元升至1318亿美元。上述

---

① ECLAC, *The Preliminary Overview of the Economies of Latin America and the Caribbean 2016*, Santiago, Chile, December 2016, pp. 27 – 28.

各项加总，拉美和加勒比地区的经常项目逆差为1048亿美元，占GDP的比重由上年的3.4%降为2.2%。需要指出的是，拉美和加勒比地区年内经常项目逆差额下降具有被动性和衰退性，因此，地区多数国家仍处于经常项目逆差状态，仅有厄瓜多尔、危地马拉和巴拉圭等少数国家出现盈余，墨西哥和巴西仍是地区逆差最大的2国。但是，就经常项目余额的变化方向而言，仅有尼加拉瓜、安提瓜和巴布达、伯利兹、格林纳达、圣基茨和尼维斯5国的逆差额高于上年①。

资本和金融项目的净流入减少，顺差额下降。其中，直接投资是拉美和加勒比地区最主要的资金来源，2016年净流入额为1335亿美元，与上年大体持平。证券和其他投资流入量则大幅缩减。综合各项，地区金融和资本项目流入量较2015年减少了15%，但盈余额仍占到地区GDP的2.6%②，足以弥补经常项目下的逆差。因此，地区国际收支处于总体顺差状态，国际储备资产略有增加。据联合国拉美经委会统计，2015年1~10月，地区国际储备增加2.1%，仅有9国的储备水平有所降低。然而，地区各国的差异性同样显著，在国际储备资产减少的9国中，委内瑞拉、玻利维亚、伯利兹、乌拉圭和尼加拉瓜的降幅超过5%。同时，在储备资产增加的21国中，厄瓜多尔、阿根廷、多米尼克、圣基茨和尼维斯、萨尔瓦多的增幅超过15%③（见图3）。

对比拉美和加勒比地区经济发生衰退的2015年和2016年能够看到，地区整体经济增长、通胀、就业和国际贸易等多项基础指标均有日益恶化的趋势，经济基本面表现欠佳。同时，地区内部的分化程度也呈现不断扩大的态势。经济合作与发展组织（OECD）的研究显示，地区33国处于经济周期的不同阶段，巴西、阿根廷和委内瑞拉等国处于周期底部，智利、哥伦比亚

---

① ECLAC, *The Preliminary Overview of the Economies of Latin America and the Caribbean 2016*, Santiago, Chile, December 2016, p. 92.
② ECLAC, *The Preliminary Overview of the Economies of Latin America and the Caribbean 2016*, Santiago, Chile, December 2016, p. 32.
③ ECLAC, *The Preliminary Overview of the Economies of Latin America and the Caribbean 2016*, Santiago, Chile, December 2016, p. 73.

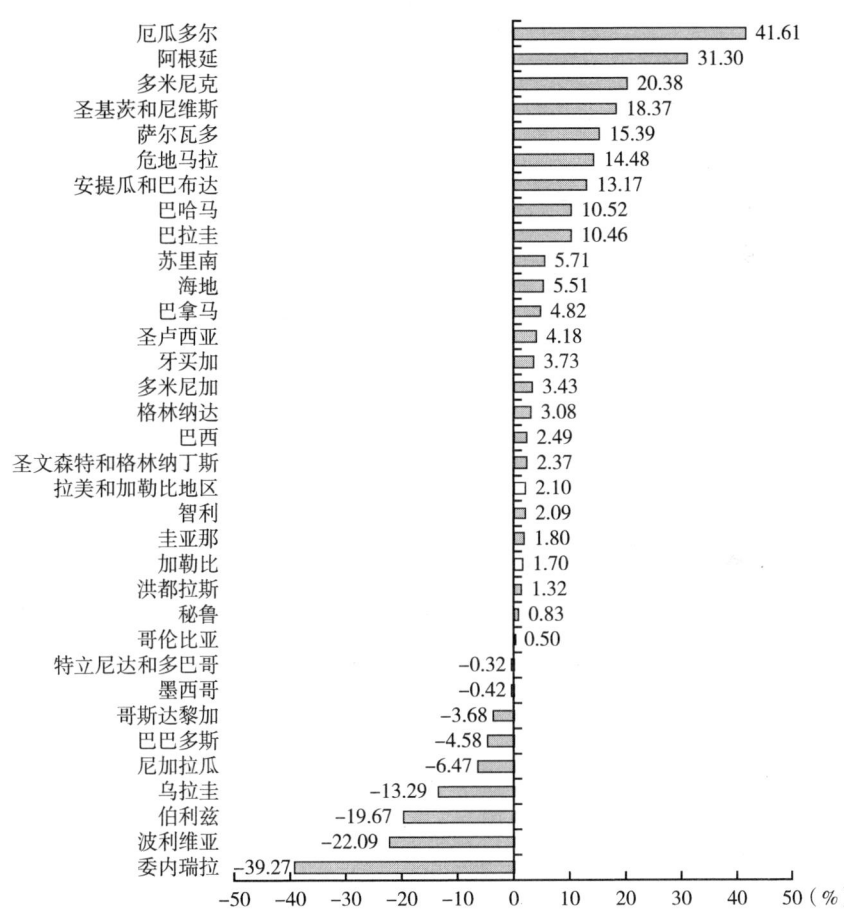

图 3　拉丁美洲和加勒比地区外汇储备

资料来源：ECLAC, *The Preliminary Overview of the Economies of Latin America and the Caribbean* 2016, Santiago, Chile, December 2016, p. 101.

和厄瓜多尔等国面临衰退风险，而秘鲁和墨西哥等国经济有所恢复①。整体来看，地区所面临的周期性压力有所缓解，但经济走出低谷仍需较长时间。

---

① OECD/UNITED、NATIONS/CAF, *Latin American Economic Outlook 2017, Youth, Skills and Entrepreneurship*, Paris, OECD Publishing, http：//dx.doi.org/10.1787/leo-2017-en，检索日期：2016 年 12 月 20 日。

同时，投资不足、贸易下降、制造业萎缩和劳动生产率走低的趋势仍在延续，由此可见地区经济结构性改革步入僵持阶段，尚待突破，经济等待注入新的活力。

二 2016年经济政策

2016年，拉美和加勒比地区的经济政策仍以防御性措施为主。财政政策受到税收收入下降的制约，总体呈现收缩之势。货币政策的内部通胀压力相对减弱，侧重刺激总需求和国内经济增长。地区政策空间有限的局面没有得到根本改善，经济政策仍具有短期性和应急性特征。

（一）收支同步缩减，财政赤字相对稳定

2016年，由于大宗商品价格和地区整体经济持续下行，拉美和加勒比地区的财政压力加大，初级财政赤字迅速增加。为了弥补收入水平的下降，地区多国实施了财政紧缩政策，在短期内确保了财政状况的相对稳定。

在财政支出方面，拉美和加勒比地区多国出台了"节支"措施，地区平均支出小幅下降（见图4）。但是，地区各国的财政支出调整情况不一，哥伦比亚、厄瓜多尔、特立尼达和多巴哥等油气出口国的支出降幅最大，占GDP的比重降低了1.6%；阿根廷、巴拉圭和乌拉圭等食品出口国的财政支出占GDP的比重减少了0.1%左右；智利、圭亚那、秘鲁和苏里南等矿产与金属出口国及加勒比服务出口国的财政支出则略有上升，在GDP中的占比增加了不到1%[①]。从支出的调整方向来看，支出削减主要集中于资本支出项目。据联合国拉美经委会统计，2016年地区资本支出平均降幅约占GDP的0.3%。其中，油气出口国以及阿根廷、巴拿马和巴拉圭相关支出的削减幅度尤甚，但危地马拉、洪都拉斯、尼加拉瓜等中美洲和加勒比国家与墨西

---

① ECLAC, *The Preliminary Overview of the Economies of Latin America and the Caribbean 2016*, Santiago, Chile, December 2016, p. 67.

哥却大幅增加公共投资。同期，地区各国公共债务的本息支付大体不变，仅有阿根廷、哥伦比亚和洪都拉斯的债务偿付额增长超过GDP的0.5%。经常性支出的调整存在较大的国别和区域差异，巴西及食品出口国和加勒比地区的增幅分别达到了GDP的0.5%和0.2%；中美洲地区和墨西哥的降幅依次为GDP的0.1%和0.8%，油气出口国的降幅则达到了GDP的0.7%①。

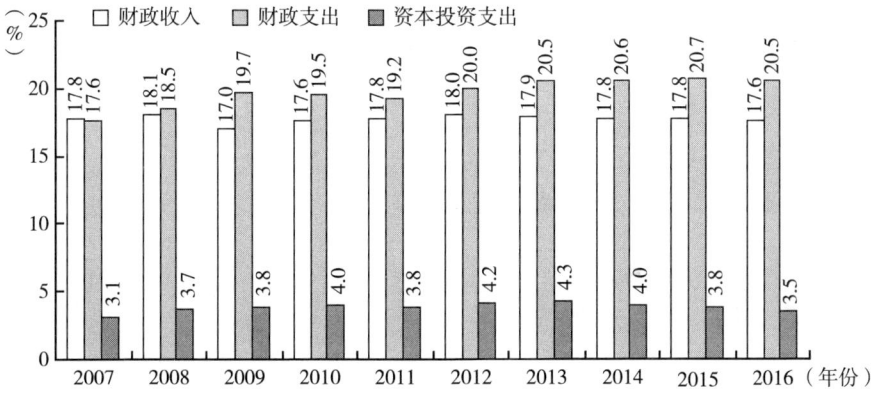

图4　拉丁美洲和加勒比地区财政状况

资料来源：ECLAC, *The Preliminary Overview of the Economies of Latin America and the Caribbean* 2016, Santiago, Chile, December 2016, p. 121.

在财政收入方面，拉美和加勒比地区收入状况的恶化较往年有所加剧（见图4）。2016年，地区财政收入占GDP的比重较上年减少了0.2个百分点，降为17.6%，税收成为降幅最大的收入项。拉美经委会的统计数据显示，在数据可获的地区27国中，13国的税收在GDP中的占比相对下降，但是地区内部的差异相对明显。南美洲地区由于经济衰退和出口低迷，成为税收降幅最大的次区域，其中以阿根廷和巴西为典型，两国税收的减少分别大致相当于GDP的1%和0.8%，累及财政收入减少额分别达到GDP的1.2%和0.4%。中美洲及多米尼加、海地和墨西哥的税收则稳中有升，涨幅约为GDP的1%，

---

① ECLAC, *The Preliminary Overview of the Economies of Latin America and the Caribbean 2016*, Santiago, Chile, December 2016, pp. 67-68.

确保了财政收入的相对稳定,甚或小幅增加。加勒比地区的税收略有减少,但其他收入项有所增加,拉动财政收入增长约为 GDP 的 0.6%[①]。

在收支的双向作用下,拉美和加勒比地区财政赤字的规模大体稳定。2016 年,地区初级财政赤字预计相当于 GDP 的 0.8%,总赤字仍为 GDP 的 3% 左右。地区各国的财政赤字情况不尽相同。据联合国拉美经委会统计,南美洲地区的财政赤字已连续扩大 5 年,2016 年的总赤字占 GDP 的比重为 3.9%,高于上年 3.6% 的水平,除了巴西和巴拉圭外,其他各国财政赤字的相对规模都在扩大[②]。中美洲国家、多米尼加、海地和墨西哥的总体财政状况因贸易条件好转而出现改善,赤字占 GDP 的比重由上年的 2.4% 降为 2.1%[③],除了多米尼加、洪都拉斯、危地马拉和尼加拉瓜外,地区各国的财政状况均好于上年,而海地出现了财政盈余。加勒比地区财政赤字的规模相对稳定,连续 2 年占 GDP 的 2.5%。该地区 13 国中,安提瓜和巴布达、圣基茨和尼维斯出现财政盈余,8 国的财政状况保持不变或趋于好转,另外 3 国[④]的财政失衡现象则较为严重。

拉美和加勒比地区延续多年的财政赤字使公共债务水平居高不下。2016 年,地区公共债务总额相当于 GDP 的 37.9%,较 2015 年增加了 1.3 个百分点。在拉美经委会统计的 19 国中,有 14 国的债务形势更加严峻。其中,南美洲地区的公共债务总额增幅相当于 GDP 的 1.9%,债务负担较大的国家有巴西、阿根廷和乌拉圭,公共部门债务率依次为 70.3%、54% 和 44.8%;智利、巴拉圭和秘鲁的债务负担相对较轻,债务率分别是 21.7%、20.9% 和 21.6%。中美洲地区的债务负担大体未变,仍相当于 GDP 的 37% 左右,

---

① ECLAC, *The Preliminary Overview of the Economies of Latin America and the Caribbean 2016*, Santiago, Chile, December 2016, pp. 68 – 69.
② ECLAC, *The Preliminary Overview of the Economies of Latin America and the Caribbean 2016*, Santiago, Chile, December 2016, p. 113.
③ ECLAC, *The Preliminary Overview of the Economies of Latin America and the Caribbean 2016*, Santiago, Chile, December 2016, p. 64.
④ 根据财政赤字占 GDP 的比重排序,3 国的占比依次为巴巴多斯(8.7%)、苏里南(7.7%)、特立尼达和多巴哥(4.2%)。

哥斯达黎加成为地区债务增长最快的国家，债务增幅约为 GDP 的 2%。加勒比地区的公共债务较上年减少，在 GDP 中的占比降为 69.6%，但牙买加、巴巴多斯和伯利兹仍是地区债务负担最高的国家，公共部门的债务率分别达到 GDP 的 124%、103% 和 78%[①]。

（二）多元目标复合，货币政策局部失效

2016 年，拉美和加勒比地区的货币政策目标多元化趋势持续，对外仍需应对美元加息预期引发的国际资本流出压力，对内则需克服经济减速的压力。但是，由于地区通胀压力增大且国际金融市场波动性加大，货币政策的政策空间相对有限。

各国货币政策的主要目标是刺激经济复苏。以利率为主要政策工具的国家试图通过提高利率来控制通胀，或者通过降低利率来刺激经济增长。联合国拉美经委会的数据显示，巴西、哥伦比亚、墨西哥和秘鲁为了应对通胀压力和外部环境带来的不确定性，其基准利率已经达到 5 年来的峰值；智利、哥斯达黎加、多米尼加、危地马拉和巴拉圭则因通胀压力减轻，其基准利率接近 5 年来的最低值。

以货币总量为政策工具的国家通过增大货币供应量来刺激总需求扩大。由于通胀压力，2016 年第一季度，地区货币供应量增速放缓，除了委内瑞拉等少数国家外，中南美地区基础货币的名义增长率都在降低，加勒比地区基础货币供应量的增长速度则略有提升，而委内瑞拉的货币供应总量已连续 3 年以超过 80% 的速度增加[②]。

对于拉美和加勒比地区当前的经济形势，国际机构开出了多种药方。其中，拉美经委会建议增加投资并减税，OECD 认为应当增加资本与人力投资，世界银行倡导提高出口质量，而国际货币基金组织则提议投资于基础设

---

① ECLAC, *The Preliminary Overview of the Economies of Latin America and the Caribbean 2016*, Santiago, Chile, December 2016, p. 66.
② ECLAC, *The Preliminary Overview of the Economies of Latin America and the Caribbean 2016*, Santiago, Chile, December 2016, p. 74.

施与教育。由此可见,各机构对拉美经济困境的解析形成了一定的共识,认为影响地区经济增长稳定性和可持续性的根本原因是结构性问题,加上促进全要素生产率增长的外部动力不足。但是,审视拉美和加勒比地区2016年的经济政策可以发现,地区各国的政策取向仍以应急措施为主,尚未形成促进经济结构提升的有效手段,投资动力也未能形成。因此,地区经济困境未能得到政策的有效纠偏,只能倚重破坏性的自我修复,而这无疑会延长经济恢复的时间。

三 2017年经济趋势

2016年,拉美和加勒比地区经济延续了上年度的衰退与分化态势,地区多数国家的经济基本指标弱于上年,经济政策的效应和空间也依然有限。但是随着经济在持续探底过程中自我修复,地区经济出现了少许向好迹象,巴西与哥伦比亚等国的消费者和商业信心指数都有所回升,经济先行指标显示经济已有转暖趋势。同时,地区主要国家的汇率开始企稳甚至回升,这在一定程度上缓解了其通胀压力,为扩张性的经济政策赢得了一定的空间。在这种背景下,中短期内,外部环境和抗风险能力成为影响地区经济走向的两大要素。

就外部环境而言,拉美和加勒比经济面临的外部环境具有复杂性。一方面,促进地区经济复苏的积极因素已经形成,世界经济企稳和大宗商品价格回升将为地区经济回调提供条件。在经历了连续3年的降速后,世界经济有望在2017年温和改善,联合国贸易和发展会议等机构预计世界总产值2017年增长2.7%,2018年增长2.9%,发展中国家仍是全球增长的主要驱动因素,2016~2018年约占世界总产值60%[1]。在全球经济企稳的预期下,大宗商品需求上升,而过去2年产能的相对消耗和原油等产品的减产措施在一定程度上使供应收紧,这会促使大宗商品价格反弹。这些都有利于拉美和加

---

[1] UN, *World Economic Situation and Prospects 2017*, New York, January 2017, pp. 1-5.

勒比地区经济的恢复，特别是对地区大宗商品出口国形成利好。

另一方面，制约地区增长的不利因素也已初现端倪，外部经济环境和政策取向对地区经济形成不利冲击。2016年以来全球"黑天鹅"事件频发，逆全球化思潮兴起，保护主义抬头，导致全球贸易投资减速，无法推动世界经济强势复苏，不足以形成支撑拉美和加勒比地区经济快速发展的外部力量。主要外部经济体的发展趋势也对地区经济形成潜在冲击，特别是美国因素存在极大的不确定性。特朗普就任美国总统以来，在贸易政策上立场保守，退出"跨太平洋伙伴关系协定"（TPP）并拟就北美自由贸易区重新谈判，鼓励跨国公司资本回流，并在移民问题上持强硬立场。由于美拉经济的紧密联系①，这些政策主张的全部或部分落实无疑将在贸易、投资和侨汇上形成压力，抑制拉美和加勒比地区经济的复苏。同时，特朗普新政主张减税、放松监管、实施扩张性财政政策，而美联储为了应对这些政策形成的经济过热风险，可能会加快加息步伐，这会使地区国际融资环境更为恶劣，外部风险有加大的趋势。

就抗风险能力而言，拉美和加勒比地区仍具有一定的脆弱性。首先，地区外债水平相对较高，外债的风险敞口较大。2016年，地区负债率、外债总额占储备资产的比例以及对外债务率三大指标依次为37.9%、186.1%和150%②，均超出警戒线。随着美元升值和美联储加息预期增强，地区偿债成本加大，部分国家面临债务危机风险。其次，地区财政脆弱性较高，逆周期政策能力不足。2016年度，数据可获的地区30国中，11国的财政赤字率超过3%的国际安全警戒线，4国接近警戒线③。在地区经济持续2年衰退的背景下，赤字率较高不仅加大了财政风险敞口，还使政府受到较大的财政

---

① 美国是拉美和加勒比制成品与服务出口的主要目的地，相关出口在墨西哥、哥斯达黎加、萨尔瓦多、危地马拉、洪都拉斯和尼加拉瓜出口总额中的占比分别为81%、41%、47%、36%、44%和54%。
② 作者计算所得，数据来源：ECLAC, *The Preliminary Overview of the Economies of Latin America and the Caribbean 2016*, Santiago, Chile, December 2016, pp. 96 – 101.
③ 作者计算所得，数据来源：ECLAC, *The Preliminary Overview of the Economies of Latin America and the Caribbean 2016*, Santiago, Chile, December 2016, p. 113.

制约,很难通过实施必要的宽松财政政策刺激经济增长。最后,地区货币政策空间有限,稳定经济的能力受到挑战。由于通胀高企,地区各国保持了较高的基准利率,地区33国中,仅有5国在过去1年中调低了利率,而其他国家的基准利率大多处于近年来的最高(或较高)水平,不利于刺激投资扩大,对通胀的抑制也更多倚重外部因素。

基于上述分析可以判断,拉美和加勒比地区处于经济周期的底部,具备经济反弹的内外部条件,但也面临着经济激励和抗风险能力不足的挑战。在外部出现利好的形势下,2017年地区经济有望扭转加速下滑的局面,甚至恢复一定增长。但是,在外部不确定性加大的背景下,地区经济在中短期内难以实现强势反弹,其经济复苏的波动态势还会延续,反映经济基本面的各项基础指标仍难获得较大改善。

同时,拉美和加勒比地区的内部增长差异还将继续。中短期内,国际贸易和投资将成为加大差距的推手。具体而言,与中国经济关联度较高的南美国家随着大宗商品价格的反弹和中国需求的回调,经济有望恢复增长。与之不同,中美洲和加勒比地区面临的经济压力加大,除了美国不确定性因素加大的悲观预期外,还存在大宗商品价格回升引发的输入型通胀压力,经济增长压力加大,增速或将进一步减缓,甚至步入衰退。

(杨志敏 审读)

Y.4
2016～2017年拉美社会形势：
经济收缩影响社会进步

房连泉*

摘　要： 2016年拉美经济继续收缩，连续5年的经济下滑已显著影响到社会形势。社会发展指标的退步表现在贫困人口增加、工人失业率达到新高、就业质量下降、部分国家通货膨胀率大幅攀升、居民收入增长缓慢等方面。在财政收支趋紧的形势下，传统左翼政府的扩张性社会政策难以为继。在新制定的《2030年可持续发展议程》中，拉美国家对社会政策绩效进行了全面评估，在新的发展目标中尤其注重社会融入和不平等的治理等核心问题。

关键词： 拉丁美洲　社会形势　劳动力就业　社会贫困　社会不平等

一　连续两年的经济收缩影响到社会发展

据联合国拉美经委会（ECLAC）预测，2016年拉美地区经济增长速度为－1.1%，较2015年下降了0.6个百分点。自2012年以来，受全球经济低迷和大宗商品价格下跌影响，拉美经济已连续5年下滑，2015年和2016年两年为负增长。经济的整体萎靡主要是受到南美地区的拖累，2016年南

---

* 房连泉，经济学博士，中国社会科学院拉丁美洲研究所社会文化研究室主任、研究员，主要研究方向为拉美社会问题。

美地区经济增长率为 -2.4%。其中,阿根廷(-2.0%)、委内瑞拉(-9.7%)、巴西(-3.6%)和厄瓜多尔(-2.0%)等主要经济体的表现尤差。从表1可以看出,自2011年以来,拉美地区的经济增长趋于收紧,到2016年已成为一个低谷,预计当年人均GDP下降2.2个百分点,通货膨胀率上升至8.4%,外债水平和财政结余赤字较前几年也有所上升,这些背景都对社会发展带来不利影响。①

表1 拉美地区国家主要经济社会指标(2011~2016年)

单位:%

年份	2011	2012	2013	2014	2015	2016
GDP增速	4.5	2.8	2.9	0.9	-0.5	-1.1
人均GDP增速	3.3	1.7	1.7	-0.2	-1.6	-2.2
公共债务/GDP	29.0	30.5	32.3	33.6	36.5	37.9
财政收支结余/GDP	-1.4	-1.9	-2.6	-2.8	-3.0	-3.0
消费价格指数	5.8	4.9	5.0	6.3	7.9	8.4
城市失业率	7.8	7.4	7.2	7.0	7.4	9.0

资料来源:ECLAC, *Preliminary Overview of the Economies of Latin America and the Caribbean 2016*, Santiago Chile, December 2016。其中,2016年数据为预测数据。

在过去10多年间,拉美地区的社会发展指标不断得到改进,表现在贫困率下降、就业增加、儿童营养和健康状况改善、中小学入学率提升、成人受教育年限增加等方面。但2008年以来的这轮危机持续时间长,对社会发展的不利影响已在近几年显现。自2013年以来,拉美地区的贫困率开始反弹上升,居民收入增长放缓,失业率也呈上升势头。在此之前,不少拉美左翼政府实施了较为积极的社会政策,扩大社会项目的公共开支。但随着近几年来国际大宗商品价格的下降,政府财政收入能力下降,传统的扩张性社会政策难以继续,无法再吸引处于中下阶层的民众,这成为拉美"向右转"

---

① 如无特别说明,本节数据均来自ECLAC, *Preliminary Overview of the Economies of Latin America and the Caribbean 2016*, Santiago Chile, December 2016, http://repositorio.cepal.org/bitstream/handle/11362/40826/62/S1601332_en.pdf,检索日期:2017年1月20日。其中2016年数据为预测数据。

的一个重要原因。2015年是拉美"千年发展目标"的评估年,许多拉美国家开始对多年来的社会政策绩效进行重新评估,认识到维持过去10~15年的社会政策正在面临挑战,为此需要制定新的发展战略和举措。

二 就业质量下降,失业率达新高

2016年拉美地区劳动力就业市场情况的变化呈现出如下几个特点。①

第一,失业率创新高。随着经济的收缩,国内市场对劳动力的需求下降,自2014年以来拉美地区的城市就业率已连续3年呈下降趋势,预计2016年为57.1%左右。在劳动力市场参与方面,2016年出现了逆反趋势,与前两年不同,劳动参与率出现了上升势头,估计增加0.3个百分点左右。其主要原因可能在于,危机期间就业率和收入水平的下降迫使更多的工人出去找工作。作为上述两个指标的复合结果,2016年拉美地区的失业率较前两年有较大幅度上升,预计将达到9%左右的水平,较2015年增加1.6个百分点,成为这轮危机以来的最高点。9%的失业率意味着2016年新增失业人口将达到410万,拉美地区的总失业人口将达到2130万。图1和图2说明了近4年来劳动力市场的变化,从绝对值和相对变化率两个方面观察就业率、劳动参与率和失业率的变动情况,可以看出,自2015年第二季度以来,就业率的下降和劳动参与率的上升已同时出现,2016年前3个季度这种趋势进一步显现,其结果是失业率的不断上升。

第二,劳动力市场表现呈明显的结构性差异。在南美地区,2016年失业率预计高达10.5%,而在包括中美洲、多米尼加和墨西哥在内的中、北部地区,失业率则仅为4.6%,说明了吸纳就业的地区性差异。就性别差异而言,在2016年前3个季度,拉美地区的男性失业率平均上升了0.3个百

---

① 如无特别说明,本节数据均来自 ECLAC, *Preliminary Overview of the Economies of Latin America and the Caribbean 2016*, Santiago Chile, December 2016, http://repositorio.cepal.org/bitstream/handle/11362/40826/62/S1601332_en.pdf,检索日期:2017年1月20日。其中2016年数据为预测数据。

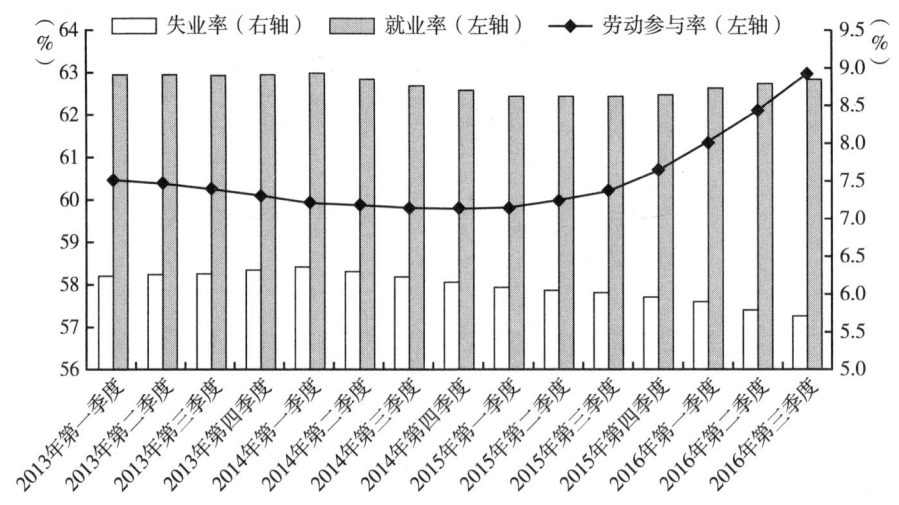

**图 1　拉美和加勒比地区（12 国平均）的就业情况
（2013 年第一季度至 2016 年第三季度）**

注：图中统计数字覆盖的 12 个国家包括阿根廷、委内瑞拉、巴西、智利、哥伦比亚、哥斯达黎加、厄瓜多尔、牙买加、墨西哥、巴拉圭、秘鲁和乌拉圭。其中，2016 年数据为预计值。

资料来源：ECLAC, *Preliminary Overview of the Economies of Latin America and the Caribbean 2016*, Santiago Chile, December 2016, http://repositorio.cepal.org/bitstream/handle/11362/40826/62/S1601332_en.pdf，检索日期：2017 年 1 月 20 日。

分点，而女性失业率则上升了 0.7 个百分点。分析其中的原因，男性失业率增长主要来自就业率的下降；对于女性来说，整体就业率变化不大，但由于进入劳动力市场找工作的人数增加，失业率开始上升。

第三，就业质量下降。预计 2016 年正规部门的工资就业人数下降 0.2%，而非正规部门的自雇就业人数则增加 2.7%，说明在经济危机情况下，大量新增就业转向了非正规部门（见图 3）。从就业部门看，2016 年农业和制造业的就业水平都有所下降，而第三产业则有一定增加。另一个说明就业质量下降的指标是工作小时数。在阿根廷、智利、厄瓜多尔、秘鲁等南美国家，工人的平均工作小时数出现低于最低工时数的现象，说明了就业时间不足的情况。

第四，实际工资增长进一步趋缓。尽管名义工资有所增长，但在抵消了

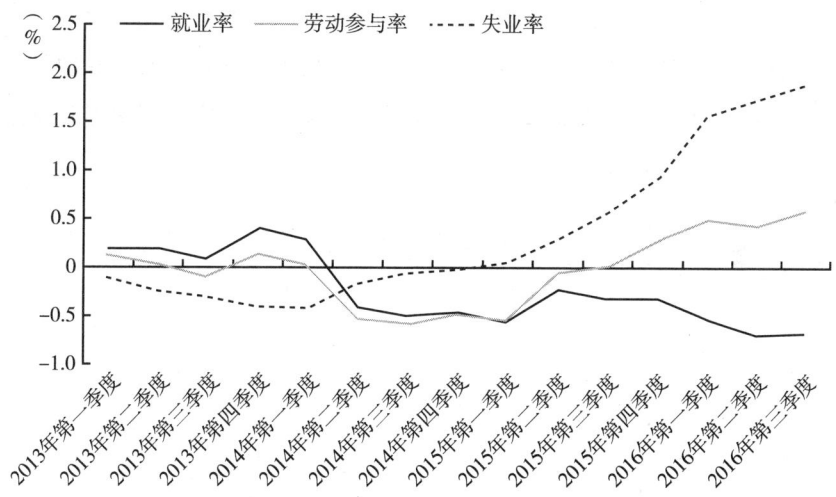

图 2 拉美和加勒比地区（12 国平均）年度就业率变化情况
（本季度就业率相比上年同期的变化幅度）

注：图中统计数字覆盖的 12 个国家包括阿根廷、委内瑞拉、巴西、智利、哥伦比亚、哥斯达黎加、厄瓜多尔、牙买加、墨西哥、巴拉圭、秘鲁和乌拉圭。其中，2016 年数据为预计值。

资料来源：ECLAC, *Preliminary Overview of the Economies of Latin America and the Caribbean 2016*, Santiago Chile, December 2016, http：//repositorio.cepal.org/bitstream/handle/11362/40826/62/S1601332_en.pdf, 检索日期：2017 年 1 月 20 日。

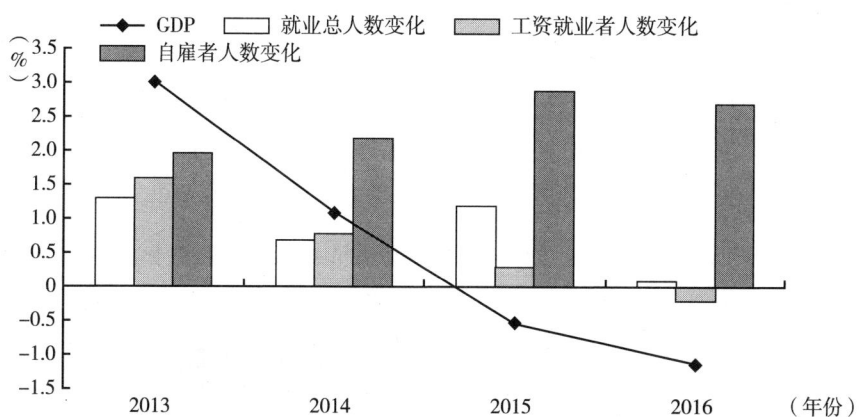

图 3 拉美和加勒比地区(11 国平均)就业岗位增长情况(2013 年第一季度至 2016 年第三季度)

注：图中统计数字覆盖的 11 个国家包括阿根廷、委内瑞拉、巴西、智利、哥伦比亚、哥斯达黎加、厄瓜多尔、墨西哥、巴拿马、巴拉圭和秘鲁。其中，2016 年数据为预计值。

资料来源：ECLAC, *Preliminary Overview of the Economies of Latin America and the Caribbean 2016*, Santiago Chile, December 2016, http：//repositorio.cepal.org/bitstream/handle/11362/40826/62/S1601332_en.pdf, 检索日期：2017 年 1 月 20 日。

通胀影响后，2016年正规部门就业人员的实际工资水平仅上涨了1%。在南美的巴西和哥伦比亚等国家，实际工资甚至出现了下降；智利、秘鲁和乌拉圭3国的实际工资增长非常微弱；在北部的一些国家，实际工资增长率达到了2%以上（见图4）。

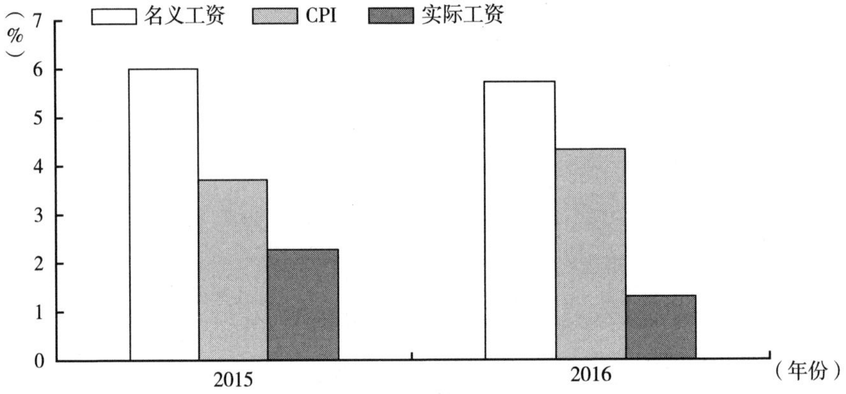

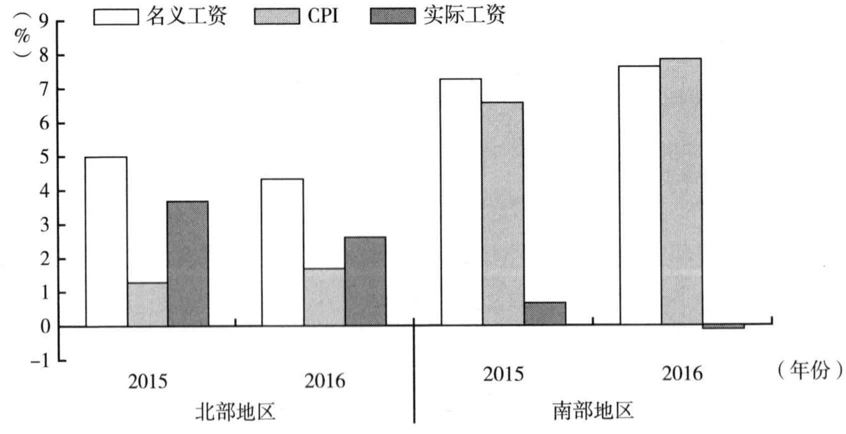

图4 拉美和加勒比地区（10国平均）工资增长情况
（2013年第一季度至2016年第三季度）

注：图中统计数字覆盖的10个国家包括北部地区的哥斯达黎加、萨尔瓦多、墨西哥、尼加拉瓜、巴拿马和南部地区的巴西、智利、哥伦比亚、秘鲁和乌拉圭。其中，2016年数据为预计值。

资料来源：ECLAC, *Preliminary Overview of the Economies of Latin America and the Caribbean 2016*, Santiago Chile, December 2016, http://repositorio.cepal.org/bitstream/handle/11362/40826/62/S1601332_en.pdf, 检索日期：2017年4月10日。

三 社会贫困形势和扶贫政策的实施情况

自2013年以来,拉美社会贫困率的下降已出现停滞,贫困人口总量和贫困率开始反弹上升。从贫困率指标看,2015年贫困率为29.2%,较上年增加了1个百分点;赤贫率为12.4%,较上年增加了0.6个百分点。预计2016年,随着经济的进一步下滑,贫困人口会继续增加。可以说,近3年来的这一轮贫困率上升已打破了过去15年贫困现象持续改善的势头,尤其是2015年贫困率增长了1个百分点,这是1980年以来的最高增幅。①

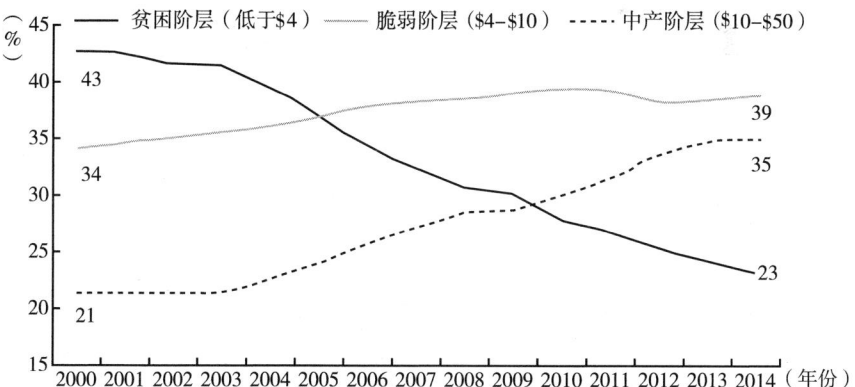

图5 拉美地区社会人口分层结构(各阶层人数占比)

资料来源:OECD and World Bank, *LAC Equity Lab tabulations of SEDLAC (CEDLAS and the World Bank) and World Development Indicators*, 2016, http://dx.doi.org/10.1787/888933413941,检索日期:2017年1月28日。

图5说明了2000年以来拉美阶层结构的变化情况。按照经济合作与发展组织(OECD)的划分方法,以2005年美元的购买力为标准,将每天收入

---

① ECLAC, *Social Panorama of Latin America 2015*, Santiago Chile, March 2016, http://www.cepal.org/en/publications/type/social-panorama-latin-america,检索日期:2017年1月28日。

10~50美元的阶层定义为"稳定的中产阶层"（consolidated middle class）；每天收入4~10美元的阶层定义为"脆弱阶层"（vulnerable），这部分人群处于贫困线之上，但收入很不稳定；将每天收入低于4美元的人员界定为贫困阶层。由图可以看出，自2000年以来拉美的贫困阶层不断下降，"稳定的中产阶层"不断增多。到2009年，拉美中产阶层人数已超过贫困阶层，是历史上的首次突破。但从阶层结构看，处于这两个阶层之间的"脆弱"群体仍然非常巨大，其规模超过了"中产阶层"，2014年的占比达到39%。"脆弱阶层"的收入不稳定，在危机期间很容易滑入贫困。根据联合国开发计划署（UNDP）的估计，2016年，在此轮危机过程中，拉美有2500万~3000万人口重新返贫，近几年的经济衰退正在考验拉美社会结构的脆弱性。①

拉美地区过去20多年的减贫成绩与大规模的社会项目联系在一起，其中最著名的就是有条件现金转移支付计划（Conditional Cash Transfer Programs，以下简称CCTs）。自20世纪90年代以来，拉美地区已有20多个国家引入这一计划。根据世界银行的统计，2011年拉美18国的CCT覆盖了约1.29亿人口，约占总人口的20%，覆盖了近70%的贫困人口。从过去20多年的历史看，CCT作为一种社会减贫计划，在增加贫困家庭消费、提高中小学入学率、改善儿童健康和营养状况以及提高性别平等方面已起到明显的作用。② 但在CCT实施过程中，贫困退出的问题也越来越重要，即进入该计划的受益人口如何退出计划，摆脱福利依赖性的问题。近年来拉美国家开始探索两类退出机制：一类是通过对受益人的资格进行重新认定（Recertification），将部分已走出贫困的家庭解除CCT的福利补贴；另一程序则是退出过程中的收入干预措施，对CCT的"脆弱"家庭继续给予扶持，通过后续的收入干预（Income Intervention）措施增强家庭的持续收入能力，

---

① OECD, *Latin American Economic Outlook 2017 Youth, Skills and Entrepreneurship*, http://www.oecd.org/publications/latin-american-economic-outlook-20725140.htm, 检索日期：2017年1月28日。
② 房连泉：《国际扶贫中的退出机制——有条件现金转移支付计划在发展中国家的实践》，《国际经济评论》2016年第6期。

以实现长期内的摆脱贫困。这类措施包括教育、就业培训和小额信贷等扶持计划。总体来看，拉美地区扶贫退出程序尚处于初期阶段，退出人群还非常少，下一步的实施效果仍有待观察。

四 青年人的社会融入问题突出

长期以来，青年人的社会融入是拉美地区经济社会发展的一个重要难题。从人口年龄结构看，拉美地区与其他发展中地区相比仍相对年轻，享有发展过程中的人口红利。根据联合国拉美经委会的分析，2015年拉美地区15～29岁的青年人口约有1.63亿，占总人口的1/4，这部分人口对经济社会的可持续发展至关重要。尽管在过去20多年内，拉美经济社会取得了巨大进步，大量人口走出贫困，获得教育和就业机会，收入水平得到提高，但青年人面临的社会融入问题仍非常突出，主要表现在以下几个方面。[1]

第一，一半以上的青年人处于社会弱势地位。根据拉美经委会的数据，2014年拉美15～29岁的青年中，10%为赤贫人口，12%为一般赤贫人口，42%为社会"脆弱阶层"，仅有36%进入了"中产阶层"；青年人的收入状况整体上要低于成年人（29～60岁），而赤贫状况则高于成年人。

第二，青年失业率居高不下。缺乏就业机会是影响青年人找工作和获取收入的主要原因之一，高失业率是部分拉美国家，尤其是中美洲国家面临的突出社会问题。从图6中可以看出，在15～64岁的劳动年龄人口中，失业率随着年龄段的上升呈下降趋势。各国30～64岁的人口失业率最低，基本上在10%以下；15～29岁青年人失业率为30～64岁人口的1倍以上，部分国家甚至达到20%～30%；15～19岁青少年失业率更高一些，尤其是对于赤贫、低技能的青少年，失业现象更为普遍。

第三，青年人的工作质量较低。青年人融入社会的两个最主要的渠道是

---

[1] 如无特别说明，本节数据均来自OECD, *Latin American Economic Outlook 2017 Youth, Skills and Entrepreneurship*, http://www.oecd.org/publications/latin-american-economic-outlook-20725140.htm，检索日期：2017年1月28日。

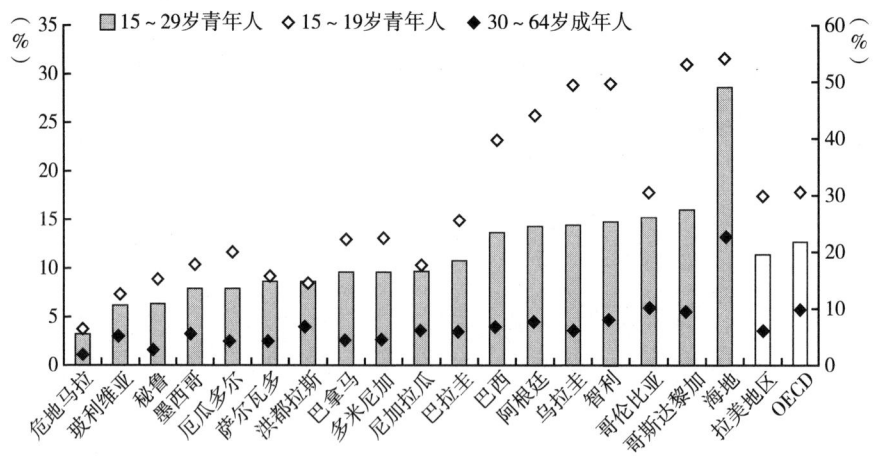

图6 拉丁美洲地区青年人和成年人失业率差别情况比较

注：右轴为海地数据；左轴为除海地外其他国家的数据。

资料来源：OECD and World Bank tabulations of SEDLAC（CEDLAS and the World Bank）and OECD – LFS data, http：//dx. doi. org/10. 1787/888933414075，检索日期：2017 年 1 月 28 日。

教育和劳动力市场。在大部分拉美国家，既未参加教育也未参加就业和培训项目的青年人比例在20%以上，这部分人成为社会不稳定的来源之一。2014年，约有46%有工作的青年人在低生产率部门就业；有64%有工作的青年人从事低技能的临时性合同工作；47%的青年人在非正规部门工作，尤其是受教育水平低的青年人大都在非正规部门工作。同时，青年人参与劳动力市场正出现一种"新常态"，特点是频繁的流动性、部门的分割性和恶劣的工作条件。

第四，青年人面临的社会安全问题突出。多年来拉美地区的高犯罪率问题一直未得到有效治理，其中青年群体受到的伤害尤为突出。图7 的调查数据说明了2011年拉美青年人受犯罪侵害的情况。在拉美地区 19 个国家16～29 岁的青年人中，超过40%在过去一年中曾遭受犯罪侵害，其中的暴力犯罪超过50%。

第五，青年人的健康安全问题不容忽视。数据表明，拉美青年的吸烟率和酗酒率高于 OECD 国家。在中美洲和加勒比地区，青年吸食毒品的社会问题非常突出。在部分国家，青年少女未婚先孕的现象十分普遍。例如，在中美洲的哥斯达黎加和多米尼加等国家，15～19 岁少女未婚先孕率高达20%之多。

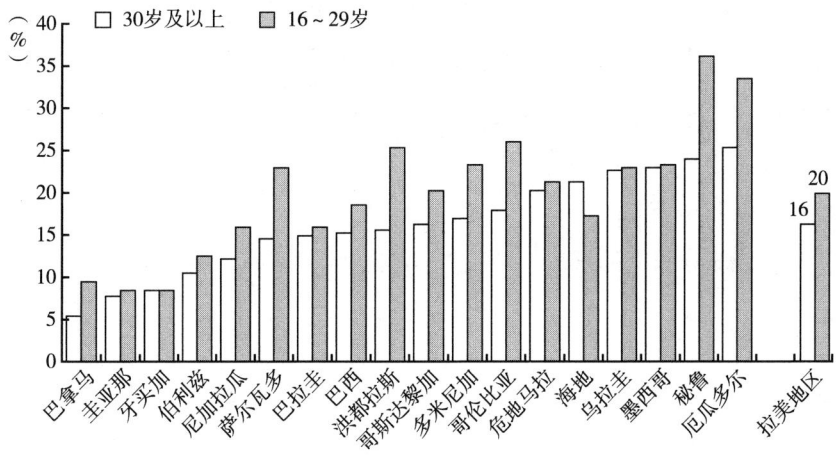

图 7 拉美地区青年人和成年人 2011 年遭受犯罪侵害的比例

资料来源：OECD/ECLAC/CAF based on special tabulations of the biannual survey of the Latin American Public Opinion Project（LAPOP），2012，http：//dx.doi.org/10.1787/888933414330，检索日期：2017 年 1 月 28 日。

总体来看，拉美地区需要采取综合性的措施以加强青年人的社会融入。教育和就业培训是基础，要为提高青年人的就业技能和找工作的能力创造条件与机会；还要加强社会保护和劳工保障，提高青年人的工作质量；通过公共安全措施，预防青年人进入危险行业；同时，还要加强青年人的政治参与和社会权利保护，消除性别歧视现象。

五 "2030年发展议程"高度重视社会不平等的治理问题

2015 年是联合国"千年发展目标"的评估年，拉美地区制定了《2030年可持续发展议程》（以下简称"2030 年发展议程"）。相对于"千年发展目标"，该议程更加重视社会发展问题，提出到 2030 年要消除赤贫，全面缩小收入、性别、种族、教育、年龄、环境、地理位置差别等各种因素带来的不平等问题。2016 年 5 月，拉美经委会成立了拉美可持续发展论坛，对2030 年目标的实施进程进行评估，其中一个最为重要的方面就是关注不平等问题。2016年是世界经济和社会发展发生深刻变化的一年,这一年呈现出的一个突出特点就是全球化带来的不平等现象加剧。历史上,拉美是收入分配差距最大的地区之一,在过去20多年中,拉美在改善社会不平等方面已取得很大进步,但在近几年的经济危机下,不平等现象又有抬头之势,主要表现在以下几个方面。①

第一,部分国家的基尼系数上升。在巴西、智利、哥伦比亚、厄瓜多尔和墨西哥等国家,1%的富有人群集中了20%以上的社会财富,该比例要高于大部分发达国家水平(一般低于15%)。从图8所示的基尼系数的变化情况看,2009~2014年,拉美大部分国家的基尼系数虽然仍呈下降态势,但降幅已明显低于2002~2009年的下降幅度。在少数国家,如哥斯达黎加、秘鲁和洪都拉斯等,基尼系数还出现了不降反升的情况。

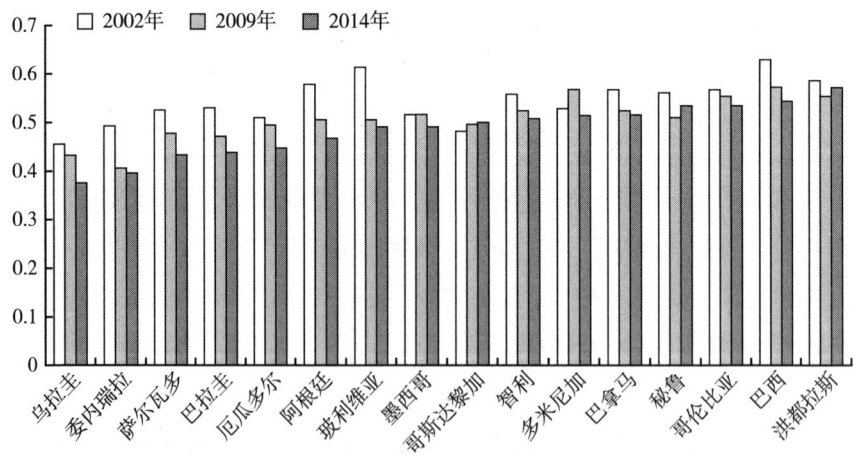

图8 拉美国家基尼系数变化(2002年,2009年和2014年)

资料来源:ECLAC, *Horizons 2030: Equality at the Centre of Sustainable Development*, http://periododesesiones.cepal.org/36/en/documents/horizons - 2030 - equality - centre - sustainable - development - summary,检索日期:2017年1月28日。

---

① 如无特别说明,本节数据均来自 ECLAC, *Horizons 2030: Equality at the Centre of Sustainable Development*, http://periododesesiones.cepal.org/36/en/documents/horizons - 2030 - equality - centre - sustainable - development - summary,检索日期:2017年1月28日。

第二，性别不平等依然突出。"2030年发展议程"的目标5提出了提高性别平等，赋予妇女权利，消除各种社会歧视的目标。从实际情况看，在所有拉美国家，女性贫困率都高于男性。平均而言，女性贫困率高出男性10个百分点左右，在部分国家，女性贫困率甚至高达男性的两倍。其主要原因在于：一是女性的收入水平普遍较低；二是女性的家庭负担更重，如单亲家庭的户主大部分为女性；三是很大一部分女性从事不计报酬的家务工作。

第三，地域不平等限制个人发展。地域不平等主要来自两个方面，一是在拉美，大部分人口和经济活动集中于少数几个大城市，通常是首都地区。拉美地区的人口区域集中系数远高于OECD国家。二是在不同地域，人们的居住生活条件有巨大差异。例如，在部分拉美最落后的地区，人均预期寿命不足60岁，幼儿死亡率和文盲率是最发达地区的5倍以上。

第四，环境恶化加剧不平等问题。相对于富人，穷人获得的资源有限，工作能力也有限，因此遭受环境恶化的影响更大。尽管拉美地区的基础服务设施在近些年有很大改善，但整体而言，贫困人口获得的公共服务覆盖面仍然偏低。以清洁用水和卫生条件的恶化为例，由其导致的地区性传染疾病仍是拉美低收入人口出现健康问题的主要原因之一，这进而影响了贫困家庭儿童的入学率和教育成绩。

六 2017年拉美社会形势走向

自2008年以来的这一轮经济危机已发生近10年，至今全球经济仍未看到完全走出低谷的迹象。预计2018年全球经济增长率为2.8%左右。根据拉美经委会的预测，2017年拉美地区经济增长预期略有恢复，达到1.3%左右。其中，中美洲地区和墨西哥仍将保持一定增速，约为3.7%，但南美地区走出低谷仍面临困境，乐观的预计增速为0.9%左右。[1] 未来5年，预计拉美经济将

---

[1] ECLAC, *Preliminary Overview of the Economies of Latin America and the Caribbean 2016*, Santiago Chile, December 2014, 检索日期：2017年1月28日。

处于缓慢恢复增长阶段，面临复杂多变的外部环境。2016~2018年，拉美将进入一个新的选举周期，预计各国将有18次总统选举过程，这也会对拉美的社会政策产生重要影响。

近3年以来，受经济收缩形势影响，拉美主要的社会指标总体处于转差的态势。在巴西、委内瑞拉、阿根廷等南美主要国家，国内经济陷入泥潭，物价大幅上升，日常生活消费品出现短缺，严重影响到居民的生活水平，出现了不同形式的社会动荡。预计2017年拉美地区的社会发展仍将面对困难形势，缓慢的经济增长对提升消费、创造就业和减贫等方面的作用有限，社会各项指标难有明显的改观，各项社会政策变化不大。

在就业方面，经济增长不足造成就业岗位创造不足，在劳动参与率上升和就业率下降的情况下，失业率可能还会进一步推升。由于危机期间更多工人寻求就业机会，低生产率部门和非正规就业会扩大。整体上，各国的名义工资虽然仍保持略增，但实际工资水平增长微弱，部分国家仍面临突出的通胀压力，造成实际收入下降。

在减贫方面，近3年来拉美地区的贫困率出现反弹上升，贫困和赤贫人口都有所增加，2017年仍会延续这种态势。随着右翼政府的上台，传统扩张性的社会支出政策面临转型，在财政收缩形势下，如何实现社会政策的可持续是一个难题。

在社会保护政策方面，拉美国家需要对过去20多年的政策绩效进行评估和反思。一方面，拉美的社会政策正在向基于权利的普享型政策过渡。在经济危机期间，社会政策可以起到稳定器的作用，促进居民收入和就业水平，带动长期内消费增加。因此，扩大社会支出是必要的。另一方面，社会政策应建立在良好的经济机制之上，与经济政策激励相容，防止福利依赖和劳动力扭曲效应。

（贺双荣　审读）

Y.5
2016～2017年拉美国际关系：
多事之秋　祸福相依

张　凡*

摘　要： 2016年，域外因素和地区政治生态变化极大地影响和改变着拉美地区国际格局及其演变态势。美国奥巴马政府继续通过各种外交举措，包括某些史无前例的出访和表态，最大限度地延续8年来对地区国际关系及其走向的塑造进程。美国大选过程搅乱了地区各国的发展势态，特朗普当选带来了极大的不确定性，地区各国不得不密切关注美国新政府的一举一动，以减缓美国政策变化可能导致的冲击和伤害。另一域外因素是中国地位和作用的再次彰显。中国国家主席习近平出访拉美3国并出席亚太经合组织领导人非正式会议，开启了中国对拉美外交的新阶段。在世界经济进入新常态的大背景下，拉美各国也在积极探索如何利用和应对中国因素带来的机遇与挑战。与此同时，拉美一些国家的政党轮替或政局变化也意味着外交政策取向的调整，拉美与域外大国和国际组织的关系以及区域内各国间的关系均面临着或正在经历深刻的变化。

关键词： 拉丁美洲　国际关系　美国　中国　外交政策

---

* 张凡，中国社会科学院拉丁美洲研究所研究员，主要研究方向为拉丁美洲政治和国际关系。

2016年，拉丁美洲和加勒比地区政治和国际关系形势跌宕起伏、充满变数，在地区国际议程仍延续多年来若干主题①的基础上，域外因素和地区政治生态变化极大地影响和改变着地区国际格局及其演变态势。在任期的最后一年，美国奥巴马政府继续通过各种外交举措，包括某些史无前例的出访和表态，创造并巩固所谓的"奥巴马政治遗产"，力图最大限度地延续8年来对地区国际关系及其走向的塑造进程。美国大选的整个过程极大地搅乱了地区各国的发展势态，让许多国家的政府和民众心神不宁。特朗普的当选带来了极大的不确定性，地区各国不得不密切关注美国新政府的一举一动，以减缓美国政策变化可能导致的冲击和伤害。

经历了长期发展和改革进程的拉美国家虽已将历史形成的、主要与发达世界之间的"依附"状态逐步转化为某种"相互依存"的关系格局，但仍由于与美国这一强邻关系的巨大不对称性而表现出地区特有的敏感和脆弱，特别是墨西哥、中美洲和加勒比地区。与此同时，拉美主要国家多年来倡导的对外关系多样化在对美关系"山雨欲来"的大环境下愈益凸显出前所未有的急迫性，体现为墨西哥、中美洲和加勒比国家与南美洲国家之间产生了恢复和发展关系的新冲动，或可再次趋向"拉丁美洲"这一久违了的认同，重新激发出沉寂多年的区域、次区域组织和机制，并抱团向北（美国）维护权益，向西（亚太）拓展空间。

影响地区国际格局的另一域外因素是中国地位和作用的再次彰显。中国国家主席习近平于2016年11月出访拉美3国并出席亚太经合组织领导人非正式会议，开启了中国对拉美外交的新阶段。在世界经济进入新常态的大背景下，拉美各国也在积极探索如何利用和应对中国因素带来的机遇和挑战。与此同时，拉美一些国家的政党轮替或政局变化也意味着外交政策取向的调

---

① 参见谌园庭《2013~2014年拉美对外关系：与世界一同变动》，载吴白乙主编《拉丁美洲和加勒比发展报告（2013~2014）》，社会科学文献出版社，2014；孙洪波《2014~2015年拉美对外关系：多元化不可逆转》，载吴白乙主编《拉丁美洲和加勒比发展报告（2014~2015）》，社会科学文献出版社，2015；张凡《2015~2016年拉美国际关系：多样性、连续性与脆弱性交织》，载吴白乙主编《拉丁美洲和加勒比发展报告（2015~2016）》，社会科学文献出版社，2016。

整,拉美与域外大国和国际组织的关系以及区域内各国间的关系均面临着或正在经历着深刻的变化。

就拉美国家对外关系多样性的努力而言,无论北美、欧洲还是亚太地区,都是其对外关系的主要战略方向,并不存在非此即彼的替代关系。世纪之交以来,拉美中左翼政府在追求自主方向上的作为较为突出,但并未成功借助特定条件下的经济快速增长实现国家发展的根本性改变。政党轮替后的对外政策取向调整无非是改变方式实现国家发展的目标,但拉美主要国家更为趋向自由主义和对外开放的政策却正值北美和欧洲内部民族主义和保护主义甚嚣尘上之际,拉美国家对外关系面临着历史上不曾出现过的另类挑战,其中的主要发展脉络值得密切关注。

一 美国与拉美的关系:从奥巴马到特朗普

2016年3月,美国时任总统奥巴马出访古巴。这是2014年底两国领导人宣布采取措施实现关系正常化、2015年中两国复交后双边关系发展中的高潮,也是自1928年美国时任总统柯立芝赴古巴出席泛美会议后,美国总统首次踏上古巴国土,象征性意义重大。对于古巴而言,奥巴马的访问意味着美国政府变相承认了古巴革命以及古巴国家的主权与独立,同时,古巴领导人也在各种场合不断重申,双边关系全面改善的主要障碍在于美国对古巴的政治孤立和经济封锁以及试图改变古巴内部进程的政策。奥巴马则借助此次访问,特别是行程中特意安排的通过电视直播的联合记者会以及在哈瓦那大剧院的演讲,刻意强调"与古巴人民直接接触"并重申美国奉行的民主、人权原则。特别重要的是,奥巴马宣称到访古巴是来"埋葬冷战在美洲的最后残余",并公开承认美国以往对古巴政策的失败,应适时解除过时的、对古巴人民造成伤害的封锁。奥巴马甚至称赞了古巴的教育和医疗成就。

在奥巴马于3月即将出访之际,美国政府进一步放宽了对古巴人员、货物、资金交流的限制,包括美国公民可以根据12大类条件以个人身份前往古巴、古巴公民可以在美国开设银行账户、在美国生活的古巴人可以拥有合法收入（为古巴运动员签约参与美国棒球大联盟赛事铺路）、美国人在第三国（如欧洲国家）可享用古巴的商品和服务等。2016年5月，美国邮轮"阿多尼亚号"满载700多名美国游客和古巴裔美国人抵达哈瓦那，这是美国邮轮自20世纪70年代末（美国卡特政府时期）以来首航古巴。美古邮轮航线的开通是两国政府促进"人民交往"政策的体现，为此，古巴政府也适当放宽了对人员交往的限制。与此同时，由于担心两国关系正常化后，美国会废除古巴移民抵达美国后自动获得居留权的政策，2016年通过中美洲和佛罗里达海峡非法前往美国的古巴移民有所增加。美国国内在两国复交后对双边交往的期待甚高，但古巴国内的政治变化和经济改革步伐缓慢又使美国商界颇感失落。美国人认为古巴政府没有积极回应美国政府放宽限制的措施及善意，而古巴政府则认为奥巴马政府还可以做更多的事情以保证两国关系正常化进程不可逆转。美古双方显然已经认识到正常化是个长期进程，但奥巴马政府任期将尽也带来了日益明显的紧迫感，特别是考虑到美国新政府可能的政策变化，巩固和扩展已有成果是当务之急。美古在过去的一年多时间里通过双边委员会渠道举行了5轮磋商，处理悬而未决的财产相互赔偿问题以及有关通航、通邮、农业、环保、金融、健康、知识产权等领域进一步放宽限制的措施，并就打击毒品运输、人口贩运、移民偷渡和恐怖主义进行合作，双方还就人权问题加强了对话。正常化的步伐缓慢，但富有扎扎实实的成果。2017年1月，一家美国贸易公司与古巴国有企业古巴出口公司签约进口古巴木炭，这是50多年来古巴首次向美市场出口产品。同月，美国对古移民政策发生重大改变，奥巴马政府通过行政法令废除了自1995年以来一直实行的所谓"湿脚、干脚"政策。

美国与古巴关系的变化是美国拉美战略历史性转变中最富戏剧性的一幕，它清除了拉美国家反美情绪中最重要的凝聚点之一，被视为自20世纪60年代肯尼迪政府推出"争取进步联盟"、20世纪70年代卡特政府解决巴拿马运河问题以来美拉关系演变中的又一里程碑。在美拉关系议程中最突出的移民和毒品两大问题上，奥巴马政府均做出了重大调整。通过行政法令的形式，奥巴马政府推出了30年来最重要的移民政策改革，这一改革如果最终能够到位，那么目前生活在美国的非法移民的近半数将获得合法居留权利。奥巴马政府在反毒问题上采取了更为灵活的战略，宣称"反毒战争"已经结束，鼓励各国根据各自需要采取解决问题的方案并灵活解释和适用国际条约。当然，奥巴马政府的政策在美国国内仍充满争议，既可能遭到国会杯葛，其本身也只是处理美拉间复杂问题的初步尝试，如移民的合法身份并未最终解决，遣返措施仍在撕裂无数家庭，而反毒新规很少触及美国国内需求问题，美国相关机构间以及美国与拉美国家间在一系列具体措施上难以达成共识。就古巴而言，经济封锁和关塔那摩基地问题更难以在短期内解决，这凸显了美古关系改善的深层障碍和实质困难。虽然拉丁美洲并非奥巴马政府国际战略中的优先考虑，但其对拉政策毕竟改变了21世纪以来美拉双方渐行渐远的态势，针对美拉关系中最关键问题采取的措施也使美拉关系出现了向更为合作和建设性方向发展的转机，成为奥巴马政府外交政策遗产的重要组成部分。

2016年2月初，哥伦比亚总统桑托斯到访美国。桑托斯政府推动哥伦比亚和平进程的努力得到了美国奥巴马政府的大力支持，在美国首都华盛顿为纪念"哥伦比亚计划"出台15周年举行的招待会上，奥巴马宣布将要求国会拨款4.5亿美元，不附带任何条件地用于"哥伦比亚计划"的后续方案"哥伦比亚和平"计划。虽然奥巴马任期结束后美国国会能否继续维持政府对哥伦比亚和平进程的支持力度尚未可知，但美国政府的态度对桑托斯政府的努力至为重要。美国资助的反毒品、反颠覆的"哥伦比亚计划"已累计投入近100亿美元，主要用于军事援助，近年来也逐步包括了社会项目、农村发展和制度建设等内容。而"哥伦比亚和平"计划主要针对冲突解决后的巩固和平任务，包括游击队成员重新融入社会以及法制建设等"转型正义"目标。哥伦比亚和平进程努力虽然在其国内有不同的意见，但在整个拉美地区得到了各国的普遍支持，美国在这一进程中发挥了重要作用，特别是与哥伦比亚政府间合作的密切程度使美哥关系成为近年来美国与拉美国家关系中的一种特殊类型。

2016年3月底，美国总统奥巴马在出访古巴后到访阿根廷，成为近20

年来第一位访问阿根廷的美国总统。两国签署了贸易和投资框架协议，并探讨了美资参与重振阿根廷经济和基础设施建设问题。当时阿根廷马克里政府执政刚满百天，奥巴马的到访对双方而言均意义重大。马克里政府急需美国政府的支持以解决长期拖延的与美国债权人的债务纠纷问题。事实上，在奥巴马出访阿根廷的同时，美国司法部、纽约上诉法院与阿根廷政府间迅速找到了解决问题的方法，消除了发展双边关系的一大障碍。奥巴马在马克里上台初期造访，也意在表明美国十分重视阿根廷新政府政策转向对地区政治版图变化的影响。奥巴马的访问时间正值阿根廷最后一次军人政权开始执政40周年，奥巴马承诺提前10年解密美国军事和情报部门与阿军政权关系的档案，表明美国政府愿意对冷战期间支持军人独裁的行为释出一些弥补过失的善意，继续抢占并维持在地区范围内的道义制高点。

2016年2月，危地马拉总统吉米·莫拉莱斯、萨尔瓦多总统桑切斯·塞伦、洪都拉斯总统奥兰多·埃尔南德斯与美国副总统拜登在美国首都华盛顿举行了会谈。会谈的主题是被称为中美洲"北部三角"的上述3国如何推进"争取繁荣联盟"2016年行动计划。"争取繁荣联盟"由上述3国与美洲开发银行于2014年共同发起，旨在为当年的儿童移民危机寻求方案，并解决造成危机的深层原因。2015年12月，美国国会决定2016财政年度拨款7.5亿美元援助"争取繁荣联盟"计划。特别是针对非法移民问题，美国国会要求援助北部三角国家款项的25%须依据美国国务卿就各国采取有效措施情况的报告发放，这些措施包括告知本国国民前往美国西南部边境的危险、制止贩运人口、改善边境安全、实施非法移民遣返便利化措施等。在3国总统与美国副总统的会谈中，美方明确表示美国的合作以3国持续清除国内腐败为前提。2016年4月，危地马拉总统莫拉莱斯再次出访美国，正式向联合国秘书长提出将"危地马拉国际委员会"的活动期限延长2年至2019年，该委员会自2007年成立以来已经推动200多起腐败案的调查工作。危地马拉总统延期要求是为了维系美国援助的一次重要外交举措，表明美拉关系中的移民问题与美国的利益和诉求、中美洲国家经济社会发展和国内政局密切关联，各国间具有很深的相互依存度以及频繁的政策互动。2017

年1月，在任期即将结束之际，美国副总统拜登与洪都拉斯总统通了电话，表示了维系美国国会两党继续关注中美洲问题的重要性。

2016年6月，美国国务卿克里与前来参加美洲国家组织会议的委内瑞拉外长罗德里格斯举行了单独会谈。克里随后宣布美委两国将举行新一轮的双边谈判，以解决双边关系中面临的诸多问题。此前在美洲国家组织会议上，双方曾就美洲国家组织秘书长阿尔马格罗关于援引美洲民主宪章讨论委内瑞拉问题的提议相互攻击，美国支持委国内反对派进行罢免公投的努力，认为阿尔马格罗的提议有助于委国内政治势力间对话，以解决该国所面临的政治、经济、社会和人道危机。委内瑞拉则认为阿尔马格罗偏袒委反对派，其提议出自华盛顿的旨意并在华盛顿的资助下干预委国内事务。援引美洲民主宪章意味着美洲国家组织将首先进行外交斡旋以恢复成员国宪政秩序，其后则有可能实施制裁直至中止委成员国资格。

这一时期委国内对立双方、拉美各国及区域组织与美国政府频繁互动、沟通或较量。这一系列外交博弈活动无一在解决委国内危机方面真正见效，美洲国家组织最终决定不对是否援引美洲民主宪章提议进行表决。在这种情况下，美国的作用进一步凸显，但奥巴马政府在地区事务中的主要意图仍是力求平衡、改善形象。美国明确表示不会支持美洲国家组织采取中止委成员国资格的措施。在克里和罗德里格斯宣布双方将举行会谈修复关系后，2016年6月下旬，美国国务院负责政治事务的副国务卿香农出访委内瑞拉。香农在委内瑞拉的3天内既会见了委内瑞拉总统，也会见了反对派领导人，还会见了代表南美国家联盟进行斡旋的西班牙前首相。香农表示，国际调停有助于委国内危机的解决，但认为委方对美洲国家组织的活动感到"不舒服"，委内瑞拉不喜欢被人"呼来唤去"。显然，奥巴马政府仍通过香农这样高级别的官员努力维持与委政府间的直接联系，既力图避免授人口实，落个推翻民选政府的名声，也有照顾其他拉美国家切身感受的考虑，将委内瑞拉问题交由地区组织处理，同时美国在适当时机施加影响，这最为符合奥巴马政府的战略意图。

奥巴马政治和外交遗产能否持续取决于2016年美国大选的结果。2016

年下半年,随着投票日期的临近,美国大选的动态日益牵动人心,拉美国家政府和民众与美国选民几乎同样关注大选进程及其结果。11月初的主流民调基本与拉美国家的期待吻合,即希拉里·克林顿将有望入主白宫。这意味着奥巴马政府的政策在很大程度上将得以延续。克林顿的竞选对手特朗普在大选进程中有关拉美问题的言论使拉美国家大为反感乃至恐惧,特别是墨西哥和中美洲国家。特朗普关于在美墨边境筑墙且由墨西哥负担费用、遣返拉美(主要为墨西哥和中美洲)移民、废除或重新谈判北美自由贸易协定、向拉美国家输美产品课以重税等宣示一旦成为现实,将会极大地恶化美拉关系并严重影响拉美国家特别是美国南部近邻的内部发展。2016年7月,在特朗普获得共和党总统候选人提名之后,墨西哥总统培尼亚·涅托(Peña Nieto)到访美国。美国总统奥巴马试图安抚已明显感到不安的邻居,强调并罗列了墨西哥在一系列领域对于美国的重要性,诸如安全、气候变化、经济、中美洲的安全与稳定、解决移民危机和毒品问题以及邻国关系等。培尼亚·涅托总统则从此前将特朗普类比为希特勒和墨索里尼的言谈向后退,表示对希拉里·克林顿和罗纳德·特朗普的"尊重",并申明无论谁最终当选美国总统,墨西哥及其政府都将持"建设性态度"。8月底,特朗普飞往墨西哥城与培尼亚·涅托总统举行了一次私人会见。墨西哥向美国两位总统候选人均发出了邀请,希望向他们表明墨西哥在相关问题上的立场。希拉里·克林顿未能到访,而特朗普回美后立即重复了此前关于筑墙和遣返移民的言论。特朗普此次访墨行为及其后续发展在政治上对墨总统造成了极大伤害,墨西哥人普遍认为这是国家的"耻辱",或者可称为"历史性的错误"。安排此次会见的墨西哥财长也因此辞职。

2016年11月初,美国大选结果尘埃落定,后续发展却充满不确定性。特朗普的当选显然不是大多数拉美国家和民众所希望的结果,不同国家的紧张和忧虑程度有很大差异。巴西总统特梅尔是首批对特朗普当选做出反应的拉美领导人之一,这位巴西领导人认为巴美双边关系是一种"制度性的"联系,不会受到美国总统换届的影响。阿根廷总统马克里希望能够与特朗普一道为两国人民的福祉努力,但特朗普的民族主义和保护主义倾向显然对正在寻求经济增长、扩大投资、降低通胀的阿根廷政府形成了压力。对于正处于和平进程关键节点的哥伦比亚而言，特朗普政府能否维持奥巴马时期同意的大规模援助计划存在变数，但桑托斯总统仍坚持强调哥美两国长期以来既有的战略盟友关系并希望双方能够加以维护。智利总统巴切莱特也对特朗普当选表示了礼节性的祝贺，智利外长却直言不讳地表示特朗普是一个"巨大的问号"。特朗普在古巴问题上的立场前后矛盾，最初赞成奥巴马政府结束美古冷战缓和关系，其后又表示将逆转这一政策。特朗普当选后，古巴举行了大规模军事演习。

拉美受冲击最为剧烈的是毗邻美国的墨西哥和中美洲国家。特朗普当选当日，墨西哥货币比索一日贬值13%，为20年来单日最大贬幅。对此墨西哥财长和中央银行行长立即召开新闻发布会，试图安抚市场和稳住币值。墨西哥政府为应对特朗普冲击，一方面在经济政策方面避免反应过度并强化防范，加速2017年度预算案的通过，调整货币政策，推动结构性改革；另一方面则试图了解特朗普的真实意图以采取相应措施。墨西哥部分分析人士根据特朗普的背景和特点勾画出了其可能的交往方式，即作为谈判策略漫天要价，然后稍作后退以达成最为有利的结果。就算果真如此，也难以确定特朗普究竟会拿什么来做交易。一切都需要等到2017年1月20日特朗普就职后才能逐渐水落石出，但2016年墨政府与特朗普的交手表明两国关系前景堪忧。

墨西哥外贸严重依赖美国市场，其出口的80%以上输往美国。同时，在美国工作的墨西哥居民每年有大量汇款汇回国内。北美自由贸易协定的废止或修改、边境管制的收紧和税收壁垒的强化都会严重影响墨西哥的经济状况。作为对特朗普竞选言论的回应，2016年12月，墨总统培尼亚·涅托表示墨方愿意重新谈判北美自由贸易协定。目前，在美生活的墨西哥人口约有1200万，其中半数没有合法身份，事实上，近两年美国遣返的非法移民人数在回落，即移民问题在缓解。但特朗普就职以后，墨西哥很可能会接纳更多从美国返回的墨西哥人，墨政府要考虑如何安置他们的问题。为此，墨总统不断在各种场合向美国喊话，希望双边关系能够持续维系在现实和相互尊重的基础之上。墨总统还与反对党国家行动党参议员共同商讨应对特朗普冲

击的战略,民主革命党参议员也表示墨国内在对美问题上应加强团结。墨外长希望墨国内各州加大力度保护在美居民的权益,同时应采取措施使回国的居民重新融入本国的生活。

当然,特朗普有关筑墙、遣返、废约、征税等竞选承诺付诸实施还面临一系列法律、资金、具体操作等问题,而且对美国边境安全和国内经济也会产生负面影响,因此墨西哥希望特朗普在实施过程中能有一定限度,不要将双方在经济和安全方面深度相互依存的关系破坏到不可收拾的地步。2016年底墨接待了美国德克萨斯州议会议长,以巩固与美毗邻州府的关系。2017年伊始,2016年9月辞职的墨前财长出任新外长,这也许可以成为与特朗普间的一条联系渠道。墨西哥还有意做美国生产玉米各州的工作,希望这些州的政府和农场主说服特朗普手下留情,以免影响玉米对墨西哥的出口。在奥巴马任期的最后时刻,墨西哥又将墨西哥籍毒枭引渡至美国受审,可以说是竭尽全力维护墨美既有关系格局。但福特汽车公司取消在墨建立新厂计划等事件仍进一步加剧了墨西哥的担忧。

2016年12月,墨西哥外长与中美洲北部三角3国(萨尔瓦多、洪都拉斯和危地马拉)外长宣布4国将强化合作,共同应对移民问题,保护各自国家在美居民的权益。特朗普当选后,4国官员已经根据各国总统指令,商讨一项"共同战略"。而中美洲3国所面临的另一变数涉及"争取繁荣联盟"的前途,危地马拉外长在与美国国务院负责西半球事务的助理国务卿会谈后宣称,"争取繁荣联盟"计划得到了美国国会两党的支持,但这种表态仍出自奥巴马政府官员。

与此同时,在古巴问题上,奥巴马政府在离任前仍在做着最后的努力,尽可能地维持奥巴马这份外交遗产不致被特朗普全盘颠覆。除通过政府间双边委员会继续磋商正常化进程中所面临的诸如财产补偿等未决问题外,2016年12月双方"可再生能源和能源效率工作小组"在美国首都华盛顿举行了首次工作会议,希望在一个务实合作领域扎实地推进双边关系。奥巴马政府还敦促美国企业界尽快完成正在进行的商务谈判,其中包括通用电器以及其他从事旅游、邮轮、电讯、建筑的美国公司。特朗普在就职前给自己留有回旋余地，将出发点设定为从古巴获得"更好的条件"。但其副手、新当选副总统彭斯在菲德尔·卡斯特罗葬礼的当天称古巴领导人劳尔·卡斯特罗为"独裁者"，特朗普过渡团队中包括了多名发誓逆转奥巴马和解政策的强硬反古分子。

2016年12月中旬，美国国务院副国务卿香农出访智利、巴西，在智利出席了双边高层政治磋商机制会议，并就美智引渡条约批准文件与智利换文；在巴西与包括巴西外长在内的官员举行了会谈，并会见了商界人士。美国与拉美主要国家的常规交往仍在有条不紊地进行。

2017年1月20日，特朗普正式就任美国总统。其上任伊始，包括贸易、移民政策在内的行政命令纷纷出台，墨西哥等国的担忧正在变成严峻的现实，其他拉美国家则在忐忑地等待和观察。拉美与美国关系的新阶段由此开始。

二 域外力量：中国、欧洲

（一）中国

2016年11月17～23日，中国国家主席习近平成功地对厄瓜多尔、秘鲁和智利进行了国事访问，并出席了在秘鲁首都利马举行的亚太经合组织（APEC）第二十四次领导人非正式会议。习近平主席的访问正值世界经济和国际政治发展的重要时间节点，也是拉美地区政治生态和区域国际格局演变的关键时期，对中拉关系的进一步发展具有重要的影响。拉美3国政府给予了习近平主席最高规格的接待，并同中国政府签署了40多项双边合作文件，涵盖经贸、金融、能源、工业园区、基础设施、农业、环保、人文等领域，包括双边产能和投资合作、战略对接、自由贸易协定升级等内容。联合国拉美经委会为呼应习近平主席的访问，专门就中拉经贸关系发表了一份报告，[1]

---

[1] CEPAL, "Relaciones económicas entre América Latinay Caribey China-Oportunidadesy Desafios," http://repositorio.cepal.org/bitstream/handle/11362/40743/1/S1601155_es.pdf, Nov. 29, 2016.

拉美经委会执行秘书巴尔塞纳还就中拉关系多次发表看法。根据拉美经委会的数据，拉美和加勒比国家与中国的货物贸易于2013年达到历史高峰，为2780亿美元，是2000年的22倍。2013~2015年，拉美向中国的出口贸易额下降了23%，所受影响主要来自大宗商品需求和价格的下跌。但拉美自中国进口仅下降了3%，2015年拉美与中国贸易逆差为840亿美元。逆差主要是由于墨西哥和中美洲与中国贸易不平衡，南美洲与中国的贸易关系则相对均衡。但拉美与中国贸易的总体格局没有发生太大变化，即拉美主要出口初级产品，而主要进口制成品，贸易平衡有利于中国。因此，拉美经委会及其官员借助习近平主席此访表达了拉方的关切和期待，其中最主要的诉求是推动2015年1月北京中国—拉美和加勒比共同体论坛（中拉论坛）首届部长级会议通过的《中国与拉美和加勒比国家合作规划（2015~2019）》，特别是10年内将双方贸易和投资分别提升至5000亿美元和2500亿美元的目标，以改善拉美和加勒比地区参与全球经济生活的质量，同时致力于拉美国家生产和出口多样化，"架桥而非筑墙，开放市场而非关闭市场，尊重差异并为后代建立共同家园"。习近平主席在2016年11月亚太经合组织会议上的倡议，特别是有关支持经济全球化、建设开放型经济、促进互联互通和改革创新，以及中拉全面合作和全面战略伙伴关系提质升级和命运共同体建设等主张，与拉方诉求高度吻合。

在习近平主席到访拉美之前，2016年9月，拉美阿根廷、巴西和墨西哥3国总统赴中国杭州参加了二十国集团（G20）峰会，并会见了习近平主席；秘鲁新当选总统访问中国；中国总理李克强出访古巴。10月，在印度果阿举行的金砖国家领导人第八次会晤上，巴西总统再次与习近平主席会面。11月，习近平主席结束访拉之际，中国政府发布了第二份对拉美和加勒比政策文件。新的政策文件将中拉关系和中国对拉政策明确表述为"全面合作新阶段"和"推动中拉全面合作伙伴关系再上新台阶"，并且将2008年政策文件中有关中国对拉政策的总体目标（互尊互信、扩大共识；互利共赢、深化合作；互鉴共进、密切交流）重新界定为构建"五位一体"（政治上真诚互信、经贸上合作共赢、人文上互学互鉴、国际事务中密切合作、整体合作和双边关系相互促进）新格局和打造中拉携手共进的命运共同体。

政策文件列出了政治领域合作（六项）、经贸领域合作（十三项）、社会领域合作（四项）、人文领域合作（七项）、国际协作（五项）、和平安全司法领域合作（二项）、整体合作和三方合作等八大合作领域，囊括了中拉关系当前和未来发展所涉及的各个方面。

2016年是"中拉文化交流年"，这是中拉全面合作进程中伴随政治、经贸关系发展，文化因素日益突出的重要体现，文化外交成为中拉全面战略伙伴关系的重要一翼。中拉文化交流年自3月在中国北京开幕至11月在秘鲁利马闭幕，陆续在中国多地和拉美和加勒比多国开展了一系列相关活动，如在北京举办的"加勒比音乐节""加勒比电影节""加勒比美食节""拉美专业音乐人论坛"（4~5月），在北京、上海、南京巡展的拉美大师系列之《何塞·万徒勒里作品展》（7~10月），在贵阳举办的夏日音乐节，该音乐节接待了拉美和加勒比国家的流行乐队（7月），在北京举行的全国西班牙语演讲大赛总决赛（9月）、阿根廷欲望探戈舞团在中国巡演（9~10月）、"中拉思想文化经典互译工程"启动（9月）等；中国著名的指挥家、钢琴家、琵琶演奏家、二胡演奏家等赴拉美演出，中国文艺团体，如国家京剧院、上海民族乐团、中央芭蕾舞团、青岛交响乐团、中央民族乐团、广东现代舞团以及中国流行音乐DJ和非物质文化遗产传承人等赴拉美巡演，故宫博物院文物、中国美术馆艺术品以及"华夏瑰宝""中国当代陶瓷""中国少数民族服饰"等在拉美国家展出，在墨西哥、古巴、秘鲁等国举办了有国家领导人出席的专场活动，等等。中拉文化交流源远流长，新中国成立后，在政治、经济关系尚未建立的情况下，文化交流就已经陆续出现。2016年是这一文化交流进程中的一个高潮，对中拉人民间的交往和了解起到了促进作用。除了一般性的了解和兴趣外，中拉文化交流年也提示双方需要进行更深层次的接触和融合。

务实合作是中拉全面合作的基础。2016年，南美洲多国政局波动或发生重大变化，其中包括与中国经贸关系十分密切的国家，如巴西、阿根廷和秘鲁。由于总统受到弹劾或选举导致政党轮替，巴西、阿根廷、秘鲁等国均产生了新的中右翼政府，对华关系有可能受到影响。但是，3国新政府不但没有逆转对华关系，而且使双边关系朝着进一步强化合作的方向发展。巴西新总统利用杭州二十国集团峰会这一机会，表达了维系对华紧密关系的愿望，并推动了在具体合作领域如石油、铁矿和大豆出口方面的合作势头。如果巴西政坛能够相对稳定，那其新政府更为开放和务实的政策取向将会对双边关系有所促进而不是逆转。阿根廷新政府在经过短暂的所谓重新"审核"对华关系及合作项目时期后，重新确认了对华全面战略伙伴关系以及几乎所有前政府与中国达成的合作项目，包括水电、核电和空间站等大型项目，使双边关系重归正轨并更为成熟、透明。秘鲁新政府对华政策更为积极，新总统就任后不久就出访了中国，积极推动双边贸易和投资领域的合作，包括吸引中资企业投资秘鲁矿业部门。很显然，拉美主要国家与中国已经建立起十分紧密的经贸关系，形成了互补性很强的相互依存格局，拉美国家政局的变化无法改变这一基本局面，而只能在这一基础上进行调整。对于目前仍处于经济困难中的拉美许多国家来说，务实合作仍是其对华关系中最为重要的一个方面。

  2016年拉美国家与中国关系的动态表明，双方关系进一步发展所面临的主要挑战在于如何适应新常态和如何处理老问题。所谓新常态意味着大宗商品出口高潮及其带动的经济快速增长阶段已告一段落。在新常态中，贸易作为引擎之一仍在发挥作用，但其他引擎也必须出现并开始发力。这些新的发力点已经出现在中拉双方近年来发布的若干合作文件之中，如投资和金融合作以及一系列具体合作领域的提及和界定。但这些引擎能否启动并发挥作用取决于双方认知和诉求的契合，如产能合作和战略对接，高层互访达成的共识和愿景还需落到实处，即输出方之输出（如产能）能否与输入方之输入（如发展目标）大致对应。这就不仅要着眼于一方或双方的诉求，而且要考虑在区域乃至全球价值链中各自的区位和方向。与此同时，体现环境可持续和社会包容的企业社会责任问题以及当地经营过程中兼顾政府、法律体系和社会组织多方要求的企业行为模式问题早已成为中拉务实合作议程中的重要内容，双方的努力已有成效但远远没有到位。2016年高层交往开启的光明前景能否成为现实取决于双方新阶段着力点的把握和对长期存在问题的有效解决。另外，有关大项目的运作应该实现"正常化"，即招投标环节的成功乃至整个工程的竣工不过是一种正常的商业行为，未能中标甚至停工停产也不过是某种原因造成的正常结果，没有必要让境外媒体的炒作牵着鼻子走。2016年比较引人注目的事件是南美洲的两洋铁路问题（此前还有墨西哥高铁问题、哥伦比亚小规模两洋铁路问题等），可视各方目标、利益、形象吻合度推进或撤退，不必反应过度。

2016年中拉还将此前一度"蛰伏"的问题推到了前台，如台湾问题和中美拉三方互动问题。前者由于台湾当局的小动作和美国特朗普政府的政策考虑，再次凸显出中国在拉美的非建交国关系问题，未来若干年这有可能成为中拉关系中需要认真加以处理的一个方面。后者则由于特朗普拉美政策对美拉关系的冲击，将中国推到了风口浪尖，所谓"美国筑墙，中国搭桥"。如何把握这一机遇和挑战对中国外交是一大考验。2016年也是中拉整体合作机制出台的第二年，整体合作的路径、原则、问题和方向还有待进一步探索和完善，以顺利迎接2018年第二届中拉论坛部长级会议乃至首届峰会的召开。

（二）欧洲与拉美

2016年2月初，法国总统奥朗德在巴黎接待了古巴领导人劳尔·卡斯特罗。这是古巴领导人首次对法国进行国事访问。1995年，菲德尔·卡斯特罗曾应时任法国总统密特朗的邀请赴法进行过一次私人访问。而此次劳尔到访，走红地毯，过凯旋门，香榭丽舍大道两旁飘扬着古巴国旗。奥朗德本人曾于2015年5月到访古巴，法国政府长期以来也一直推动联合国大会通过解除美国对古巴封锁的决议。2015年12月，巴黎俱乐部达成了古巴债务问题的解决方案，古巴承诺在18个月内还清26亿美元债务，巴黎俱乐部同意免除古巴应还债务及利息85亿美元，从而为古巴重新获得外部融资扫除了障碍。劳尔访法的主要目的之一就是为古巴寻求投资和金融合作的机会，而法国大公司，包括电讯、能源、旅游业巨头已开始在古巴进行投资，法国建筑商参与了马里埃尔港和开发区的基建工程。两国政府就债务问题达成了新的协议，包括法国将债务转为合作基金，在古巴共建合作项目。法国开发署（AFD）在哈瓦那开设了办事处，为从事开发项目的公共和私人机构提供贷款。自古巴与美国关系开始缓和以后,包括法国在内的欧洲国家一度担心与古巴传统的经济联系会被美国挤断,所以纷纷开始采取措施拉近与古巴的关系。法国还是欧盟中积极推动欧盟与古巴签署新的"政治对话与合作协议"的主要国家之一。

2016年3月,欧盟与古巴双边"政治对话与合作协议"完成谈判。这一协议取代了自1996年以来作为欧盟对古巴政策依据的"共同立场"。该"共同立场"为统一的欧盟对古政策,它将古巴在民主和人权方面的改变设为欧古双边政治和经济关系,包括欧盟成员国与古巴关系改善的前提,事实上严重限制了双方包括经贸联系在内的交往,古巴方面一向将这一政策视为对其内政的干涉而坚决反对。欧盟及其部分成员国最终意识到了这一政策的负面效果,并开始尝试改变政策。美国奥巴马政府缓和对古关系后,欧盟加快了缔结新协议的步伐。欧盟部长理事会于2016年12月6日批准了新协议,欧古双方于12月12日在布鲁塞尔正式签署协议。自20世纪90年代以来,欧盟对古政策往往是对美国对古政策的一种呼应,如1996年的"共同立场"、2003年对古巴的制裁(2008年解除)、2014年底以来的缓和关系等,而这一次是在美国新当选总统特朗普威胁要逆转美古缓和进程的情况下,欧盟迅速签署了新的协议。新协议包括政治对话、合作与部门政策对话以及经济贸易合作三个部分。新协议还需获得欧洲理事会和欧盟各成员国的批准。欧盟现为古巴第二大贸易伙伴(居委内瑞拉之后)、最大外资来源地和重要的旅游客源(占古巴旅游客源的1/3)。自2008年制裁解除后,欧盟还向古巴提供了大量发展援助,包括食品、抗灾、环境等。"政治对话与合作协议"是欧古关系的重大突破。

2016年6月,英国公投决定脱离欧盟。英国与拉美国家的贸易额并不大,但英国投资对部分拉美国家比较重要,特别是在矿业部门,如哥伦比亚、秘鲁。英国脱欧未必会对英拉贸易和投资产生负面影响,摆脱欧盟限制后,英国公司有可能会更积极地寻求投资机会,但英镑虚弱和英国经济衰退的风险会影响英国的投资能力,英国旅客赴拉美旅游也会受到影响。对于拉美而言,更大的担忧在于欧盟与拉美的关系。欧盟作为拉美第二大贸易伙伴和第一大投资来源地，如果欧洲民族主义、保护主义、孤立主义甚嚣尘上，不仅欧洲建设进程会受阻，全球范围的开放和整合也将受到影响，拉美的贸易、投资以及与欧洲密切相关的侨汇、旅游都会受到波及。南方共同市场（以下简称"南共市"）与欧盟间的自由贸易谈判也会更为艰难（英国曾是最积极促成谈判的成员国之一），谈判中涉及的农产品保护问题（主要来自法国）将更加难以解决。阿根廷、巴西等国家的新政府更加开放的政策取向有可能与发达国家更为内向的政策取向相碰撞。市场波动也会加大拉美国家获得国际信贷的难度并提高借贷成本。英国脱欧需要一个过程，其具体影响还有待观察，其负面效应未必那么直接和严重。与此同时，拉美部分国家也在英国脱欧的余波中试图汲取经验教训。例如，拉美太平洋联盟4国以及作为观察员国的阿根廷于2016年7月初举行峰会，各国领导人的共识是，应努力达成包容性的增长和更紧密的金融合作与整合，以避免重犯欧洲建设中欧洲人所犯的错误。

在脱欧前后，英国也在加强与拉美国家的关系。2016年4月，英国外交大臣访问古巴，这是1959年以来的第一次。英国投资者也开始步旅游者的"后尘"（英国为古巴第二大旅游客源国，居加拿大之后），到古巴寻求机会。英外交大臣与古巴达成了重新安排债务的协议，并签署了金融、能源、教育和文化合作协议。在9月联合国大会期间，英国首相特雷莎·梅还与阿根廷总统马克里举行了会晤，随后英外交大臣造访阿根廷。两国领导人在联合国大会上的会谈涉及了马尔维纳斯群岛的主权问题，但在随后的外长会谈中未能强调主权争端，阿国内出现了批评声音。2016年11月，英国还接待了哥伦比亚总统桑托斯，这是哥总统首次访英。除加强双方贸易和经济联系外，哥总统还访问了北爱尔兰，并宣称哥伦比亚和平进程受到了北爱尔兰和平进程的启发。英国将提供资金帮助哥伦比亚战后重建，双方还将在石油和天然气部门开展合作。

2016年7月，阿根廷总统马克里访问欧盟总部，并随后访问德国。这是近20年来阿总统首次到访布鲁塞尔，被视为新政府外交政策取向变化的又一标志。欧盟表示欧洲投资银行有意重启在阿业务，并欢迎阿根廷在分担全球移民问题责任和联合国维和行动上发挥作用。欧盟与南共市的谈判已于2016年6月重启，阿总统敦促欧洲领导人在欧盟与南共市的贸易谈判中采

取协调政策，以推进谈判进程。欧盟与阿根廷的双边务实合作还涉及能源、贸易、投资、气候变化、城市与地区发展、公民安全和打击毒品犯罪等领域。2016年12月哥伦比亚总统桑托斯成为欧盟国家外长例行会议上的客人，随后欧盟委员会与19个成员国签约，由欧盟哥伦比亚信托基金出资6亿欧元援助哥伦比亚和平进程。自2015年末开始，爱尔兰前副总理兼外长就作为联盟特使参与了哥伦比亚和平进程，代表欧盟向哥伦比亚和平进程提供政治支持，并与哥政府和相关各方分享北爱尔兰和平进程的经验。

2016年10月，在多米尼加首都圣多明各举行的欧盟—拉美和加勒比国家共同体（以下简称"拉共体"）部长级会议上，欧盟宣布提供7400万欧元的一笔新资金，援助拉美和加勒比国家的可持续发展项目。2016年，欧洲承诺提供总计超过7.1亿欧元的资金，用于气候变化、贸易、私人部门和投资、安全和治理等方面，以改善拉美和加勒比地区居民的生活条件并实现2030年可持续发展目标，其中包括涵盖18个拉美国家的安全计划（警察、法院和监狱系统的建设），以及支持农业和私人部门开发的南南合作和三方合作倡议。圣多明各部长级会议发表了宣言，并成立了欧盟—拉共体基金会。

三 政治生态与对外关系

2016年，拉美国家外交政策以及地区国际关系演变的一个突出特点是政治生态变化扭转了对外政策取向，特别是地区大国的动态正在改变地区各国间关系的原有格局。2015年末，阿根廷发生政党轮替，新总统马克里执政后对前政府的许多政策做了大幅调整，特别是对外经济政策。2016年新年伊始，刚刚接任南共市轮值主席国的乌拉圭总统巴斯克斯接待了来访的阿根廷总统马克里。乌拉圭的立场是推动南共市与其他区域集团，特别是欧盟达成贸易协定，而马克里政府的政策恰好与乌立场相近，有望为南共市转向提供新的动力。马克里出访前已决定取消前政府对进口的限制措施，该措施曾使乌拉圭每年损失上亿美元。乌外长认为阿政府的举措表明南共市将再次成为它本应该成为的组织，即自由贸易区。

对南共市走向乃至整个南美地区国际关系发展影响更大的是巴西政局的变化。随着总统弹劾案的逐步展开，劳工党人罗塞夫总统先被停职，继而黯然下台，巴西民主运动党人特梅尔出任代总统，随后成为总统。特梅尔任代总统后，任命曾参加过总统竞选并担任过州长和其他联邦职务的塞拉担任外长。巴西成为南美洲又一执政理念发生转变的国家。塞拉 2016 年 5 月出访阿根廷，除强调巴阿两国双边政治协调外，特别指明要通过南共市强化自由贸易，并创造更为灵活的机制与第三国谈判并签署贸易协议，包括推进与欧盟的自由贸易谈判以及加强与拉美太平洋联盟国家的联系。巴西政局的变化还直接影响到南美国家之间的关系。针对拉美左翼执政国家对巴西总统弹劾案的批评，巴西外交部断然了拒绝委内瑞拉、古巴、玻利维亚、厄瓜多尔、尼加拉瓜政府以及玻利瓦尔联盟的抗议，认为这些国家及其组织散布有关巴西内部政治进程的虚假信息。委内瑞拉总统马杜罗将巴西罗塞夫总统被停职视为"政变"，并召回了驻巴西大使。南美洲的阿根廷和哥伦比亚则表示了对巴西内部政治进程的尊重。这一时期的另一个插曲是巴西特梅尔政府对中美洲国家萨尔瓦多的反应，当萨尔瓦多总统将罗塞夫被停职与"政变"等同时，巴西外交部批评萨政府无视巴西宪法和法律，而且"特别奇怪的是"，萨尔瓦多居然是巴西技术合作最主要的受益国，希望萨政府"重新考虑其立场"。针对巴西激烈而带有威胁性质的反应，萨总统立即回应称其政府无意切断与巴西的关系。

2016 年 6 月，委内瑞拉问题成为拉美国际舞台上的重头戏。美洲国家组织于当月在美国首都华盛顿举行全会，美洲国家组织秘书长阿尔马格罗提议在常设理事会上援引美洲民主宪章第 20 条讨论委内瑞拉局势。美国政府虽然不支持中止委内瑞拉成员国资格的动议，但支持秘书长关于讨论委国内局势，特别是有关宪法程序和罢免公投等问题。委政府则视美洲国家组织秘书长和美国政府的上述要求为"国际欺凌"，并谴责阿尔马格罗遵从华盛顿旨意并收取华盛顿钱财干涉委内部事务，支持委反对派"发动政变"。委马杜罗政府希望通过南美洲国家联盟进行斡旋与反对派对话，而坚决反对美洲国家组织援引美洲民主宪章讨论委内瑞拉问题。委政府邀请由西班牙前首相萨帕特罗、多米尼加前总统费尔南德斯和巴拿马前总统托里霍斯组成的 3 人小组作为与反

对派谈判的中间人,并请求3人小组在美洲国家组织会议上报告调解情况。委反对派则拒绝了3人小组关于放弃罢免公投的建议,认为3人小组偏袒政府。委反对派转而谋求南共市中巴拉圭、阿根廷和巴西等国家的支持。巴拉圭政府提议动用南共市民主条款中止委内瑞拉成员国资格。巴西新政府则对委马杜罗政府持批评态度,虽然巴西政府表示仍坚持不干涉其他国家内政的原则,但对于委内瑞拉危机不能"无动于衷",巴新外长声称要在相关国际组织,包括联合国和美洲国家组织中寻求解决委危机的办法,以"帮助坏政府下受害最深的人民"。阿根廷政府最初态度暧昧(不支持阿尔马格罗援引美洲民主宪章的倡议,以换取委政府支持阿外长接任联合国秘书长的努力),但后来态度开始转变,强调支持委内瑞拉问题的"民主"解决方案。鉴于拉美左翼执政国家以及加勒比石油计划受益国的态度,阿尔马格罗的倡议很难在美洲国家组织会议上获得通过,但这种动议是美国以及巴西等国政府对马杜罗政府施加压力的一种方式。

2016年6月底,在加拿大举行的美国、加拿大、墨西哥三国北美峰会上,墨西哥总统培尼亚·涅托与美、加两国领导人表达了对委局势的共同立场,即委政府应与反对派对话,尊重法治和国会权威,尊重民主程序,包括罢免公投等。这是墨西哥政府首次明确表示对委内瑞拉问题的立场。长期以来,墨政府地区政策主要关注中美洲以及太平洋联盟国家,南美事务则由巴西来处理。

就委内瑞拉问题的最终解决而言,巴西前劳工党政府和阿根廷前基什内尔夫妇两任政府均为委政府的朋友,而巴、阿新政府虽态度转变,但无力拿出解决问题的良方。南共市无限期推迟了原定于2016年7月召开的讨论委问题的峰会,南美洲国家联盟原定于2016年6月初召开的外长会议也应巴拉圭和阿根廷的要求取消,美洲国家组织则决定对援引美洲民主宪章的提议不进行表决,随后秘书长关于建立"美洲国家组织之友小组"进行斡旋的提议也无果而终。在委内瑞拉问题上,地区各国的分歧无法弥合,这是政治生态变化的一个缩影。

委内瑞拉问题在南共市继续发酵。2016年7月,阿根廷总统马克里在以观察员身份出席太平洋联盟峰会时表示,长期处于半休眠状态的南共市应焕发活力并与太平洋联盟"合流"。但南共市内部问题仍处于无解状态。轮值主席国乌拉圭本应于7月与委内瑞拉交接，但受到了巴拉圭政府的强烈反对。乌拉圭外长表示向委内瑞拉转交轮值主席国职权是"法理义务"，阿根廷外长最初曾一度附议，但随后阿总统表示委内瑞拉接任轮值主席国会对南共市与欧盟的谈判造成负面影响。巴西最初的态度则是对委内瑞拉接任表示不安并建议推迟到8月再做决定，以便委方有时间履行入盟的承诺。巴外长希望巴国内弹劾案届时会水落石出，其外长职责明朗化，而委方根本无法满足履行义务的要求，为中止其成员国资格提供了依据。委外长随即表示"巴西事实上的外长"的态度"横蛮无礼且没有道德意识"。经过两个多月的拖延，9月南共市创始成员国决定由4国共同担任轮值主席国，同时发布声明要求委政府于12月1日前履行成员国应尽的全部义务，否则将中止其成员国资格。

对于委内瑞拉而言，这一声明等同于开除其成员国资格。因为该国即使有意履行义务，也不可能在这么短的时间内满足相关要求，包括将贸易和经济条款纳入国内立法，以及履行南共市民主宪章下的人权保障条款等。出于现实考虑，乌拉圭没有在声明上签字，但也没有否决声明，显然在南共市全力处理经济难题，特别是与欧盟谈判的关键时期，不能再给外界造成分崩离析的印象。委内瑞拉方面则以南共市的决策应遵循共识原则为由拒绝了创始成员国发布的声明，坚持委方行使轮值主席国职权的"合法权利"，并宣称委被边缘化"既非政治也非法律而是出于意识形态原因"。南共市当初接纳委内瑞拉（2012年）和现在产生分歧显然与意识形态密切相关，目前各成员国政治和外交政策取向的分化表明21世纪初以来形成的政治和地区国际关系版图正在发生变化。2016年9月，在委内瑞拉参加不结盟运动峰会的委马杜罗政府的盟友、厄瓜多尔总统科雷亚明确谴责了巴西、阿根廷和巴拉圭3国的行为，并将它们与20世纪70年代3国的军政府相提并论。9月，赴纽约参加联合国大会的巴西总统特梅尔在其发言中不指名地提及委内瑞拉问题，宣称不同政治取向的国家共处是自然而健康的，但必须相互尊重并趋向共同目标，"诸如经济增长、社会进步、安全和所有公民的自由"。

12月2日，南共市无限期地中止委内瑞拉作为成员国的"固有权利"，

委内瑞拉仍被保留南共市成员国的地位,但无法在没有创始成员国允许的情况下参加会议或参与南共市的任何决策。更富戏剧性的一幕出现在12月14日的布宜诺斯艾利斯,未经邀请的委内瑞拉外长直接来到南共市外长会议开幕式上,并声称准备"通过窗户进入"。现场发生了推搡,据后来委总统的说法,委外长被推倒在地并伤了锁骨。事后委、阿两国外长会面时,阿外长并未表示歉意,坚持任何人未经允许不得进入多边会场。阿根廷已正式接任南共市轮值主席国职位,与欧盟的贸易谈判被列为优先处理事项,阿外长特别指出委内瑞拉从未参与这类谈判。

虽然委内瑞拉局势及其对地区国际关系的影响最为引人注目,但其他拉美国家间的历史积怨或突发事件也在影响着区域内各国的关系。例如,长期存在领土争端的危地马拉和伯利兹因一名危地马拉少年在边境地区遭枪击致死事件导致双方关系紧张(4月);智利与玻利维亚就流经两国河流的归属和使用问题再起争端(6月),使两国就玻利维亚出海口问题以及贸易运输争端引起的长期紧张关系再添新的纷争因素;哥伦比亚与巴拿马之间就哥政府延长向来自巴科隆自由贸易区的纺织品等货物征税的期限爆发关税战(7~8月);阿根廷与巴拉圭就巴政府疏浚巴拉那河工程是否涉及国际水道发生外交争端(12月);玻利维亚和巴西就玻空管人员在巴寻求避难一事关系紧张(12月);哥斯达黎加和尼加拉瓜就圣胡安河流域领土划分及其赔偿问题的争端再起导致关系恶化(12月);等等。

与此同时,2016年,许多拉美国家(包括关系紧张的国家之间)在安全、经贸等领域开展了多种形式的合作,一些国家间的关系趋于改善。例如,1月,智利总统巴切莱特接待阿根廷副总统到访,使持续紧张的双边关系得以缓和;2月,玻利维亚总统莫拉莱斯访问巴西,与巴西领导人达成能源、基础设施和扫毒方面的合作协议,修补了持续两年多的紧张关系;4月,哥伦比亚总统桑托斯出访中美洲北部三角危地马拉、萨尔瓦多和洪都拉斯3国,就安全和贸易领域的合作进行磋商;8月,虽然哥伦比亚和巴拿马两国就关税问题产生了争端,但双方就安全问题,包括共同扫毒问题加强了合作;8月,阿根廷总统马克里接待了来访的墨西哥总统培尼亚·涅托,标志着南共市与太平洋联盟两个区域集团的关系迅速回暖,而此前巴西外长塞拉也到访墨西哥,进一步加强了巴墨双方的贸易联系;10月,巴西总统特梅尔出访阿根廷和巴拉圭,商讨南共市制度建设和灵活贸易框架安排;10月,乌拉圭总统访问阿根廷,双方持续10年的紧张关系进一步缓和,双方讨论了南共市、中国、委内瑞拉以及2030年足球世界杯问题;10月,秘鲁总统库琴斯基造访厄瓜多尔,与厄领导人集中讨论了能源合作问题;11月,美国大选落幕以后,拉美国家,特别是太平洋联盟国家4国(秘、哥、智、墨)借助亚州太平洋经济合作组织在秘鲁开会的平台,表达了合作维护自由贸易并加强与亚洲国家联系的愿望;11月末,秘鲁总统库琴斯基访问智利,针对保护主义在全球有所抬头的趋势,两国领导人宣示要加强合作和一体化进程;12月,智利总统巴切莱特造访阿根廷,就安全、基础设施、移民和经济一体化等问题加强了双边合作;2016年末,玻利维亚与邻国加强了安全合作,分别与秘鲁和阿根廷就打击毒品犯罪和加强信息分享、边境地区联合行动以及空军协同等方面达成了协议;巴西、阿根廷、玻利维亚、智利、乌拉圭和巴拉圭等国还就在共同边境地区协同打击跨国犯罪达成了协议。

(贺双荣 审读)

中拉关系专题报告

Reports on Sino-Latin America Relations

Y.6
跨入发展新阶段的中拉关系：
定位及影响因素

贺双荣*

摘　要： 经过21世纪初中拉关系跨越式的发展，中拉关系再次跨入发展新阶段。自2012年11月中国共产党十八大以来，以习近平为总书记的新一代领导集体提出了一系列对内及对外战略的发展目标、政策理念及重大战略。在中国新的大战略及大棋局下，拉美在中国外交战略中的目标及定位发生了重大变化，提出的构建中拉命运共同体，推动建立中拉"全面战略伙伴关系"，这些标志着中拉关系进入了全面发展的新阶段。在发展新阶段中，中拉关系在发展目标、合作内容、合作领域及发展动能等方面都发生了重大变化。与此同时，中拉关

---

* 贺双荣，中国社会科学院拉丁美洲研究所研究员，研究方向为拉美国际关系、中拉关系。

系发展的内部及外部环境都正在发生复杂而深刻的变化。这些变化给中拉关系带来了机遇和挑战，中国对拉美政策的确定性以及世界的不确定性加大了中拉进一步深化合作的可能性。然而，中国要实现对拉战略的预期目标仍面临不少困难。其中，最大的挑战来自自身：实现中国更大的发展、做好风险管控以及保持一定的战略耐心，逐步提升在拉美的软实力。

关键词： 中拉关系　中国对拉美政策文件　命运共同体　全面战略伙伴关系

自中国共产党十八大以来，以习近平为总书记的中国新一代领导集体对中国内外发展的目标及战略进行了重大调整。作为中国外交战略的重要组成部分，拉美在中国外交战略中的目标定位也发生了重大变化。习近平总书记在4年的时间里三访拉美，访问了10个拉美及加勒比国家，足迹遍布北美、南美大西洋国家和南美太平洋国家，在地理上及政治经济版图上基本实现了全覆盖。习近平主席等中国领导人通过一系列外交活动，阐释中国对拉政策及理念。2014年7月17日，习近平主席在巴西与拉美国家领导人会晤时宣布，与拉美国家"努力构建携手共进的命运共同体"，①推动中拉建立"全面战略伙伴关系"。2015年1月，中国—拉共体论坛首届部长级会议在北京召开，中拉关系进入双边及整体双轮驱动的合作新时代。2016年11月24日，中国继2008年之后发布了第二份中国政府对拉美和加勒比政策文件。中国领导人通过对拉美政策的顶层设计，为中拉关系发展提出了新的目标，注入了新的动力，构建了新的合作平台，中拉关系由此进入全面发展新阶段。

---

① 《习近平在巴西国会发表重要演讲：弘扬传统友好　共谱合作新篇》，《人民日报》2014年7月18日，第4版。

一 拉美在新时期中国外交战略中的新定位

十八大以后,习近平主席提出构建中国特色的大国外交战略。通过顶层设计,"谋大势、讲战略、重运筹",中国外交战略的"全球的兴趣、全球的利益、全球的视野已具雏形"。[①] 在中国的大战略和大棋局下,拉美在中国外交战略中有了新的目标定位。

(一)"中国梦"与拉美在中国发展外交中的新定位

发展主义外交在中国对外战略中始终占有重要地位。在中国特色大国外交中,中国的发展中国家身份并没有发生变化。"作为一个发展中的大国,其主要的利益关注和需求还是发展问题。"[②] 随着中国改革开放30多年的发展,中国的经济发展取得了巨大成就,实现中华民族伟大复兴的"中国梦"也进入关键阶段。2012年11月29日,习近平主席在率领中国新一代领导集体参观《复兴之路》展览时提出了两个100年发展目标:到中国共产党成立100年时全面建成小康社会;到新中国成立100年时建成富强民主文明和谐的社会主义现代化国家。两个为期100年的"中国梦"为中国的发展提出了新的目标。

随着中国参与全球化程度的加深,利用国内外两个资源和两个市场成为中国取得发展的重要条件。进入21世纪后,特别是中国加入世界贸易组织(WTO)后,中国与拉美国家的经贸关系取得了跨越式发展。在贸易上,拉美成为中国重要的出口市场和资源及能源的重要来源地,中拉双边贸易在2000~2014年从125.95亿美元增加到2634.61亿美元,增长了近20倍。同期,拉美占中国对外贸易总额的比重从2.66%上升到6.12%。2009年后,中国先后成为智利、巴西、秘鲁的第一大贸易伙伴。2014年中国取代欧盟,成为仅次于美国的拉美第二大贸易伙伴。近年,受大宗商品价格下跌影响,

---

① 王逸舟:《新一届领导人外交战略七个关键词》,《人民论坛》2014年2月下,第23页。
② 张蕴岭:《中国发展战略机遇期的国际环境》,《国际经济评论》2014年第2期,第10页。

中拉贸易额虽然有所下降，但在全球贸易不景气的大背景下，从整体上看，中拉贸易放缓程度低于拉美国家与世界其他国家和地区贸易下降的幅度。随着中国"走出去"战略的实施，中国对拉美的直接投资和金融贷款大幅增加，成为中拉经贸关系发展的新引擎。据《中国统计年鉴》，2003～2015年中国对拉美直接投资流量从10.38亿美元增加到214.60亿美元；投资存量从46.19亿美元增加到1263亿美元。"中国日益增长的投资领域，如基础设施、核能和农业也日益显现。"[1] 在未来实现中华民族伟大复兴的"中国梦"的伟大目标中，拉美国家以其巨大的资源优势及发展潜力，在中国发展外交中地位将进一步提升。拉美是世界石油、矿产及农业资源最丰富的地区。以石油为例，根据历年的《BP世界能源统计年鉴》，中国从拉美进口石油占中国石油进口总量的比重从2007年的8.39%上升到2014年的12.66%。2014年中国进口的前十大产品中，中国从拉美进口的铁矿石及其精矿、油籽和含油水果以及铜分别占中国进口总额的22.5%、53%和34%。[2] 拉美是世界上最稳定的地区，5亿多人的消费市场也将为中国开拓拉美市场提供巨大的机会。

（二）中国特色大国外交战略与拉美在中国外交战略中地位的提升

随着中国的崛起及中国国家利益的不断扩展，如何处理好与外部世界的关系、争取和平发展的外部环境、延长中国发展的"战略机遇期"成为新时期中国外交思考的问题。中国新一届领导集体对中国在国际体系中的身份进行了重新定位，中国在继续坚持"发展中国家"身份的同时，希望以崛起大国的姿态出现在世界舞台中心，在处理国际事务、对待国际体系和国际制度改革问题上，中国开始从"接受者""应对者"的角色向"建设者""塑造者"的角色转变。[3] 因此，十八大以来，中国"在外交上不断采取新

---

[1] Carlos Aquino Rodríguez, "El Interés de China en Latinoamérica," *Pensamiento Crítico*, Vol. 21, No. 1, pp. 7-24.
[2] 作者根据联合国贸易和发展会议数据库相关数据计算，以2014年中国的全球进口额为排序基准。
[3] 赵可金：《中国外交3.0版：十八大后的中国外交新走向》，《社会科学》2013年第7期，第8页。

举措，推出新理念，展示新气象，新时期的中国外交更有全球视野，更有进取意识，更有开创精神，积极探索走出一条有中国特色的大国外交之路"。①

在构建中国特色大国外交中，拉美国家作为重要的发展中地区，是中国外交的根基。发展中国家一直是中国外交的根基，既是中国对外政策的出发点，也是落脚点。在中国外交新战略中，发展中国家在中国外交战略中的地位进一步提升。十八大报告明确表示，"我国是世界最大发展中国家的国际地位没有变"，中国"永远做发展中国家的可靠朋友和真诚伙伴"。② 随着中国走向世界舞台中心，中国除了要与拉美这样的发展中国家在共同身份认同的基础上在国际事务上开展合作外，还需要基于共同利益及政治认同的全球伙伴关系，让中国提出的具有中国特色的核心外交理念，如"人类命运共同体""建立以合作共赢为核心的新型国际关系"得到认同，让中国在全球治理方面提出的"中国方案"和贡献的"中国智慧"得到支持。此外，随着中国的崛起，中国作为竞争者和改变者出现在世界舞台中心，致力于推动现有国际体系改革，势必会引起现行国际体系的主导国美国的责难与阻挠，美国通过重返亚太或在贸易、货币及台海问题上对中国发出威胁，可能对中国造成巨大战略压力和直接损害。在维护世界和平、贸易开放和国际体系规则上，中国需要拉美的支持。

拉美和加勒比地区共有33个国家，是新兴经济体和发展中国家的重要组成部分，是维护世界和平与发展的重要力量。为了推动与拉美国家构建全面战略伙伴关系，加强中拉在国际事务上的合作，进一步深化中拉关系，扩大中拉在利益上的融合及中国在拉美的政治影响力，甚至地缘战略利益，是新时期拉美在中国外交战略中的新定位。

（三）深化中拉合作，提升中拉合作的内容及内涵

随着中拉合作的深入及中国对拉美战略需要的增加，中拉合作的内容及内涵也将发生重大变化。大国博弈和竞争不仅是经济、军事等硬实力的比拼，更

---

① 王毅：《探索中国特色大国外交之路》，《国际问题研究》2013年第4期，第2页。
② 胡锦涛：《坚定不移沿着中国特色社会主义道路前进　为全面建成小康社会而奋斗》，《人民日报》2012年11月9日，第2版。

离不开政治及文化等软实力的竞争。提升中国文化软实力和话语权是构建中国特色大国外交战略的重要使命和挑战。由于中拉在政治制度和语言文化方面差异较大，且长期以来双方在文化、教育及人员方面的交流相对较少，中国在拉美的软实力存在短板和赤字。2016年中拉文化交流年代表着中拉关系发展的新方向和新高度。此外，随着中国海外利益的扩大，中拉人员的交往日益扩大，中拉在安全领域的合作也将提上日程，以应对由此引起的各种非传统安全问题以及扩大对公民的保护。根据《中国统计年鉴2016》，2015年，中国在拉美参与工程承包和劳务的人员达5.6万人；入境中国的拉美旅游者人数已从2000年的8.29万人次增加到34.98万人次，拉美也逐渐成为中国公民的旅游目的地。

二 新阶段影响中拉关系的主要因素

随着拉美在中国外交战略中定位的变化，中拉关系的重要性及战略性日益凸显出来。与此同时，中拉关系发展的内外环境也正在发生复杂和深刻的变化。这种变化对于中拉关系来说，有机遇也有挑战。

（一）中国经济发展新常态及中拉务实合作的转型升级

中拉务实合作是中拉关系发展的压舱石。当中拉关系进入全面战略伙伴关系新阶段后，中拉务实合作在中拉关系中不仅起着压舱石的作用，而且使双方合作超越纯粹的经济范畴，具有了一定的政治意义甚至战略意味。因为当中拉双方已成为互为发展的命运共同体时，中拉务实合作的可持续发展就不仅仅是经济问题，还可能涉及国家经济和社会的稳定，乃至国家安全。此外，中拉务实合作在政治上的溢出效应将有助于中拉在其他领域的合作。

在进入21世纪最初的10多年里，中国经济的高速发展带动了拉美对中国的出口及中国对拉美能源和矿产的投资。随着中国经济发展进入新常态，中拉务实合作面临转型升级。由于中国经济由高速转入中高速发展，加之国际大宗商品价格下跌，中拉经贸合作的可持续性受到挑战。一是中拉贸易出现放缓甚至下降。中拉贸易额在2013~2014年几乎没有增长，2015年则下降11%，2016年1~9月，中拉贸易额比上年同期又下降10.5%。其中，据拉美经委会统计，2013~2015年，中国与哥斯达黎加的贸易额下降了78.8%，与哥伦比亚下降了55.6%，与委内瑞拉下降了44.5%，与巴西下降了22.6%。① 二是中拉经贸关系中原有的一些结构性问题，如贸易不平衡及摩擦等日益突出。近年，拉美对中国的贸易逆差持续扩大，根据《中国统计年鉴2016》，2015年只有巴西、智利、秘鲁、乌拉圭和委内瑞拉5个拉美国家与中国有贸易顺差。贸易不平衡导致中拉贸易摩擦加大。拉美成为近年在世界贸易组织中对中国发起反倾销调查最多的地区。比如2016年阿根廷对华发起11起反倾销调查，数量居拉美国家之首，12月7日这一天之内对华就发起了5起反倾销调查。此外，贸易不平衡使拉美对中拉经济关系是否双赢提出质疑，认为中拉经济关系只服务于中国的发展，而不服务于拉美国家的发展。②

中国经济结构性转型虽然给中拉务实合作带来了许多机会，但面临的挑战也很大。近年中国经济增长方式从出口拉动向投资和消费驱动转型，这给中拉关系的结构调整带来了积极变化。一方面，中国对拉美投资的增长和金融合作的扩大部分抵消了贸易下滑带来的影响。另一方面，中国提升消费在经济增长中的作用以及中国中产阶级的壮大为拉美农产品、文化及服务性产品对华出口提供了机会。但是，对于中国和拉美国家来说，经济增长模式的转型并非一蹴而就，立竿见影。据拉美经委会的研究，中拉经贸关系中的结构性问题依然存在。2015年初级产品仍占拉美对华出口的70%，而拉美对世界的出口中，初级产品只占34%。相反，技术性较高的制成品只占拉美对华出口的8%，而拉美对世界的出口中，这一产品占49%。拉美对华出口产品过度集中于少数几种产品的问题仍然严重。2015年，拉美对中国出口

---

① "Relaciones Económicas entre América Latina y el Caribe y China: Oportunidades y Desafíos," http://repositorio.cepal.org/bitstream/handle/11362/40743/1/S1601155_es.pdf，检索日期：2017年2月2日。

② Raúl Bernal-Meza, "China and Latin America Relations: The Win-Win Rhetoric," *JCIR*, Special Issue (2016), p.38.

的 5 种产品占对中国出口的 69%。拉美国家认为，中拉经贸结构使"生产力的差异不断放大了双边贸易的不平等关系，从而使核心—边缘模式在中拉关系中越发明显"，① 希望扩大拉美对华出口的多样化。

（二）拉美经济及政治变化对中拉关系的影响

1. 拉美经济发展及经济结构性转型对中拉关系的影响

2003～2012 年是拉美国家发展的"黄金时期"。但是，随着大宗商品价格的大跌，拉美国家的经济增长自 2012 年开始放缓，2015 年和 2016 年出现连续下降。其中，阿根廷、巴西和委内瑞拉等南美洲国家自 2014 年开始出现持续经济衰退。拉美国家经济低迷及衰退已影响到中国对拉美的出口和投资。目前，拉美经济有触底反弹的迹象。2017 年拉美经济可能出现恢复性增长。随着拉美货币贬值逐步到位、资产价格下跌，以及巴西、阿根廷政府转而实施经济开放政策，中拉贸易和中国在拉美投资迎来利好。

从根本上说，经济结构的单一性和脆弱性是造成拉美经济衰退的最重要原因。而这也是困扰拉美国家的一个长期性问题。而拉美国家要取得经济的可持续发展，必须进行经济结构性调整。拉美左派政府也曾试图利用出口繁荣带来的超额收入进行经济结构性调整，比如委内瑞拉总统查韦斯于 2005 年成立了国家发展基金（Fondo Nacional para el Desarrollo Nacional, FONDEN），将石油收入注到这个基金中，进行工业和社会投资，以减少国家对石油出口的依赖；巴西曾在 2007 年 1 月和 2010 年 3 月出台过两个加速增长计划（PAC），以促进对工业的投资；阿根廷的基什内尔政府提出建立生产性国家；等等。但由于这些国家经济的竞争力较低、国家对经济的干预以及一体化程度较低，拉美国家的经济转型并不成功。委内瑞拉非石油投资不仅没有产生效益，而且国家对石油的依赖不降反增，2012 年上半年石油占出口收入的 96%，而 10 年前只占 80%。巴西、阿根廷等国家的去工业化

---

① 〔阿根廷〕埃杜阿多·丹尼尔·奥维多：《中国与拉美国家关系的现实与发展》，《江苏师范大学学报》（哲学社会科学版）2016 年第 3 期，第 14 页。

进一步发展。未来拉美经济走势"将主要取决于能否在继续转变经济增长方式方面取得实质性的进展",但由于经济竞争力不足、投资率低等种种因素,"拉美国家在转变经济增长方式方面依然任重道远"。① 中国通过扩大对拉美投资及加强产能合作,有助于拉美国家经济及中拉经贸结构的调整。然而,拉美国家经济存在的结构制约、制度及环境成本等将给中拉在投资及产能方面的合作带来诸多挑战。

2. 拉美政治格局及政治生态的变化对中拉关系的影响

拉美左派集体性崛起对21世纪以来中拉关系的跨越式发展起到了一定的积极作用。但随着2013年3月5日查韦斯总统去世,拉美经济繁荣周期结束,拉美地区的政治格局及政治生态产生了重要变化。随着阿根廷、巴西等拉美主要大国右翼政府的上台和委内瑞拉、玻利维亚等拉美左翼政府力量的削弱,拉美政治格局向右转向的趋势逐步确立。2015年12月10日,阿根廷右翼总统马克里(Mauricio Macri)上台,终结了基什内尔政府长达12年的执政。2016年8月,巴西总统罗塞夫被弹劾下台,副总统特梅尔组建了以巴西民主运动党和巴西社会民主党为主的中右翼政府,终结了巴西左翼劳工党长达13年的执政。拉美一些左翼政府虽然继续执政,但力量受到削弱。在委内瑞拉2015年12月的国会选举中,执政的统一社会主义党(Partido Socialista Unido de Venezuela,PSUV)遭到执政以来最大的挫折,反对派取得国会近2/3的多数席位,执政党能力受到制约。2016年2月21日,由于在公投前玻利维亚左翼政府总统莫拉莱斯及其所属的争取社会主义运动党(Movimiento al Socialismo,MAS)曝出一系列丑闻〔如围绕政府建立土著人发展基金(Fondioc)、走私丑闻〕,莫拉莱斯以48.71%:51.29%输掉了谋求再次连任的公投,无缘参加2019年的总统选举。此外,一些国家的右翼政府上台执政,如2016年6月5日,秘鲁中右翼政党"为了变革的秘鲁人"党候选人库琴斯基当选总统。

拉美政治格局和政治生态的变化对中拉贸易关系不会产生特别大的影响。

---

① 苏振兴主编《中国与拉丁美洲:未来10年的经贸合作》,中国社会科学出版社,2014,第34页。

智利和秘鲁等国家已把发展的重心放在亚太,深化与中国的关系已成为国内各派的共识或国策。在秘鲁,库琴斯基在2016年7月28日就职后,于9月打破传统,将中国作为首访的目的地。此外,拉美新上台的右翼政府推动的自由化政策反而有利于这些国家的经济发展以及中国对拉美的贸易和投资。比如,阿根廷总统马克里在2015年12月10日上台后,"马克里经济学"完全回归自由主义政策,包括取消外汇限制、反通胀、取消出口税、加强中央银行的独立性等。巴西特梅尔政府上台后,大力推动经济改革,采取紧缩措施,力图使巴西经济实现宏观经济稳定,恢复经济增长,如为预算开支设置上限、养老金改革、劳动法改革、税收改革和教育改革、放松外资对巴西石油投资的限制等,这些措施使巴西经济更具竞争力,对外国投资更具吸引力。

阿根廷总统马克里上台后,曾一度以不透明和环境为由,提出要重新评估中国与阿根廷左翼的基什内尔和克里斯蒂娜政府签署的所有合作项目。虽然有些合作项目受到了一些影响,有些项目进行了微调,但中阿合作项目符合双方的利益,最终所有项目都得到了确认。此外,巴西和阿根廷新上台的右翼政府允许南方共同市场(以下简称"南共市")成员国在与第三国谈判时采取灵活政策,有助于促成中国与南共市成员乌拉圭的自由贸易谈判。

右翼政府对中拉关系的影响主要表现在政治方面。阿根廷和巴西新上台的右翼政府意图减少对中国在外交上的倚重,加强与美国的关系。马克里政府上台后,表示要与美国"这个世界上最大的民主国家建立贸易、经济和外交上的伙伴关系"。阿根廷外交部负责北美事务的人员增加了1倍,从3人增加到6人。[①] 2016年3月23~24日,奥巴马访问阿根廷,"两国总统签署的协定迎合了美国的广泛利益,包括安全、毒品战、知识产权和自由贸易"。[②] 2016年5月,巴西总统罗塞夫被停职后,巴西新任外交部部长、原

---

① Amy Kaslow, "Obama's Visit to Argentina Exposes a Nation Struggling to Grow," *The Futune*, March 23, 2016.
② Alan B. Cibles, "Macri-nomics: Argentina's Fast and Furious Return to Neoliberalism," http://www.counterpunch.org/2016/04/12/macri-nomics-argentinas-fast-and-furious-return-to-neoliberalism/, April 12, 2016.

巴西社会民主党总统候选人塞拉（José Serra）开始奉行"新外交政策"，放弃劳工党政府的南南外交，将合作重点放在巴西外交的"传统伙伴"上，特别是阿根廷、美国和欧盟。① 巴西是否退出金砖国家机制成为一种猜想。② 阿根廷和巴西右翼政府改善与美国的关系，减少对中国的倚重，有意识形态方面的因素。比如，2016年7月，巴西驻美国大使塞尔吉奥·阿马拉尔（Sérgio Amaral）表示，巴西将把两国具有同样价值观的议题放在优先位置，如人权和环境。③ 由于左右派政府在意识形态上的差异及利益冲突，阿根廷及巴西新上台的右翼政府想放弃左派政府的政治遗产，包括外交政策遗产。但阿根廷和巴西右翼政府外交上的调整也并非全部出于意识形态因素，而是一种政策回归或政策再平衡，意在扭转左派政府在过去10多年过度依赖中国的情况。马克里政府改善与美国的关系的主要目的是希望"回归世界"（volver al mundo），特别是国际资本市场。然而，中国在拉美国家经济中的重要性及不可替代性使"阿根廷很难拒绝中国的提议"，④ 马克里政府不得不承认，中阿关系"极为重要"和"非常互补"，并重新确认了两国全面战略伙伴关系。⑤

（三）中拉关系发展的外部环境

中拉关系发展的外部环境正在发生复杂而深刻的变化。2016年英国脱欧、特朗普当选美国总统等"黑天鹅"事件导致国际政治经济形势发生巨变，甚至有学者称这是自第二次世界大战以来的"国际自由秩序的终结"。欧美政治经济

---

① "Argentina, One of Brazil's Main Foreign Policy Priorities, Anticipated Serra Who Is Expected in Buenos Aires," http://en.mercopress.com/2016/05/23/argentina-one-of-brazil-s-main-foreign-policy-priorities-anticipated-serra-who-is-expected-in-buenos-aires, May 23, 2016.
② "Brazil Is Breaking with Its South-South Focus. What It Means for BRICS," November 20, 2016, http://theconversation.com/brazil-is-breaking-with-its-south-south-focus-what-it-means-for-brics-69008.
③ "Brazil: Hillary or Trump? Americans Will Choose Their Next President in Two Days; That Decision Will Also Affect Brazilians," *Plus 55*, Nov. 6, 2016, http://plus55.com/politics/2016/11/hillary-or-trump-best-brazil.
④ "China Made Mauricio Macri a Deal He Couldn't Refuse," *Foreign Policy Magazine*, Jan. 24, 2017, http://foreignpolicy.com/2017/01/24/china-made-mauricio-macri-a-deal-he-couldnt-refuse.
⑤ 骆瑶：《阿根廷希望扩大对华贸易领域》，《今日中国》2016年9月6日。

的不确定性为中拉关系提供了战略空间，使双方的合作意愿更加强大。中国外贸占世界贸易的1/8，中国是贸易保护主义及去全球化的最大受害者①，中国希望与墨西哥等拉美国家加强合作，共同应对日益抬头的贸易保持主义，捍卫开放的全球多边贸易体制。对于拉美国家来说，当美国总统特朗普谈论在墨西哥筑墙及关闭自由贸易大门时，中国则在拉美搭建合作的桥梁，正像墨西哥前外长豪尔赫·卡斯塔涅达（Jorge Castañeda）所说，中国将成为拉美的逃生阀及拉美国家加强对外合作的首选。秘鲁总统库琴斯基说，秘鲁将与中国和其他环太平洋国家合作，将跨太平伙伴关系协定（TPP）融合至新的贸易协定中。阿根廷和巴西新上台的右翼政府不得不重新调整对外政策。2016年12月中下旬，阿根廷派特使飞赴北京，与中国就中阿之间扩大投资及经贸合作事项进行商谈。

特朗普上台初始，他的言论及其快速实施竞选诺言给拉美及世界造成了严重冲击。但由此断言美拉关系将出现逆转或拉美会出现整体性反美浪潮，并且一定对中国有利还为时过早。美国对拉美的重要性不言而喻，加强与美国的关系仍是许多拉美国家的政策选择。在特朗普就职前一天，巴拿马总统巴雷拉（Juan Carlos Varela）说，巴拿马和美国是"战略伙伴"。"巴拿马在对外政策中将继续发挥美国同盟国的作用，同盟国家将寻求问题的解决，而不是创造新的问题。"② 哥伦比亚作为美国在拉美地区的主要盟友，希望特朗普政府继续支持哥伦比亚的和平进程。除墨西哥外，拉美还没有被列入特朗普的日程。特朗普关注的移民、宗教及就业问题对美国与阿根廷和巴西并不构成巨大的问题。因此，巴西总统特梅尔曾表示，特朗普当选不会对两国关系产生任何影响。③ 相反，特朗普上任后宣布退出TPP反而降低了TPP给巴西和阿根廷在贸易及区域合作上带来的战略竞争压力，并为巴西在南美洲、墨西哥和

---

① Salvatore Babones, "China: Soon the Most Visible Victim of Deglobalisation," http://www.aljazeera.com/indepth/opinion/2016/10/china-visible-victim-deglobalisation-61016052547323.html.
② "Panamáy EEUU son Socios Estratégicos, Dice Varela," http://laestrella.com.pa/panama/nacional/panama-eeuu-socios-estrategicos-dice-varela/23981921.
③ Luciana Amaral, "Eleição de Trump nãomuda nada narelação Brasil-EUA, diz Temer," http://g1.globo.com/politica/noticia/2016/11/eleicao-de-trump-nao-muda-nada-na-relacao-brasil-eua-diz-temer.html, Nov. 2016.

亚洲提供新的贸易和投资机会。随着中国的崛起以及在拉美日益扩大的存在，中拉关系中的美国因素将会日益凸显出来。因此，特朗普在加大对中国的贸易战及战略制衡时，不排除美国与拉美一些国家可能达成合作以制衡中国。

三 中拉关系的发展前景

中拉关系发展最具确定性的是中国政府对发展中拉关系的信心及其承诺。中国对拉美的政策有两个特点。一是目标明确，提出构建"中拉携手共进的命运共同体"，推动建立"五位一体"的全面战略伙伴关系。二是路径清晰，规划性及可操作性强。2015年1月，中国—拉共体论坛首届部长级会议通过的《中国与拉美和加勒比国家合作规划（2015~2019）》提出了中拉合作的具体内容及路径。在中拉务实合作方面，习近平主席在2014年7月访问巴西时提出了"1+3+6"的务实合作新框架，即以实现包容性增长和可持续发展为目标，以贸易、投资、金融合作为动力，以能源资源、基础设施建设、农业、制造业、科技创新、信息技术为合作重点。李克强总理在2015年访问拉美时又提出了"3×3"产能合作新模式，即共建拉美物流、电力、信息三大通道，实现企业、社会、政府三者良性互动，拓展基金、信贷、保险三条融资渠道，为推动中拉深化合作、提质升级提出了具体的实施路径。中国对拉美政策的战略性、规划性及机制性将确保中拉关系向着可预期的方向发展。虽然世界的不确定性和拉美国家政治经济周期的变化给中拉关系发展带来了一定的挑战，但国际环境在总体上对中拉关系发展是有利的。面对世界，特别是欧洲和美国经济及政治的变化及其给世界各国带来的不确定性，中国和拉美有共同愿望和利益：捍卫世界的和平和稳定、维护规则以及开放的多边贸易体制。对于拉丁美洲和加勒比来说，这一地区仍是"充满活力与希望的热土……拥有巨大发展潜力和良好发展前景，是国际格局中不断崛起的一支重要力量"。① 因此，中国和拉美仍存在巨大的合作空间，中拉

---

① 《中国对拉美和加勒比政策文件》，《人民日报》2016年11月25日，第10版。

关系发展前景仍然向好。

然而，中国能否实现对拉战略目标，最根本的问题在于中国能否取得更大的发展。中国的发展及其国际地位决定了中国在中拉关系发展中起着主导地位。目前，中国已经成为世界第二经济大国、最大货物出口国和第二大货物进口国、第二大对外直接投资国、最大外汇储备国和最大旅游市场。据中国统计局统计，中国经济对世界经济的贡献率2001年为0.53%，2016年这一指标跃升至33.2%。但世界政治经济的不确定性和世界经济增长不足以及中国国内长期积累的问题给中国经济的发展及结构性转型带来了挑战。由于中国的国际政治经济地位以及拉美国家对中国贸易和投资的依赖，中国经济的发展前景对拉美国家的影响日益加大。2016年3月，智利驻华大使贺乔治在接受新华社采访时所说的一番话对拉美国家与中国的依存关系做了脚注："中国梦"对智利乃至全世界都具有非常积极的意义，智利是中国在拉美的第一大贸易伙伴，中国的进步、发展、繁荣对智利甚为有利，中国好，就是智利好。① 然而，中国经济减速、结构性转型及外汇减少也可能对拉美国家产生一定的负面影响。此外，中国在承担更大的国际责任和义务，坚持"义利观"，加大对拉美等发展中国家的支持的同时，也要做好自身的风险控制。拉美国家对中国的预期较高。厄瓜多尔总统科雷亚就曾表示，"中国有世界最大的流动性储备"，"中国将它的外汇储备拿出一点就可资助厄瓜多尔的发展，拿出多一点就可资助整个拉美的发展"。② 而目前中国对拉美的投资和金融贷款过度集中在委内瑞拉、厄瓜多尔等以国家为合作主导的高风险国家。2012年，摩根大通（JP Morgan Chase & Co.）对15个新兴市场的排名中，委内瑞拉和厄瓜多尔的政府债务风险居前第三位。③ 目前，中国

---

① 《（大使谈两会）智利驻华大使贺乔治：中国好，就是智利好》，新华网，2016年3月11日，http://news.xinhuanet.com/world/2016-03/11/c_128792174.htm。

② "With a Few Drops of Its Reveres, China Can Finance Ecuador's Development," June 21, 2011, http://en.mercopress.com/2011/06/21/with-a-few-drops-of-its-reveres-china-can-finance-ecuadors-development.

③ http://www.businessweek.com/news/2012-01-25/china-loans-1-billion-to-ecuador-as-correa-seeks-bond-sale.html.

对某些拉美国家的投资及贷款比重已经较高。以厄瓜多尔为例,近年中国在厄投资了多项基础设施,其中水电站就有6座。据厄瓜多尔媒体报道,两国正在谈判中国向厄瓜多尔太平洋炼油厂(Refinería del Pacífico)提供贷款事宜,这将使中国对厄瓜多尔的贷款增加到130亿美元,占厄GDP的8%。①再比如,中国向拉美国家开放农产品贸易对促进拉美对中国出口及其贸易多样化有重要作用,但农产品贸易的特殊性及其对国家粮食及食品安全的影响也要求中国做好相应的安全评估。此外,中国对拉美要有战略定力和战略耐心。中拉构建携手共进的命运共同体不存在太多障碍。但是,由于意识形态上的差异以及拉美一些国家发展中国家身份认同的变化,中国与拉美国家构建全面战略伙伴关系的目标仍面临一定困难。目前,中国在拉美与巴西(2012年)、秘鲁(2013年)、委内瑞拉(2014年)、阿根廷(2014年)、墨西哥(2014年)、智利(2016年)和厄瓜多尔(2016年)建立了7对全面战略伙伴关系。阿根廷学者奥维多对中拉全面战略伙伴关系提出了质疑,认为拉美是在被动接受中国与拉美的战略关系,指出:"以前的情况是:拉美对中国说:'我拿大宗商品和你换东西';而现在,则是中国对拉美说:'我拿战略关系换你的东西'。"② 因此,只有进一步深化中拉合作,提升中国在拉美的软实力,加强中拉政治及身份认同,才能进一步夯实中拉全面战略伙伴关系。

(刘维广 审读)

---

① "China y Ecuador negociaráncrédito para la Refinería del Pacífico," 17 de noviembre de 2016, http://www.elcomercio.com/actualidad/xijinping-china-firma-convenios-ecuador.html.
② 〔阿根廷〕埃杜阿多·丹尼尔·奥维多:《中国与拉美国家关系的现实与发展》,《江苏师范大学学报》(哲学社会科学版)2016年第3期,第13页。

Y.7
拉美地区基础设施一体化：
发展进程与中拉合作

谢文泽*

摘　要： 拉美地区加速推进以交通、电力、通信为重点的基础设施一体化进程，南美洲区域基础设施一体化倡议跨入项目竣工高峰期，中美洲地区重点建设公路和电网一体化。2016年，中国与拉美地区的基础设施合作取得了重大突破，中国企业在巴西电力领域的并购成效显著，在牙买加、厄瓜多尔成功实施公路特许经营项目。拉美地区11条"两洋通道"建设和规划格局基本形成，中国可用于支持拉美地区基础设施发展的金融资源超过1300亿美元，中拉基础设施合作迎来历史新机遇。

关键词： 拉美地区　基础设施一体化　中拉合作

交通、电力、通信是拉美地区基础设施一体化的三大重点领域，以南美洲区域基础设施一体化倡议（Iniciativa para la Integración de la Infraestructura Regional Suramericana，IIRSA）、中美洲一体化和发展项目（Proyecto de Integración y Desarrollo de Mesoamérica，PM）为代表的拉美地区基础设施一体化进程加速推进，开始进入项目建设和项目竣工高峰期。2016年，中国与拉美地区的基础设施合作取得了重大突破，中国企业在

---

* 谢文泽，中国社会科学院拉丁美洲研究所研究员，经济学博士，主要研究方向为拉美"三农"、产业经济、城市化和收入分配、安第斯国家经济、太平洋联盟、巴西经济等。

巴西电力领域成功实施了几起重大并购，在牙买加、厄瓜多尔成功实施了公路 BOT 或 PPP 投资。

一 拉美地区加速推进基础设施一体化进程

"南美洲区域基础设施一体化倡议"和"中美洲一体化和发展项目"是拉美地区的两大基础设施一体化倡议。前者于 2000 年开始实施，包括南美地区的 12 个国家，即阿根廷、玻利维亚、巴西、智利、哥伦比亚、厄瓜多尔、圭亚那、巴拉圭、秘鲁、苏里南、乌拉圭、委内瑞拉。后者于 2008 年开始实施，包括 10 个国家，即伯利兹、哥伦比亚、哥斯达黎加、多米尼加、萨尔瓦多、洪都拉斯、危地马拉、墨西哥、巴拿马和尼加拉瓜。哥伦比亚是两大倡议的参与国。如表 1 所示，两大倡议涉及的 21 个国家的国土面积合计约 1987 万平方千米，约占拉美地区的 99%；人口约 6.0 亿人（2015 年），约占拉美地区的 95%；国内生产总值（2016 年预测值，按美元现价计）约 49376 亿美元，约占拉美地区的 99%。

表 1 IIRSA 和 PM 各自涉及的国土面积、人口、国内生产总值

国　家	国土面积		人口		国内生产总值（GDP）	
	面积（万平方千米）	占拉美地区的比重（%）	数量（亿人）	占拉美地区的比重（%）	数量（亿美元）	占拉美地区的比重（%）
IIRSA(12 个国家)①	1737	87	4.2	66	35585	71
PM(9 个国家)②	250	12	1.8	29	13791	28
合　计	1987	99	6.0	95	49376	99

注：①IIRSA 的 12 个参与国为阿根廷、玻利维亚、巴西、智利、哥伦比亚、厄瓜多尔、圭亚那、巴拉圭、秘鲁、苏里南、乌拉圭、委内瑞拉。
②哥伦比亚既是 IIRSA 的参与国，也是 PM 的参与国。IIRSA 的数据包括哥伦比亚，因此，为了避免重复统计，PM 的数据不包括哥伦比亚。PM 的 9 个参与国为伯利兹、哥斯达黎加、多米尼加、萨尔瓦多、洪都拉斯、危地马拉、墨西哥、尼加拉瓜、巴拿马。
资料来源：国土面积和人口根据联合国拉美经委会 2015 年统计数据计算，国内生产总值（GDP）根据国际货币基金组织的预测数据计算。CEPAL, *Anuario Estadístico de América Latina y el Caribe 2015*, Santiago, 2015, pp. 21, 133；IMF, *World Economic Outlook Database*, January 16, 2017。

（一）南美洲区域基础设施一体化跨入项目竣工高峰期

2016年1~9月南美洲区域基础设施一体化倡议竣工项目22个，截至2016年9月累计竣工项目128个。① 2008年该倡议完成的投资额超过100亿美元（达到102亿美元），2014年超过200亿美元（达到204亿美元），② 2016年增至281亿美元。③ 随着投资的增加，南美洲区域基础设施一体化倡议于2017年开始进入项目竣工高峰期，2017年竣工的项目预计有64个，2018年有98个，2019~2026年每年有110~130个。④

南美洲区域基础设施一体化倡议的项目涵盖交通、能源、通信三大领域，但以公路、铁路、电站等基础设施项目为主。2016年南美洲国家联盟（Unión de Naciones Suramericanas，UNASUR）的"南美洲基础设施和计划委员会"（Consejo Suramericano de Infraestructura y Planeamiento，COSIPLAN）批准的南美洲区域基础设施一体化倡议项目篮子有581个项目，投资总额约1914亿美元。在该项目篮子中，公路项目258个，投资额约635亿美元，占投资总额的33.2%；铁路项目61个，投资额约479亿美元，占投资总额的25.0%；电站项目25个，投资额约469亿美元，占投资总额的24.5%。⑤ 公路、铁路、电站项目数量合计344个，占项目总数的59.2%；投资额合计约1583亿美元，占投资总额的82.7%。

按照投资规模，南美洲区域基础设施一体化倡议的前五大项目为巴西圣·安东尼奥（Santo Antonio）水电站和吉拉乌（Jirau）水电站（182亿美元）、厄瓜多尔货运铁路电气化项目（178亿美元）、阿根廷—巴拉圭科尔普斯·克里斯蒂（Corpus Christi）水电站（80亿美元）、巴西库亚巴—桑塔森（Cuiabá - Santarém）高速公路（65亿美元）、智利洛斯·安第斯（Los

---

① UNASUR, COSIPLAN, *Carterade Proyectos 2016*, diciembre 2016, p.31.
② 谢文泽：《南美洲区域基础设施一体化倡议：规划项目多，实施困难大》，载吴白乙主编《拉美黄皮书：拉丁美洲和加勒比发展报告（2014~2015）》，社会科学文献出版社，2015。
③ UNASUR, COSIPLAN, *Carterade Proyectos 2016*, diciembre 2016, p.31.
④ UNASUR, COSIPLAN, *Carterade Proyectos 2016*, diciembre 2016, p.35.
⑤ UNASUR, COSIPLAN, *Carterade Proyectos 2016*, diciembre 2016, p.17.

Andes)—阿根廷门多萨(Mendoza)铁路(51亿美元)。其中,巴西圣·安东尼奥水电站和吉拉乌水电站、巴西库亚巴—桑塔森高速公路为在建项目,阿根廷—巴拉圭科尔普斯·克里斯蒂水电站、智利洛斯·安第斯—阿根廷门多萨铁路为拟开工项目,厄瓜多尔货运铁路电气化项目正在进行可行性研究。

2016年,南美洲区域基础设施一体化倡议将一体化和发展轴心由过去的10个调整为9个,其中亚马孙轴心(Eje del Amazonas, AMA)、秘鲁—玻利维亚—巴西轴心(Eje Perú-Brasil-Bolivia, PBB)、中部腹地轴心(Eje Interoceánico, IOC)、南回归线轴心(Eje de Capricornio, CAP)、南共市—智利轴心(Eje MERCOSUR-Chile, MCC)共有360个项目,约占项目总数的62.0%;约需投资1482亿美元,占投资总额的77.4%。

(二)中美洲地区重点推进公路和电网一体化

中美洲一体化和发展项目有两个"轴心",即"经济轴心"(Eje Económico)和"社会轴心"(Eje Social),前者包括交通、能源、通信、贸易和竞争便利化政策4个领域,后者包括医疗、环境保护、灾害防控、住房、食品和粮食安全5个领域。

交通和能源是中美洲一体化和发展项目的两大主要领域。2008年1月至2015年6月,中美洲一体化和发展项目累计完成62个项目,完成投资总额约6.1亿美元。在62个项目中,交通项目19个,投资额约3.4亿美元,占完成投资总额的55.7%;能源项目10个,投资额约2.6亿美元,占完成投资总额的42.6%。交通项目和能源项目的投资额合计约占完成投资总额的98.4%。截至2015年6月,在建项目45个,投资总额约25亿美元,其中交通项目10个,投资额约17亿美元;能源项目7个,投资额约6亿美元。交通项目和能源项目投资额合计23亿美元,占投资总额的92.0%。[1]

---

[1] Lidia Fromm Cea (Directora de PM), *Haciauna Integración Mesoamericana para un Desarrollo Eficaz e Inclusivo*, Proyecto Integración y Desarrollo Mesoamericana (PM), agosto 2015.

交通项目的重点是中美洲公路路网工程。根据中美洲一体化和发展项目官方网站公布的信息，公路路网工程涉及的公路总长度为13132千米，主要包括太平洋沿岸公路、大西洋沿岸公路、加勒比海沿岸旅游公路和7条两洋公路。7条两洋公路分别为墨西哥两洋公路（1058.5千米）、危地马拉两洋公路（303千米）、萨尔瓦多两洋公路（359千米）、洪都拉斯两洋公路（137.2千米）、尼加拉瓜两洋公路（335.2千米）、哥斯达黎加两洋公路（520.3千米）、巴拿马两洋公路（497千米）。截至2015年6月，公路路网工程已完工3248千米，其中包括太平洋沿岸公路1692千米，大西洋沿岸公路695千米，加勒比海沿岸旅游公路487千米，两洋公路256千米。

能源项目的重点是"中美洲国家电网互联工程"（Sistema de Interconexión Eléctrica de los Países de América Central，SIEPAC）。这一工程以巴拿马、哥斯达黎加、洪都拉斯、尼加拉瓜、萨尔瓦多、危地马拉6个中美洲国家为主体，墨西哥和哥伦比亚于2014年正式加入。该工程的目的是建设连接8个国家的输电线路。输电线路的建设工作于2002年正式开始，并取得了明显成效，截至2015年6月，已建设输电线路1792千米。由于电力输送量大幅度增加，2014年6月至2015年6月，中美洲6国的平均电价下降了32.15%。[①]

针对中美洲国家电网互联工程，中美洲6国较为成功地实施了多国联合特许经营模式。中美洲6国于1987年提出了这一工程倡议，经过近10年的研究和磋商，1996年中美洲6国签订了《中美洲电力市场框架条约》（Tratado Marco del Mercado Eléctrico de América Central），于1999年正式生效。根据该条约，6国政府共同成立了"区域电网监管委员会"（Comisión Regional de Interconexión Eléctrica，CRIE；总部设在危地马拉）和"区域电力运营公司"（Ente Operador Regional，EOR；总部设在萨尔瓦多），前者主要负责电网、电力市场、电价等的规划和监管，后者主要负责电力购买和零售。中美洲6国的各国国有电力公司与墨西哥、哥伦比亚、西班牙的电力公司共同成立了电网运营公司（Empresa Propietaria de la Red，ERP），区域电

---

① ERP, *Línea SIEPAC Historia*, junio 2015.

网监管委员会根据《中美洲电力市场框架条约》授权 ERP 负责输电线路的融资、建设和运营。根据中美洲一体化和发展项目官网公布的信息,截至 2015 年 6 月,ERP 的项目投资总额约 5.05 亿美元,其中,自有资金 0.585 亿美元,占投资总额的 11.6%;ERP 向美洲开发银行、中美洲经济一体化银行(Banco Centroamericano de Integracion Economica, BCIE)、拉丁美洲开发银行(CAF)等金融机构贷款 4.465 亿美元,占投资总额的 88.4%。

二 中拉基础设施合作取得重大突破

长期以来,中国与拉美国家的基础设施合作以中国企业的工程承包为主。近几年来,中国交通建设股份有限公司(以下简称"中国交建")、国家电网公司(以下简称"国家电网")、中国长江三峡集团公司(以下简称"三峡集团")等以并购、直接投资等方式,获得或参与了牙买加和厄瓜多尔的高速公路、巴西的电网和水电站等基础设施项目的长期特许经营权。

(一)金融合作助推中国企业在拉美地区的工程承包

根据中国国家统计局的统计数据,中国对拉丁美洲承包工程完成营业额 2000 年仅为 1.7 亿美元,2012 年超过 100 亿美元(达到 113.2 亿美元),2015 年达到 164.0 亿美元。根据中国商务部公布的数据,2016 年中国企业在拉美地区签订的承包工程合同金额为 191.2 亿美元,完成营业额为 160.3 亿美元(见图 1)。

中国企业已在 30 个拉美国家开展工程承包业务,但绝大部分工程承包业务集中在委内瑞拉、厄瓜多尔、阿根廷、巴西等 4 个拉美国家。根据中国国家统计局的统计数据,2009~2015 年中国企业在这 4 个拉美国家工程承包完成营业额合计占中国企业对拉丁美洲承包工程完成营业额的 74.0%。

如图 1 所示,2009~2015 年中国企业在拉美地区完成的工程承包营业额出现了较大幅度的增长,中国与委内瑞拉、厄瓜多尔、阿根廷的金融合作为这一增长发挥了重要作用。例如,中国与委内瑞拉的大规模金融合作于

2008年正式开始，支持委内瑞拉的住房、交通等基础设施项目建设，有力地带动了中国企业在委内瑞拉的工程承包业务，2009～2015年中国企业在委内瑞拉的工程承包营业额增加了25.5亿美元（由9.3亿美元增至34.8亿美元），同期中国企业在拉美地区的工程承包营业额增加了26.3亿美元（由36.4亿美元增至62.7亿美元），前者对后者的贡献率高达96.9%。

厄瓜多尔、阿根廷、牙买加、巴哈马等拉美国家也存在与委内瑞拉类似的情况。例如，在中国进出口银行、中国国家开发银行的支持下，厄瓜多尔建设了一批水电站、公路等基础设施项目，中国企业在该国的工程承包营业额由2010年的2.2亿美元增至2012年的16.1亿美元，2015年进一步增至32.9亿美元。

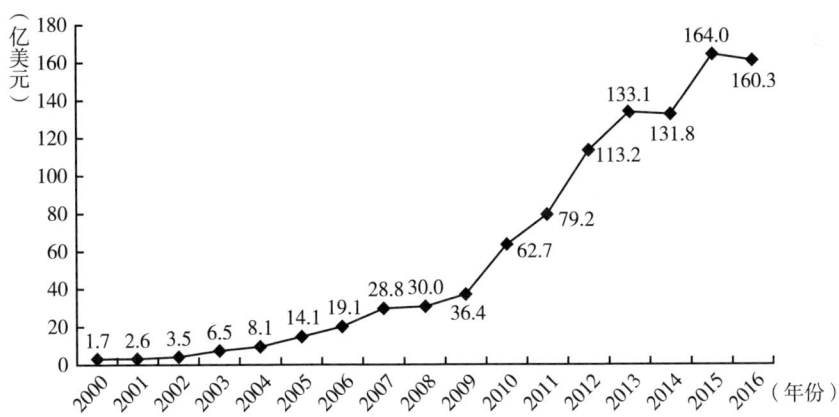

图1　2000～2016年中国对拉丁美洲承包工程完成营业额

资料来源：2000～2015年的数据来自中华人民共和国国家统计局；2016年的数据源于中华人民共和国商务部2017年2月13日的《2016年商务工作年终综述之二十九：中国与拉美国家经贸合作保持平稳发展》。

（二）中国企业在巴西电力领域的并购成效显著

2017年1月，国家电网巴西控股公司完成了巴西CPFL能源公司（CPFL Energia）54.64%股权的交割，收购金额141.9亿雷亚尔（约合45亿美元）。这是国家电网巴西控股公司在巴西成功实施的第15起股权并购，

在此之前该公司已在巴西先后收购14家拥有输电特许经营权的项目公司。2016年12月三峡集团完成了杜克能源（Duke Energy）巴西公司100%股权的交割，收购金额12亿美元，使三峡集团在巴西合资或控股拥有的装机容量达到827万千瓦。

国家电网主营电网业务，该公司通过收购拥有输电线路特许经营权的项目公司进入巴西电力领域。2009年5月国家电网的合资子公司——国网国际发展有限公司与西班牙ACS公司签订了协议，拟收购后者在巴西的7个子公司，其7个子公司在巴西拥有16条138～500千伏输电线路的特许经营权，输电线路总长度2792千米，收购金额10.5亿雷亚尔（约合5.3亿美元）。2010年12月，国网国际发展有限公司在里约热内卢正式成立"国家电网巴西控股公司"，并完成了与西班牙ACS公司的股权交割。2011年以来，国家电网巴西控股公司投资和收购并举，业务规模迅速扩大。在投资方面，联合投资和独立投资并举。例如，2012年12月，国家电网巴西控股公司（51%）与两家巴西企业（合计49%）组成联营体，成功中标巴西2012年07号输电特许权G标段项目，共同投资建设和运营953千米500千伏的输电线路，运营期30年。2014年2月，国家电网巴西控股公司（51%）与巴西国家电力公司（49%）组成联营体，成功中标巴西美丽山特高压输电线路Ⅱ期特许经营项目，共同投资建设和运营2092千米的输电线路，运营期30年。2016年4月，国家电网巴西控股公司独立中标巴西特里斯皮尔斯水电送出二期输电特许经营权项目，投资建设和运营1280千米的输电线路，运营期30年。在收购方面，对巴西CPFL能源公司的控股性收购不仅是国家电网规模较大的一起海外并购业务，而且使国家电网巴西控股公司在巴西电力领域的地位大幅度提升。根据巴西的法律规定，每个特许经营项目需设立一个项目公司。因此，截至2016年底，国家电网巴西控股公司在巴西拥有16家全资或控股子公司。

三峡集团的主营业务是发电，该公司通过收购水电站项目公司的股权进入巴西电力领域。2011年12月，三峡集团与葡萄牙电力公司（Energias de Portugal，EDP）签订战略伙伴关系协议，收购后者21.35%的股份，并约定双方开展全球范围的电力合作开发。2013年6月，三峡集团的全资子公司——中水电国际投资有限公司与葡萄牙电力公司的控股子公司——葡萄牙电力巴西公司签订了谅解备忘录，前者收购后者在巴西的两座水电站各50%的运营权，收购金额为7.84亿雷亚尔，两座水电站的装机容量合计为59.2万千瓦。2013年10月，中国三峡（巴西）有限公司成立，三峡集团开启了大踏步的并购之路，除完成了前述两座水电站各50%运营权的收购外，2014年收购了葡萄牙电力巴西公司一座在建水电站33.3%的建设权，2015年收购了巴西Triunfo公司的两座水电站，等等。2016年，中国三峡（巴西）有限公司不仅完成了巴西朱比亚水电站和伊利亚水电站30年特许经营权的收购交割，也完成了美国杜克能源巴西公司的收购，中国三峡（巴西）有限公司一跃成为巴西第二大电力生产企业。

（三）中国企业在牙买加、厄瓜多尔成功实施公路特许经营项目

2016年3月中国港湾工程有限责任公司（以下简称"中国港湾"）投资建设和运营的牙买加南北高速公路全线竣工通车，这不仅是中国港湾的首个境外公路BOT项目，也是中国企业在拉美地区的首个基础设施BOT项目。同月，中国路桥工程有限责任公司（以下简称"中国路桥"）与厄瓜多尔基多市正式签订基多市国际机场进城通道投资协议，这是中国路桥在拉美地区的首个PPP项目。中国港湾和中国路桥均为中国交建的全资子公司。

中国港湾在工程承包的基础上实施牙买加南北高速公路BOT项目。2010年，中国港湾作为EPC[①]总承包商，承建牙买加机场路修复与护岸工程。2011年，牙买加政府批准了中国港湾投资建设南北高速公路的申请，特许经营期50年。牙买加自20世纪60年代开始计划修建纵贯南北的公路，2000年该国政府正式颁布"高速公路2000"计划，南北高速公路是该计划的重要组成部分。中国港湾投资建设的南北高速公路长66千米，总投资约7.3亿美元。南北高速公路全线通车圆了牙买加半个世纪的梦想。

---

① EPC：Engineering（设计）、Procurement（采购）、Construction（施工）。

中国路桥2012年中标了厄瓜多尔7个道路改扩建工程,这些工程由中国国家开发银行提供贷款。此后,中国路桥先后独自或联合承包毕福—帕帕拉克塔(Pifo-Papallacta)公路扩建、厄瓜多尔雅查伊(Yachay)大学城教学楼及配套设施、圣文森特城市道路改造、基多市城市立交、ITTS高等技术学院等项目。基多市国际机场进城通道项目采用PPP模式建造,长约4.6千米,其中含有两座大桥(总长约500米),建设期28个月,特许经营期30年。

三 中拉基础设施合作迎来历史新机遇

拉美地区已经经历两轮基础设施建设高峰期,第一轮是19世纪中后期至20世纪初叶以铁路建设为代表的基础设施建设,第二轮是20世纪50~70年代以公路建设为代表的基础设施建设。目前,随着拉美地区基础设施一体化进程的加速推进,拉美地区正在掀起第三轮基础设施建设高峰。

(一)拉美地区基础设施一体化的协调和合作机制趋于成熟

南美洲区域基础设施一体化倡议、中美洲一体化和发展项目是政府间的磋商、协调与合作。一方面,拉美国家具备良好的政治、经贸磋商与合作基础,区域性多边合作机制较为健全。例如20世纪50年代以来,拉美地区持续推进一体化进程,先后成立了一系列区域性和次区域性组织,并相应地设立了对话、磋商和协调机构,签订了相关条约或协议,等等。

另一方面,南美洲区域基础设施一体化倡议、中美洲一体化和发展项目中的项目经历了长期酝酿,实施这些项目所需的政治共识、社会共识、多边共识已基本具备。例如,"中美洲国家电网互联工程"历时长达30年,其中1987~1996年的10年为磋商期,危地马拉、萨尔瓦多、尼加拉瓜、洪都拉斯、哥斯达黎加、巴拿马等中美洲6国完成了多边磋商并签订了多边条约;1997~1999年的3年为条约批准期,各签字国完成了各自国内的批准程序,条约得以正式生效;2000~2002年的3年为施工准备期,包括设立电网运营公司（ERP）、完成项目融资等工作；2003～2014年的12年为I期工程的建设期，工程目标基本实现；2015年以来，在继续完成I期工程的同时，准备实施II期工程，II期工程的目标是将中美洲6国的电网与墨西哥、哥伦比亚两国的电网连接起来。

智利和阿根廷两国关于修复洛斯·安第斯—门多萨铁路路段的双边磋商和准备已历时20余年。1996年智利向阿根廷提出了修复该段铁路的倡议，2004年两国开始正式磋商，2009年两国政府决定设立政府间双边实体——"拉斯·莱纳斯隧道双边实体"（Entidad Binacional Túnel Las Leñas）负责该段铁路的修复工作。2016年5月和7月，智利和阿根廷两国各自的议会先后完成了关于组建这一双边实体的批准工作，由智利公共工程部（Ministerio de Obras Públicas）和阿根廷内政、公共工程和住房部（Ministerio del Interior, Obras Públicas y Vivienda）负责组建双边实体。拉斯·莱纳斯隧道双边实体的首项工程是拉斯·莱纳斯隧道，根据南美洲区域基础设施一体化倡议官网的信息，该隧道长约13千米，总投资预计为12亿美元。

巴西东西大铁路是巴西自己的单边项目，东起坎波斯港，西至巴西、秘鲁边境。2008年以来，巴西联邦政府交通部下属的国有企业——巴西铁路工程建设公司（Valec，以下简称"巴铁"）对这条铁路进行了规划和研究，至今已历时近10年。根据巴铁和南美洲区域基础设施一体化倡议官网的信息，巴西东西大铁路将分4段进行规划、可行性研究和建设，其中东部和西部为远期规划路段；中部有两段，一段为在建铁路，另一段已完成可行性研究。

"集体规划，分别实施"是南美洲区域基础设施一体化倡议与中美洲一体化和发展项目的基本原则之一。一方面，南美洲区域基础设施一体化倡议与中美洲一体化和发展项目包含各相关国家的重要项目和重点项目。另一方面，各国自己的项目不受南美洲区域基础设施一体化倡议与中美洲一体化和发展项目的影响。例如，巴西—秘鲁两洋铁路的秘鲁境内路段尚未列入南美洲区域基础设施一体化倡议项目篮子，但秘鲁完全可以对该段铁路进行规划、可行性研究甚至建设。

政府是基础设施项目的融资和投资主体。例如在2016年的南美洲区域基础设施一体化倡议项目篮子中,政府负责融资或投资的项目475个,约占项目总数的82%;投资额合计约1177亿美元,约占投资总额的61%。[①] 2016年,巴西、阿根廷等拉美国家加大了基础设施对外开放力度,以吸引外资。2016年9月,巴西总统特梅尔宣布,2017~2018年巴西政府将转让和出售30个基础设施建设项目,拟转让的项目包括4座机场、2个专用港口、2条国道公路改造项目、3条铁路干线等11个交通项目,招标工作将于2017年启动,总投资约366亿雷亚尔。同月,阿根廷交通部宣布,2016~2019年阿根廷将在基础设施领域投资330亿美元,其中约有270亿美元用于公路和铁路建设。

(二)11条两洋通道的建设和规划格局基本形成

拉美大陆西临太平洋,东濒大西洋,因此,贯穿拉美大陆、沟通两大洋的通道被称为"两洋通道"。中美洲一体化和发展项目的两洋通道以公路为主,有关国家有7条两洋公路通道,墨西哥、危地马拉、萨尔瓦多、洪都拉斯、尼加拉瓜、哥斯达黎加、巴拿马各有1条,除墨西哥的两洋公路通道已经全线通车外,其他6国的两洋公路通道正在建设中。

南美洲区域基础设施一体化倡议的两洋通道以铁路为主,有关国家正在规划4条两洋铁路通道。自北向南,这4条两洋铁路通道分别为巴西—秘鲁两洋铁路、智利安托法加斯塔—巴西帕拉纳瓜铁路、秘鲁—玻利维亚—巴西两洋铁路、智利瓦尔帕莱索港—阿根廷布宜诺斯艾利斯铁路。

巴西—秘鲁两洋铁路是中国在拉美地区参与的首个多边重大基础设施可行性研究项目,巴西、秘鲁两国的可行性研究工作仍在进行中。巴西境内的铁路线路已经基本明确,但秘鲁境内路段存在北线和南线的分歧,北线贯穿秘鲁北部,南线则以秘鲁首都利马为出海口。巴西倾向于北线,而秘鲁则侧重于南线,秘鲁总统、副总统明确表示南线可以使更多的秘鲁人口受益。

秘鲁—玻利维亚—巴西两洋铁路于2013年9月由南美洲基础设施建设和规划委员会铁路一体化工作组第一次会议正式提出。这条铁路可谓是玻利

---

① UNASUR, COSIPLAN, *Carterade Proyectos 2016*, diciembre 2016, p. 17.

维亚的"世纪梦想"。玻利维亚的铁路分为东部铁路和西部铁路两部分，于20世纪初建成通车。由于地形问题，玻利维亚的东部和西部铁路需要在阿根廷北部连接。自1912年以来，玻利维亚政府一直在积极启动玻利维亚东部、西部铁路路网的连接工程。20世纪70年代，在美国、巴西的支持下，玻利维亚政府进行了初步研究。2011~2014年，在美洲开发银行的支持下，玻利维亚政府再次进行了预可行性研究。2015年6月，阿根廷、玻利维亚、智利、巴拉圭、秘鲁5国代表以及南美洲国家联盟等机构的代表在玻利维亚的圣克鲁兹市召开会议，原则通过了玻政府提交的预可行性研究报告；8月，正式成立"秘鲁—玻利维亚—巴西两洋铁路"工作组，开始进行可行性研究。

智利安托法加斯塔—巴西帕拉纳瓜铁路工作组于2014年正式成立，巴西、阿根廷、巴拉圭、智利4国已经达成共识，该铁路计划于2020年建成通车。

智利瓦尔帕莱索港—阿根廷布宜诺斯艾利斯铁路的大部分路段为既有铁路，需修复智利洛斯·安第斯—阿根廷门多萨铁路路段。根据2015年8月的可行性研究，这段铁路长约204千米，工程投资预算约为89亿美元，建设期为10~12年。①

（三）中国用于支持拉美地区基础设施发展的金融资源超过1300亿美元

美洲开发银行、拉丁美洲开发银行、中美洲经济一体化银行、普拉塔基金（FONPLATA）等是向拉美地区基础设施领域提供贷款的主要金融机构。2015年，美洲开发银行批准的基础设施领域的贷款金额约为43.3亿美元，② 拉丁美洲开发银行约为32.7亿美元。③ 中美洲经济一体化银行向

---

① "A ley tres protocolos que fortalecerán la conexión con Argentina," http://www.iirsa.org/News/Detail? Id =176, 8 de noviembre, 2015.
② Inter-American Development Bank, *Annual Report 2015*, December 2016, p. 6.
③ CAF-Banco de Desarrollode América Latina, *Informe Anual 2015*, mayo 2016, pp. 42 – 45. 2015年，拉丁美洲开发银行批准了122.55亿美元的贷款，其中基础设施领域的贷款占批准总额的26.7%，约为32.7亿美元。

基础设施领域发放贷款 6.5 亿美元。① 阿根廷、玻利维亚、巴西、巴拉圭、乌拉圭 5 国政府出资设立的普拉塔基金提供了约 8.1 亿美元的基础设施贷款。② 这 4 家金融机构在 2015 年批准或发放的基础设施贷款合计约为 90.6 亿美元。

截至 2016 年底,中国向拉美地区提供的金融资源至少有 1330 亿美元,主要有 3 部分。如表 2 所示,第一部分为中国通过双边联合融资机制提供的金融资源,约为 650 亿美元,其中包括中国—巴西扩大产能合作基金(200 亿美元,中方出资 150 亿美元)、中国—委内瑞拉联合融资基金(500 亿美元)。第二部分是中国单方面出资设立的基金,约为 400 亿美元,其中包括中拉合作基金(100 亿美元)、中拉产能合作投资基金(300 亿美元)。第三部分是中国单方面对拉美地区的贷款承诺,约为 330 亿美元,其中包括中国对拉美地区基础设施专项贷款 200 亿美元,对拉美地区优惠贷款 100 亿美元,对加勒比地区优惠贷款 30 亿美元。

除上述 3 部分金融资源外,中国还可以通过美洲开发银行、亚洲基础设施投资银行、金砖国家开发银行等多边金融机构向拉美地区提供金融支持。

表 2　中国可用于拉美地区的金融资源

单位:亿美元

金融资源	中国出资
Ⅰ. 双边联合融资机制	600
中国—巴西扩大产能合作基金	150
中国—委内瑞拉联合融资基金(合作期内)①	450
Ⅱ. 中国单方面出资设立的基金	400
中拉合作基金	100
中拉产能合作投资基金	300

① Banco Centroamericano de Integración Económica, *Memoria Anual de Labores Annual Report 2015*, CABEI, 2016, p. 20.
② Fondo Financiero para el Desarrollo de la Cuenca del Plata, *Annual Report 2015*, FONPLATA, 2016, p. 38.

续表

金融资源	中国出资
Ⅲ. 中国单方面对拉美地区的贷款承诺	330
拉美地区基础设施专项贷款	200
拉美地区优惠贷款	100
加勒比地区优惠贷款	30
合计（Ⅰ+Ⅱ+Ⅲ）	1330

注：①中国与委内瑞拉的"中国—委内瑞拉联合融资基金"（以下简称"中委基金"）分为"中委基金Ⅰ期"（2008年开始实施，初始为40亿美元，后增至50亿美元）、"中委基金Ⅱ期"（2009年开始实施）和"中委基金Ⅲ期"（2013年开始实施）。每期50亿美元，合作期限15年，3年为一个滚动周期。在合作期内，第Ⅲ期的最后一个滚动周期为2025~2027年，因此，2016~2025年中国每年可以向委内瑞拉提供50亿美元的融资，10年内的融资总额可达500亿美元。

资料来源：谢文泽：《"一带一路"视角的中国—南美铁路合作》，《太平洋学报》2016年第10期；《中国经济中高速增长与中拉经贸合作》，《拉丁美洲研究》2016年第4期。

（贺双荣　审读）

国别和地区

National and Regional Reports

Y.8
巴西：特梅尔总统上台　形势比预期复杂

张　勇*

摘　要：　持续近9个月的弹劾案终于结束，罗塞夫被罢免总统职务。特梅尔正式就任总统，但其执政之路并非一帆风顺。国内执政格局处于2018年大选前分化与重组的博弈阶段，政治争斗不可避免。而现实中腐败案持续发酵的破坏力仍不可估量。经济连续第二年深度衰退仍是新政府面临的最大挑战。尽管特梅尔打出限制财政支出、降低公共债务和进行新一轮私有化的经济"组合拳"，但多数改革议案须经国会对法律做出修改，因此，能否顺利通过还存在诸多不确定性。短期内，巴西失业率和贫困率上升。鉴于需对美国特朗普政府实行的保护主义政策再评估，巴西对相应政策的调整暂处于观望状

---

* 张勇，经济学博士，中国社会科学院拉丁美洲研究所经济研究室副研究员，主要研究方向为拉美经济。

态。2017年巴西形势将比预期更加复杂。

关键词： 巴西　特梅尔　弹劾　经济衰退　腐败

一　政治形势

2016年世界仍然处于深度调整之中，政治因素与经济因素错综交织的局面更加剧了不确定性。而深陷政治和经济双重危机的巴西恰好为这种时代背景和不确定性做了很好的注解。虽然巴西政治危机最终以罗塞夫被罢免而获得暂时平息，但是暗潮涌动的政治较量和争斗仍在持续，这加重了政治形势的复杂性。

1. 罗塞夫被弹劾宣告左翼政党在巴西长达13年的执政结束

回顾巴西总统弹劾案，可谓一波三折。2015年12月2日，巴西国会众议院议长库尼亚批准启动弹劾总统罗塞夫的程序，标志着巴西政治危机正式恶化。进入2016年，巴西经济深度衰退以及巴西石油公司腐败案的持续发酵导致时任总统罗塞夫陷入政治危机。5月12日，参议院通过了特别委员会移交的弹劾报告，罗塞夫被强制离职180天。8月31日，参议院在联邦最高法院的主持下进行最后表决，最终以61票赞成、20票反对，超过所需2/3以上票数支持通过了弹劾案，代总统米歇尔·特梅尔（Michel Temer）"转正"就任总统。至此，持续近9个月的总统弹劾案终于尘埃落定，巴西也随之结束长达13年的左翼政党执政。然而，11%的支持率预示着总统特梅尔的执政之路并非一帆风顺。

罗塞夫弹劾案可引发如下思考。第一，弹劾的直接原因是，政府财政存在违法行为，作为政府首脑犯下渎职罪，而罗塞夫下台的深层次原因是如下因素综合作用的结果：劳工党政策转型延误和治理体系缺失，巴西政党碎片化导致交易成本上升和投机机会增加，现实中经济衰退和腐败发酵令民众失望，等等。第二，支持弹劾罗塞夫的政党并不必然支持特梅尔政府。特梅尔

总统在执政过程中同样面临严峻挑战。而且,各派政治力量为2018年大选将进入博弈、分化和重组的"洗牌"阶段。政党之间的较量带来政治的不确定性。第三,在整个弹劾过程中,立法、行政、司法的制衡关系暴露出局部的失衡,而这需要在未来政治体制改革中逐步完善。媒体的过度渲染和倾向性报道也引发了关于如何发挥媒体作用的讨论。第四,持续9个月的政治内耗无疑损耗了经济改革的动力,错失了推进改革的时机。

2. 特梅尔政府多位部长因丑闻相继下台导致公信力下降

特梅尔执政之路并非一帆风顺。早在2016年5月罗塞夫遭解职后,特梅尔就宣布组建新政府。但是,清一色的男性内阁引发了人们对于未来巴西女性政治代表的担忧。而且,9月23日,距特梅尔"转正"尚未满1个月,巴西最高法院就批准开始调查其涉嫌违法收受竞选资金一事。6月,巴西最高法院公开了一份巴西石油公司子公司的前总裁塞尔吉奥·马沙多认罪的证词,指认特梅尔在2012年使用巴西石油公司向承包商收取的回扣资助他所在民主运动党的候选人竞选圣保罗市市长。但特梅尔坚决否认自己有违法行为。除此之外,自2016年5月特梅尔组建新政府以来,已经有6名部长级官员因丑闻相继下台,其中包括时任临时政府计划部部长罗梅罗·茹卡,时任透明、监察和审计部部长法比亚诺·西尔韦拉,时任旅游部部长阿尔维斯,巴西政府事务秘书长热德尔·维埃拉·利马。多名部长辞职表明:第一,特梅尔政府的执政基础并不牢固,政府公信力在下降;第二,腐败丑闻发酵造成的破坏力仍不可估量,不仅影响到政治的稳定性,而且严重打击了外国投资和市场信心的恢复。

3. 国内政治博弈和政党斗争增添了政局的复杂性

在"后罗塞夫时代",巴西政党进入新一轮分化、重组与联盟的博弈阶段。目前各派政治力量在国会席位的分布如表1所示。民主运动党仍是国会第一大党,在参议院和众议院的席位占比分别为23.5%和13.3%,这是特梅尔执政所倚重的重要基础,也为他现阶段基本控制政局提供了有利条件。然而,两位重要政治盟友的变数增加了特梅尔施政的难度。一名关键盟友是众议院议长爱德华多·库尼亚(Eduardo Cunha,所属民主运动党),他因腐败指控被解职,后被判入狱。另一位盟友是参议院议长雷南·卡列罗斯(Renan Calheiros,所属民主运动党),虽然保住了参议长一职(鉴于受到挪用公款等腐败指控,巴西联邦法院撤销了卡列罗斯总统继任人选资格,但否决了罢免卡列罗斯的决定),但是12月12日巴西联邦总检察院对其涉嫌贪腐再次提出了新的指控。2017年2月1日,欧尼西奥·奥利维拉(Eunício Oliveira,所属民主运动党)当选参议院新一任参议长,接替于2016年底卸任的雷南·卡列罗斯。对于劳工党而言,弹劾案使其"元气大伤"。一方面,劳工党党内在积极反思,总结在经济领域、反腐败问题以及竞选活动中的教训。另一方面,该党也在制定未来斗争的策略。可以预料,在经济连续衰退的背景下,劳工党由"守"转"攻"显得更加容易一些,这将给特梅尔政府顺利施政造成困难。而社会民主党已经完成推翻劳工党政府的阶段性目标,下一步它们旨在赢得2018年巴西大选。因此,未来社会民主党的策略将增加巴西政局变化的复杂性。鉴于巴西三大传统政党的力量此消彼长,其他政党也看到了冲击传统政治格局的希望,"第三股政治力量"同样不容小视。

表1 巴西各主要政党席位及占比(2016年)

	参议院		众议院	
	席位	占比(%)	席位	占比(%)
民主运动党(PMDB)	19	23.5	68	13.3
劳工党(PT)	10	12.3	58	11.3
社会民主党(PSDB)	12	14.8	51	9.9
进步党(PP)	7	8.6	47	9.2
社会党(PSB)	6	7.4	32	6.2
民主党(DEM)	4	4.9	27	5.3
民主工党(PDT)	3	3.7	19	3.7
工党(PTB)	3	3.7	18	3.5
共产党(PC do B)	1	1.2	11	2.1
其他政党	16	19.8	182	35.5
共计	81	100	513	100

资料来源:政党席位来自中国外交部网站(更新时间为2016年12月)。

4. 未来大选的可能趋势尚不明朗

一般而言,市政选举被视为国会、州和总统选举的晴雨表。左翼政党劳工党在2016年10月2日举行的全国市政选举中严重受挫。根据巴西最高选举法院公布的统计结果，在全国27个州的首府城市竞选中，劳工党候选人除在偏远的阿克里州首府里奥布朗库获胜外，仅在东北部伯南布哥州首府累西腓获得进入第二轮选举资格，而且得票率远低于竞争对手。在已选出市长的州府中，右翼政党已在3个州府城市获胜，斩获最多，其中巴西社会民主党一举夺得了最大城市圣保罗。这种局面使丧失执政地位的劳工党"雪上加霜"，同时也预示着巴西政坛进入了政党重新洗牌阶段。前总统卢拉的影响力虽然有所下降，但凝聚力和号召力还在。然而，目前他被控涉嫌腐败案并已成三案嫌疑人，2018年能否顺利成为候选人还是个未知数。虽然社会民主党在大选中已经连续4次失败，但是，社会民主党和其候选人已经显著提升了影响力，因此会成为下届总统选举强有力的竞争者。民主运动党内部凝聚力较差，但不排除首次推出自己的总统候选人的可能性。而2014年曾参加过总统竞选的玛丽娜·席尔瓦（Marina Silva）可能会作为"第三股政治力量"的代表冲击巴西传统的政治格局。不管怎样，可以预计，只有在2018年新总统产生后，新的政治平衡得以建立，巴西政局才会趋于稳定。

二　经济形势

2015年巴西经济衰退3.8%，是25年来巴西经济表现最糟糕的一年。联合国拉美经委会初步估计，2016年巴西经济衰退3.6%，这已是连续第二年负增长。鉴于外部环境和内部结构改革短期内难有实质性改善，巴西经济前景不容乐观。拉美经委会预计2017年巴西经济仅微幅增长0.4%。

1. 经济基本面的特点

第一，推动经济增长的传统引擎——私人消费和固定资产投资同时下降。第二，财政和经常账户出现"双赤字"。根据西班牙对外银行（BBVA）预计，2016年巴西财政赤字和经常账户赤字占GDP的比重分别为9.7%和1.1%。倘若双赤字状况持续存在，那么就会影响到国外评级机构的评级，进而挫伤国外投资者的信心。第三，公共债务上升，货币波动性增加。拉美经委会数据显示，巴西公共债务占 GDP 的比重从 2014 年的 58.9% 增至 2016 年的 70.3%。同时，美国加息步伐加快，造成巴西货币雷亚尔波动性增加。尤其是面对 2017 年美联储 3 次加息的预期以及政局的不稳定性，货币再度贬值的风险在增加。第四，宏观经济政策的效力下降。一方面，如果要为降低公共债务实施紧缩财政政策，那么短期内经济增长可能受到影响。另一方面，巴西货币政策与全球宏观政策不相协调，政策效力可能会打折扣。例如，为刺激经济复苏，巴西中央银行自 2016 年 10 月开启降息周期，这与美国加息周期形成鲜明对比。其结果可能导致短期资本从巴西撤出，从而引发货币贬值风险。

与此同时，巴西经济还出现了一些积极的变化，例如，消费者信心和商业信心指数已经触底反弹；财政余额和经常账户余额虽有赤字，但正在缓慢改善；通胀率虽然仍高于政府通胀目标水平，但是压力已经趋缓；等等。但是，整体而言，巴西经济短期内不容乐观。

2. 特梅尔政府推出多项政策以提振巴西经济

为提振巴西经济，特梅尔政府积极推动经济领域改革。其一，通过从国家社会和经济发展银行中赎回和打破对主权基金的还债限制等方式降低公共债务。其二，通过宪法修正案，对未来 20 年的公共支出增长做出限制。其三，通过转让和出售基础设施建设项目，启动大规模私有化。降低公共债务、限制财政支出和进行新一轮私有化是特梅尔自担任代总统以来主打的三张"经济牌"。这些措施对于平衡财政赤字、刺激投资和促进就业有积极作用，但能否在议会获得通过是特梅尔政府面临的最大挑战。第一，目前滞胀的形势使宏观经济管理处于两难境地，难以充分发挥政策效力。第二，新执政联盟涵盖各种意识形态，代表不同阶层利益的政党之间政见差距极大。当弹劾目标消失后，各方会因利益不同很快产生分歧。第三，特梅尔自身深陷贪腐指控，执政权威和个人威信大打折扣。

3. 宏观管理保持货币政策宽松和财政政策紧缩预期

2016 年 10 月 19 日，巴西中央银行温和降息 25 个基点，将基准利率从 14.25% 降至 14%，开启了巴西 4 年来的首次宽松周期。11 月 30 日，巴西

中央银行年内第二次降息25个基点,至13.75%,旨在进一步提振投资者的信心。2017年1月11日,巴西中央银行将基准利率降低75个基点,由13.75%降至13%,实现了自2016年10月以来的第三次降息。而根据央行发布的《焦点调查》,分析师认为,为刺激经济增长,在通胀压力趋缓的情况下,2017年巴西央行将会继续降息。但是,鉴于国内不断增长的政治和市场不确定性以及美国加息步伐加快,巴西保持宽松货币政策面临较大的压力。而在财政领域,特梅尔新政府取得了一项重要的改革成果,即为财政支出增长设限法案获得通过。其核心内容是,在今后20年里,联邦政府每年财政支出的增长幅度最高不得超过上一年的通货膨胀率。该法案因可能损害国民最基本的社会保障而遭到以劳工党为首的反对派的坚决反对。从长期来看,旨在实现财政收支平衡的措施将为经济可持续增长创造先决条件。此外,2016年12月22日,特梅尔政府还公布了劳工制度改革建议案,这些制度改革有助于巴西走出经济衰退。

4. 中长期经济增长取决于全要素生产率的提高

目前巴西经济明显受到外部环境不利和内部改革滞后的双重影响。外部因素主要包括大宗商品价格处于下跌周期,恶化了巴西的贸易条件;包括中国在内的新兴市场经济增速放缓,削弱了巴西的出口需求;美国步入加息周期,可能引发短期资本或避险资金回流,从而加大了巴西宏观经济管理难度;等等。此外,2017年1月20日特朗普正式就任美国第45任总统,其"美国优先"的保护主义政策可能通过三个渠道对包括巴西在内的拉美国家造成冲击。其一,贸易摩擦增加;其二,要求资本撤回美国以支持劳动力就业,可能引发拉美地区投资下降;其三,特朗普的财政政策可能加快加息步伐,从而影响全球金融市场。而内部因素包括经济政策转型延误和结构失衡两个方面。劳工党政府的扩张性财政政策"重"福利支出而"轻"生产性支出,给公共财政造成了较大负担,但也没有提高劳动生产率。而结构失衡主要体现在消费和投资不协调、去工业化趋势明显、非正规就业占比较高等方面。

从中长期来看,结构性改革对于巴西经济而言更重要。根据2016年6月

BBVA的预测，2016~2020年巴西潜在增长率为1.1%，低于2006~2010年（3.4%）和2011~2015年（2%）的水平。其中，全要素生产率（TFP）对经济增长的贡献率为负，成为潜在增长率的最大拖累。因此，进行社会保障体制、劳动力市场、税收体制等改革将十分必要，这会提高TFP，从而促进经济增长。同时，增加研发支出、提高技术进步程度也是提高全要素生产率的重要途径。

三 社会形势

鉴于经济连续两年衰退，巴西实际收入水平受到影响。收入减少将削弱私人消费需求对经济的拉动作用，同时，失业率和贫困率开始上升。巴西中产阶级再次面临新一轮的分化。腐败案持续发酵随时会引燃巴西民众的愤怒情绪。而参议院修宪为各级政府公共开支设上限引发了多地民众抗议。

1. 政治暗杀频发惊扰地方选举，社会治安形势堪忧

就在2016年10月举行全国范围市政选举前夕，巴西连续发生候选人遭暗杀案件，引发了民众对选举暴力的恐慌。暴力袭击加剧在很大程度上受到国家政治乱局的影响，但也不能排除巴西地方政治冲突、一些黑恶势力染指政治等因素。因此，受政治、经济双重危机影响，社会形势并不安宁。根据里约热内卢州（以下简称"里约州"）公共安全研究中心（ISP）12月22日公布的最新数字，2016年前11个月里约州共有4572人被蓄意杀害，同比增长了19.7%。此外，里约州因暴力死亡的人数也在增长，包括蓄意谋杀、抢劫后杀人、警察行动中被杀害等。前11个月因暴力死亡的人数为5647人，与2015年同期的4585人相比增长了23.2%。此外，2017年新年以来，短短半个月，巴西已经发生3起造成大规模伤亡的监狱暴动，这种监狱乱象引发巴西国内外持续关注。

2. 经济持续衰退导致失业率上升和就业质量下降

2016年12月29日，巴西国家地理与统计局（IBGE）发布了最新数据，11月巴西失业率为11.9%，是自2012年有该指标系列以来的最高值，8~

10月的失业率均为11.8%,比2015年11月的失业率(9.0%)高2.8个百分点。① 从地区看,截至2016年第三季度,巴西北部、东北部、东南部、南部、中西部的失业率分别为11.4%、14.1%、12.3%、7.9%和10%,地区差异较为显著。从性别看,2016年第三季度,男性和女性失业率分别为10.5%和13.5%,女性比男性高3个百分点。从收入状况看,根据人力咨询管理公司合益集团(Hay Group)公布的全球工资报告,2008~2015年巴西的平均实际工资(扣除通胀率)下降了15.3%。而最新数据显示,截至2016年10月,巴西实际平均工资为2029雷亚尔,比2015年10月下降0.7%,比年初2016年1月下降12%。②

从就业部门看,截至2016年11月,5个主要部门的就业同比都下降了。具体而言,水、电、气生产和供应业就业890.1万人,同比下降4.7%;工业就业1154.2万人,同比下降8.2%;建筑业就业706.2万人,同比下降9%;商业就业1746万人,同比下降1%;金融、房地产、租赁和商务服务业就业963.2万人,同比下降2.6%。而同期内,仅有两个部门就业增长较为明显。私人服务业就业478.9万人,同比增加7.8%;运输、仓储和邮政业就业451.8万人,同比增加2.3%。③ 而其他服务业就业同比增加7%。劳动力大量涌入效率低下的服务业将阻碍巴西劳动生产率的提高。

为保持和创造就业机会,特梅尔政府12月22日公布了劳工制度改革建议案,待2017年2月国会休会结束后作为紧急法案呈交审议。该法案建议将原定于12月31日停止实行的就业保护计划(PPE)延长一年,并将其更名为巴西就业保险计划(PSE),这一计划能够加强雇主同雇员之间的劳动关系。这也是特梅尔政府的一项重要改革。

3.围绕腐败、财政紧缩等问题的社会抗议持续存在

围绕总统弹劾案,近9个月的场内政治斗争与场外社会抗议相互交织在

---

① http://saladeimprensa.ibge.gov.br/noticias? view = noticia&id = 1&idnoticia = 3351&busca = 1,检索日期:2016年12月30日。
② 参见CEIC数据库,检索日期:2016年12月30日。
③ 参见CEIC数据库,检索日期:2016年12月30日。

一起。同时，巴西石油公司腐败案的发酵又持续引爆民众的愤怒情绪。虽然弹劾案尘埃落定，但是在"后罗塞夫时代"，社会抗议因紧缩财政措施推出的不合时宜而再次爆发。12月13日，巴西参议院通过了限制公共开支宪法修正案，引发了巴西7个州和巴西利亚联邦区等多地的民众抗议活动。根据该法案，在未来20年里，巴西联邦政府财政支出的增长幅度最高不得超过上一年的通货膨胀率。巴西民众主要担心政府开支中的两个最主要项目——教育和医疗会受到影响。而在此前的11月29日，因担心教育支出受财政支出增长设限法案影响，巴西利亚大批学生在国会外集会抗议，与警方发生冲突。实际上，社会抗议持续存在暴露出社会结构存在内部矛盾。经验表明，每次经济危机都伴着中产阶级的新一轮分化。劳工党执政时期培育起来的新兴中产阶级尚未完全获得新的发展需求的满足感，便在持续的经济衰退中再次陷入低收入群体，这种矛盾增添了社会的不稳定因素。

四 外交形势

巴西主张世界多极化和国际关系民主化。而且，巴西在促进区域一体化、改善国际治理体系、加强南南合作方面一直在努力。但是，鉴于弹劾案的政治内耗以及经济持续衰退的压力，2016年巴西发展对外国际关系时明显受到掣肘。

1. 获取执政合法性的国际认可成为新政府初期的外交重心

针对弹劾案，国际社会的立场存在分歧，修复对外关系及获取国际社会对执政合法性的认可是特梅尔面临的外交挑战。在拉美地区内部，各国态度也有所不同。古巴政府在罗塞夫被弹劾后，称这是对拉美进步政府的"帝国主义"攻击；委内瑞拉、厄瓜多尔和玻利维亚则相继召回驻巴西大使；阿根廷、智利和乌拉圭均表示，"尊重"巴西参议院的弹劾结果。而美国国务院称巴西的民主制度仍在宪法范围内运行。在上述背景下，特梅尔在执政初期其外交重心势必放在获取国际支持上。就在结束就职典礼后不久，特梅尔总统立刻飞赴中国参加二十国集团（G20）杭州峰会，创下了总统就职后参加国际活动的最快纪录。此外，他还赴纽约参加联合国大会，并于2016年10月赴印度参加金砖峰会。这一系列外交动作体现了新政府对获得国际认可的重视程度。

2. 成功举办2016年夏季奥运会以展示大国形象

除巴西弹劾案以外，2016年8月5～21日，巴西举办第31届夏季奥运会成为另一焦点事件。这场举世瞩目的奥运会不仅受到弹劾案引发的政治乱局的影响，而且时刻经受着经济衰退引发的资金考验。多项奥运工程都因资金不足而工期一拖再拖，通往奥运会举办区的四号线地铁是在奥运会开幕前4天开通的，而就在奥运会开始前不久里约州宣布进入财政紧急状态。然而，最终里约奥运会出乎意料的成功，巴西人用无限的创造力和热情征服了全世界，不仅向世人展示了传统与现代的巴西，而且给深陷政治、经济双重危机的巴西带来了一些正能量。巴西知名智库瓦加斯基金会（FGV）的调查显示，奥运会后的两个月，人们对于奥运会的积极评价有所增加，尤其是认为奥运会给里约带来了更好的国际形象。在2016年6月时，只有32.8%的受访者认为奥运会能够提升里约的国际形象，但10月的调查中这一比例升至69.7%。认为奥运会会给里约带来负面形象的受访者比例则由此前的47.2%下降至11%。

3. 继续深化同中国的全面战略伙伴关系

2016年9月2日，习近平主席同特梅尔总统在杭州举行会谈。双方期待通过农业、能源、航空、基础设施等领域的合作，进一步深化全面战略伙伴关系。同时，双方愿意在应对气候变化等国际事务中保持密切沟通和协作。访华期间，特梅尔还出席了在上海举行的"巴西—中国高级商务研讨会"，并见证了中巴企业在电力、航空、农业、金融、钢铁等领域合作协议的签署。实际上，目前中巴经贸关系已经步入崭新阶段，主要表现在如下方面。其一，金砖国家合作机制逐步完善。其二，双边贸易结束2001～2011年年均增长率为36.7%的高速增长时代，开始注重结构优化。其三，投资逐渐成为驱动经贸关系发展的新引擎。其四，金融合作由浅入深，进入深耕布局时期。

4. 继续推进对外关系多元化战略

2016年度巴西继续推进对外关系的多元化。除拉美地区内部外，巴西积极加强与非洲、欧盟和美国等关系的发展。4月1日，南方共同市场（以下简称"南共市"）和南部非洲关税同盟贸易优惠协定正式生效，化工、纺织、钢铁、塑料、汽车、电子产品、资本货物及农产品成为主要获益部门。9月18日，阿根廷、巴西、巴拉圭和乌拉圭外长在纽约就南共市对外贸易谈判问题举行会晤并发表声明。声明强调继续推动南共市与欧盟结盟协议谈判的重要性，呼吁欧盟加大对谈判的投入，重申南共市希望与欧盟尽早达成一个平衡、目标宏大和涵盖广泛的协议。随着共和党总统候选人唐纳德·特朗普11月9日当选美国第45任总统，其内政外交政策成为全球瞩目的焦点。自2017年1月20日正式就职后，特朗普连续签署了总统令：冻结奥巴马医保、退出跨太平洋伙伴关系协定（TPP）、重启输油管道项目等。其中退出TPP和宣布启动修建美墨边界墙与拉美国家有关，而且其推行的重新谈判贸易协定和提高进口关税政策也会对美拉关系造成损害。虽然相较于墨西哥，巴西受到的直接冲击较小，但是其遭受的间接影响暂时尚无法估计。鉴于需要对美国特朗普政策的效果进行全面评估，巴西对相应的政策调整暂时还保持观望状态。

展望2017年，虽然总统弹劾案结束后特梅尔暂时保持了巴西政局基本稳定，但是腐败案持续发酵的破坏力仍然是最大的风险。同时，为了为2018年大选蓄势，政党力量出现分化与重组，大选前的政治争斗不可避免。在外部环境和内部改革未有实质性改善前，巴西经济难有较大改观。联合国拉美经委会预计，2017年巴西经济将微幅增长0.4%。鉴于政治对抗以及财政支出和养老金改革等会触及中下阶层利益，预计社会运动发生的可能性和频率会有所增加。在国际关系方面，多元化战略仍是主要方向。倘若特朗普将保护主义政策坚持到底，这将有可能促成拉美国家内部的"空前团结"，也有可能导致巴西对外关系的重心发生变化。

（岳云霞 审读）

Y.9
墨西哥：内外不确定性增大

谌园庭*

摘　要： 2016年墨西哥政府处于双重压力之下，即对美关系的不确定性和国内政治经济的波动性。政府加大了反腐力度，但面临更严峻的执政形势。执政党在地方选举中出现严重失利，2018年大选存在更大的不确定性。经济表现平淡，经济政策的主要目标依旧是确保宏观经济的稳定。社会领域，国内安全仍是首要关切，社会抗议活动成为常态，收入不平等恶化状况有所减缓。外交上，努力维系对美关系，但多元化战略迫在眉睫。

关键词： 墨西哥　腐败　公共安全　地方选举　结构性改革

2016年墨西哥政府处于双重压力之下，即对美关系的不确定性和政治经济的波动性。唐纳德·特朗普当选美国总统将对墨西哥政治经济产生直接的冲击，但其影响不会是灾难性的。由于高度依赖对外贸易和侨汇，特朗普的贸易和移民政策将极大地影响墨西哥未来数年的经济轨迹。培尼亚（Enrique Peña Nieto）总统破纪录的超低支持率和疲弱的经济增长有可能为2018年大选注入更多的民众主义因素。政府的首要任务仍是推动结构性改革的稳步进行，包括向私人投资开放能源部门。面对腐败和犯罪导致公众挫

---

* 谌园庭，中国社会科学院拉丁美洲研究所副研究员、墨西哥研究中心秘书长，法学博士，主要研究方向为墨西哥外交、中拉关系。

败感日益普遍,加之大选临近等压力,政府未来两年有可能放缓改革步伐。政治的不确定性和经济的波动性带来国家风险的上升。

一 政治形势

(一)政府加大反腐力度

墨西哥是经济合作与发展组织(OECD)腐败情况最严重的成员国之一。根据国家统计局(INEGI)的调查,在墨西哥民众心里,政党、司法以及国会议员是腐败的代名词,至少有12.1%的人口已沦为腐败的牺牲品。[①]该国竞争力研究所(IMCO)的研究表明,腐败每年"吞噬"墨西哥5%的GDP,是教育支出的3倍。该机构还指出,腐败是墨西哥文化的一部分,与之相关的有罪不罚现象比比皆是。

从2015年起,政府开始将反腐列为优先议题,提出建立全国反腐败体系,得到了参众两院的支持。2016年7月,参众两院再次高票通过了政府提出的在全国范围内建立反腐败体系和加大执政透明性的一揽子修订法案,包括要求公务员申报个人财产、规范公务人员行为、赋予审计机构更多的权力调查联邦和州一级的政府资金支出情况等。随后,培尼亚总统签署了该法案,并就第一夫人豪宅丑闻公开道歉。反腐败法的通过得到了最大的反对党国家行动党(PAN)的支持,被认为是培尼亚政府又一个重大的政治胜利。国家行动党主席安纳亚(Ricardo Anaya)认为,这些法案的出台具有"历史意义",有助于解决国家面临的最大难题,即腐败问题。

执政党革命制度党(PRI)也加大了对高层腐败的惩罚力度。在2016年6月举行的地方选举失利之后,PRI采取了前所未有的行动,将面对贪污、挪用公款和洗钱等多项指控的韦拉克鲁斯州州长哈维尔·杜阿尔特(Javier Duarte)开除党籍。12月,PRI又以"严重违反党的章程和道德规范,以及行事不廉"

---

① IHS, *Country Report: Mexico*, Nov. 29, 2016, p. 20.

的名义,将塔毛利帕斯州前州长托马斯·亚灵顿(Tomás Yarrington)开除出党,并暂停了金塔纳罗奥州前州长罗贝托·博尔赫(Roberto Borge)的党籍。此举是PRI释放的一个信号,即该党将适应时代要求,顺应公众对腐败政客的不容忍态度,以防在2017年6月举行的地方选举中再次失利。

(二)执政党在地方选举中失利

2016年6月,墨西哥举行了14个州的地方选举,其中包括12个州的州长选举。在这12个州中有9个州的州长属PRI。选举后,PRI丢掉了9个州中的6个州,包括4个传统上由其把持的州:韦拉克鲁斯、塔毛利帕斯、杜兰戈和金塔纳罗奥。其中韦拉克鲁斯州是墨西哥第三大州,该州自1932年起就一直在PRI的掌控下。在该次地方选举中,PRI一共只赢得了5个州。为此,党主席贝尔特龙内斯(Manlio Fabio Beltrones)引咎辞职。事实上,6月的投票结果被认为是公众对现政府的不满,民众认为政府应该对经济衰退、国际油价下跌、能源部门产量下降、教师工会的紧张僵局、高层的制度性腐败以及不断上升的凶杀案等问题负责。培尼亚总统也承认,墨西哥正在经历一个"心情糟糕的时期"。

国家行动党赢得历史性胜利,通过单独参选以及和民主革命党(PRD)联合对付PRI的方式,赢得了12个州长选举中的7个州,从而终结并打破了PRI在州一级层面的绝对优势。党主席安纳亚宣称,PAN终结了PRI在86年中的独裁统治。

目前,在墨西哥的32个州中,PRI掌控17个州,PAN执政11个州,而PRD掌握着包括墨西哥城在内的3个州,还有1个州为独立人士掌握。

2017年墨西哥、科阿韦拉和纳亚里特等州将进行选举,其中墨西哥州是人口最多、经济实力最强的州,自1945年起一直由PRI掌控。PRI将竭力保证胜利,否则对其在2018年的大选将是致命一击。

(三)总统面临更大执政压力

结构性改革推进的阻力加大。培尼亚总统在2012年12月执政后,通过与PAN、PRD签署的《墨西哥协议》获得反对党的支持,通过了包括税收、教育、经济竞争力、选举、能源和电信等领域在内的改革方案。随着改革进入实施阶段，政府遭遇了越来越多的反对声，其原因一是包括教育、反垄断、电信等领域在内的改革动了一些利益集团的"蛋糕"；二是改革红利还没有惠及普通民众。

培尼亚总统支持率创新低。Consulta Mitofsky 的民调显示，在 2016 年 8 月发生论文剽窃事件以及与特朗普会面后，培尼亚总统支持率创新低，下降到 24%，成为在任期内支持率最低的总统。在民众的抗议批评声中，总统最亲密的政策顾问、财长比德加赖（Luis Videgaray Caso）辞职，其辞职也导致政府内阁大洗牌。社会发展部部长梅亚德（José Antonio Meade Kuribreña）重新接任财长，他担任的社会发展部部长一职由内政部副部长米兰达·纳瓦（Luis Enrique Miranda Nava）接任。虽然在培尼亚执政前半期连续取得结构性改革的胜利，但是伊瓜拉事件、第一夫人豪宅丑闻、抄袭丑闻以及安全和腐败形势严峻都导致民众对总统强烈不满。任何关于政府和培尼亚总统的问题、丑闻都有可能引燃新一轮的抗议，这给培尼亚政府执政的合法性投下了阴影。

在接下来的两年任期中，培尼亚总统将面临更加恶劣的政治环境。政府将会集中精力推动结构性改革的深入进行，并将努力在联邦和州两级强化安全和公众对制度建设的信心。但随着 2018 年大选逐渐被提上议事日程，朝野之间的关系将会越来越对立，尽管执政党在众议院占有多数席位，但其政策的推进会遭遇反对党更多的杯葛。因此，政府和执政党的改革立场很有可能会后撤，以增加赢得下一次大选的机会。

（四）2018年大选存在不确定性

当前，墨西哥政党格局在碎片化的趋势中出现了以下新的发展特点。第一，三足鼎立的政党格局瓦解，向两大优势党方向发展。PRI 优势下降，PAN 实力攀升，PRD 沦为中型党。第二，中型党出现并巩固了地位。以前被认为是小党的绿色生态党和公民运动党已经升格为中型党，新注册的国家革新运动也来势凶猛。在 2016 年的地方选举中，国家革新运动获得 8.9% 的选票，绿色生态党和公民运动党的得票率分别为 6.9% 和 6.1%。在众议院席位中，国家革新运动占35席，绿色生态党占47席，公民运动党占26席。第三，传统政党出现衰退趋势，民众有可能在2018年大选中将选票投给新成立的国家革新运动的候选人或独立候选人。

2018年大选已经逐渐被提上议事日程，目前PRI、PAN和PRD暂时都没有推出总统候选人，但大选存在很大的不确定性，对墨西哥民主形成挑战，一些可能出现的状况值得关注。其一，PAN有重新执政的可能性，但内部分裂是其面临的最大挑战。而PRI能否取得大选胜利将取决于未来两年能否保持墨西哥经济增长，以及能否安抚民众对腐败和安全问题的不满情绪。其二，萨帕塔民族解放运动于2016年10月宣布将推出一名印第安妇女作为独立候选人参与2018年大选。此举凸显了墨西哥2018年大选的关键问题：选民正在失去对已有政党的信心，有可能青睐独立无党派人士，无论是左翼的还是中右翼的。其三，由于不像拉美其他国家，墨西哥大选没有第二轮选举，故2018年大选很可能出现候选人低票当选的局面。

由于鲜明的民众主义特色，墨西哥被认为已经有了特朗普式的候选人，即国家革新运动领袖洛佩斯（Andrés Manuel López Obrador，AMLO），他在2016年11月20日提出了自己的竞选纲领，即50点"替代国家计划"，主要是加大公共支出，包括使国家养老金翻番，为教师、医生、警察和士兵加薪；铲除腐败；宪法改革，包括修改总统豁免权、引入全民公决条款、扭转培尼亚政府所推行的结构性改革，尤其是在能源、教育、财政和劳动力等领域的改革；等等。如果特朗普执政后实现其竞选承诺，对墨西哥采取不友好政策，那么墨国内的反美情绪有可能会被激发，为左翼上台提供机会。但即使AMLO能在2018年赢得大选，也很少有余地推行其激进的变革政策。

二 经济形势[①]

2016年墨西哥经济增长率为2%，低于2015年的2.5%。导致经济增长

---

① 除特别注明外，本部分的所有数据均来自CEPAL, *Balance Preliminar de las Economías de América Latina y el Caribe 2016*, Santiago de Chile, diciembre de 2016。

平缓的因素主要有：与墨西哥出口高度相关的美国制造业的疲软表现；国际经济和金融的不稳定；公共收入（主要来自石油）和公共投资下降，造成国内消费在下半年放缓。通胀率预计为3.3%，控制在中央银行设定的2%~4%的目标范围内。失业率为4%，2015年平均为4.4%。此外，财政赤字占GDP的比重下降至3%，低于上一年的3.5%，经常账户赤字占GDP的比重比上一年略有增加，从2.9%增加至3%。

（一）主要经济政策和宏观经济走势

2016年，面对不利的国际环境，尤其是美国大选，以及国际石油价格下降对公共财政的冲击，墨西哥经济政策的主要目标依旧是确保宏观经济的稳定。此外，政府还采取措施降低企业负担，并宣布在欠发达地区建立经济特区以促进经济发展。

财政政策依旧审慎，主要是削减支出，但与上年相比，程度有所缓和。2016年上半年，公共赤字比2015年同期减少44.2%，占GDP的比重仅为1.3%。前3个季度，由于非石油收入表现良好，公共部门收入比上年同期增加12.3%。自2013年财政改革后，税收收入不断上涨，2016年增加11.2%，归功于联邦政府的开源节流，非税收收入也增加了12.6%。收入增加的大部分用于弥补同一时期石油收入下降30.4%所带来的缺口。与此同时，公共部门实际支出比上年同期增加4.6%，其中主要用于墨西哥石油公司（PEMEX）的支出，1607.31亿比索（约合88.72亿美元）主要用于支付账款，以及收入稳定基金账户700亿比索（约合37.33亿美元），这是两个非经常性支出项目。而常规项目支出增加3.2%，其中退休金增加6.8%。由于削减了财政预算，实物投资下降了12.7%，这是自1995年以来的最大降幅。

受比索贬值、养老金、PEMEX和联邦电力委员会（CFE）等领域的改革的影响，截至2016年9月，联邦公共部门净负债占GDP的比重达到47.6%，高于上年同期的43.5%。财政部数据显示，2016年底这一比重约为50.5%。与2012年底现政府初上台时相比，联邦公共部门净负债占GDP

的比重上升了13%。虽然上升趋势显著，但当局预测这将是债务的高点，从2017年开始将重新进入下行通道。

2016年2月17日和6月24日，财政部两次宣布削减公共开支，第一次相当于GDP的0.7%，以巩固财政账户；第二次相当于GDP的0.2%，以应对英国脱欧所带来的金融不确定性。10月，参议院批准了政府提交的2017财年财政预算法案，其中要求财政盈余达到GDP的0.4%，以及财政支出不超过2016年GDP的1.2%。在此之前，议会通过了联邦和市一级的财政纪律法案，目标是实现可持续的财政平衡。

货币政策略微收紧。2016年，墨西哥中央银行加息5次，分别于2月、6月、9月、11月和12月各加息50个基点，累计增加250个基点，上调隔夜利率至5.75%。加息的目的是应对国际石油价格下降、英国脱欧和美国大选所导致的金融市场动荡和对抗通胀。

截至2016年9月，商业银行发放的贷款总额实际增长11.2%，其中住房、消费和企业贷款分别增长7.3%、9.5%和13.9%，与上年同期相比有所放缓，主要是因为金融改革而产生了更大的信贷规模，以及由于低通胀和更多的侨汇使实际可支配收入上升。信用卡和按揭利率在8月底提升至26.4%，实际利率为23.2%，比2015年提高了近3个百分点。与此同时，存款名义利率提高到3.6%，实际利率为0.9%，比2015年提高了0.5个百分点。

截至2016年11月底，受美国大选、国际石油价格低迷、国际金融市场动荡以及世界经济表现疲弱等因素影响，墨西哥比索对美元名义贬值18.9%，实际贬值15.5%。2016年2月，除削减财政预算和升息外，墨西哥央行外汇委员会（FEC）宣布暂停销售美元机制，但不排除自由裁量地进行干预。截至2016年11月25日，国际储备余额为1740.78亿美元，比2015年底的余额低1.5%。此外，墨西哥在国际货币基金组织（IMF）还享有700亿美元的灵活信用额度。

对外贸易额持续下降。2016年1~10月，墨西哥出口总额同比下降3.8%，其中非石油出口下降2.1%，石油出口暴跌28.1%。在非石油出口中，由于美国制造业的表现不佳，对美国的出口（占总出口的81.1%）下降了3.3%，对世界其他地区的出口也下降了5.7%。同期，进口总额同比下降3.1%，其中非石油进口下降2.1%，石油进口下降12.8%。消费品、中间品和资本品进口分别下降8.1%、2.0%和4.3%。2016年前9个月，贸易赤字持续上升，达到124.25亿美元，比上年同期高15.6%。这与交易价格下降有关，继2015年下降13.5%之后，2016年又下降了8%左右。

2016年前9个月，墨西哥侨汇收入达到200.46亿美元，同比增长7.7%。截至第三季度，经常账户赤字达到230.86亿美元，相当于GDP的2.2%。同期，资本和金融账户的顺差为211.95亿美元，同比下降11.7%。其中，截至9月，外国直接投资额为197.73亿美元，同比跌幅高达23%。此外，必须指出的是，墨西哥连续4年出现资本外流，2016年撤资额为231.93亿美元，同比增长45%。

2016年12月5日，墨西哥举行了第一轮油气第四期招标，对位于墨西哥湾的10个深水区块进行招标，尽管结果还未出来，但预计在未来35~50年将吸引410亿美元的投资，并提高40%的产量。

第二产业表现乏力。在实体经济方面，根据墨西哥国家统计局的数据，2016年前3个季度，经济平均增长率为2%。其中，第一产业增长2.4%，第三产业增长3.1%，而第二产业几乎没有增长。1~9月，固定资产投资平均增幅仅为0.2%。由于消费和公共投资的低增长，国内消费也出现减速现象。

截至2016年10月，墨西哥通胀率为3.1%，主要受能源产品价格上涨、公共服务和福利税率上升等因素影响。生产价格指数显示通胀率达到6.3%，高于上年同期的4.9%；由于汇率波动冲击物价等因素的存在，消费者物价指数也存在上升压力。

（二）2017年经济展望

墨西哥经济面临的不利因素是国际石油价格下跌、国内能源部门吸收外

国直接投资低于预期以及特朗普当选而导致的墨西哥比索贬值，积极因素是国内消费的稳步增长、实际工资的上升、侨汇收入的增加（尽管也可能受到特朗普当选的冲击）以及失业率的下降。

2017年墨西哥经济仍将表现平淡。联合国拉丁美洲和加勒比经济委员会（CEPAL）预测2017年墨西哥经济增速为1.9%，通胀率为4%，失业率与2016年相当，公共部门的财政赤字将约占GDP的2.5%，经常账户的赤字将在2017年底达到接近GDP 3%的水平。OECD也下调了墨西哥经济增长率，2017年从3%下调为2.3%，2018年为2.4%。IMF预测，2017年墨西哥经济增长率为2.3%。政府将会采取更为紧缩的财政和货币政策。由于国际油价对政府财政收入造成重大打击，培尼亚政府已经宣布削减2017年的财政预算。此外，能源改革也将导致政府不得不在短期与中期放弃一些与石油相关的收入。政府债务不断增加，鉴于此，标准普尔在8月已经将墨西哥的主权信用前景由稳定下调为负面。除了减少政府支出外，墨西哥央行已经宣布提高政策利率，并将跟随美联储加息的步伐，以维持美国和墨西哥利率之间的差价，避免资本外流，因为资本外流很有可能带来外汇市场的更大波动，并促使比索进一步贬值，进而引发国内通货膨胀。

汇率波动仍将持续。究其原因，一是美国因素。美国大选给墨西哥比索带来高度的波动性。特朗普在北美自由贸易协定、移民以及墨美边境等问题上的不友好态度导致市场紧张。此外，美联储在2017年持续加息的可能性造成多数外汇市场波动。美元对欧元以及包括墨西哥比索在内的新兴市场国家货币将保持强势，意味着流入新兴市场国家的投资会更少，造成本地货币对美元贬值。二是国际石油价格波动对墨西哥比索造成的影响。三是全球其他风险可能带来的波动。发达经济体财政政策不定、中国经济可能的硬着陆以及欧洲主权债务危机的蔓延都有可能转化为外汇市场的不确定性，墨西哥比索也无法置身事外。

汽车业将在2017年成为推动经济增长的主要动力。汽车业在2016年的产量与2015年持平，但在2017年将会有20%的增长，2018~2019年将维持5%的增速。而私人消费在2017年将不再像在2015~2016年那样成为拉动增长的"火车头"。PEMEX 预算的大幅削减同时也意味着投资计划的大幅削减。能源改革正处于实施阶段，受国际油价影响，几块油田的拍卖和招标活动进展得没有预期的火爆。在私营部门，商业信心仍然积极，但不足以推动经济快速增长。比索贬值将会损害墨西哥对中间品和资本品的进口，进而损害整体投资。

美国经济政策走向不明朗对墨西哥产生负面的联动效应。CEPAL 认为，由于未来一段时间美国经济政策走向不明朗及其对墨西哥经济的影响，以及石油收入的减少导致公共投资和支出下降，墨西哥经济存在下行风险。

不断增加的安全风险是墨西哥经济面临的主要风险之一。墨西哥的不安全问题已经影响到该国经济。尽管政府积极推动贸易和投资，但是暴力事件频仍将影响投资者的信心。与此同时，货物盗窃与供应链中断的风险随着游行示威封路而上升，全国各大商会也要求降低监管负担和税收成本。

三 社会形势

（一）国内安全仍是首要关切

民众有严重的不安全感。根据墨西哥国家统计局 2016 年 12 月的调查数据，74.1% 的民众对所在城市感觉不安全，达到历史高值。从前总统卡尔德隆时期就开始执行的用军队打击有组织犯罪的政策遭到越来越多的质疑。国防部部长西恩富戈斯（Salvador Cienfuegos）在 12 月公开承认了这一政策的失败。AMLO 也认为，部署军队打击有组织犯罪没有取得任何成就，解决不安全感和暴力问题的方法是"重振经济"。[1]

暴力活动呈现不同的发展趋势。一是"问题州"暴力犯罪有所增加。

---

[1] "Mexico's Defence Minister Calls for Police to Replace Military in the Streets," http：//www.latinnews.com/component/k2/item/70701.html? period = December% 202016&archive = 3&Itemid = 6&cat_id = 805131；mexico-s-defence-minister-calls-for-police-to-replace-military-in-the-streets&Itemid = 6，检索日期：2017 年 1 月 10 日。

墨整体犯罪率呈持续下降趋势，根据墨西哥经济与和平研究所公布的2016年和平指数，有组织犯罪下降了7.9%，暴力犯罪下降了9.5%。但墨西哥、格雷罗、韦拉克鲁斯、米却肯、下加利福尼亚和锡那罗阿等州成为暴力集中发生地，格雷罗州已经成为犯罪率最高的州，阿卡普尔科则成为全球第四大最暴力城市，排在委内瑞拉的加拉斯加、洪都拉斯的圣佩德罗苏拉以及萨尔瓦多的圣萨尔瓦多之后，其凶杀率已经达到每10万人中104.62人。

二是凶杀率呈上升趋势。凶杀率自2014年起一直在回升，但在2016年再次高企，前3个季度同比增长20%，是自2011年2月以来的最大增幅，有16747人死于凶杀。

三是与毒品有关的暴力活动仍是导致不安全的重要因素。在政府的打击下，贩毒集团向碎片化和小型化方向发展，相互之间为争夺地盘和贩毒线路而进行激烈火并，针对政府的报复行为和针对平民的残杀行为也有增无减。锡那罗亚贩毒集团头目"矮子"古斯曼在2015年7月成功越狱后，墨西哥海军和安全内阁与美国缉毒局合作，于2016年1月第三次将其逮捕，并计划将其引渡到美国受审。

（二）社会抗议活动成为常态

2016年，墨西哥的示威游行变得习以为常。任何一次游行示威活动都有怀着各种诉求的人参与，从抗议伊瓜拉事件到抗议教育改革，再到抗议特朗普，甚至要求墨西哥城市长改善交通状况，乃至环保要求。

教师罢工活动引发不良后果。因不满政府的教育改革方案，墨西哥全国教师工会（CNTE）在2016年持续组织罢工，要求与政府进行谈判，以达成更为包容和多样化的教育改革模式。但政府态度强硬，强调除非CNTE接受教育改革方案，否则不会和其进行谈判。由于无法达成一致，恰帕斯、瓦哈卡、格雷罗、米却肯以及墨西哥城的多所学校继续保持关闭，而教师们也坚持罢工。目前，全国教师工会的抗议活动已经产生诸多不良后果：学生无法上课；教师封路影响商业活动，尤其是私人企业及其供应链，导致了企业界的不满；示威过程中，教师与防暴警察发生冲突，造成多人伤亡。其中在瓦哈卡6月举行的游行示威中,教师与防暴警察发生冲突,导致6人死亡,至少51人受伤。

农民自卫队在2016年4月被解散,政府将警察力量完全控制在联邦和州一级安全部队手中。因为两名藏有枪械的成员被拘捕,农民自卫队也采取了封路行动以示抗议。

此外,2016年4月,包括墨西哥城在内的27个城市举行了反对男性暴力的妇女示威游行活动。对自然资源部门的投资也遭遇了广泛的来自反开矿组织、工会以及土地所有者的反对和示威活动。

(三)收入不平等状况有所改善

墨西哥正经历一个人口繁荣期,但人口红利因教育水平低下以及高达近60%的劳动力从事非正规或低生产力的工作而降低。墨西哥工资低于OECD的标准,不平等和贫困的大量存在也抑制了消费需求。培尼亚政府通过结构性改革加大了改善收入不平等的力度。其一,通过支持第三方协议推动劳动力市场改革,这对于降低非正规就业部门的规模而言是关键的,随着时间的推移,可以帮助提高平均工资。其二,通过反垄断立法和措施解决该国众多的垄断经营。在墨西哥,电信、电视、能源和食品制造等行业的垄断抬高了消费物价,打压了中产阶级的增长,加剧了收入不平等。例如,根据OECD的数据,电信巨头América Móvil拥有该国固定线路客户的80%和移动客户的70%,每年多收客户费用近134亿美元。政府推动的电信改革将是一个好的开始。其三,政府的能源改革有助于缓解尖锐的地区间两极分化。

2016年失业率持续下降。截至第三季度,平均失业率下降4%,为2008年金融危机以来的最低值。就业不足率增长7.8%,低于上年同期的8.3%。名义工资增长4.2%,从2016年1月1日起,最低日工资增加至73比索。剔除通胀因素,合同工资实际增长1.2%。[1]

---

[1] CEPAL, *Balance Preliminar de las Economías de América Latina y el Caribe 2016*, Santiago de Chile, diciembre de 2016.

非正规经济比例下降,但规模依然庞大。根据INEGI的数据,2003~2015年,非正规经济占GDP的比重平均达到25.6%,2015年这一比例为23.6%。2015年非正规经济吸纳了57.9%的就业人口,2016年下降至57.3%,主要得益于一些正规项目的实施。大量的非正规经济存在是墨西哥长期面临的问题,需要通过财税、社会保障等多领域的改革逐渐破除。

四　外交形势

2016年是墨西哥的外交活跃年,其主要目的有三:一是努力维系对美关系,防止美国大选对墨西哥政治经济造成重大冲击;二是深化对外开放和自由贸易的国策,为国内结构性改革寻求更好的国际贸易条件和更多的外国直接投资;三是展示墨西哥作为一个新兴力量的影响力。

(一)应对特朗普危机公关

独特的地缘位置决定了美国于墨西哥而言是命运,不是选择。因此,当美国出现一个对墨不友好的总统候选人时,墨西哥推出了一连串的外交应急方案。2016年4月,墨西哥外交部宣布由资深外交官卡洛斯·萨达(Carlos Manuel Sada Solana)取代米格尔·巴萨内斯(Miguel Basáñez)成为新的驻美大使,以应对特朗普的"反墨西哥论调"。8月31日,培尼亚总统邀请特朗普访墨,最终这场备受关注的访问在一片争议声中结束。11月,特朗普当选后,培尼亚总统是最先打电话向特朗普表示祝贺的国家领导人之一,表达了继续与美国保持良好关系的期望。针对特朗普对于贸易、移民和边境等议题的态度,墨西哥也多次表述了自身的立场:其一,绝对不会为墨美边境墙埋单;其二,尽力保护在美墨西哥移民的利益;其三,在确保双赢的前提下,愿意重启北美自由贸易协定(NAFTA)的谈判。培尼亚总统说,"成员国应该在双赢的前提下使NAFTA'现代化'"。他还认为,对于拉美地区而言,现在是个不确定的时期,但这对于墨西哥而言也是一个与美国建立新的双边关系的机会。

在应对特朗普危机的同时，墨西哥致力于巩固与美国的关系。2016年2月，墨美举行第三轮高级别经济对话，两国签署了在能源、边境现代化、劳动力、合作监管、区域及全球领导力等领域的合作协议，并将正式建立两国能源商业委员会。7月，培尼亚总统访美，落实新形势下双边对话机制，同意继续加强在贸易、移民、边境安全等领域的合作。在6月29日举行的第八次北美领导人峰会上，墨西哥、美国、加拿大三国达成一致，将对NAFTA进行修订，尤其是涉及重点行业和产品的原产地规则。

（二）多元化战略迫在眉睫

事实上，墨西哥现政府早已认识到战略上向美国靠拢所带来的弊端，并力图加快多元化的外交战略步伐：一是将亚太地区作为其政府对外关系的优先方向；二是务实地恢复和发展与拉美国家的关系，强化同拉美太平洋联盟成员国的关系，加强同巴西、阿根廷等国的交往；三是恢复同加拿大的关系；四是巩固与欧洲的传统关系。

与亚太国家关系方面，经贸成为优先领域。2016年4月，韩国总统朴槿惠率领一支由145名企业家组成的庞大经贸代表团访问墨西哥，两国讨论了发展经贸关系、韩助推墨基础设施建设，以及在能源与医疗卫生等新产业领域合作等议题。6月，印度总统莫迪访墨，双方同意将两国关系由优先伙伴关系提升为战略伙伴关系，并在现有钢铁业、医药、食品和汽车配件等行业合作的基础上，进一步扩大在航空、科技、可再生能源、农业和垃圾处理等领域的合作。8月，澳大利亚总督科斯格罗夫在两国建交50周年之际访墨，双方表示将继续为推动和加强太平洋经济一体化而努力。为推动能源合作，2016年1月培尼亚访问科威特和卡塔尔。

中墨在务实合作中推进了两国关系的进一步发展。政治上，二十国集团（G20）杭州峰会期间，习近平主席与培尼亚总统举行了第六次双边会晤。两国元首的互动频率在中墨发展史上是前所未有的，为两国关系的高水平运行提供了坚实的政治保障。经贸上，得益于两国经贸结构以制成品为主导，尽管面临双方经济转型以及世界经济复苏乏力的不利形势，两国经贸总额到2015年仍保持正向增速，2016年才出现拐点。据中国海关统计，2016年前11个月，中墨双边贸易总额达388.31亿美元，同比下降3.4%。其中，中国对墨出口295.72亿美元，同比下降4.8%；自墨进口92.59亿美元，同比增长1.4%。中墨能源合作实现历史性突破。中国海洋石油总公司在墨西哥2016年12月举行的第一轮油气第四期招标中中标两个区块，并获得大部分股份。两国签署了新的航权协议，为双方空运企业开展商务合作、增加两国间的航线航班提供了更为灵活的法律框架。人文交流也开始发力。在"中拉文化交流年"框架下，一系列内容丰富、形式多样的文化交流活动在中墨两国轮番举行，其中中国的文化表演在墨西哥20多个州市演出近300场。人文交流在成为中墨关系新亮点的同时，也夯实了两国关系的民意基础。

区域内国家间关系方面，墨西哥与加拿大关系持续升温。在出席北美领导人峰会之前，培尼亚总统对加进行了任期内首次国事访问，以竞争力、多样性和可持续性为重点，两国建立了战略伙伴关系。两国达成14项双边合作协议，其中一项是加拿大从2016年12月起对墨西哥公民免签。此外，两国还建立了高层战略对话机制，该机制由两国外长主持。两国还同意在NAFTA修订和重新谈判中协调立场。

保持与拉美国家的友好关系。培尼亚总统出席了2016年7月举行的秘鲁总统权力交接仪式，并访问了阿根廷，墨阿同意推动建设新时期双边关系，签署了包括旅游业在内的17项协议。

对欧关系方面，延续传统友谊。墨欧自由贸易协定在2016年6月和11月举行了两轮升级谈判。在英国公投脱欧后，墨西哥表达了加强与英国和欧盟的关系的愿望。4月，培尼亚总统访问德国、丹麦，主要目的是加强双边贸易关系和合作。7月，意大利总统马塔雷拉对墨进行国事访问，这是意大利元首20年来首次访问墨西哥。双方就共同行动计划达成共识，并签署了能源、教育、司法、体育和文化等方面的5项协议。

（三）积极参与全球治理与多边合作

在联合国框架下，2016年9月，培尼亚总统出席了在纽约举行的第71届联合国移民和难民议题首脑会议。他强调，作为移民大国，墨西哥一贯高度重视并积极参与解决难民和移民问题，墨西哥有能力在此议题上承担领导责任。墨西哥将在2018年承办联合国移民和难民议题首脑会议。此外，墨西哥还积极倡议并推进了国际法、核裁军、《2030年可持续发展议程》、人权、和平与国际安全、国际繁荣等议题。[①]

2016年12月，墨西哥主办了《生物多样性公约》第十三次缔约方会议，并通过了旨在推动将生物多样性纳入农业、林业、旅游业和渔业发展的《坎昆宣言》，促成各国将生物多样性纳入立法、公共政策和经济领域规章中。2016年6月，美洲国家组织大会通过了《土著民族权利美洲宣言》，这是第一份保护美洲土著民族在教育、信仰、家庭和健康等方面权利的文件。在2017年的谈判中，墨西哥积极促成各国达成共识，并为相关基金会提供财力支持，以确保土著民族代表能亲自参与谈判。

（张凡　审读）

---

① http：//www.gob.mx/sre/prensa/algunos-de-los-principales-logros-de-mexico-en-2016-en-el-ambito-multilateral，检索日期：2017年1月10日。

Y.10
阿根廷：经济加速改革 外交深度调整

林 华*

摘 要： 2016年，马克里政府基本实现了稳固政权的目标，而左翼政治力量由于内部分裂、腐败丑闻等仍然处于低潮期。尽管政府进行了大幅度的经济调整，但未能扭转阿根廷经济的颓势。经济下滑是内外因素共同作用的结果，2017年阿根廷经济能否走出衰退也将取决于这些因素的变化。由于经济依旧不景气，阿根廷的社会局势未出现好转的迹象，不稳定因素有增无减。2016年是阿根廷外交政策进行重大调整的一年。从马克里上台后采取的一系列外交行动来看，阿根廷的外交战略已发生根本性的转变。实用主义、多元化、平衡、重塑国家形象是阿根廷外交的新特点。

关键词： 阿根廷 马克里 市场化改革 多元化外交

一 政治形势

2016年是毛里西奥·马克里（Mauricio Macri）领导的中右翼政府执掌政权的第一年。无论是获得执政地位的"我们变革"联盟，还是败选后作为反对派的"胜利阵线"联盟，都面临着前所未有的挑战。对于前者而言，

---

* 林华，中国社会科学院拉丁美洲研究所社会文化室副研究员、阿根廷研究中心秘书长，主要研究方向为拉美社会问题和阿根廷。

如何通过各项改革措施消除12年来"基什内尔主义"给这个国家打下的深刻烙印，从而巩固政权、扩大执政基础，是需要着重考虑的问题。对于后者来讲，如何走出大选失利的阴影，重整旗鼓，蓄势待发，则是当务之急。从双方一年来的政坛博弈来看，马克里政府基本实现了稳固政权的目标，而左翼政治力量则由于内部分裂、腐败丑闻等仍然处于低潮期。

2015年总统和议会选举之后，阿根廷政治格局呈现出三足鼎立的局面。执政的"我们变革"联盟由共和国方案党、激进公民联盟、公民联盟等党派组成，在参议院和众议院分别占据14个和87个席位；最大的反对党联盟"胜利阵线"由正义党的基什内尔派和其他一些小党派组成，在参众两院分别拥有39席和72席；第三大政治力量"为新阿根廷而团结"由正义党的其他派别和若干小党派组成，拥有3个参议院席位和37个众议院席位。

"胜利阵线"联盟是坚定的反政府力量，坚决捍卫前政府推行的发展模式。2015年议会选举结束后，"胜利阵线"联盟曾以95个席位保持了众议院第一大党的地位，但此后发生内部分裂，力量受到严重削弱。但是，"胜利阵线"联盟仍然控制着参议院，并以此频频向政府发难。曾参加2015年大选的塞尔西奥·马萨（Sergio Massa）领导着"为新阿根廷而团结"政党联盟，他主张在正义党的基什内尔派和马克里政府之间寻求"第三条道路"，但多数情况下还是能与马克里政府保持对话与协商，在某些问题上与"胜利阵线"联盟也存在共识。

前总统克里斯蒂娜·费尔南德斯（Cristina Fernández）在大选结束后沉寂了数月，之后因接受腐败调查而重新回到公众的视野中。2016年4月，费尔南德斯因涉嫌洗钱和非法出售期货美元而受到法院传讯；随后不久又被爆出在任内将公共工程项目违规交给熟人承包；12月，其全部资产被法院冻结。尽管费尔南德斯多次否认对她的腐败指控，但无论其本人的政治形象还是她所代表的左翼力量的声誉，均不可避免地受到了打击。

在执政的"我们变革"联盟中，马克里所在的共和国方案党成立时间短，政治根基仅限于首都和布宜诺斯艾利斯省，因此执政联盟在其他省份的活动主要依靠老牌的中间派政党激进公民联盟。由于联盟中的3个主要政党

分别代表着左、中、右三种政治势力，因此政治主张并不相同。对于马克里推行的经济改革，联盟内部不乏反对的声音。2016年12月，马克里解除了财政部部长阿方索·普拉特-盖伊（Alfonso Prat-Gay）的职务，这从一个侧面反映出政府内部存在矛盾和分歧。但出于政治需要和2017年议会中期选举的考虑，各成员党派间的联合尚且稳固，但未来能否继续保持团结仍是未知数。

虽然马克里将反腐败作为削弱左翼政治力量的重要手段，但其本人也出人意料地卷入了震惊全球的"巴拿马文件"事件。2016年4月，德国媒体曝光了一份对巴拿马莫萨克·冯塞卡律师事务所（Mossack Fonseca）1150万份机密文件的调查报告，揭露了全球多国政要和富豪利用空壳公司隐瞒财产、逃税、洗钱的非法行为。在包括140多名前任和现任政府高官的涉案名单中也有马克里。他被曝出曾在巴哈马拥有一家离岸公司。泄密事件发生后，马克里立即做出回应，否认在该离岸公司持有股份。此后由于该公司未被发现进行过违规交易，因此"巴拿马文件"丑闻没有在阿根廷继续发酵，但马克里政府在反腐问题上的信誉度还是受到了某种程度的影响。

执政联盟在参众两院均处于少数党地位，马克里政府推行的改革因而面临阻力。对此，马克里采取了双重策略加以应对。一方面，执政联盟利用"胜利阵线"的内部分裂，在某些议案上争取到部分反对派议员的支持。最大的成功莫过于2016年3月底马克里政府与"秃鹫基金"签署偿债协议，在参议院以54票赞成、16票反对获得通过。另一方面，在执政党与反对党无法达成共识的情况下，马克里政府不惜动用行政手段确保改革措施不受干扰。上任后，他多次发布行政令颁布政策措施。针对2016年前几个月发生的大规模裁员事件，"胜利阵线"向议会提交了反裁员法案，要求在180天内政府不得无故裁员，否则将支付双倍赔偿金。该法案在参众两院都获得了通过，但马克里政府随即发布法令，直接将法案予以否决。

马克里政府上台后，阿根廷民众对其寄予了较高期望。根据阿根廷民调机构Ibarómetro的调查，2015年12月高达65.6%的阿根廷人对马克里政府持正面评价。然而随着各项改革措施的推进，马克里政府的民意支持率持续下降。到2016年8月，持正面评价者的比重减少到了47.6%。尽管与拉美其他国家相比，民众对马克里政府执政能力的认可程度还是比较高的，但阿根廷是一个有着民众主义传统的国家，而马克里推行的以自上而下的改革为特征的精英治理能否继续获得广泛的支持和理解，进而夯实执政基础，还有待进一步观察。计划于2017年10月举行的议会中期选举将成为阿根廷政治格局是否重塑的重要标志，届时各派政治力量角逐权力的大战又将上演。

二 经济形势[①]

2016年，尽管马克里政府进行了大幅度的经济调整，但未能扭转阿根廷经济的颓势，全年GDP下降2%。阿根廷也因此成为经济呈负增长的少数拉美国家之一。经济下滑是内外因素共同作用的结果。巴西经济的持续低迷是重要的外在原因，而在阿根廷国内，经济增长的三驾马车——投资、消费和出口的拉动效应同时失灵则是起决定性作用的内在原因。

（一）经济调整

2016年上半年，一系列经济改革措施密集出台，政府希望以此迅速纠正经济中存在的各种失衡，为下半年的经济复苏做准备。除了上任伊始就采取的取消外汇管制及部分农产品出口税等措施以外，马克里政府还将解决与"秃鹫基金"僵持数年的债务纠纷纳入了议事日程。2016年2月底，阿根廷政府与"秃鹫基金"达成协议，同意偿还约120亿美元的债务，偿债资金将通过发行新债券筹集。随后，政府又推动参众两院批准了偿债法案，为长达15年的债务纠纷画上了句号。2016年4月，阿根廷在国际市场上发行了165亿美元的债券。在随后的1个月内，穆迪、标准普尔、惠誉等国际评级机构均上调了阿根廷的主权信用评级。

[①] 除特别注明外，本部分数据均来自CEPAL, *Balance Preliminar de las Economías de América Latina y el Caribe 2016*, Santiago de Chile, diciembre de 2016。

针对持续恶化的财政状况，政府宣布将在4年内逐步消除财政赤字，实现财政平衡。为此，马克里政府实施了财政紧缩政策。政府通过削减对公用事业的财政补贴和裁减公共机构人员等手段减少开支。高额补贴加重了财政负担，2015年各种补贴占GDP的比重高达3.4%。2016年上半年，由于补贴额大幅度缩水，阿根廷各地均不同程度地上调了水电气、通信、公共交通等费用，有些价格涨幅高达数倍。为弥补财政赤字，政府还发行了大量债券。2016年前10个月，阿根廷共发行了相当于320亿美元的外币债券和相当于83亿美元的比索债券。

在货币政策方面，阿根廷政府将原来的经济增长目标制调整为通货膨胀目标制，确定了12%~17%的通胀目标。为收紧银根，2016年阿根廷中央银行大幅度增加了中央银行票据（LEBAC）的发行量，并提高了利率，35天参考利率在年初时达到33%的高水平。但考虑到高利率政策不利于实体经济的恢复，政府又多次下调利率。到2016年11月中旬时，中央银行票据的35天参考利率已下降到25.75%。

2016年下半年政府推出的重要举措是"资产漂白"计划。2013年，当时的费尔南德斯政府为吸引民间美元的回流曾出台过类似计划，但未能取得预期效果。据估计，阿根廷民众未经申报的海外资产高达4000亿美元。根据规定，新计划将为阿根廷人提供最后一次申报海外资产的机会，漂白的资金可以用于房产、债券等项目的投资，须缴纳的税率按申报金额分为0%、5%和10%三档，征收的税款将被用于支付养老金，申报截止期限为2016年12月31日。如果逾期仍未申报，税率将一律提高到15%。政府希望此项计划能够吸引600亿美元海外资产回归国内，但最终在规定期限内申报的资产仅为70亿美元。尽管没有达到预期，但银行的外币存款仍因此大幅增加。

为抑制物价上涨，政府继续实施"价格关怀"（Precios Cuidados）计划，并将纳入计划的产品种类扩大到406种。然而，在公用事业价格上涨和下半年连续降息等因素的影响下，阿根廷的通货膨胀率仍然居高不下。2016年，消费者物价指数达到42.4%。

（二）经济指标

阿根廷新政府的改革措施旨在扭转多年来过度干预造成的宏观经济失调，但短短1年时间还不足以解决阿根廷面临的各种经济问题。因此，2016年的多数经济指标都不尽如人意，但也有一些指标出现了明显的好转。

在财政方面，2016年前9个月初级财政开支和收入分别同比增长29.8%和26.8%，初级财政赤字占GDP的比重达到3.8%，略高于2015年同期。在开支方面，养老金的支出和向私人部门的转移支付分别增长38%和36.6%，资本支出下降1.4%，公共服务业补贴的增长幅度降至15.2%。在收入方面，经济衰退造成的税收收入下降和部分农产品出口税的取消是影响收入增加的主要原因。

2015年12月外汇管制取消后，比索曾一度大幅贬值，但汇率很快就趋于稳定。2016年10月，比索兑美元的名义汇率同比增长62%。政府在国际金融市场上的筹资，加上"资产漂白"计划吸引到的资金，极大地缓解了近年来阿根廷面临的外汇短缺问题，使外汇储备由2015年底的255.6亿美元增加到2016年10月的372.1亿美元。随着美元流动性的增强，比索的实际汇率趋向升值。

2016年前9个月，实体经济收缩2.4%，主要原因在于投资乏力和消费疲软。在需求方面，上半年，私人消费和公共消费分别下降1%和0.3%，投资下降10.4%。在供给方面，商品生产减少5.8%，其中制造业收缩最为突出，降幅达到4.6%；服务业略有增长，增幅为0.7%。农业生产保持稳定，农作物总产量与上一年度基本持平，其中玉米增产17.6%，达到3978万吨[①]，但大豆和小麦产量有所降低。

对外部门的复苏迹象仍不明显。商品和服务的出口额为698亿美元，进口额为723.8亿美元。由于进口的降幅大于出口，因此贸易赤字相比2015年有所收窄。经常账户仍维持逆差状态，但赤字有所减少，为132.7亿美

---

① https://datos.magyp.gob.ar/reportes.php?reporte=Estimaciones，阿根廷农业产业部数据库，检索日期：2016年12月28日。

元。资本和金融账户由于对外大量发行债务的原因出现了254.2亿美元的盈余。

（三）前景展望

2017年阿根廷的经济走势将取决于3个因素。一是能否控制通货膨胀，提高家庭购买力水平，进而促进私人消费。2016年阿根廷经济表现出明显的滞胀特征，加大了政府宏观调控的难度。尽管政府采取了紧缩性的财政政策和货币政策，但投资活动因此受到极大的抑制，导致经济复苏缺乏活力。减少补贴的政策虽然有助于财政平衡，却造成了物价的上涨，助推了通货膨胀。工资上调与通胀之间的恶性循环依然没有被打破，在强大的社会压力面前，治理通胀变得更加艰难。二是能否增加投资，提升投资意愿。从中长期看，马克里政府推行的市场化经济改革有助于投资经商环境的改善，这将为国内外私人资本投资意愿的提升创造条件。2016年7月，阿根廷政府公布了《2016~2019年交通基础设施计划》，拟在本届政府任期内投资332亿美元用于基础设施建设。如果该计划能够顺利展开，势必为阿根廷经济注入新的活力。三是巴西经济的复苏速度和程度，这将决定阿根廷的出口形势。2016年，巴西需求的下降和雷亚尔的贬值严重影响了阿根廷对巴西的出口。1~12月，阿根廷对巴西的出口同比下降10.6%，双边贸易中阿根廷的逆差达到46.4亿美元。① 预计2017年巴西经济仍难有起色，其疲软态势对阿根廷造成的冲击仍将持续。

尽管2016年阿根廷的经济数据差强人意，但无论是国际机构还是阿根廷政府，都认为经济调整将在2017年初见成效。联合国拉美经委会认为，如果家庭实际收入水平获得明显提升，2017年阿根廷经济增长有望达到2.3%。经济合作与发展组织的预测更为乐观，其预计阿根廷经济增长率为2.9%。阿根廷政府则确定了3.5%的经济增长目标和17%的通货膨胀目标。

---

① "Intercambio Comercial Argentino," 阿根廷国家统计和调查局官方网站，9 de enero de 2017, http://www.indec.gob.ar/uploads/informesdeprensa/ica_01_17.pdf，检索日期：2017年2月14日。

三 社会形势

由于经济依旧不景气，阿根廷的社会局势未出现好转的迹象，不稳定因素有增无减。

首先，就业形势不容乐观。2016年第二季度和第三季度的失业率分别达到9.3%和8.5%，均高于2015年6.3%的水平。[①] 其次，根据2016年9月公布的贫困数据，阿根廷的贫困人口比重达到32.2%，赤贫人口占6.3%。[②] 这是时隔3年后阿根廷政府恢复贫困数据的发布，此前最后一次发布该数据是在2013年，当时的贫困率和赤贫率分别只有4.3%和1.7%。按照新数据，阿根廷的贫困率已略高于拉美地区的平均水平，马克里政府在任内实现"零贫困"的目标几无可能。再次，罢工、游行、示威活动频发，严重影响社会秩序。根据"政治诊断事务所"的报告，2016年阿根廷的断路示威活动达到6491起，比2015年增加了3%。[③] 社会抗议的矛头主要针对通货膨胀问题，以及政府采取的紧缩政策。对于此起彼伏的抗议运动，马克里政府采取了比较容忍的态度，尽量避免动用武力手段。最后，犯罪问题严重，社会治安恶化。人身财产安全已经成为阿根廷民众最为关切的问题，并且造成了普遍的社会焦虑。以往的街头犯罪多为"谋财"，较少出现人身伤害，但近年来持枪抢劫和犯罪活动明显增多，伤亡事件也频频发生。2016年，阿根廷的华人超市多次遇袭，中国移民的经营活动受到很大影响。

马克里政府的社会治理既有对前届政府的继承，也体现出了新的特点。

[①] "Mercado de Trabajo: Principales Indicadores (EPH)," 阿根廷国家统计和调查局官方网站，25 de noviembre de 2016, http://www.indec.gob.ar/uploads/informesdeprensa/EPH_cont_3trim16.pdf, 检索日期：2016年12月28日。

[②] "Incidencia de la Pobreza y de la Indigencia en 31 Aglomerados Urbanos," 阿根廷国家统计和调查局官方网站，28 de septiembre, http://www.indec.gob.ar/uploads/informesdeprensa/eph_pobreza_01_16.pdf, 检索日期：2016年12月28日。

[③] Patricio Giusto, "Otro año Perdido por la Cultura del Piquete," Clarín, 2 de enero de 2017, http://www.clarin.com/ciudades/ano-perdido-merced-cultura-piquete_0_SygBvvdHg.html, 检索日期：2017年1月5日。

一方面，政府继续对低收入阶层实施原有的社会保护。子女普及津贴、最低工资和养老金的定期上调机制全部保留了下来，社会救助的范围有所放宽，个人所得税起征点的问题也得到了解决。这些措施保障了中下收入阶层的利益。但是另一方面，马克里政府不会再像前几届政府那样为劳工和中产阶级提供高福利待遇和过度的保护。他上任后采取的公共机构裁员、动用行政命令否决议会通过的《反解雇法》、削减对公共服务业的财政补贴等措施均反映出减少干预、提高效率的改革思路，但也不可避免地对中等和中下收入阶层产生了影响。

最低工资从2016年6月起分3次进行调涨，2017年1月将达到8060比索。子女普及津贴的资助范围有所扩大，领取其他补贴的家庭也被纳入该计划，受益家庭还可以享受增值税退税的待遇；津贴额在2016年两次上调，从9月起提高到每人每月1103比索。最低养老金全年上调两次，上涨31%，达到5661比索；非缴费型养老金领取额也提高到3991比索。政府还通过"全国养老金修复计划"对在2001年经济危机期间遭受损失的退休人员给予补偿。从2006年起就再也没有进行过调涨的失业保险金在2016年大幅度增长，由原来的400比索提高至3000比索。从2017年1月起，社会补贴领取者的工资上限也将调涨至16000比索，这意味着将有更多人可以领取到一定的社会补贴。此外，政府继续向符合条件的低收入阶层提供公用事业价格补贴，以减轻调价对这部分群体造成的冲击。

近年来饱受诟病的个人所得税起征点问题也被纳入了马克里政府的议事日程。2016年2月，政府宣布上调个人所得税起征点，对于单身纳税人和已婚且抚养2名子女的纳税人，其个税起征点分别提高到22747比索和3万比索。此前最后一次上调个税起征点是在2013年，当时所有就业者的免税额度被统一调至1.5万比索。2016年11月，针对个人所得税计算中存在的不合理之处，马克里政府和反对派分别向议会提交了改革方案。经过多次讨论和协商，新的个税征收法出炉。根据法案，从2017年起，凡月工资低于27941比索的单身就业者和月工资低于3.7万比索的已婚且抚养2名子女的就业者将免征个人所得税；个税的最低税率由9%下调至5%。另外，今后个税起征点和最低税率每年都将根据劳工部的工资指数自动进行调整。

四 外交形势

2016年是阿根廷外交政策进行重大调整的一年。从马克里上台后采取的一系列外交行动来看，阿根廷的外交战略已发生根本性的转变。实用主义、多元化、平衡、重塑国家形象是阿根廷外交的新特点。

在前任政府时代，阿根廷外交带有明显的左翼色彩。在与欧美国家的关系上，阿根廷常常表现出不妥协、不让步的强硬姿态。在拉美地区内部，阿根廷更愿意亲近那些与其政治经济立场相似、由左翼政党掌权的国家。在其他地区，阿根廷也敢于和俄罗斯、伊朗等带有反美倾向的国家发展关系。相比之下，马克里的外交战略也或多或少地受到政治倾向的左右，但很显然实用主义成为更加重要的原则。无论是改善和加强与欧美国家的关系，还是接近太平洋联盟，都是出于现实和长远经济利益的考虑，主要是为吸引外资、加强合作、重振经济。

马克里上台后，一改往日阿根廷外交活力不足、沉闷有余的气氛，与欧美和周边国家频繁互动。据统计，2016年共有25位外国元首或领导人访问阿根廷，这对于阿根廷恢复多元化外交、密切与世界各国的经济合作既具有现实意义，又颇具象征意义。2016年2月，意大利总理伦齐（Matteo Renzi）和法国总统奥朗德（François Hollande）先后访问阿根廷；3月，美国总统奥巴马（Barack Obama）访问阿根廷。上述3国的国家元首上一次访阿都要追溯到20世纪90年代梅内姆执政后期。11月，日本首相安倍晋三也访问了阿根廷，成为时隔57年后再次访阿的日本元首。马克里本人也多次出访，并频繁亮相于世界多边外交场合。2月和7月，马克里两次以总统身份前往欧洲，访问了意大利、德国、比利时等国家。他还出席了达沃斯世界经济论坛、核安全峰会、二十国集团（G20）峰会等重要的国际多边会议。

马克里外交调整的另一个重要举措是改善与英国的关系。2016年1月，马克里在出席瑞士达沃斯论坛时与英国首相卡梅伦进行了会晤,双方一致同意不再将马岛问题作为两国唯一的议题。9月,英阿两国发表联合声明,宣布解除马岛的航运限制。但是,尽管阿根廷现政府改变了在马岛问题上的强硬立场,但马岛始终是阿英之间无法回避的主权争端。10月,英国在马岛举行军事演习,这不仅在阿根廷引发了对马克里外交政策的质疑,也使阿英关系再蒙阴影。

在拉美地区,阿根廷最重要的外交转变体现在两个方面:其一是与委内瑞拉的疏远,其二是与太平洋联盟的接近。从基什内尔执政时期开始,委内瑞拉就一直是阿根廷在拉美地区最重要的盟友之一。阿根廷新政府上台后,对委态度发生了180度转变。一方面,马克里与委内瑞拉反对派建立了关系;另一方面,他多次就"民主问题"指责委内瑞拉现政府。在南方共同市场(以下简称"南共市")内部,阿根廷反对委内瑞拉继续留在南共市。2016年12月,阿根廷等4个南共市创始成员国共同宣布暂时中止委内瑞拉的成员资格,导致阿委关系进一步恶化。太平洋联盟成员国倡导经济开放和自由贸易,与阿根廷前政府的政策理念存在偏差。马克里上台后,明确表示愿意与太平洋联盟国家建立伙伴关系,并充当南共市与太平洋联盟之间的联系纽带。2016年6月,马克里访问了太平洋联盟的成员国哥伦比亚,随后又作为"观察员"前往智利参加了太平洋联盟首脑会议。

马克里政府开展活跃外交的另一个意图在于重新塑造阿根廷作为拉美大国的形象和地位。2016年,在马克里的支持下,阿根廷外交部部长马尔科拉(Susana Malcorra)参加了联合国秘书长的角逐。尽管马尔科拉没能当选,但这充分显示出阿根廷参与国际事务的积极姿态。7月马克里访问欧洲时,与欧盟达成协议,同意接收3000名叙利亚难民,这表明阿根廷希望通过与他国合作应对国际挑战和危机,重新塑造负责任的大国形象。

与俄罗斯和中国的关系也是马克里外交调整的重要内容,这更多的是出于平衡外交的考虑。2016年,阿根廷与俄罗斯关系中出现的最大波澜是6月阿根廷暂停了由俄罗斯国家通讯社开办的"今日俄罗斯"西班牙语频道。经协商后,两国政府最终签署了一份新协议,允许"今日俄罗斯"继续在阿根廷播出，同时双方将进行电视节目的交流和交换。

中国与阿根廷的双边关系也经历了一番波折。马克里上任初期，积极向美欧国家靠拢，表现出明显的"疏华"倾向。对于前届政府与中国的合作模式，马克里多次提出质疑，并宣布将重新审议前政府与中国签署的合作协议，导致一些大型项目不得不暂时搁置或停工。2016年3月，一艘中国渔船在阿根廷南大西洋海域受到阿海岸警卫队枪击后沉没，引发广泛关注。此后，中阿加强了高层对话。中国国家主席习近平在4月召开的核安全峰会上会见了马克里，双方重申了加强合作的共同意愿。阿根廷外长马尔科拉于5月访问中国，与中方就继续深化战略合作达成共识。此后，阿根廷多名部长相继访华，与中国有关部门就具体合作进行了深入交流。9月初，马克里参加了在中国召开的G20峰会，再次与习近平主席进行会谈。借此机会，中阿双方重新签署了修订后的水电、深空站等合作协议，并进一步落实了核电等合作项目。这标志着中阿关系重新进入了稳定发展的轨道。2016年，中阿双边贸易额出现了较大幅度的下滑。据阿根廷统计，2016年阿根廷对华出口减少了13.5%，从中国的进口减少了11%。[①] 在双边贸易低迷的情况下，预计未来中国对阿根廷的投资将成为中阿经贸关系的主要推动力。

（房连泉　审读）

[①] "Intercambio Comercial Argentino," 阿根廷国家统计和调查局官方网站，9 de enero de 2017，http：//www.indec.gob.ar/uploads/informesdeprensa/ica_01_17.pdf，检索日期：2017年2月14日。

Y.11 古巴：稳固内政　积极外交

范蕾*

摘　要： 2016年，古共七大顺利召开，形成"新老结合、以老带新、平稳交班"的政治格局。《古巴社会主义发展的经济及社会模式的概念化草案》确立了"推动和加强建设主权、独立、民主、繁荣、可持续的社会主义国家"的战略目标。经济表现欠佳，模式"更新"进程继续推进。继续重视医疗卫生和教育投入，通信服务继续改善，重视环境治理，但物资短缺和收入水平仍构成社会不稳定因素，人口老龄化问题显现。外交活跃。与美国的关系稳步推进，但特朗普当选增添了双边关系的不确定性；与欧盟的关系取得重大进展；与传统友国的关系保持稳固。

关键词： 古巴　古共七大　模式"更新"　古美关系　古巴—欧盟关系

一　政治形势

（一）古共七大召开，新一届领导层产生

2016年4月，古巴共产党第七次全国代表大会召开，"新老结合、以老

---

* 范蕾，中国社会科学院拉丁美洲研究所政治研究室助理研究员、古巴研究中心成员，国际政治（拉美政治）专业博士，主要研究方向为拉美非政府组织。

带新、平稳交班"的政治格局初步形成。古巴国务委员会主席劳尔·卡斯特罗（Raul Castro Ruz）再次当选古共中央第一书记，革命元老马查多·本图拉（José R. Machado Ventura）留任古共中央第二书记。与此同时，一批新面孔进入古共中央政治局和中央委员会。劳尔·卡斯特罗重申，自己将在 2018 年卸去古巴国务委员会主席职务，由年青一代领导古巴的社会主义革命。他在古共七大上明确表示，进入中央委员会的新人年龄不能超过 60 岁，进入政治局的新人年龄不能超过 70 岁。在该届大会上，55 名中央委员会新增成员的年龄都在 60 岁以下，成员总数增至 142 人，平均年龄降至 54.5 岁。古共六大选举产生的 15 位政治局成员除 1 人去世、2 人因健康原因辞职外，另外 12 位留任，成员增加至 17 人。

（二）模式"更新"概念化

《古巴社会主义发展的经济及社会模式的概念化草案》（以下简称《概念化草案》）[1] 是古共七大讨论通过的核心文件，阐述了古巴社会主义经济和社会发展模式的理论和基本特征。七大召开前，古共中央政治局、中央委员会讨论了《概念化草案》，征求所有参会代表和 3500 名政治组织、群众组织、社会组织和各机构代表的意见，使文件逐渐完善。《概念化草案》分为五大部分，分别阐述了发展模式的各项原则、变革目标、生产资料所有制、经济发展规划和社会发展计划。文件指出，发展模式的战略目标是建设在经济、社会、环境等领域繁荣而可持续的社会主义社会，同时要巩固革命所塑造的道德、文化和政治价值观。为此，古巴经济发展要以社会主义规划为主导；国家要调控收入的分配与再分配，协调和管理资源，实现有效监管，及时纠偏纠错；社会进步要以保证公民经济和社会权利的实现与按劳计酬原则为前提。文件明确了社会主义生产关系的主导地位，但同时承认了生产资料所有权的多样性和差异性。文件强调了提高效

---

[1] "Conceptualización del Modelo Económico y Social Cubano de Desarrollo Socialista," http://www.granma.cu/file/pdf/gaceta/Copia%20para%20el%20Sitio%20Web.pdf，检索日期：2017 年 1 月 10 日。

率、科技创新、环保在经济发展中的重要意义，以及教育、医疗、文化、社会保障的重要性。从2016年6月开始，《概念化草案》在全党党员、共青盟成员、群众组织和社会各界代表范围内广泛讨论，得到了丰富和完善。

（三）贯彻"人民代表和参与"理念

人民代表和参与是古巴政治体制的核心理念。《概念化草案》指出，"讨论、意见交流、策略沟通具有重要意义，以此方式修订过时的观念、概念""必须保证向民众解释更新进程及其变化，要广征民意，脚踏实地"。[①] 2016年，古巴各级人民委员会、各级人民政权代表大会及其委员会、各级管理委员会运转正常。11月1日，一年一度的问责大会如期启动，违纪、犯罪、违法现象和腐败问题是大会关注的重要内容。

2016年7月，评估从2015年12月启动的公共登记注册体系的实施情况并加以完善。2016~2018年将完成自然人登记和法人登记的整合，从原来的88种整合至14种。这样一方面使之更加灵活、高效、简化，另一方面通过信息技术实现不同机构间的互通互联。

（四）重视政治、道德和价值观教育

《概念化草案》指出，"模式'更新'要求所有人的参与和准备，特别是劳动者、青年人。他们是建设主权独立、繁荣、可持续发展的社会主义国家的决定性力量，必须强调道德、政治和文化价值观教育"，"新一代是寻求符合其期望的革命解决方式的重要主人翁，要使之成为积极的、变革的、战斗的、热爱工作的、孜孜不倦的革命和社会主义建设者"。[②] 迪亚

---

① "Conceptualización del Modelo Económico y Social Cubano de Desarrollo Socialista," http://www.granma.cu/file/pdf/gaceta/Copia%20para%20el%20Sitio%20Web.pdf，检索日期：2017年1月10日。

② "Conceptualización del Modelo Económico y Social Cubano de Desarrollo Socialista," http://www.granma.cu/file/pdf/gaceta/Copia%20para%20el%20Sitio%20Web.pdf，检索日期：2017年1月10日。

斯-卡内尔（Miguel Díaz-Canel）指出，社会网络上的意识形态斗争主要靠年轻人，必须利用互联网来掌握和创造知识。他强调，青少年一代是国家的未来，必须加强对他们的培养和教育，重视有关古巴历史和拉美地区历史的教学，让他们获得坚持斗争和责任心的不竭精神源泉。[①]从2016年1月开始，古巴在校园启动"菲德尔在我们中间"活动，旨在为青少年树立革命领袖形象，发扬传统革命精神。从6月至9月，古巴共产主义青年联盟组织青年和学生对七大文件进行了广泛讨论，并提出了修改或扩编建议。

（五）对政治走势的基本判断

基于上述分析，古巴共产党和政府的权力仍将保持稳固，古巴共产党和政府的领导层将完成渐进、审慎的新老交替进程。以古巴国务委员会第一副主席兼部长会议第一副主席迪亚斯-卡内尔、古共哈瓦那委员会第一书记梅塞德斯·阿赛亚（Mercedes López Acea）、部长会议副主席马里诺·穆里略（Marino Murillo）、外交部部长布鲁诺·罗德里格斯（Bruno Rodriguez）为代表的年青一代承担着重要职务。但从中长期角度看，政治风险也将逐步显现：第一，菲德尔·卡斯特罗（Fidel Castro）逝世，1959年古巴革命的老一代革命者年事已高，一旦完全退出领导层，社会冲突和挑战领导权力的风险都会大大增加；第二，"更新"进程要求加大制度机构调整的力度，建立更加有效的生产结构和收入分配模式，触动货币体制和凭本供应等敏感问题很可能会带来新的社会不稳定因素；第三，若"更新"进程遭遇困境，无法解决物资缺乏问题，难以改善居民收入水平，社会动荡风险会影响政局稳定；第四，开放度扩大加大西方文化渗透和意识形态冲击的风险；第五，低收入、货币双轨制、物资

---

① "La Juventud Debate sobre el Futuro de su País," http://www.granma.cu/septimo-congreso-del-pcc/2016-09-16/la-juventud-debate-sobre-el-futuro-de-su-pais-16-09-2016-00-09-35，检索日期：2017年1月10日。

短缺、机构管理不善等因素导致窃取国家资产和低层级官员腐败现象屡禁不止。

二 经济形势①

（一）经济整体表现欠佳

2016年，受"马修"飓风、干旱等自然灾害及大宗商品价格下跌、委内瑞拉石油供应量缩减和美国对古封锁政策等因素影响，古巴经济表现欠佳，全年GDP增长率仅为0.4%，人均GDP增长率为0.4%。第一、第二、第三产业增长率均降幅明显。酒店餐饮业、商业、通信业实现增长，而采矿业、采石业和制造业产值下降。经济增长的主要动力是非国有部门（含个体户、非农合作社、小农生产者、农业合作社等）消费。财政赤字占GDP的比重为6%。经常项目盈余19亿美元，少于2015年。通货膨胀率2.8%，价格稳定。中央银行坚持协调古巴比索和可兑换比索的供需，为未来取消货币双轨制做准备。对自然人和企业法人的信贷逐渐增多，2016年1~9月同比分别增长45.6%和55.4%。下半年，政府宣布削减预算17%，以弥补委内瑞拉减少石油供应量造成的资金缺口。同时，政府加大了个人所得税的征收力度，扩大了国有部门从业者社会保障金的缴纳基数。古巴政府积极引进外资，但封锁政策和生产率低下等问题仍然打击着投资者的投资意愿。全年投资额65.10亿美元，比年初预计少17%。商品和服务出口额同比减少3.5%，进口额同比增加6.2%②。

（二）重点发展经济部门

2015年底，古巴第八届全国人民政权代表大会第六次会议通过了2016年预算，确定2016年增长点为建筑业、旅游业、农业、畜牧业、林业，以

---

① 除特殊说明外，经济形势部分的数据均来自CEPAL, *Balance Preliminar de las Economías de América Latina y el Caribe 2016*, Santiago de Chile, diciembre 2016。

② EIU, *Country Report：Cuba*, May 2016, p.7.

及运输、仓储、通信、制糖业和公用事业。①

2016年,建筑业、能源业、旅游业是招商引资的优先领域。在2016~2017年投资项目名录上,共有10个建筑业项目。目前,已有2个项目的投资进入与外国合作伙伴深入协商阶段,分别涉及建筑设备和工具维修与租赁服务和起重运输,还计划在马列尔特别开放区成立一家合资公司,安装一条新的大理石板材生产线。美国、加拿大、德国、日本、葡萄牙、土耳其等国家都有意向投资古巴建筑业,涉及建筑和组装工程系统的现代化、箔片生产、木工结构和石膏等。9月,古巴能源和矿产部公布了8个投资招标项目。位于哈瓦那的五星级高尔夫旅游度假村项目占地336万平方米,包括高尔夫球场、酒店、商业区、高端SPA等配套设施,已引进外资投入建设。

(三)经济增长助推器

1. 外因:与欧盟达成《政治对话与合作协议》,与拉丁美洲开发银行—美洲开发银行签署合作协议

2016年9月,拉丁美洲开发银行—美洲开发银行与古巴中央银行签署首份合作协议。协议的主要目标是推动双方技术合作,探讨古巴未来加入的可能性。现阶段,银行将向古巴提供技术援助、项目筹划咨询、经理人培训等支持。从中长期来看,银行将组织基础设施、环境、宏观经济等相关活动,支持古巴符合环境可持续性要求的项目,通过第三方或绿色基金等非政府组织向古巴提供资金。12月,古巴和欧盟正式签署《古巴与欧盟政治对话与合作协议》,"共同立场"政策成为历史,有利于欧洲对古投资增长。

2. 内因:科技创新、技术引进促生产,开发旅游资源优势

2016年,古巴政府在各经济部门积极扩展技术开发和引进的空间,降

---

① "La Elaboración del Presupuesto del Estado para el año 2016 Tuvo en Cuenta el Enmarcamiento en los Indicadores Macroeconómicos," http://www.granma.cu/cuba/2015-12-30/la-elaboracion-del-presupuesto-del-estado-para-el-ano-2016-tuvo-en-cuenta-el-enmarcamiento-en-los-indicadores-macroeconomicos-30-12-2015-00-12-28,检索日期:2017年1月10日。

低生产成本，提高生产效率，如开发大规模生产新型动物饲料的技术，恢复富含碳酸钙的饲料生产，拓展沼气、太阳能等可再生能源的开发利用以及国际合作和投资推动农业进步和能源开采。

2016年，随着新航班的开通和投资的活跃，古巴旅游业趋势向好。德国柏林航空公司年中开通新航班，每周两班。2月，美古签署谅解备忘录，允许6家美国航空公司开通从5个美国城市飞往古巴9个目的地的商业航班。每日航班110架次。6月，美国交通部通过协议，8月底实现首航。古巴政府逐步推进机场建设方面的国际合作。8月，法国航空公司确定投资升级和扩建何塞·马蒂国际机场。古巴政府还计划新增和改造酒店，预计2020年酒店房间数量将超过8.5万间。古巴国家统计局11月中旬公布，2016年上半年旅游收入超过12亿美元，游客总数近215万人，比2015年同期分别增长15%和11.8%。①

（四）政策趋势和经济走势

古共七大通过了《到2030年全国经济社会发展计划：国家的建议、轴心和战略部门》，提出古巴经济和社会发展的六大战略核心：高效的社会主义政府和社会一体化；生产变革和国际融入；基础设施建设；人力、科技和创新潜力；自然资源利用和环境保护；人的发展、平等与公正。

从短期看，随着委内瑞拉能源供应的恢复和镍、蔗糖价格的上涨，经济增速将小幅提升。七大召开之际，古共六大确立的313条纲要仅实现了21%。从《纲要》实施情况和古共七大文件来看，古巴的经济模式"更新"进程将继续审慎而渐进地推行。在国家的干预下，国有部门将继续收缩，非国有经济活动将继续扩大，税制改革也将继续拓展。从中长期看，古巴经济仍需解决若干难题。其一，经济结构亟待改善。旅游产业、医疗输出和镍矿出口是古巴三大经济支柱，均易受到外部因素的直接影响。农产品结构单

---

① "Cuba Ingresó Más de Mil Millones de Dólares por el Turismo en el Semestre," http://www.granma.cu/cuba/2016-11-11/cuba-ingreso-mas-de-mil-millones-de-dolares-por-el-turismo-en-el-semestre-11-11-2016-00-11-38，检索日期：2017年1月10日。

一,易受自然条件影响,技术和基础设施仍比较落后。其二,仍实行货币双轨制,币制统一任重道远。其三,金融、税务和商业管理经验亟待提高。其四,债务偿还形成财政压力。在2015年底与巴黎俱乐部债权国达成的协议中,古巴承诺将在未来18年内偿还25.8亿美元的逾期债务本金。其五,委内瑞拉政局变化产生负面影响。

三 社会形势

2015年,古巴就业人数486.05万人,2016年大致与之持平;2016年,失业率为2.4%,略低于2015年。最低月工资225可兑换比索,平均月工资687可兑换比索。个体户等非国有部门的就业人数继续增多。个体户数量从2015年10月底的50万人增加至2016年10月的52万人。[①] 古巴政府仍重视医疗、教育投入,通信服务和环境治理领域也有所进展。但是,除物资短缺、收入水平低等老问题,古巴社会还面临着人口老龄化的新问题。

(一)医疗卫生

古巴政府一直特别关注母婴健康和儿童保健,如孕前风险检测、畸形早期检测、遗传咨询、早产儿特别护理、新生儿密切护理服务、婴幼儿辅助营养品等。2015年,古巴婴幼儿死亡率0.43‰,连续8年低于0.5‰,居世界前20位;5岁以下幼儿死亡率0.57‰,连续6年低于0.6‰,居世界前40位;学龄儿童死亡率0.19‰。[②] 古巴共有9家母乳银行,其中6家带有恒温设施。

心血管、癌症等慢性非传染性疾病是古巴最主要的致死病源。2015年,

[①] CEPAL, *Balance Preliminar de las Economías de América Latina y el Caribe 2016*, Santiago de Chile, diciembre de 2016, http://119.90.25.46/repositorio.cepal.org/bitstream/handle/11362/40825/15/1601260BP_Cuba_es.pdf,检索日期:2017年1月10日。

[②] "Cuba Consolida Indicadores de Salud Infantil en el 2015," http://www.granma.cu/cuba/2016-01-01/cuba-consolida-indicadores-de-salud-infantil-en-el-2015-01-01-2016-23-01-26,检索日期:2017年1月10日。

心血管和癌症的死亡人数占总死亡人数的49%。2016年，美国和古巴签署了有关癌症控制、研究、监察、跟踪和评估的谅解备忘录，展开抗癌合作。

2016年，药品短缺再度引发民众不满和不安。其主要原因是缺乏购置制药原料的资金、封锁导致的高运输成本和长运输周期。为此，古巴制药集团优先保证重症、急诊、外科、母婴项目药品，以及因本国生产能力有限而必须进口的药品。公共卫生部则积极开发和应用生物和天然医药。再生药物已覆盖古巴15个省份和青年岛特别区，古巴是世界上应用最广、开发最深入的国家之一。2016年上半年，再造血小板治疗病例也有相当幅度的增加。古巴自行研制的Heberprot-P在糖尿病及其并发症治疗方面的疗效良好，目前在古巴临床应用5.5万例，已有23个国家的24.3万人接受过治疗。①

（二）教育

古巴是拉美国家中教育水平较高的国家。根据联合国教育、科学及文化组织的数据，古巴识字率为99.8%，就学率为99.7%，古巴学生的基础知识和竞争力是拉美平均水平的两倍。

2016～2017年度招生170万人，教学机构约1.06万家。古巴政府投入大量资金，用于进口教学资料、租用教学研究实验室、建筑维护和修缮、教职工激励和培训等。但是，各级教育仍存在各自的问题。学前教育方面，幼儿园接收能力不足，5万多名适龄儿童无法入园，"教育子女"项目也不能完全满足父母上班期间幼儿照顾的需求。中高等教育方面，教师数量不足，教职员工保障率为94.2%，数学、物理、科学、历史等学科甚至不得不辅以退休教师和大学生授课。校园宽带服务和英语教学也仍存在提升空间。②

高等教育改革仍在推行，强调将教育与本地具体情况和经济、社会发展

---

① "Cuba Mostrará Beneficios del Heberprot-P en Cita Mundial," http://www.granma.cu/cuba/2016-09-06/cuba-mostrara-beneficios-del-heberprot-p-en-cita-mundial-06-09-2016-23-09-31，检索日期：2017年1月10日。

② "Estado Cubano Dedica Millonarios Recursos para Garantizar el Nuevo Curso," http://www.granma.cu/cuba/2016-09-03/estado-cubano-dedica-millonarios-recursos-para-garantizar-el-nuevo-curso-03-09-2016-12-09-24，检索日期：2017年1月10日。

实际需要相结合，保证人才培养与就业及经济、社会发展相融合。2016~2017学年，高等教育招生约20万人，分为面向应届学生的常规课程和面向在职人员的活动课程及远程教育三大类，其中后两者招生人数大幅增加。

（三）通信服务

2016年，古巴通信服务继续改善。2015年底，古巴通话线路达到400万条，其中移动电话线路330万条。2016年，主要采用2G技术的700多个无线基站逐渐向3G过渡。2016年计划开通80个新的WiFi区域，增加60个移动电话基站，维修69个基站。截至第三季度，在2016年建成的所有接入点中，6个已投入服务。同时，古巴还开设了计算机青年俱乐部、邮局上网室等互联网公共场所。互联网的逐渐普及要求加大互联网治理的力度，为此成立了古巴计算机联盟国家建设委员会。

（四）环境治理

古巴是受气候变化影响较大的岛国。专家估计，2100年古巴平均温度将上升1.6~2.5摄氏度，海平面上升0.85米。2016年，古巴加强了环境治理和防御自然灾害的研究与实践，如在海洋保护区首次设置引进的海洋浮标收集数据；成立国家水资源局辖下的国家流域委员会，协调开发内陆流域，改善、恢复被侵蚀、盐碱化、酸化和低产土地；实行海滩整治计划，整治被侵蚀的沙滩。2015年，古巴森林覆盖率30.6%[1]，是发展中国家中为数不多的保持森林覆盖率稳定增长的国家。

（五）人口结构和老龄化问题

古巴国家统计局首次公布2030年预计人口总数，提出人口结构老龄化问题。预计2015~2021年经济活跃人口增加近6.8万，之后逐渐下降，至

---

[1] "Bosques Cubren el 30,6% de la Superficie del País," http://www.granma.cu/cuba/2016-08-19/bosques-cubren-el-306-de-la-superficie-del-pais-19-08-2016-00-08-30，检索日期：2017年1月10日。

2030年减少13.3万（2021年509.74万，2030年496.45万）。2015~2030年家庭数量将从390万个增加至420万个，年均增加2万多个。从性别构成看，2015年53.8%的户主为男性，2024年男女性户主平分秋色，2030年将有52.5%的户主为女性。从居住地看，2015~2030年呈现出向城市集中的趋势，增幅平缓，预计2032年城市人口增至890万，至2036年保持稳定，随后出现下降，2050年为871.5万；农村人口平稳减少，从2015年的255.4万减少至2050年的212.7万。①

四 外交形势

2016年，古巴在外交上表现活跃：与美国的关系稳步推进，与欧盟的关系取得重大进展，与传统友邦的关系保持稳固。但特朗普当选美国总统增加了美古关系发展的不确定性，美古关尔发展有待观察。

（一）奥巴马总统访问古巴，但封锁政策仍是双边关系正常化的最大障碍，特朗普当选增加不确定性

2016年，美古两国保持频繁的交流往来，在若干方面取得了重大进展，如进行第三次双边会谈和美古双边委员会第四轮会谈，进行关于移民、人权、赔偿金、经贸、反恐、网络安全、海洋开发等问题的对话和会谈，两国间恢复直邮和直航，签署《美古两国国际语音通话直接互联协议》，美国终止对古巴移民"干脚和湿脚"的特殊优惠并终止对古巴援外医生发放临时签证②等。3月，美国总统奥巴马访问古巴备受瞩目。奥巴马是自1928年柯立芝总统访问古巴以来首位访问古巴的美国总统，此举被视为两国双边关系发展史上的里程碑。奥巴马访古公开的目的是认识和了解古巴国情，继续就

---

① "Proyecciones Sobre la Población Cubana," http://www.granma.cu/cuba/2016-09-05/proyecciones-sobre-la-poblacion-cubana-05-09-2016-23-09-51，检索日期：2017年1月10日。

② 2017年1月12日古美发表联合声明，宣布上述政策调整。

扩大对话空间和加强互利的双边合作等问题展开交流，但更大程度上是为其个人政治生涯和民主党留下重要的外交遗产。奥巴马的演说和行程安排揭示了美国"方式改变、目的不变"的对古政策实质。对此，古巴一直强调，美古关系改善是古巴人民英勇抗争的成果，是国际社会，特别是拉美和加勒比国家共同支持的成果。奥巴马的访问是美古双边关系正常化的复杂进程的重要一步，但道路依然漫长。主权、独立、自决、尊重、平等、互惠、承认古巴革命政府合法性是美古双边关系实现正常化唯一可能的基本出发点，解除经济、贸易和金融封锁是实现美古双边关系正常化的基本前提。

虽然美古关系已取得若干积极进展，但实现关系正常化依然漫长而曲折，意识形态和社会制度的对立导致的目标分歧、封锁政策、人权问题、移民问题、关塔那摩军事基地问题、"托法"和"赫伯法"等因素是制约美古关系进一步推进的主要症结。事实上，美国的封锁政策仍严重制约着古巴的经济和社会发展，是两国关系正常化的最大障碍。2016年，美国两度放宽对古巴的限制性措施，涉及旅行、金融服务、贸易、医疗、民航等领域，但仍非常有限。特朗普当选美国总统更增加了美古关系发展的不确定性。美古双边关系正常化的大趋势不会反转，但结束封锁政策的道路将更加漫长。

（二）古巴与欧盟的关系取得重大进展

欧盟是古巴第二大贸易伙伴、第一大出口目的地和第二大进口来源地。从1996年起，欧盟就开始对古巴采取"共同立场"原则。2008年，欧盟与古巴重启合作。从2014年4月起，古巴与欧盟展开"政治对话与合作协议"的谈判。2016年3月，欧盟与古巴展开第七轮谈判，并最终达成"政治对话与合作协议"，协议分为政治对话、产业政策与合作、贸易三大部分。双方还签署了关于关系正常化的协议。12月，欧盟与古巴正式签署《政治对话与合作协议》。古巴与欧盟之间比较成熟而密切的经贸关系、欧盟成员国企业屡因美国对古封锁和制裁政策遭到罚款等现实情况使欧盟与古巴存在一定程度的利益相关，是双方关系继续深入的动力。

2016年，古巴与西班牙、比利时、意大利、德国、荷兰、奥地利、捷

克实现了高层访问或经贸合作。2月，劳尔·卡斯特罗对法国进行国事访问，期间制定了关于发展双边贸易和关系的路线图，签署了多项经贸领域的协议和意向声明，展现出古法关系发展的良好前景。

（三）古巴与拉美国家的关系

2016年，古巴与拉美其他国家保持友好关系，并积极参与地区事务。与委内瑞拉、巴巴多斯、巴拿马、厄瓜多尔、哥斯达黎加、巴西、墨西哥、危地马拉、秘鲁、圣文森特和格林纳丁斯等国家实现高层访问、党际或立法机构交往及经贸合作。古巴继续坚决支持委内瑞拉，参与哥伦比亚和平进程。

古巴积极参加地区和次地区组织会议。在2016年1月加勒比国家联盟第21届部长理事会会议上，古巴成为部长理事会轮值主席国。3月，参加第17届拉美加勒比共同体（CELAC）会议。6月，参加第五届ALBA-TCP政治委员会特别会议，发表了关于支持委内瑞拉民主制度、对话与和平的特别声明。

（四）古巴与中国等国家的关系

2016年，中古关系的亮点是中国总理李克强访问古巴。李克强总理访古期间，古巴与中国签署了战略部门合作协议。两国共签署12份协议，涉及可再生能源、医学研究、信息、工业发展、海关安全、银行和金融合作、环境保护等领域。12份协议中有债务减免协议，有4份贷款协议，涉及报刊等纸媒现代化、建设风电厂等项目，还包括中国成都与古巴生物医药集团的战略框架协议，涉及合作推动脑图项目。两国还签署了关于双边经济关系日程的谅解备忘录。此外，2月22日，中国进出口银行监事会代表团访问古巴，签署了拖拉机采购项目和240节铁路车厢采购项目的优惠买方信贷贷款协议。8月，第28届中古政府经贸混委会在古巴召开。

古巴与日本的关系也有重大进展。日本和古巴于1929年建立外交关系，两国的渊源可追溯到第一批日本人1614年到达古巴。2016年6月，卡内尔访问日本，这是2003年菲德尔访日后级别最高的访日古巴官员。9月，日本首相安倍晋三成为第一位访问古巴的日本首相。安倍表示，古巴是理想的投资目的地，日本希望成为古巴可靠的伙伴，能够向古巴提供高质量的基础设施，增加在医药、农业、教育领域的国有和私有部门的投资。日本与古巴签署了债务重组协议和关于日本捐赠医疗设备的协议。

2016年，古巴积极寻求对外关系多元化。古巴与加拿大等美洲国家，朝鲜、越南、老挝、伊朗、蒙古国、沙特阿拉伯、马来西亚、黎巴嫩、印度等亚洲国家，阿尔及利亚、埃塞俄比亚、尼日利亚、纳米比亚、几内亚比绍、莱索托王国、马里、乍得、津巴布韦、佛得角等非洲国家实现高层访问，还在参加第17届不结盟运动峰会期间积极会见成员国领导人，开拓双边关系空间。

（杨建民　审读）

Y.12
委内瑞拉：政治缠斗加剧不确定性

王 鹏*

摘　要： 2016年，原油产量的下滑和国际石油价格的低位徘徊导致委内瑞拉的石油出口收入不足，宏观经济形势进一步恶化，该国已经连续3年处于衰退之中。随着新国会的成立，政治对抗从朝野两党之争演化为府院之争，政府和国会频频陷入政治僵局。尽管罢免公投未能在年内举行，但政局走势仍然存在巨大的不确定性。随着物资短缺现象不断加剧，社会秩序承受的压力越来越大。为应对通胀的冲击，马杜罗政府在年内4次提高全国最低工资。在对外政策领域，马杜罗政府竭力稳定国际石油价格、加强与美国的接触和争取中国的支持，但地区政治格局正在向不利于它的方向变动。

关键词： 委内瑞拉　府院之争　经济衰退　"委内瑞拉住房大使命"　限产保价

一　政治形势

新国会成立是委内瑞拉在2016年迎来的最重要政治事件。1月5日，国会议员宣誓就职。民主团结联盟（MUD）控制167个议席中的112席。这是

---

* 王鹏，中国社会科学院拉丁美洲研究所副研究员、政治研究室副主任、中美洲和加勒比研究中心秘书长，法学博士，主要研究方向为拉美政治。

反对党在2000年以来首次实现对国会的全面控制。反动派领袖、民主行动党（AD）总书记亨利·拉莫斯·阿卢普（Henry Ramos Allup）当选国会主席。

随着新国会的成立，政治对抗从朝野两党之争演化为府院之争，政府和国会频频陷入政治僵局。执政党控制的最高法院裁定，3名来自亚马孙州的反对党议员涉嫌选举欺诈，当选资格无效，不得就任国会议员。新国会认为这一裁定无效，坚持为这3名当选议员举行就职仪式。于是，最高法院在2016年1月11日裁定：如果国会继续接纳这3名议员，它所做出的任何决定都是无效的。这就使国会陷入"非法"状态。另外，民主团结联盟坚持通过行使立法权向马杜罗政府施加压力。国会在3月表决通过《大赦法》，特赦那些因为政治原因被关押的人；在4月表决通过《公投法》，简化启动罢免公投的前期手续。两法案都遭到了最高法院的否决。国会认为马杜罗总统破坏了民主秩序和侵犯人权，在10月决定对他开启"政治审判"。马杜罗总统认为这一审判缺乏宪法依据，向最高法院提出违宪起诉。

为摆脱国会的制约，马杜罗政府发布了"经济紧急状态法"，依靠行政措施治理国家。2016年1月，政府宣布国家进入为期60天的"经济紧急状态"。在这一状态下，政府可以在不经国会授权的情况下采取各种必要措施，以保障物资供应、发展生产和维护社会秩序。马杜罗政府分别在3月、5月、7月、9月和11月宣布延长"经济紧急状态法"。2016年10月，政府不顾国会的抗议，直接向最高法院提交了2017年度财政预算，并得到了后者的批准。

朝野两派在2016年的对抗焦点是罢免公投。委内瑞拉1999年宪法设定了罢免公投机制，国会、政党或公民可以在总统任期过半时推动举行罢免公投，以便决定总统是否留任。马杜罗总统在2013年就任总统，在2016年迎来任期过半，罢免公投的时间条件已经具备。民主团结联盟希望利用赢得国会选举带来的声势启动罢免公投，尽早罢免马杜罗总统，实现政党轮替。因此，它在4月向全国选举委员会提出了罢免总统的申请，继而在5月初提交了启动罢免公投所需的1%选民的签字。全国选举委员会对签字进行了审核，然后宣布将在10月26日至28日举行收集全国20%选民签字的活动，以便正式启动公投。此后，马杜罗和多名政府高官多次指出，民主团结联盟提交的签名存在造假行为，公投不会在2016年举行。联盟指责全国选举委员会故意延长公投的启动过程，呼吁国际社会向马杜罗政府施加压力。全国选举委员会在10月20日做出了中止罢免总统公投的决定。最终，罢免公投未能在2016年举行。

为缓和罢免公投搁置所导致的紧张气氛，马杜罗政府和民主团结联盟在2016年末举行了政治对话。在外部政治力量的斡旋下，委内瑞拉朝野双方进行了初步接触。2016年10月30日，双方代表在加拉加斯举行首次正式对话。在民主团结联盟内部，民主行动党（AD）、正义第一党（PJ）、新时代党（UNT）等党派支持举行对话，并派代表出席；人民意愿党（VP）、勇敢人民联盟党（ABP）、基督教社会党（Copei）等党派则反对举行会谈。在对话过程中，双方就国内和平稳定问题、政治犯问题、3名当选议员的就任资格问题、选举时间表、各权力机构职能、如何解决经济问题阐述了各自的看法。总体而言，执政党认为对话应优先关注经济问题，而民主团结联盟认为应优先关注政治问题。朝野双方在11月举行第二轮对话，承诺共同致力于解决国家面临的政治、经济和社会问题。政府释放了5名被关押的反对党领导人，联盟也宣布推迟国会对马杜罗总统的"政治审判"。此后，联盟因内部分歧加剧，于是以政府未落实第二轮对话共识为由，拒绝参加原定于12月6日举行的第三轮政治对话，国内政治气氛再度趋于紧张。

马杜罗总统有望在未来两年（2017～2019年）继续执政，完成其总统任期，但将面对反对党更大的挑战。他的民意支持率正处于持续下滑之中。民意调查数据显示，马杜罗在2016年10月的支持率已经降至19.5%。[①] 这是他在2013年就任总统以来的最低民意支持率。从2016年12月推迟到2017年上半年举行的地方选举将是观察委内瑞拉政局走向的下一个重大节

---

① *Aprobación de presidente venezolano cae en octubre a 19,5 pct, su nivel más bajo*, MSN, 18 de noviembre 2017, http://www.msn.com/es-xl/noticias/otras/aprobación-de-presidente-venezolano-cae-en-octubre-a-195-pct-su-nivel-más-bajo/ar-AAkqDUU，检索日期：2017年1月14日。

点事件。届时，包括23个州长在内的一批地方政府领导人将进行换届。此次选举结果将对朝野两党的力量对比产生重大影响。

二 经济形势

委内瑞拉经济在2016年继续恶化，尚未出现触底反弹的迹象。2014年，该国的国内生产总值增长率为-4.0%；2015年，增长率为-7.1%；2016年，增长率为-9.7%。[1] 委内瑞拉经济已经连续3年处于衰退之中，其经济增长率一直在拉美和加勒比33国之中垫底。

委内瑞拉的原油生产能力和石油出口收入在持续恶化。2015年委内瑞拉的石油出口收入为358.02亿美元，仅为2014年（717.31亿美元）的一半。[2] 2016年，该国的原油产量继续呈下滑之势，在11月降至209.7万桶/日[3]，处于2003年以来的最低值附近。该国出口原油的平均价格从2016年1月的20.8美元/桶回升至9月的37.38美元/桶，高于2015年同期价格（34.13美元/桶），但仍然处于低位徘徊阶段。[4]

石油出口收入的下降导致委内瑞拉的外汇储备出现萎缩。截至2016年12月9日，该国外汇储备降至117.07亿美元，较1月初外汇储备额（163.3亿美元）下降了约1/3，为2003年以来的最低值。[5] 在外汇收入不足的情况下，马杜罗政府把外汇优先用于偿债，防止出现倒账。因此，政府

---

[1] ECLAC, *Preliminary Overview of the Economies of Latin America and the Caribbean*, December 2016, p. 39, http：//repositorio. cepal. org/bitstream/handle/11362/40826/62/S1601332_en. pdf，检索日期：2017年1月13日。

[2] OPEC, *Annual Statistical Bulletin 2016*, p. 17, http：//www. opec. org/opec_web/static_files_project/media/downloads/publications/ASB2016. pdf，检索日期：2016年12月28日。

[3] OPEC, *Monthly Oil Market Report*, December 2016, p. 58, http：//www. opec. org/opec_web/static_files_project/media/downloads/publications/MOMR%20December%202016. pdf，检索日期：2017年1月15日。

[4] OPEC, *OPEC Bulletin*, October 2016, p. 93, http：//www. opec. org/opec_web/static_files_project/media/downloads/publications/OB102016. pdf，检索日期：2017年1月10日。

[5] Banco Central de Venezuela, http：//www. bcv. org. ve，检索日期：2017年1月12日。

不得不削减进口,这导致物资短缺现象在2016年越发严重。

进口不足和扩张性财政政策导致的流动性泛滥都在加剧委内瑞拉的通胀压力。马杜罗政府没有在2016年公布官方通胀数据。国际货币基金组织（IMF）估计,该国2016年的通胀率将为475.8%,2017年通胀率将攀升至惊人的1660.1%。[1]

委内瑞拉本币"玻利瓦尔"是拉美贬值最为剧烈的货币。由于政府不断把财政赤字货币化,导致流动性泛滥,"玻利瓦尔"承受巨大的贬值压力。2016年12月19日,黑市汇率为1美元兑换2507.09玻利瓦尔。[2]

总体而言,马杜罗政府坚持传统的经济政策,继续对市场进行强势干预,实行包括价格管制和外汇管制在内的管制措施,严禁价格上涨,动用军队纠察私自涨价行为。同时,政府坚持扩张性财政政策,财政预算规模在近年不断膨胀。2017年预算额约为8万亿玻利瓦尔,较2016年增加了5倍多。

为缓和经济下行压力,马杜罗政府在2016年采取了一些主动性调整措施,如在年初实行有限度的货币贬值和小幅提高汽柴油价格,在年底实行币制调整,发行六款大额纸币等。委内瑞拉在2016年3月把4种汇率合并为双重汇率：在"受保护的外汇机制"（Dipro）下,汇率为1美元兑换10玻利瓦尔,适用于食品部门、卫生部门以及原料进口、体育、文化、科研、境外留学和特殊紧急情况；在"补充汇率机制"（Dicom）下,汇率从1美元兑换206.92玻利瓦尔开始自由浮动,适用于前述需求之外的用汇需求。为促进生产,政府招商引资,吸引更多资金进入石油和天然气生产领域,推动对黄金等贵金属的开采,大力恢复钢铁产能。为保障商品供应,政府通过地方生产分销委员会（CLAP）向基层民众直接提供大多数食品和日用品。为保障财政的可持续性,政府试图从税收获取更多的预算收入。但是,这些措施难以在短期内扭转不利的经济形势。

---

[1] IMF, *World Economic Outlook*, October 2016, p.44, http://www.imf.org/external/country/VEN/index.htm, 检索日期：2017年1月14日。

[2] https://dolartoday.com/indicadores/, Dolartoday.com, 检索日期：2016年12月19日。

三 社会形势

委内瑞拉的物资短缺现象在2016年变得更加严重，导致社会秩序承受巨大的压力。许多食品和日用品都是按照政府限价销售，价格低廉，但数量不足。即便购买大米、面包、香肠这样的日常所需食品，人们也要花费数小时排队。为买到所需物品，有些人从半夜就开始排队。怨声载道的排队者时有斗殴，哄抢商店和超市的事件频频发生。为了维持秩序，政府不得不派遣军人或警察押运货物，或者到商场和超市维持秩序。许多人被迫前往邻国哥伦比亚和巴西采购日常所需的大米、糖和面粉。2016年底实施的币制调整存在较多问题，导致哄抢行为在部分地区大规模蔓延开来。12月16日，在玻利瓦尔州、苏克雷州、巴里纳斯州、安索阿特吉州、莫纳加斯州、梅里达州、塔奇拉州、特鲁希略州等地发生了大规模的哄抢事件。玻利瓦尔州等4个情况较为严重的州一度进入紧急状态或实行戒严。

尽管面临不利的经济形势，但马杜罗政府在2016年初仍表示将继续加大社会投入，大力实施"委内瑞拉住房大使命"；推进免费公共教育，发放免费图书和平板电脑。为保障基层民众的生活，政府加强了对他们的直接补贴力度。政府在2月向赤贫和贫困家庭发放了首批"社会主义社会民生项目卡"，对其进行食品和医疗等直接补贴。此后，政府在3月发放了首批"直补银行卡"，按月向贫困家庭提供直接补贴。政府计划在全国发放30万张这类补贴卡。

马杜罗政府为应对通胀带来的冲击，在2016年多次大幅上调全国最低工资。针对汇率贬值和汽、柴油涨价有可能带来的社会冲击，政府从3月1日至11月1日4次调高最低工资，从每月9648.16玻利瓦尔增至每月90812玻利瓦尔。此外，食品补贴和养老金也有不同幅度的上调。

为改善居民的住房条件，马杜罗政府积极实施"委内瑞拉住房大使命"，以便提供保障性住房。2011～2015年，政府通过这一"使命"交付住房的平均数量达到每天595套。2016年，政府在这个框架下总共交付大约

36万套新建住宅。政府还通过"新社区大使命"和"三色城区大使命"修缮35万套住房。2016年,政府的上述政策帮助70多万个家庭解决了住房问题。① 到2019年,马杜罗政府计划建成300万套住房,全面改善普通民众的住房状况。

委内瑞拉已经初步建立养老金网络。截至2016年底,每10个老人中就有9个人能够享受养老金。目前,全国约有330万人被纳入社会保障网络,每月可以获得2.7万玻利瓦尔的养老金。②

委内瑞拉是全球暴力活动最严重的国家之一。街头犯罪团伙日益暴力化,持枪犯罪案件数量激增。2016年8月,政府重新实施长期搁置的枪支管制措施,以减少非法枪支的数量。政府采取双管齐下的措施,一方面出动警力收缴枪支,另一方面推出电子产品交换枪支的合作项目,鼓励人们自愿交出枪支。

四 外交形势

国际原油价格是委内瑞拉的核心关切。自油价在2014年下半年出现暴跌以来,马杜罗政府一直努力推动欧佩克国家以及其他产油国限产保价。2016年2月,该国能源和矿产部部长德尔皮诺(Eulogio del Pino)对俄罗斯、卡塔尔、伊朗、伊拉克、沙特阿拉伯等石油出口国进行访问,谋求稳定油价。此后,委内瑞拉、沙特阿拉伯、卡塔尔和俄罗斯决定以2016年1月的产量为依据,冻结石油产量,以使国际原油市场恢复平衡。欧佩克成员国在9月达成限产的初步协议后,德尔皮诺访问了俄罗斯、阿尔及利亚等国家,继续展开斡旋活动。11月30日,欧佩克时隔8年首次达成正式减产协

---

① AVN, *Housing Mission Has Delivered More Than 359000 Homes in 2016*, 30 December, 2016, http://www.avn.info.ve/contenido/housing-mission-has-delivered-more-359000-homes-2016,检索日期:2017年1月5日。

② AVN, *90 % of Venezuelan Elbers are Pensioned by the State Caracas*, 30 December, 2016, http://www.avn.info.ve/contenido/90-venezuelan-elders-are-pensioned-state,检索日期:2017年1月5日。

议，把日产量削减为 120 万桶。以俄罗斯为首的非欧佩克石油生产国也承诺削减原油产量。这一决定对委内瑞拉这样的原油出口国构成了重大利好，助推油价出现显著反弹。马杜罗总统表示，欧佩克在原油限产协议上达成共识是委内瑞拉外交斡旋的一次胜利。

随着拉美地区政治格局的变动，委内瑞拉在本地区变得越来越孤立。2015 年底成立的阿根廷马克里政府对委内瑞拉持敌视态度，公开呼吁停止委内瑞拉的南方共同市场（以下简称"南共市"）成员国资格。2016 年，委内瑞拉和巴西的关系由于罗塞夫总统（Dilma Rousseff）遭到罢免而恶化。在罗塞夫总统遭到罢免之后，委内瑞拉召回了驻巴西大使，并且冻结了与巴西的关系。在南方共同市场内部，委内瑞拉完全陷入孤立。2016 年 9 月，巴西、阿根廷、巴拉圭和乌拉圭达成协议，否定委内瑞拉具有担任轮值主席国的资格。12 月 1 日，上述 4 国以"未按期履行南共市有关贸易、司法和人权方面的协定"为理由，决定中止委内瑞拉的成员国资格。

委内瑞拉国内政治问题日趋国际化。在南美洲国家联盟的支持下，西班牙前首相萨帕特罗（José Luis Rodríguez Zapatero）、巴拿马前总统托里霍斯（Martín Erasto Torrijos）、多米尼加前总统费尔南德斯（Leonel Antonio Fernández）等一批前国家元首和政府首脑共同调解委内瑞拉的国内冲突，推动朝野双方进行对话。另外，马杜罗政府正在承受越来越大的外部压力。2016 年 9 月，阿根廷、巴西、墨西哥、智利、巴拉圭和秘鲁 6 国外长发表联合声明，对委内瑞拉全国选举委员会有关罢免公投的决定提出了批评。

委内瑞拉与哥伦比亚的关系在年内得到改善。2016 年 8 月，两国总统举行会谈，达成谅解。此后，两国边界在关闭近 1 年后重新开放。大批委内瑞拉民众穿越边界，进入哥伦比亚境内购买本国市场供应不足的大米、糖、食用油、豆类和卫生纸等基本生活用品。但是，两国关系仍然存在诸多不确定性。桑托斯政府在 12 月表示寻求得到北约成员国资格，而马杜罗政府对哥伦比亚加强与北约合作表示担忧。

委内瑞拉和美国的关系仍然在低谷徘徊。两国一直没有互派大使。奥巴马政府在 2016 年 3 月宣布把制裁委内瑞拉部分官员的行政命令延长 1 年。

马杜罗政府一度召回委驻美国使馆代办,以示抗议。另外,两国寻求加强政府之间的接触,寻找改善双边关系的途径。马杜罗总统和美国国务卿约翰·克里(John Kerry)利用共同访问哥伦比亚之机进行会晤。美国副国务卿托马斯·香农(Thomas A. Shannon)在2016年6月和10月两度访委,推动建立两国高层对话机制。在美国大选前夕,马杜罗总统表示,希望特朗普当选美国总统后,委内瑞拉能改善与美国的关系。目前,美国仍然是委内瑞拉原油的最大出口目的地。截至2016年9月,委内瑞拉对美国的石油出口量为82.5万桶/日,是加拿大和沙特阿拉伯之后美国的第三大石油供应国。[1]

中委关系在2016年得到稳步推进。双方高层互访不断。委内瑞拉部长会议副主席兼计划部部长梅嫩德斯(Ricardo Menendez)在2月访华,与中国国家发展和改革委员会主任徐绍史举行了会谈。2016年8月,中国—委内瑞拉高级混合委员会秘书处在委内瑞拉举行第五次会议,主要讨论如何扩大委内瑞拉的物流和生产能力。中国和委内瑞拉已通过该委员会完成338项计划,另有203项计划正在执行中。

(杨建民 审读)

---

[1] EIA, *U. S. Imports by Country of Origin*, https://www.eia.gov/dnav/pet/pet_move_impcus_a2_nus_ep00_im0_mbblpd_m.htm,检索日期:2016年12月12日。

Y.13
智利：改革攻坚期 渐进缓行

芦思妲*

摘　要： 2016年，政治方面，总统和政府陷入信任危机。在市政选举中，反对党联盟收复重要失地。经济方面，内需不振，宏观经济运行平稳却仍增长乏力。财政与货币政策有所收紧。社会方面，抗议运动促使政府制定养老制度改革新方案。外交方面，习近平主席访智，双边关系提升为全面战略伙伴关系。

关键词： 智利　市政选举　养老制度改革　全面战略伙伴关系

一　政治形势

（一）立宪进程稳步推进

宪法改革是巴切莱特2013年竞选时的三大承诺之一。现行宪法可追溯至1980年皮诺切特军政府时期。虽然20世纪90年代"还政于民"以来，各届民主政府对宪法进行了一定程度的修订，但均未触及实质内容，其本质上仍建立在非民主及少数人的利益基础上，并带有深刻的独裁烙印和新自由主义特征。巴切莱特政府希望通过新宪法的出台彻底终结这一旧制度。然而，相较教育和税制领域的改革，鉴于立宪所触及的利益过深、过广，这一

---

* 芦思妲，中国社会科学院拉丁美洲研究所助理研究员、中国社会科学院研究生院世界经济专业博士生，主要研究方向为制度经济、拉美公共政策、区域经济一体化。

进程推行的难度尤甚。

自2015年10月正式启动以来，这一进程按照政府规划的阶段缓步稳行。在经历了3个多月的准备后，2016年4月，立宪进程进入第二阶段，即社会征询阶段。具体而言，由各地市、省级、大区参事会组织协调①，社会各阶层响应政府呼吁，进行广泛商讨，旨在共同参与到宪法修订进程中。政府将根据市民在参与中产生的各项建议措施，在2016年底形成一份新的宪法草案，并于2017年下半年呈递国会。届时，立法部门会从四种备选机制中选择一种，以进行宪法草案的审议工作，这四种方案包括参众议院联合委员会、由议员和市民参与的混合宪法会议、立宪大会以及全民公决。按照这一时间安排，新宪法的最终获准会在2018年大选之后，即由新一届政府执行。

不难看出，巴切莱特政府充分重视立宪进程的广泛参与性。一方面，致力于通过这种方式提高新宪法在社会各阶层的认知度与共识度，从而彰显同独裁时期形成的现行宪法的决裂；另一方面，这种机制有助于提高政府的治理能力与信息透明度，从而扭转市民对执政党严重缺乏信任的态度与立场，进而为2017年底的总统大选赢取更多支持。

值得指出的是，这一进程面临一系列阻力。其一，市民参与度不尽如人意，这影响了他们所提建议与立场的代表性；其二，对立宪进程的社会征询往往演变为一种市民对国家和政府传递诉求或表达不满的途径，而这些内容往往与新宪法修订的关联有限；其三，反对党联盟一方认为征询进程缺乏严谨性，并且受执政党操纵。智利前中右翼总统皮涅拉曾公开表示这一改革重在形式而非内容，并且将一切问题片面归因于新自由主义模式。故中右翼联盟呼吁进行"有实质内容的立宪进程"，突出对总统权力的约束、对人权的捍卫，以及强化宪法法庭存在的必要性。值得强调的是，在反对党联盟单独制定的新宪法提案中，尤为强调国家的作用，主要指公共部门与私人部门的共同责任，尤其是当市场失灵时，政府不应独善其身，而应在保障私人部门

---

① 参见https://www.unaconstitucionparachile.cl，检索日期：2016年11月30日。

的基本权益方面扮演重要角色[①]。可以看出,这一观点与反对党一贯奉行的弱化国家作用的保守立场存在很大不同,标志着其政策理念的一个重要转型,这或为该联盟在大选中争取到更多中间选民的支持。

(二)政府陷入信任危机

2015年,执政党联盟和反对党联盟均陷入腐败丑闻,这不仅助推了两大联盟内部各党派之间的立场分化,而且加剧了市民对政党和政府的不信任。2016年,这一场信任危机持续发酵。根据智利民调机构 Adimark 的统计,2016年1~11月,民众对巴切莱特的支持率始终保持低位,甚至一度跌至13%的冰点[②]。这一数字创下该国"还政于民"26年来历届总统支持率的最低水平。相较其2014年第二任期伊始,这一数字下滑了40个百分点,更无法与其2010年第一任期结束时83%的支持率同日而语。

这一不利局面的产生可基于两点解释。其一,其导火索是2015年上半年巴切莱特的儿子和儿媳被指控腐败渎职,而2016年5月,该国著名时政评论杂志爆料巴切莱特本人与这起渎职案有关联,尽管巴切莱特予以否认并指控其诽谤,但这一报道导致总统一向正直公正的亲民形象和声誉大为受损。当月,总统和政府的民意支持率骤降5个百分点。其二,民意下跌的根源在于社会经济发展持续降温,在这种情况下,巴切莱特政府逆势而为,短时间内过快、过于激进地推行一系列不利于重塑投资者信心的结构性改革,而且在实施过程中遭遇重重阻力,失误频发,使人们对政府执政能力和经济管理成效产生怀疑。

(三)市政选举解析与大选预判

2017年底,智利将迎来总统大选。在这一背景下,左右翼政党之间的博弈越发尖锐。2016年10月,4年一次的市政选举启动。从初步统计结果

---

① http://www.latercera.com/noticia/propuesta-constitucional-de-chile-vamos-plantea-reforzar-rol-del-estado/,智利《时代评论者报》,检索日期:2016年12月15日。
② Adimark,*Encuesta*:*Evaluación Gestión de Gobierno Informe Mensual*,noviembre de 2016.

来看①，此次选举呈现出两大特征：一方面，平均投票缺席率高达65%，首都地区一些区县的投票参与率仅为1/5；另一方面，两大联盟博弈互有胜负，竞争陷入胶着状态。然而，对于反对党联盟而言，尽管其民意支持率同样因为丑闻而不尽如人意，但从市政选举中获得的市长席位来看，反对党联盟以微弱优势略胜于执政联盟，尤其是收复了包括首都圣地亚哥、第二大城市瓦尔帕莱伊索等在内的重要席位。

市政选举一向被视为大选的"前哨战"，这一结果无疑为中左翼执政党敲响了警铃。对于下一届总统选举，前中左翼总统里卡多·拉戈斯（Ricardo Lagos）已经表示出参加的意向，但从11月的民调结果来看，其支持率远低于前中右翼总统塞巴斯蒂安·皮涅拉（Sebastián Piñera），尽管后者尚未对提名反对党联盟候选人有明确表示。值得一提的是，对于巴切莱特政府所推动的一系列结构性改革，如果中右翼联盟在大选中获胜，那其很大程度上仍旧会继承已经取得的改革成果，并继续推进各项进程，从而保持政策上的连续性，但是鉴于这些举措对经济增长预期产生的负面溢出效应，下届政府或许会放缓改革步伐以稳定民心。

二 经济形势②

（一）宏观经济政策调控

财政政策方面，2016年，智利政府公共收支平衡持续恶化状况有所遏制，但依然严峻，赤字率提高了0.5个百分点，这是几个因素共同作用的结果。支出方面有所收紧，增速放缓，从2015年的7.5%下降至2016年的4.2%，主要是因为政府一般性支出和资本性支出减少；收入方面，自2014

---

① 参见智利国家选举委员会官网，http://www.servelelecciones.cl，检索日期：2016年12月22日。
② 除特别说明外，本部分数据均来自CEPAL, *Balance Preliminar de las Economías de América Latina y el Caribe 2016*, Santiago de Chile, diciembre de 2016。

年起逐渐步入正轨的新税法彰显成效，尤其是借助大幅提高公司所得税率以及打击偷税漏税行为，一定程度上利于政府收入的增加，但经济长期不振的局面更为严重地影响了税收水平，尤其是所得税和增值税两个税种跌幅显著，与2015年相比分别下降了10%和3.3%。此外，受低位铜价的冲击，政府主要的收入来源——铜矿部门收入锐减。

货币政策方面，自2013年第四季度起至2014年，中央银行为刺激内需，增加流动性，几经调整，将利率从5%下调至3%。但低利率水平并未显著引起投资和消费的上升，投资者对未来经济形势无法形成准确的预期，且消费者的消费倾向逐渐下降。因此，社会经济一定程度上陷入了"流动性陷阱"。基于此，2015年，货币当局将利率提高了0.25个百分点，之后为应对2015年底美联储加息，以防止资本过度外流，同比例上调了利率，并最终保持在3.5%的水平。截至2016年12月底，智利央行并未与同年底的美联储加息保持同步，这主要是由进入2016年，经济持续低迷、总需求萎缩、本币汇率开始走强、物价水平下行过快等造成的。

（二）宏观经济运行表现

在以财政和货币政策有所收紧为特征的宏观调控下，2016年，智利主要宏观经济政策目标的完成情况如下。

1. 充分就业方面

内需不足、物价下跌尽管对实际购买力的提升具有一定的积极效应，但是经济的长期低迷日益为劳动力市场增添压力。以失业为例，2016年第二季度失业率同比上升0.5个百分点，达到7%，这是近5年来的最高水平[①]。其中，影响最严重的部门是金融保险业和矿业。

2. 稳定物价方面

货币当局实行通货膨胀目标制，目标区间在2%至4%之间。尽管2015

---

① INE, *Encuesta Nacional de Empleo*, Departamento de Estudios Laborales, diciembre de 2016.

年通胀率曾溢出目标区间上限,并在2016年1月达到峰值4.8%,但此后这一比例持续走低,到2016年第四季度已经接近央行目标区间下限。① 这一趋势产生的主要原因在于总需求疲软,以及本币走强使燃料价格降低。鉴于此,能源部门和商品零售业成为物价下跌的主要部门。

3. 经济持续均衡增长方面

从年度基本经济指标上看,智利宏观经济总体运行平稳。2016年,多家国际机构(如世界银行、知识产权组织以及《经济学人》等)均对智利宏观经济环境予以肯定,指出从全球竞争力、创新力、市场经济透明度、风险评估、商业制度承受度和腐败程度等方面综合来看,该国的投资环境与国际评价稳居拉美地区首位。

但从增速上看,2016年,GDP增速与2015年同比下降了0.5个百分点,仍未摆脱增长低迷、复苏乏力的困境,而且长期经济不景气对市场形成负面预期。从智利央行发布的国内主要经济活动月度指标来看,2016年,非矿业部门产出相对稳定,且保持正增长,但矿业部门呈现强波动性,铜价的持续下行使该部门的产出连续12个月萎缩,2016年6月跌幅逼近10%,达到近5年来的最大降幅。预计2016年下半年至2017年,铜价将触底反弹,届时将一定程度上缓解近年来矿业部门产出下降、投资不足以及收益恶化的局面。②

4. 国际收支平衡方面

近年来,在大宗产品价格普遍下跌的背景下,智利的贸易条件有所恶化,经常账户呈现逆差。但2016年下半年以来,经常账户赤字出现小幅缩减,与2015年相比下降了0.2个百分点。这一趋势的产生主要基于两点:一是进口方面,石油价格持续下跌,国内需求不振限制了进口的增长;二是出口方面,铜价逐渐温和回稳,此外,受益于政府推动经济多元化发展的举措,非矿业部门出口增长富有活力。

---

① 参见 *Índice de Precios al Consumidor*, Boletín informativo del INE, diciembre de 2016。
② EIU, *Country Report*:*Chile*, October 2016, p. 31.

汇率方面，有所好转的外部资本市场有利于新兴市场金融稳定和风险溢价的降低，与此同时，也助推这些国家本币名义汇率提升。2016年，智利比索扭转了2015年贬值加剧的趋势，逐渐走强。2015年11月至2016年12月期间，本币升值了6个百分点。

三　社会形势

2016年，智利社会领域最受瞩目的事件便是牵涉现行养老金体系的两次大规模的社会运动，以及在这一形势下巴切莱特政府启动的养老金制度改革。2016年7月和8月，智利爆发了两起大规模的抗议游行活动。百万民众在首都圣地亚哥和其他重要城市的街头控诉现行私人养老金分配系统的种种弊端，呼吁政府将其废除，进行彻底的养老金制度改革。这两场声势浩大的抗议活动不仅直接导致8月总统和政府的支持率环比骤降3个百分点，而且致使35年来一直被奉为"典范"的智利模式陷入受人诟病的窘境。

我们需要简要回顾一下智利养老金制度的历史变迁。1925年，智利施行了以现收现付、公立机构管理为特征的养老保险模式，这一制度在收入再分配和稳定性上具有较大的优势，如由于不存在基金营运和保值增值的问题，受经济波动影响较小。此外，在统一退休条件给定的前提下，通过代际转移的方式能够更好地贯彻收入均等化。然而，这种模式对人口结构和国家政治经济的稳定性提出了更高的要求，人均预期寿命和经济周期波动都给刚性的退休金支出带来了不确定性。因此，该模式在延续半个世纪后，随着人口老龄化问题凸显，社会经济危机频仍，再加上公共机构官僚主义风气横行，管理效率低下，到20世纪70年代，整个国家财政受该制度拖累濒临破产。

在这一背景下，1981年，皮诺切特政府进行了养老金私有化改革，设计了沿用至今的养老保险制度。养老保险制度出台的主要目的在于，通过与私人养老金模式的对接缓解给付确定制模式对国家公共财政造成的巨大负担。总体来看,新模式以完全积累式的个人账户制为政策核心。在这一框架下,不同于现收现付制的以收定支方式,新的筹资形式通过以支定收使退休待遇水平完全取决于账户基金的积累额,账户基金可以进行投资,私人养老基金管理公司(以下简称"AFPs")①负责投资运营,政府负责相关立法,并对资本市场进行监管。

这一模式的主要特征有五点:其一,雇员每月强制付出10%的薪资,将其纳入AFPs的账户中;其二,雇员可自由选择养老金公司,退休后养老金给付由账户积累资产转化为年金或按计划领取;其三,由于支付水平与本人在职时的工资和缴费直接相关,因此能够对缴费形成激励;其四,强制储蓄,以更好地平滑生命周期中收入和消费的均等化;其五,这种模式可以较好地解决人口老龄化问题,并为经济建设提供大量资金,有利于资本市场的发育和经济繁荣。

通过市场化改革,将个人责任、国家监管和市场机制充分结合起来,这种模式缓解了给付确定制效率低下和财政不可持续性的弊端。鉴于高比例的参与率和资本市场的繁荣,智利养老金年均收益率长期超过10%。得益于高回报率及国际多边金融机构的赏识与力推,这一养老金体系不仅被20世纪90年代"还政于民"以来的各届民主政府所继承,而且对于世界多国来说具有明显的示范效应。

然而,近年来,越来越多的智利民众对AFPs表现出反感,主要是因为养老金替代率下降,每月提取的养老金甚至低于最低工资水平,尤其是对于中产阶级来说,退休前后的生活质量落差显著。导致智利养老金体系如今陷入岌岌可危处境的深层原因是多重的,其中比较重要的解释有三。其一,社会和人口结构的变迁。随着人民生活条件的改善和预期寿命的延长,以及民众的储蓄率下降,纵然储蓄回报率保持高位,固定年限的养老缴款金额也依然无法满足社会现实变迁下的更高要求。其二,管理成本过高。基金公司高收费乱象抬高了养老金运作的成本,从而进一步使资本回报率缩水。其三,

---

① 目前,智利国内资本市场共有6家私人养老基金管理公司。

覆盖面不足，不平等性加剧。鉴于个人账户不具有社会互助和再分配功能，低收入者、就业不稳定者等弱势群体被市场体制排斥，从而不利于缩小贫富差距。其四，经济不景气。养老金回报率的黄金期发生在20世纪90年代后半期至21世纪初，当时在高利率环境和企业私有化条件下，资本报酬率一度高达35%。但近年来，随着国际大宗商品价格持续低迷，智利经济降温显著，这无疑对资本市场形成了负面预期。

实际上，针对养老金系统的这些弊端，巴切莱特早在其第一任期开始便着手进行有针对性的改革，尤其是通过引进"团结养老金计划"，集中解决私人养老体系无力覆盖的低收入群体问题。通过这种公私混合的双轨方式，在保持市场效率的前提下履行国家转移支付职能，缩小贫富差距。

然而，从2016年爆发的抗议的诉求来看，政府的努力显然并未令民众满意。抗议者更希望政府在养老金体系中承担更多的责任，甚至希望将养老体系国有化。然而，巴切莱特政府对现行模式对经济的贡献予以充分肯定，倾向于保留这一体制，但针对民众的诉求，政府致力于在能力范围内进行部分修补，通过协商对话寻求达成一个平衡点。2016年8月，政府制定了一系列改革方案，以期进一步强化养老体系的再分配功能，主要措施有：成立养老金制度改革的总统咨询委员会；在智利国内企业雇员上缴10%工资的前提下，企业为其额外贡献工资的5%作为"团结计划"的组成部分，扩大现有养老金积累额；治理私人养老金公司在管理时的隐性收费现象；考虑延长退休年龄的可行性；建立国家运作的养老基金管理公司，旨在同其他6家私人养老基金公司同台竞争，以给受益人提供更多选择，这一国有管理公司优先服务于私人养老金系统"无力惠及"的客户，即被排斥在现行体制之外的社会群体，如自谋职业者、低收入者等。

这些议案是否会最终获得国会批准尚未可知，但如果这些措施落地，无疑将加重政府每年的财政支出，在当前政府主要收入来源持续减少的形势下，这些举措不仅会恶化政府赤字，亦会对企业信心和资本市场波动造成负面溢出，进而对执政党在2017年的大选中增添不确定性。

四 外交形势

（一）中智关系

2016年，中智关系迈入新的里程碑。11月22日，中国国家主席习近平对智利展开国事访问。双方发表了《中华人民共和国和智利共和国关于建立全面战略伙伴关系的联合声明》，双方共签署了12项合作文件，涉及农业、科技、教育、文化和贸易等领域，并将中智关系提升为全面战略伙伴关系。这标志着两国关系继2012年确定为战略伙伴关系以来再次掀开新的一页。可以认为，两国关系已经进入更加成熟稳定的新阶段。

一方面，鉴于中拉整体合作框架的务实要求，中智关系正逐步从贸易、投资向金融领域深化。贸易和投资方面，2006年中智自由贸易协定生效。此后，随着各项补充协定的达成，协定涉及领域逐步向服务贸易、投资拓展。近两年来，在双边进出口贸易98.7%以上的产品实现"零关税"的基础上，中智开始寻求自由贸易协定的更新升级。金融方面，2015年以来，通过建立人民币清算行、签署本币互换协议、授予人民币合格境外机构投资者资格（RQFII）等举措，中智金融合作再次成为中拉整体合作的先行者与典范。

另一方面，智利经贸政策始终向亚太地区倾斜，奉行市场开放、贸易自由化和区域经济一体化。智利将中国视为亚太地区自由贸易倡议的有力推动者，从政府层面更加密切关注中国所倡导的区域全面经济伙伴关系（RCEP）的内容和进展，并推动成为这一机制成员国的可行性研究，以期与RCEP建立更加密切的联系。

（二）区域经济合作与一体化

2016年，智利继续在区域经济合作与一体化机制中表现活跃。以太平洋联盟为例，自2016年5月1日起，该组织4个成员国于两年前共同签署的《太平洋联盟框架协议》补充协议在分别获得了4国国会批准后正式生效,这意味着该一体化组织迈出了实现完全自由贸易的重要一步;同年5月,4国与东盟各国共同商讨在依托各自一体化平台的基础上建立合作框架;6月,4国宣布与观察员国加拿大建立战略伙伴关系。

值得指出的是,自2016年下半年开始,智利成为该组织的轮值主席国,在大宗商品价格下跌持续挤压各国财政空间、全球贸易保护主义抬头以及全球经济增长下行的大背景下,该国在协调统一各成员国行动、倡导经济自由开放以及地区贸易和金融一体化等方面发挥了积极而重要的作用。2016年6月和7月,分别在智利南部城市巴拉斯港成功召开了第十一届太平洋联盟峰会和第三届企业家峰会,4国就进一步加强经济一体化达成了共识:其一,以更加开放包容的姿态密切与观察员国家的关系;其二,为成员国中小企业参与国际市场创造更多的机会,尤其是为其创业和创新发展提供便利条件和加大资金支持力度。

(三)与拉美其他国家的双边关系

与玻利维亚再起主权纷争。2016年3月,玻利维亚宣布拥有位于智玻两国边境地区的锡拉拉河流域的主权,并声讨智利在未支付费用的前提下取用该河流水源,以支援当地采矿产业和居民用水。因此,玻利维亚宣布将就此问题向海牙国际法庭提出诉讼。而智利方面表示,该河流是可以共用的国际航道,为捍卫本国切身利益,会提起相应的反诉。如果玻利维亚切实采取行动,则将是该国继太平洋主权出海口问题之后,第二次将智利告上海牙国际法庭。

与乌拉圭签署自由贸易协定。2016年10月,智利与乌拉圭结束最后一轮谈判,在乌拉圭首都蒙德维的亚正式签署双边自由贸易协定。两国的自由贸易谈判耗时仅半年有余,这主要归功于两国之间已经建立较为成熟的自由贸易框架。早在20年前,智利就与南方共同市场签订了自由贸易协定,乌拉圭是该组织的成员国之一,因此两国在双边贸易方面早已实现零关税。而2016年,两国单独达成的这份新协定涉及原产地规则、卫生监管、知识产权以及电子商务领域等,尤其是在服务贸易自由化方面进行

了拓展。

鉴于智乌两国国内市场规模有限，以及既有的自由贸易协定已运行多年，此份协议并不会显著扩大双边贸易额。但是在当前两国饱受外部冲击的大背景下，此份自由贸易协定涉及的许多新条款对两国摆脱经济复苏乏力的困境存在正向溢出。举例来讲，新协定规定取消两国间投资者资本、利息、版权以及资产所得的"双重征税"，这会进一步促进双方商品和劳务的自由流动，吸引更多投资，进而振兴国内就业市场。

（杨志敏　审读）

Y.14
哥伦比亚：全面和平协议达成　经济预期向好

左晓园*

摘　要： 2016年，哥伦比亚政府与最大的反政府武装——哥伦比亚革命武装力量达成全面和平协议，结束了长达50多年的内战。为了提高支持率，团结更多力量，保证和平协议顺利实施，桑托斯总统重组内阁，吸纳了非执政联盟内党派成员加入"和平和后冲突时期的内阁"。由于石油价格低迷、主要贸易伙伴需求不足、内需增长缓慢，哥伦比亚经济增速放缓，但良好的经济政策使其增长率在南美洲名列前茅。通货膨胀压力较大，货币贬值速度减缓，经常项目赤字略有减少。

关键词： 哥伦比亚　和平协议　重组内阁　经济放缓

2016年将成为哥伦比亚历史上具有重大意义的一年。哥伦比亚政府与最大的反政府武装——"哥伦比亚革命武装力量"（FARC）签署了全面和平协议并最终得到国会批准，哥伦比亚结束了长达50多年的内战。2018年8月哥伦比亚将进行大选，桑托斯政府的主要目标是在2018年离任前完成与哥伦比亚革命武装力量的和谈，结束内战，获得必要的立法支持，推动实施与和平有关的各项改革。尽管最初全民公决以微弱多数否决了和平协议，

---

* 左晓园，外交学院英语与国际问题研究系副教授，拉丁美洲研究中心主任，博士。

但修改后的协议终于于 2016 年 11 月 30 日得到国会批准。和平协议的通过将改善哥伦比亚的安全状况,加强国家对农村地区的治理,改善基础设施投资和公共服务,推动国民经济包容性增长。哥伦比亚继续加强与太平洋联盟国家及签订了自由贸易协定的国家之间的关系,与中国的关系稳步推进,与美国的关系因特朗普当选可能会稍有影响,对委内瑞拉重新开放边境。

一 政治形势

经过为期近 4 年的谈判,2016 年 9 月末,哥伦比亚政府与最大的反政府武装"哥伦比亚革命武装力量"就农业开发、哥伦比亚革命武装力量的政治参与、非法毒品控制、受害者赔偿及哥伦比亚革命武装力量解散的条件等达成共识,正式签订全面和平协议,结束了长达半个多世纪的武装冲突。桑托斯总统因 4 年来为结束内战所做出的不懈努力而荣获诺贝尔和平奖,其民调支持率也因此上升。和平协议在全民公决中以微弱多数被否决后,经修改最终得到国会批准。哥伦比亚国家规划署署长加维利亚表示,签署和平协议将为哥伦比亚经济发展带来巨大红利,为其 GDP 年均增速贡献 1.1～1.9 个百分点,人均 GDP 有望 10 年内翻一番至 12000 美元左右,投资总额占 GDP 比重可达 35%,出口额将增至 650 亿美元①。然而,剧烈的社会政治分化仍然为哥伦比亚实施和平协议、巩固和平带来了挑战和风险。

(一)桑托斯政府在第二任中期重新进行政治洗牌

2016 年 4 月,为了团结更多的力量,助力和平进程,提高支持率,桑托斯总统决定在和平协议签订前完成内阁改组。改组后的内阁保留了 9 位原内阁部长,引入了 7 名新内阁成员。其中,最引人注目的新内阁部长来自桑托斯执政联盟以外的政党。他们分别是来自左翼政党绿党联盟的司法和法律部部长

---

① http://co.chineseembassy.org/chn/ggxw/nz/t1402378.htm,中华人民共和国驻哥伦比亚共和国大使馆网站,2016 年 9 月 26 日,检索日期:2017 年 3 月 20 日。

豪尔赫·爱德华多·隆多尼奥·乌略亚（Jorge Eduardo Londoño Ulloa），来自民主选择中心党的劳工部部长克拉拉·欧亨尼娅·洛佩斯·奥夫雷贡（Clara Eugenia López Obregón），以及来自右翼保守党的矿产和能源部部长赫尔曼·阿尔塞（Germán Arce）。来自执政联盟内的新内阁部长包括来自民族团结社会党的贸易、工业和旅游部部长玛丽亚·克劳迪亚·拉库蒂尔（María Claudia Lacouture），激进变革党的住房、城市和国土部部长艾尔萨·玛格丽塔·诺格拉（Elsa Margarita Noguera），激进变革党的环境和可持续发展部部长路易斯·希尔维韦托·穆里略（Luis Gilberto Murillo），民族团结社会党的交通部部长豪尔赫·爱德华多·罗哈斯（Jorge Eduardo Rojas）。桑托斯总统称新内阁为"和平和后冲突时期的内阁"，希望重组后的新内阁更有利于和平协议得到国会批准，以及随后实施与和平有关的改革。通过吸收反对派进入内阁，桑托斯总统进一步孤立了强硬的反对派、一直坚决反对和平协议的右翼民主中心党参议员、前总统乌里韦。随后事态的发展也证实他的决策是正确的。

（二）整体政治稳定，但国内政治分化严重

和平协议的通过一波三折，表明哥伦比亚政治分化严重。2016年10月初，哥伦比亚政府就其与"哥伦比亚革命武装力量"签署的和平协议举行全民公决。前总统乌里韦领导的反对党坚决抵制该和平协议，认为其内容过度向哥伦比亚革命武装力量让步；和平协议以50.2∶49.8的微弱差距遭到公投否决，但投票率仅为38%，显示了哥伦比亚政治力量的分化，这给和平进程增加了新的不确定性。此后，哥政府与反对党各任命3名谈判代表就和平协议分歧展开谈判。同时，哥政府与"哥伦比亚革命武装力量"继续在古巴就新的和平协议展开艰难谈判，最终达成共识并签署协议。随后，国会以压倒性多数批准了经过修改的和平协议。然而争议并未结束，反对党民主中心党及一些保守党议员认为该过程不合法，投了弃权票。此外，国会还批准了对"哥伦比亚革命武装力量"成员实行大赦的法案，这是和平协议的一部分，并且是武装分子提出解除武装并解散的前提条件。这项法案不适用于反人类罪。此外，宪法法院支持了一项宪法修正案的合法性，该修正案

规定,总统有权在无须国会批准的情况下颁布某些与和平相关的法令。宪法法院支持其他与和平协议有关的法律使用快速通道,缩短国会讨论所需要的时间。有了这些机制,以及执政的民族团结联盟(由中右翼的民族团结社会党、中左翼的自由党以及中右翼的激进变革党组成)在议会占多数席位,桑托斯总统在未来推动和平协议的实施时会少一些阻力。

(三)与哥伦比亚民族解放军的和谈尚未取得进展

从2016年初,政府与哥伦比亚第二大游击队组织哥伦比亚民族解放军就一直进行着密集的非正式接触,10月10日,双方宣布在哥伦比亚民族解放军释放两名被绑架的人质后,正式谈判将于10月27日开始。然而,由于围绕释放人质产生的争执,哥伦比亚政府推迟了正式和谈的日期,决定在哥伦比亚民族解放军释放被绑架的政治家奥丁·桑切斯前暂停和谈。2017年2月,和谈正式开始。

二 经济形势①

2016年,哥伦比亚政府继续采取有效措施,减轻内外经济形势的不利影响。由于外部需求减少、内需增长缓慢,哥伦比亚经济增长速度放缓。据联合国拉丁美洲和加勒比经济委员会(以下简称"拉美经委会")估计,2016年GDP增长率约为2.0%(见表1)。尽管面对不利的贸易条件,哥伦比亚经济还是较多数拉美国家更具有弹性。哥伦比亚对能源和矿产出口有较大的依赖性。主要出口商品石油价格低迷,2016年1~10月,石油产量同比下降12%②;厄尔尼诺现象造成农业减产,建筑业和金融服务业的收入增长在很大程度上被农业和采矿业收缩带来的收入减少抵消。全国性卡车工人罢工运动也加大了通货膨胀压力。货币供应量低和比索名义贬值带来了价格

---

① 除特殊说明外,本部分数据均来自 ECLAC, *Preliminary Overview of the Ecomomies of Latin America and the Caribbean 2016*, Santiago, Chile, December 2016。
② EIU, *Country Report*:*Colombia*, January 2017, p. 3.

上涨压力，消费者物价指数（CPI）上升了5.8%，比2015年的7年来最高纪录6.8%下降了1个百分点。由于国际市场需求疲软，出口下降，即使货币贬值也未能阻止出口下降。然而，由于进口收缩，经常项目赤字比预计减少。政府采取了及时有效的调控政策，通货膨胀率在7月达到高点后开始下降，到年底，哥伦比亚中央银行得以采取较宽松的货币政策来降低利率。2016年8月国际信用评级机构标准普尔宣布，将哥伦比亚银行风险的评级由负面上调至稳定。

表1 2014~2016年哥伦比亚主要经济指标

项目　　　　年份	2014	2015	2016[a]
增长率（%）			
GDP	4.4	3.1	2.0
人均GDP	3.4	2.1	1.1
消费者物价指数	3.7	6.8	7.3[b]
平均实际工资[c]	0.4	0.9	-1.5
货币供应量（M1）	14.8	10.4	6.5[b]
实际有效汇率[d]	5.9	22.7	22.6[b]
贸易条件	-8.8	-24.5	-5.4
平均占比（%）			
城镇失业率[e]	10.0	9.8	10.3
中央政府财政余额占GDP的比重	-2.0	-3.4	-3.9
名义存款利率[g]	4.1	4.6	6.7[f]
名义贷款利率[h]	12.1	12.1	14.7[f]
国际收支（百万美元）			
商品和服务出口额	63799	45258	39449
商品和服务进口额	75099	63488	53873
经常账户	-19459	-18938	-13705
资本和金融账户	23896	19354	13939
国际收支余额	4437	415	234

注：a——初步估计数据，b——2016年9月数据，c——制造业部门，d——负值表示实际汇率升值，e——包括隐性失业率，f——2016年10月数据，g——固定存款利率，h——按年计算某些借贷利率的权重。

资料来源：ECLAC, *Preliminary Overview of the Economies of Latin America and Caribbean 2016*, Santiago, Chile, December 2016.

（一）财政收入下降

2016年，由于石油收入下降及比索贬值造成偿债成本升高，哥伦比亚公共财政受到冲击。中央政府财政收入相当于GDP的15%，比2015年减少了1.1%。同时，为了抵消更高的利息支出，政府投资急剧下降。财政赤字占GDP的3.9%，扣除经济周期影响（大约占GDP的1.8%）后，结构性赤字占2.1%。由于经济的不确定性及财政支持的项目实施进度缓慢，投资减少。

为了弥补财政收入不足，哥伦比亚财政部向国会提交了一揽子税收改革计划，包括通过统一公司税率为32%，减轻法人税负；创立小企业单一税种，以扩大个人所得税税基；重新引入1986年废止的股息税，把增值税从16%提高到19%等。税收改革计划在2016年12月得到了国会批准。这一改革的主要作用是在遵守财政纪律的同时，为社会和基础设施重点项目提供资金。降低公司税收和简化税制将有利于提高企业竞争力。

（二）通胀压力大，央行通过及时有效的货币政策调节通胀率

2016年哥伦比亚消费价格指数上涨5.8%，比上年下降了1%。[1] 然而，通货膨胀率远高于央行设置的2%~4%的目标。2016年通胀的主要因素是食品价格上涨。从2015年下半年开始的大旱影响了2016年上半年的食品供应，而且全国性的卡车工人大罢工造成商品流通瘫痪，商品和服务价格上涨，将7月的通胀率推高至9%，成为15年以来的最高值。为了遏制通胀，央行从2015年5月起稳定提高货币政策利率。2016年大部分时间采取了紧缩的货币政策，货币政策利率攀升了200个基点，在8月达到7.75%。随着天气正常后农产品供应增加，食品通胀压力降低。其他在CPI中占较大权重的项目价格上涨低于上年平均通胀率。通胀率增长逐渐减缓后，为了刺激经济增长，央行开始采取较宽松的货币政策，从12月中旬起，开始降低政策利率25个基点，为7.5%。

---

[1] EIU, *Country Report*: *Colombia*, January 2017, p.35.

（三）货币贬值趋于温和

哥伦比亚比索从 2014 年开始贬值，2015 年贬值加剧。2016 年，比索贬值开始减缓，在 2 月触底后（1 美元兑换 3.357 比索），名义汇率回升。尽管比索在下半年走强，但由于对美国加息的预期，以及对国际市场和哥伦比亚经济不确定性的担忧，2016 年 1～10 月比索实际价值同比跌幅超过 6%。[①]

（四）经常项目赤字略有减少

2016 年上半年，国际收支经常账户赤字比上年同期略有减少（2016 年占 GDP 的 4.8%，2015 年占 6.3%），主要原因是外国投资者在采矿和能源行业的利润汇出减少，导致净要素收入流出下降。由于贸易伙伴需求不足以及出口商品多元化的能力有限，2016 年 1～9 月出口总量与上年同期相比下降了近 20%。非传统出口商品更具有竞争力的价格并没有促进出口。由于经济增长乏力，比索贬值造成进口商品价格上升，需求减少，进口额在 2016 年 9 月也下降了 20% 左右。

（五）中期经济前景较为乐观

和平协议签署、结构性税收改革及基础设施建设的红利将逐步释放，刺激投资增长并带动 2017 年经济小幅回暖；贸易壁垒减少加快了非传统产品出口的扩张步伐，可以促进经济结构多元化发展并有助于平衡经常账户赤字。由于降低公司征税及因签订和平协定带来的信心，投资会扩大，经济活动将略有回升。中期增长将在很大程度上依赖于摆脱严重依赖石油、推行经济多样化的努力。同时，和平协议在实施过程中可能会出现反复，红利的兑现可能需要较长时间。尽管中期预期向好，但下行风险依然存在。

---

① 《2016 年通货膨胀加剧哥贫困现象》，中华人民共和国驻哥伦比亚共和国大使馆经济商务参赞处网站，http://co.mofcom.gov.cn/article/jmxw/201703/20170302540626.shtml，检索日期：2017 年 4 月 29 日。

三 社会形势

受经济形势影响,哥伦比亚社会形势难言乐观。2016年哥伦比亚社会各项指标未有明显改观,社会政策有所显效。

(一)失业率略有上升,实际收入下降

由于经济增长放缓,失业率略有上升,工人平均实际收入下降。2016年1~10月就业率累积下降0.4%,失业率上升0.3%。这引发了自营经济增长强劲,2016年前10个月上涨了2.2%,就业人数则上涨了1.6%。较高的通货膨胀率使工人平均实际收入下降了1.2%。根据哥伦比亚国家统计局的信息,创造就业最明显的部门是房地产、建筑、制造、运输和通信业,失业最多的部门是农业、社区和个人服务。

(二)贫困人口比重略有上升,综合贫困人口比重略有下降,贫富差距略有减小

受通货膨胀影响,哥伦比亚国家统计局的数据显示,随着居民消费价格指数上升,2016年哥贫困人口比重从27.8%小幅上涨到28%。2016年哥赤贫人口比重为8.5%,比2015年提高了0.6个百分点。综合贫穷(一种贫穷计算方法,通过健康、教育、就业等参数代替单纯的收入标准考察贫穷与否)人口比重为17.8%,略好于2015年的20.2%。2016年哥社会贫富差距有所缩小,基尼系数从2015年的0.522下降至0.517,实现了三连降。社会发展在哥伦比亚政府工作的优先性中占有重要地位,是财政支出比重最大的部分之一,贫富差距的减小说明政府的社会政策有所见效。

(三)全国性卡车工人罢工损害了贸易流通

从2016年6月起哥伦比亚爆发了全国性卡车工人罢工。在经历约30天的大罢工后,哥伦比亚全国卡车司机协会拒绝了政府提出的条件,罢工事件升

级。哥政府交通部及贸易、工业和旅游部的代表与卡车司机协会就收费规则、车辆报废、解决非法注册问题、劳工条件、过路费及燃油费进行了谈判，但双方并未就实质性内容达成一致。罢工引起港口货物堆积成山，影响了进出口贸易。

四 外交形势

桑托斯政府继续深化与太平洋联盟国家秘鲁、智利和墨西哥的经济一体化进程，加强与已签订自由贸易协定的国家和地区（包括加拿大、美国、韩国和欧盟）的联系。哥伦比亚与其主要出口及投资伙伴巴拿马、厄瓜多尔和委内瑞拉因安全和经济纠纷经常关系紧张。哥伦比亚与尼加拉瓜对圣安德烈斯岛周围的海上边界存在争端。虽然哥伦比亚与委内瑞拉的摩擦依然存在，但是委内瑞拉重新开放了一年前关闭的两国边境。

（一）太平洋联盟内国家的贸易合作扩大

哥伦比亚《投资组合报》报道说，太平洋联盟自由贸易协定于2016年5月1日正式生效的一年以来，哥向联盟其他国家的出口已新增577类产品，包括LED照明设备、起重机、杀菌剂等。2016年哥向太平洋联盟市场出口了21.58亿美元非能矿产品。[1]

此外，哥伦比亚与哥斯达黎加（太平洋联盟的候选成员国）的双边自由贸易协定正式生效。根据该协定，哥伦比亚对哥斯达黎加出口74%的工业产品和60%的农业产品将立即免除关税，剩余部分将在5~15年内逐步实现零关税。另据哥伦比亚贸易、工业和旅游部统计，2015年哥伦比亚对哥斯达黎加出口总额达2.47亿美元，其中98%为化工、塑料、橡胶、纺织品等非能矿类产品。

---

[1] 《哥伦比亚正向太平洋联盟国家出口577类新产品》，中华人民共和国驻哥伦比亚共和国大使馆经济商务参赞处网站，http://co.mofcom.gov.cn/article/jmxw/201705/20170502569016.shtml，检索日期：2017年5月6日。

（二）与中国的关系

随着中拉全面合作伙伴关系确立以及中拉整体合作进程不断推进，中哥关系稳步推进。2016年11月，习近平主席在秘鲁参加亚太经合组织（APEC，全称"亚洲太平洋经济合作组织"）第二十四次领导人非正式会议时，在利马会见了哥伦比亚总统桑托斯，表示赞赏和支持桑托斯总统坚定推进哥伦比亚和平进程。同年10月，中国外交部部长王毅访问哥伦比亚时表示，中方将同哥方密切沟通，尽早实质性启动中哥自由贸易协定可行性研究。然而，由于中国经济增长减速，对大宗商品的需求减少，两国之间的贸易额比上年减少了约18.42亿美元[1]。为了促进贸易便利化，哥伦比亚政府正努力简化中国人赴哥签证办理程序，现在持有美国和欧洲申根签证的游客都可以免签进入哥伦比亚，持加拿大签证的游客也将加入这一行列。中国2016年赴哥旅游游客总数较上年同期增长了13%[2]。2016年7月，哥伦比亚农业及农村发展部部长伊拉戈里（Aurelio Iragorri Valencia）带领高级别访问团访问中国，推进上年同中国签订的行动计划中的主要目标，包括加强农业贸易、深化农业政策和信息交流、建立研究热带作物的研究平台及设立农村发展政策顾问等。

（三）与美国的关系

哥伦比亚多年来一直是美国在拉美地区最重要的盟国之一，是拉美地区接受美国援助最多的国家，美国是哥伦比亚最大的贸易伙伴。数十年来，打击毒品走私主导着哥伦比亚与美国的关系。奥巴马任内，两国关系扩展到了贸易、移民和对哥伦比亚和平进程的支持领域。2016年2月初，两国同意用"哥伦比亚和平计划"取代原"哥伦比亚计划"，为实施哥政府与哥伦比亚革命武装力量的和平协议提供资金支持。奥巴马总统宣布，将为和平计划

---

[1] 根据中国海关总署的数据测算。
[2] 《哥伦比亚愿加强与中国的经济合作》，新华网，2017年3月24日，http://news.xinhuanet.com/world/2017-03/24/c_129516399.htm，检索日期：2017年4月20日。

提供4.5亿美元的援助。8月1日，哥外长奥尔古因和美国国务卿克里在华盛顿举行两国第六次高级别对话会，双方就哥和谈进程、冲突后重建、哥人权问题以及拉美地区形势等问题交换了意见。会后二人共同会见记者时克里表示，希望和谈双方尽快就悬而未决的事宜达成一致，美将坚定支持哥政府落实最终和平协议。

然而，哥伦比亚与美国的关系将受到特朗普当选的影响。特朗普政府及共和党控制的国会可能会要求哥伦比亚在满足更严格的条件后才最终批准哥伦比亚和平计划2017年的拨款，并且由于政策优先性的差异，其可能削减对哥伦比亚的援助。

（四）与委内瑞拉的冲突缓和

2016年8月11日，桑托斯总统与委内瑞拉总统马杜罗举行会晤，决定结束自上年8月19日以来关闭边境的状态，逐步重新开放两国边境，首批将恢复5个边境口岸的人员往来。桑托斯称，重开边境标志着哥委关系揭开新的一页。

哥委双方选择此时重开边境主要是因为安全状况得到改善，并且两国均希望促进经济发展。哥伦比亚政府与该国最大的反政府武装"哥伦比亚革命武装力量"签署最终停火协议，委内瑞拉居中斡旋发挥了积极作用。哥伦比亚反政府武装带来的麻烦基本消除，两国迎来了恢复边境往来的合适时机。发展经济成为边境开放的推动因素。作为邻国，委内瑞拉和哥伦比亚经济、人员往来密切，相互有数百万民众在对方国家务工，边境贸易曾十分繁荣。两国政府认识到重开边境对经济有巨大的拉动作用。由于国际油价长时间低位徘徊，财政收入高度依赖石油出口的委内瑞拉经济陷入困境，希望通过重开边境加强与哥伦比亚的贸易往来，进一步稳定市场供应。

（张凡　审读）

Y.15
秘鲁：新政府开局平稳　经济稳中向好

何美兰[*]

摘　要： 新政府顺利组建，政治局势平稳，但来自反对党的力量不容小视。经济总体稳中向好，贸易形势转好，财政有待改善。减贫和教育政策见效，但社会分配不平等现象仍相对突出。秘鲁与其他拉美国家，特别是与邻国的关系及与亚太地区的关系继续加强，中秘关系达到新一轮高潮。要保持秘鲁平稳发展，新政府还需付出巨大的努力。

关键词： 秘鲁　政局平稳　经济增进　社会基本需求　区域外交

一　政治形势

（一）新政府开局平稳

2016年6月10日，秘鲁大选落下帷幕，"为了变革的秘鲁人"党（PPK）候选人佩德罗·巴勃罗·库琴斯基（Pedro Pablo Kuczynski）以50.12%的得票率当选新一任总统。人民力量党候选人藤森庆子（Fujimori Keiko）得票率为49.88%，仅以0.24个百分点的票差落败。7月28日，库琴斯基宣誓就职。他在就职演说中表示，打击腐败和各种犯罪活动、消除社会不平等、加强与国际社会的合作将是秘鲁新一届政府的工作重点。

---

[*] 何美兰，河北师范大学秘鲁研究中心助理研究员，博士，主要研究方向为拉丁美洲历史和文化。

库琴斯基曾担任过秘鲁部长会议主席、经济和财政部部长、能源和矿业部部长，从政经验丰富。在其首批公布的18名内阁成员中，有8名经济学家，以及多名社会学家、外交官和企业高管，表明库琴斯基更倾向于技术专家而非职业政客。费尔南多·萨瓦拉任部长会议主席，外交部部长是卢纳·门多萨，国防部部长为马里亚诺·冈萨雷斯，经济和财政部部长为索尔内；还有5名女阁员，分别掌管司法部、卫生部、发展和社会包容部、妇女部与环境部。

新政府上任半年多来，秘鲁政治局势基本平稳，各部门新旧交替进展顺利，经济继续保持稳定和较快增长态势，并成功举办了APEC领导人第24次非正式会晤，可谓"开局良好"。

（二）国会中"朝"小"野"大

秘鲁立法机构为一院制议会。在新一届议会中，藤森庆子领导的人民力量党作为主要反对党有73个席位，而库琴斯基所在的执政党仅有18个席位。左翼广泛阵线党拥有20个席位，但该党总统参选人门多萨只是在大选第二轮投票中才转而支持库琴斯基，两党之间的结盟关系并不深厚。上述局面表明，议会很可能是未来几年秘鲁各派政治势力相互较量的主要场所。鉴于此，库琴斯基在就职宣言中呼吁国会支持政府的政治、经济和社会计划。2016年10月13日，国会根据藤森庆子的提议通过了所谓"反政党归属变换法"，禁止议员脱离自己的政党而加入其他党团，强调政党的单一性和统一性。显然，人民力量党此举是为了确保其在议会中的多数党地位。此法令也得到了其他一些政党的支持，以70票赞成、30票反对通过。[①] 新一届政府的各项政策能否顺利推行在某种程度上取决于与反对党的博弈和妥协。12月20日，库琴斯基在出席官方活动时与藤森庆子会面，两人在一些问题上的观点显然不同。左翼政党则对外商在秘鲁进行矿业投资持谨慎甚至反对态

---

① "Ley Antitránsfuga: Las Claves y los Cambios en la Norma," http://elcomercio.pe/politica/congreso/ley-antitransfuga-claves-y-cambios-norma-noticia-1938746，检索日期：2017年1月3日。

度。此外，秘鲁工会势力较强。2016年9月12日，秘鲁首钢集团的铁矿工人在利马举行罢工游行，要求增加工资，并保障其"政治主人翁"地位。①因此，库琴斯基政府也面临来自左翼政党的压力。

（三）反腐斗争任重道远

库琴斯基上台后，强调打击腐败，加强财务监管，力求廉洁从政。2016年10月，政府卫生顾问卡洛斯·莫雷诺（Carlos Moreno）涉嫌利用职权进行非法交易，遭媒体曝光后被迫辞职。莫雷诺案之后，政府颁布了一项法令，规定犯有严重贪污腐败罪的公职人员将终身不得从政或任公职，并成立了廉政委员会。② 2016年的最后一次部长会议通过决议，规定将解雇因贪污而被惩罚的政府职员。教育部部长海梅·萨维德拉（Jaime Saavedra）被指教育政策缺乏透明度，并涉嫌贪污教育资源。12月9日，国会通过了人民力量党和阿普拉党联合提出的对萨维德拉进行审查的议案；库琴斯基任命玛丽露·马滕斯·科尔特斯（Marilú Martens Cortés）继任教育部部长。此案导致12月12日在利马发生了国家人权协调组织、秘鲁天主教大学、圣马尔科斯大学学生联合会等组织的示威游行，要求监管政府教育机构，建立独立的大学教育。③ 而此前一周，国防部部长马里亚诺·冈萨雷斯雇用自己的女友为办公室顾问被媒体曝光，旋即被解职。④ 库琴斯基执政才6个月，内阁成员涉嫌贪污、失职案就已曝3起，可见其反腐斗争任重道远。

---

① "La Mina Shougang Enfrenta Huelga con Plan de Contingencia," http：//elcomercio. pe/economia/negocios/mina-shougang-enfrenta-huelga-plan-contingencia-noticia-1933805，检索日期：2017年1月3日。
② 《秘鲁总统上任后首次改组内阁》，人民网，http：//world. people. com. cn/n1/2016/1206/c1002-28928724. html，检索日期：2017年1月3日。
③ "Hay Corrupción y Ese es un Problema Grave para Nosotros," http：//elcomercio. pe/politica/gobierno/jaime-saavedra-hay-corrupcion-y-ese-problema-grave-nosotros-noticia-1949089，检索日期：2017年1月3日。
④ "PPK：Momentos Tensos de los Primeros 5 Meses de Gobierno," http：//elcomercio. pe/politica/gobierno/ppk-momentos-tensos-sus-primeros-5-meses-gobierno-noticia-1956274，检索日期：2017年1月3日。

二 经济形势①

（一）经济持续增长

2016年，秘鲁经济保持增长态势，GDP增长率由上年的3.3%提高到3.9%（见表1）。拉动经济增长的主要动力是初级产品生产部门，以前3个季度为例，初级产品生产部门增长9.9%，非初级产品生产部门仅增长2.7%。其中，最具活力的部门是以铜矿为代表的金属矿业，这主要得益于塞罗维尔德矿产能的扩大、拉斯班巴斯矿的投产以及安塔米纳矿的增产。其次是电力和供水产值增长7.8%，服务业增长4.5%。2016年渔业产值下降22.2%，主要受自然环境因素影响，捕捞季姗姗来迟。制造业产值萎缩2.9%，建筑业产值下降0.4%。

从内外需求角度看，前3个季度的经济增长主要得益于矿产品出口增长（9.6%），国内公共与私人消费分别增长5.9%和3.6%。同期，国内总投资再度下降，其原因是多方面的。私人部门致力于减少库存，固定总投资下降了6.2%；矿业投资下降明显，因为几个大型矿山的建设基本完工，而国际金属价格下跌；一些重要的基础设施工程被延期，如利马—卡亚俄之间的地铁2号线。进口则出现2.9%的负增长。因为制造业萎缩、固定投资减少，国内对中间投入与资本货物的需求明显下降。

（二）财政状况有所恶化

由于国际大宗商品价格下跌和内需减弱，秘鲁财政状况较2015年有所恶化。2016年前9个月，非金融公共部门出现50.7亿索尔的赤字，而上年同期则有36.09亿索尔的盈余。2016年前3个季度，中央政府初级结算的

---

① 除特别注明外，经济部分的数据均出自ECLAC, *Preliminary Overview of the Economies of Latin America and the Caribbean*, Santiago, Chile, December 2016。

赤字为19.66亿索尔，上年同期则盈余1.85亿索尔。2015年前3个季度，中央政府总赤字为47.71亿索尔，2016年前9个月赤字增加到76.71亿索尔。同期，日常收入减少0.9%，其中，非税收收入降幅达8.5%；经常性支出则增加了4.5%，其中工资报酬支出增幅最大，达11.2%。由于矿产品价格下跌，中央政府在矿区租金转移支付方面的支出减少了31.7%。尽管中央政府的固定资本形成增长5.1%，但资本支出却下降了5.9%。非金融公共部门的赤字主要通过举借外债来填补，因此，2016年第三季度末，非金融公共部门的公共债务规模已相当于GDP的22.7%，高于上年同期的21.1%。

（三）贸易形势好转

2016年经常账户赤字占GDP的比重为3.7%，低于2015年的4.8%。这一变化主要源于贸易结算的好转。例如，2016年前9个月，外贸赤字比上年同期减少了30.7%。在要素支付方面的赤字增大，增幅为18.2%，这主要是由矿产品产量增加以及跨国矿业公司的母公司力图降低负债水平所致。同期，进口额同比下降7.7%，其中80%源于私人投资萎缩情况下的工业原材料和资本货物进口的减少；出口额增长了2.8%，主要得益于矿产品出口增加，尤其是铜的出口额增长了19.6%。矿产品出口在其价格跌幅达到19.6%的情况下实现出口额的上述增长，主要是因为出口量增加了47.6%。

2016年前9个月，资本账户出现44.59亿美元的盈余，比上年同期减少41.5%。同期，外国直接投资总额达46.55亿美元，比上年同期减少24.2亿美元，受影响最严重的是矿业投资。净外汇储备量稍增，从2015年12月的614.85亿美元增至2016年10月的620.09亿美元。

（四）金融形势基本平稳

基准利率曾于2015年8月提高至3.25%，2016年2月再度调高至4.25%，并一直保持到11月未变。这主要基于通货膨胀从2016年1月4.6%的巅峰逐渐下降，中央储备银行预见到了通货膨胀放缓的趋势。利率相对较低且保持稳定对刺激消费与投资较为有利。存款机构向私营部门发放的贷款增长9.2%，比2015年前10个月增长14.2%有所放慢。2016年，信贷的跨年度增长率逐月下降，从1月的13.7%降至10月的5.3%。信贷扩张的部分主要是索尔贷款，美元贷款则呈萎缩状态。

在2016年前10个月，尽管2月、3月一度出现货币名义升值现象，但索尔对美元的名义汇率平均贬值7%。这种情况的出现与矿产品价格下跌，以及人们对靠出口初级产品的新兴市场的资产缺乏兴趣相关。2016年前3个季度，实际有效汇率比上年同期平均贬值2.1%。

2016年秘鲁的经济表现具体如表1所示。

表1 2014～2016年秘鲁主要经济指标

项目	2014年	2015年	2016年[a]
年增长率（%）			
GDP	2.4	3.3	3.9
人均GDP	1.0	1.9	2.6
消费者物价指数	3.2	4.4	3.1[b]
货币供应量（M1）	4.9	5.1	5.8[b]
实际有效汇率	2.3	2.3	2.6[b]
实际平均工资	2.8	-0.3	1.7
贸易比价	-5.4	-6.3	-2.3
年平均百分比（%）			
城市公开失业率	5.9	6.5	6.7
中央政府财政盈余占GDP比重	0.3	-2.2	-2.9
名义存款利率	2.3	2.3	2.6[c]
名义贷款利率	15.7	16.1	16.3[c]
国际收支（百万美元）			
商品和服务出口额	45482	40462	41712
商品和服务进口额	48722	45343	43540
经常账户余额	-8196	-9210	-7023
资本和金融账户余额	11376	5843	8061
整体收支余额	-2188	73	299

注：a——2016年的数据均为估算数字，b——9月的数字，c——10月的数字。
资料来源：ECLAC, *Preliminary Overview of the Economies of Latin America and the Caribbean*, Santiago, Chile, December 2016.

三 社会形势①

(一)基本社会需求覆盖面居中

根据2016年美国哈佛大学和麻省理工学院对全球133个国家的社会进步指数调查,秘鲁在基本人类需求一项得分79.35,排第49位,其中水、卫生设施指数排第85位,个人安全系数排第88位,犯罪率排第92位。幸福基础(健康、财富、信息获取快捷度、生态环境)和机会(自由、选举权、宽容与包容、高等教育)两项分别排在第35位和第50位。② 联合国拉美经委会的统计也表明,秘鲁的基本社会需求综合指数在拉美国家中排在中上游(见表2)。

表2 2014~2015年秘鲁和拉美15国基本社会需求覆盖面比较(以家庭为统计单位)

基本社会需求	秘鲁	拉美15国
电	94%	93%
饮用水	85.6%	95%
卫生条件	76.5%	62.6%
人口拥挤度	11.5%	15.7%
25岁以上人口的受教育年限	9.2(年)	8.1(年)

注:此处的15国是危地马拉、洪都拉斯、萨尔瓦多、尼加拉瓜、巴西、哥伦比亚、多米尼加、墨西哥、哥斯达黎加、厄瓜多尔、玻利维亚、委内瑞拉、乌拉圭、巴拿马、智利。

资料来源:ECLAC, *The Social Inequality Matrix in Latin America*, Santiago, October 2016.

(二)减贫成效可赞

秘鲁的整体贫困水平有所下降,特别是最低收入劳工阶层的状况有所改

---

① 除特别注明外,社会形势部分的数据均出自ECLAC, *Social Panorama of Latin America 2015*, Santiago, March 2016。
② "Índice de Progreso Social: ¿Cómo está el Perú?" http://elcomercio.pe/sociedad/peru/indice-progreso-social-como-esta-peru-noticia-1924833? ref = flujo_ tags_ 513804&ft = nota_ 14&e = titulo,检索日期:2017年1月5日。

善。以2010~2014年拉美15国的对比为例，秘鲁的平均贫困率和贫富差距率分别为9.8%和12.3%，年均降低率在9%至14%之间。从降低幅度看，秘鲁仅次于乌拉圭（分别为14.9%和15.9%）。这个变化的主要原因是个人收入的增加，尤其是在岗工人的人均工资的增加。同期，秘鲁的就业工人年工资增长率为11%，为上述15国中最高的（排在第二位的巴拉圭为7%）。①

秘鲁的减贫表现出族群的不平衡。2016年，秘鲁人口数为3205万，其中印第安人占45%，印欧混血人占37%，白人占15%，其他人种占3%。②根据2014年的人均家庭收入，把贫困人口依贫困程度分成三等，赤贫人口中土著人口占28%，非土著人口占13%；贫困程度最低者中土著人口占13%，非土著人口占23%（见表3）。整体来看，土著人口的贫困程度明显高于非土著人口。

表3 秘鲁土著和非土著人口贫困程度对比（基于2014年人均家庭收入）

单位：%

项目	贫困程度		
	高	中	低
土　著	28	59	13
非土著	13	64	23

资料来源：ECLAC, *The Social Inequality Matrix in Latin America*, Santiago, October 2016.

秘鲁贫困程度的地区差异性突出，旅游区、矿区和都市的贫困程度较低，贫困程度最高的是土著区，最高和最低贫困率之差高达40个百分点。③秘鲁部长会议主席萨瓦拉称，秘鲁目前贫困率为22%左右，政府正在寻求方法将其降至15%。④

---

① 这15个国家是玻利维亚、巴西、智利、哥伦比亚、哥斯达黎加、多米尼加、厄瓜多尔、萨尔瓦多、洪都拉斯、墨西哥、巴拿马、巴拉圭、乌拉圭、秘鲁、委内瑞拉。
② 《秘鲁国家概况》，http://www.fmprc.gov.cn/web/gjhdq_676201/gj_676203/nmz_680924/1206_680998/1206x0_681000/t9581.shtml，检索日期：2017年1月5日。
③ ECLAC, *The Social Inequality Matrix in Latin America*, Santiago, October 2016, p.63.
④ 《秘鲁总理萨瓦拉希将贫困率降低至15%》，http://pe.mofcom.gov.cn/article/jmxw/201612/20161201999769.shtml，检索日期：2017年1月5日。

（三）社会支出比重较低

近年来秘鲁的公共支出和社会支出均有所增加，但在同期拉美平均水平线以下，且从2001年以来的14年间基本未变。2010~2014年秘鲁的公共社会支出分配如表4所示，相较于此，2013~2014年，秘鲁公共社会支出占GDP 10%左右，同期拉美的平均值是19.5%。以2010年美元汇率计算，秘鲁人均公共社会支出500美元，同期拉美地区的人均支出为801美元。秘鲁属于拉美国家中公共社会支出最低的国家之一。这主要是因为其偏重顺商业周期的财政政策，原材料国际价格的下跌也严重影响了财政收入。秘鲁总体比较关注社会政策的制度化。2011年，政府设立了社会发展事务部。政府在提高成年劳动力就业能力的培训方面也取得了积极成效。但据国家社会工业局的最新调查，2012~2015年工业就业岗位合计减少了12.5万个，占整个工业生产劳动力的7.7%。[①]

表4　2010~2014年秘鲁的公共社会支出分配

人均公共社会支出（以2010年美元汇率计算）	366美元
用于社会安全及辅助事项（以2010年美元汇率计算）	111美元
公共社会支出（占GDP的比重）	11%
用于社会安全及辅助事项（占GDP的比重）	3.1%
用于教育（占GDP的比重）	4.4%
用于健康事业（占GDP的比重）	2.6%
用于住房和其他（占GDP的比重）	1.0%

资料来源：ECLAC, *Social Panorama of Latin America* 2015, Santiago, Chile, March 2016.

（四）基础教育投入稳定增加

秘鲁国家统计与信息局（INEI）的数据显示，2012~2014年，用于基

---

① "SNI: Cada día se Pierden 130 Puestos de Trabajo en la Industria," http://elcomercio.pe/economia/peru/sni-cada-dia-se-pierden-130-puestos-trabajo-industria-noticia-1938096，检索日期：2017年1月5日。

础教育的公共社会支出增加了38.09亿索尔,其中小学层次的增幅较大,为15.83亿索尔,学前教育和中学层次分别增加了10.93亿索尔和11.33亿索尔(见表5)。注册学生人数总体呈缓升状态,从2012年的7214万人增加到2014年的7542万人,其中小学生总数多于学前教育和中学生人数,但学前教育儿童增加较多。小学阶段的社会支出基数和增加幅度及注册学生人数均较为突显,说明政府比较重视该层次的教育。

表5 2012~2014年秘鲁的基础教育社会支出和注册学生人数

单位:百万索尔,万人

阶段	2012年		2013年		2014年	
	支出	人数	支出	人数	支出	人数
学前	1395	1387.1	1849	1585.1	2488	1631.0
小学	3952	3436.2	4911	3504.2	5535	3455.0
中学	3422	2390.7	3533	2501.8	4555	2456.5

资料来源:秘鲁国家统计与信息局(INEI),https://www.inei.gob.pe/,检索日期:2017年1月5日。

秘鲁基础教育长期存在族裔、地域的失衡。以2014年12~17岁的中学辍学者为例,土著和非土著学龄孩子的辍学率差别明显,分别为20.1%和10.2%,其中土著男生、女生辍学率分别为18.7%和21.5%,非土著男生、女生辍学率则均为10.2%。城市和乡村学龄孩子的平均辍学率分别为11.5%和19.7%,其中城市男生、女生辍学率分别为11.6%和11.45%,乡村男生、女生辍学率分别为18.3%和21.15%。[1] 土著人群和乡村人群中女生辍学率明显高于男生,而在非土著人群和城市人群中,男生、女生辍学率几乎持平。

总之,库琴斯基政府要实现其就职演说中提到的完善社会保障制度、维护社会公平、提高教育质量、改善卫生条件等目标,任重而道远。

---

[1] ECLAC, *The Social Inequality Matrix in Latin America*, Santiago, October 2016, p. 45.

四 外交形势

（一）加强地区团结和一体化

秘鲁一贯重视与拉美国家特别是邻国的关系，支持地区一体化进程。2016年，秘鲁与智利的关系呈现出积极改善的趋势。早在6月，当选总统的库琴斯基就向智利释放了关系正常化的信号。7月28日，智利总统巴切莱特出席库琴斯基的总统就职仪式。9月，秘鲁外长卢纳透露，秘、智外长正就重启两国间的"2+2"会谈展开接触。① 11月，卢纳和上任后首次出访秘鲁的智利外长埃拉尔多·穆尼奥斯在利马托雷塔格莱宫就库琴斯基即将出访智利以及共同制定常规工作手册等事宜进行商谈。11月16日，库琴斯基出席在利马举行的第十六届智利—秘鲁工商理事会，提出了通过完善交通、健全海关监管制度等方式优化两国商贸往来的多项建议。同月29日，应巴切莱特的邀请，库琴斯基访问智利。库琴斯基在会谈中表示，智利和秘鲁的历史往来已达200多年，虽然有过摩擦和战争，但都已过去；智利目前是秘鲁重要的贸易对象国，两国应该携手共进，加强交流。为此，库琴斯基表示愿意重启"2+2"会谈机制。②

2016年10月7日，库琴斯基对厄瓜多尔进行国事访问，出席两国间的第十次部长会议，与拉斐尔·科雷亚（Rafael Correa）总统就安全防御、旅游、基础设施建设等问题进行讨论，并表示秘鲁与厄瓜多尔应加强彼此信任。

2016年11月4日，库琴斯基对玻利维亚进行国事访问，与莫拉莱斯总统会晤。库琴斯基表示，愿同玻利维亚一同致力于的的喀喀湖的环保工作，

---

① "2+2"会谈是秘、智两国外交部和国防部部长的会谈，在2014年2月的最后一次会谈中，双方就海牙国际法庭有关两国海洋边界划分的仲裁签署了执行备忘录。
② "PPK Viaja Hoy a Chile por Invitación de Michelle Bachelet，" http://elcomercio.pe/politica/gobierno/ppk-viajara-hoy-chile-invitacion-michelle-bachelet-noticia-1949554?ref = nota_politica&ft = mod_leatambien&e = titulo，检索日期：2017年1月12日。

以便保障下游的水质。两国首脑认为，应当充分利用两国的地缘优势，促进贸易往来。双方还就共同打击贩卖毒品、拐卖人口、武器走私等跨国犯罪问题进行了讨论。①

（二）深化中秘全面战略伙伴关系②

2016年，秘鲁与中国的关系向前迈出了巨大一步。库琴斯基就任后选择中国作为其首访国家，于9月12~16日对中国进行了国事访问。库琴斯基表示，秘鲁人民钦佩中国坚持独立自主的发展道路，通过自己的努力成为世界第二大经济体、最大工业国和国际事务中的重要国家。秘方愿同中方密切经济、人文等各方面的联系，扩大两国在地方经济治理、公共项目建设方面的交流，加强基础设施建设、投资、卫生、旅游等领域的合作，深入推进中秘全面战略伙伴关系。访问期间，双方共同发表了《中华人民共和国和秘鲁共和国关于深化全面战略伙伴关系的联合声明》。库琴斯基此访的重点是为秘鲁的基础设施建设和铜矿冶炼业寻求投资，他与中国铝业股份有限公司、中融集团的董事长进行了会谈。库琴斯基成功访华实现了秘鲁新政府就任后两国关系的顺利过渡，并开辟了新的发展前景。

应库琴斯基总统邀请，11月18~22日，习近平主席对秘鲁进行国事访问，并参加了在利马举行的亚太经合组织（APEC）第二十四次领导人非正式会议。18日，习近平在秘鲁《商报》发表了题为《共圆百年发展梦 同谱合作新华章》的署名文章，表示中国愿为秘鲁提供装备和技术、人员培训和配套融资，帮助其实现工业化和发展经济多元化，实现两国合作质量和效益双丰收。19日，习近平主席出席APEC工商领导人峰会，发表了题为《深化伙伴关系 增强发展动力》的主旨演讲。21日，习近平主席在秘鲁国会发表了题为《同舟共济、扬帆远航，共创中拉关系美好未来》的演讲，

---

① "PPK y Evo Morales en el Gabinete Perú-Bolivia," http：//elcomercio. pe/politica/gobierno/ppk-y-evo-m, orales-gabinete-peru-bolivia-fotos-noticia-1944226，检索日期：2017年1月12日。
② 中秘关系部分源自新华网、人民网、中国驻秘鲁大使馆网站、中华人民共和国外交部网站的相关资料。

把中秘关系概括为"相互信任的好兄弟、共同发展的好伙伴、共担责任的好朋友",并提出推进和平发展合作、发展战略对接、合作换挡加速、合作成果共享四点建议。访问期间,两国元首共同见证了两国外长签署《中华人民共和国与秘鲁共和国政府2016年至2021年共同行动计划》。中秘两国高层互访坚定了巩固传统友好、增进政治互信、扩大互利合作的双边关系发展方向。

在贸易方面,2015年,中国成为秘鲁的最大贸易伙伴和出口市场及重要投资来源国。2016年1~8月,双边贸易额同比增长9%。目前,投资秘鲁的中国企业有170多家,投资总额超过140亿美元。

中秘两国的人文交流也比较频繁。11月21日,在秘出访的习近平主席和夫人彭丽媛出席了2016年中拉文化交流年的闭幕式。同月24日,中国政府发布第二份《中国对拉美和加勒比政策文件》,在秘鲁学界引起了积极反响。秘鲁太平洋大学亚太经合组织研究中心研究员费南多·维吉尔指出,第二份《中国对拉美和加勒比政策文件》的发布将有力推动"汉语热"不断升温。秘鲁外贸和旅游部副部长罗杰斯·瓦伦西亚表示,越来越多的中国人对秘鲁有了较深的了解。2015年,约2万名中国游客到秘鲁,比2014年增加了16%,未来这一比例还将进一步提高。

(三)积极参与环太平洋亚太外交

2016年11月19~20日,秘鲁主办亚太经合组织第二十四次领导人非正式会议,确定峰会主题为"高质量增长和人类发展"。围绕区域经济一体化、亚太自由贸易区、互联互通、服务业合作等问题参会成员国代表深入交换了看法,向国际社会发出明确和坚定的信号,那就是共同维护全球自由贸易体制,反对任何形式的保护主义。在亚太国家的经贸合作形式方面,中国倡导的亚太自由贸易区(FTAAP)和东盟倡议的"区域全面经济伙伴关系协定"(RCEP)等中国参与的方案都成为峰会上的重要议题。秘鲁在加入RCEP和坚持"跨太平洋伙伴关系协定"(TPP)的问题上采取两者兼有的态度。外贸和旅游部部长爱德华多·费雷罗斯表示,希望秘鲁能同时加入美国领衔的TPP和中国力推的RCEP两大自由贸易协定。库琴斯基则认为,与中国、俄罗斯等亚太国家签订协定或许比参加TPP更好。当2016年12月美国当选总统特朗普宣布退出TPP时,库琴斯基表态,环太平洋区域可以打造新的贸易协定,以取代美国牵头的TPP,中国应该在其中发挥重要作用。亚太经合组织会议期间,库琴斯基总统分别与美国总统奥巴马、俄罗斯总统普京、日本首相安倍晋三、新加坡总理李显龙、澳大利亚总理马尔科姆·特恩布尔、巴布亚新几内亚总理彼得·奥尼尔、文莱苏丹哈吉·哈桑纳尔·博尔基亚、加拿大总理贾斯廷·特鲁多、新西兰总理约翰·基、Facebook创始人马克伯格进行了会谈。同时,秘鲁与越南就防止毒品滥用、处理毒品方法、预防毒品犯罪等进行了交流,签署了共同打击毒品犯罪的协议。[①] 正如库琴斯基总统在就职演讲中所言,加强与国际社会的合作将是秘鲁新政府外交发展的方向。

(房连泉　审读)

[①] "APEC:¿Qué Actividades Tendrá PPK y con Quiénes se Reunirá?" http://elcomercio.pe/apec/noticias/apec-que-actividades-tendra-ppk-y-quienes-se-reunira-noticia-1947263,检索日期:2017年1月12日。

Y.16
玻利维亚：修宪公投失败 政治社会危机不断

宋 霞*

摘　要： 2016年2月修宪公投的失败意味着莫拉莱斯可能失去再度连选连任的资格，将于2020年1月离开总统府。目前，执政的"争取社会主义运动"党（MAS）仍控制着国会两院2/3席位。2016年玻利维亚经济增速放缓，但仍保持正增长，增幅与巴拉圭并列拉美第六。莫拉莱斯正式推行"2016~2020年规划"，集中减少贫困和不平等。除反对派之外，莫拉莱斯阵营的部分盟友和支持者也掀起了大规模社会抗议运动，导致玻利维亚政治和社会危机不断。2016年，玻利维亚与邻国智利关系恶化，与美国关系继续僵化，与印度、俄罗斯等国关系加强，与中国合作进一步扩大和深化。2017年1月玻利维亚正式出任联合国安理会非常任理事国。

关键词： 玻利维亚　埃沃·莫拉莱斯　全民公投失败　政治危机　联合国安理会非常任理事国

一　政治形势

2016年2月，玻利维亚就一项宪法修正案举行全民公投，决定是否给

---

* 宋霞，中国社会科学院拉丁美洲研究所综合理论室副研究员，北京大学历史学博士，主要研究方向为拉美区域组织和一体化、拉美科学、教育、人力资本开发和社会发展道路。

予现任总统埃沃·莫拉莱斯（Evo Morales）再度连选连任的资格，这是2016年玻利维亚最大的政治事件。全国约有650万名选民参与投票，投票率达84.45%。最终莫拉莱斯以51.3%反对和48.7%赞成的结果落败，失去了2019年再次参选总统的资格。反对者主要集中在城市，而农村地区对莫拉莱斯的支持有所上升。莫里集团（Equipos Mori）的民意测验显示，农村和城市地区的赞成票和反对票比例分别是49∶29和39∶38。全国只有3个省——拉巴斯、科恰班巴和奥鲁罗的赞成票占多数。莫拉莱斯在所有9个省的省府均遭遇失败。最值得关注的是，执政党失去了玻利维亚最穷的省波托西省的支持。波托西省一直是"争取社会主义运动"党的大本营，而最近却成为动乱之源。波托西省长期缺乏投资、发展滞后是其反对莫拉莱斯政府的原因之一。

修宪全民公投失败的原因如下。第一，国际油气价格回升乏力导致玻利维亚经济增速放缓，政府财政收入减少，难以支撑莫拉莱斯庞大的社会计划，社会福利降低。第二，莫拉莱斯本人、执政党、政府内部与一些支持莫拉莱斯的原住民和农民组织卷入一系列腐败丑闻，以及媒体对丑闻进行炒作，导致莫拉莱斯政府与媒体关系紧张，不断引发政治和社会危机。例如，莫拉莱斯执政以来最严重的一次丑闻——"土著发展基金"（Fondioc）腐败案曝光，导致前农业发展部部长辞职。2016年2月公投前夕，基金丑闻一直被媒体炒作，甚至还引发了为期一周的饥饿罢工。公投前艾尔阿尔托市市长（由反对派控制）办公室发生大火则被相关媒体指责是为了销毁前争取社会主义运动市长腐败的证据，遂引发大规模抗议活动。第三，生态保护和发展政策间的矛盾导致政府与原住民之间的冲突不断。一方面，玻利维亚政府制定了世界上最早的尊重地球母亲和环境权利的法令；另一方面，莫拉莱斯又推行扩大能源开发的萃取主义经济政策（extractivist policy），破坏了他原本试图保护的农村社区和国家公园。第四，一些政治派别对总统一人长期执政可能带来的权力过度集中表示担忧。

尽管公投失败，但2016年执政的"争取社会主义运动"党仍控制了国会两院2/3席位。据玻利维亚民意测验机构伊普索斯（Ipsos）统计，莫拉

莱斯总统的支持率从2015年的76%降到2016年6月的52%，下降了20多个百分点，但仍是拉美地区领导人中较高的。公投之后，莫拉莱斯的支持者一直征集签名，准备组织第二次全民公投，以便最后决定是否允许莫拉莱斯继续连选连任。2016年12月15～17日，争取社会主义运动召开九大，一致支持莫拉莱斯再次参加2019年总统大选。

二 经济形势[①]

据联合国拉美经委会初步统计，2016年玻利维亚国内生产总值（GDP）增长率为4.0%，比2015年的4.5%降低了0.5个百分点，增幅与巴拉圭并列拉美地区第六。2016年玻利维亚人均GDP增长率为2.4%，比2015年的3.2%低了不到1个百分点。与2015年相比，2016年玻利维亚主要经济指标都有所下降。但在拉美整体经济不景气、复苏乏力的情况下，玻利维亚仍保持较高水平的正增长，这主要归功于公共和私人消费的提高、政府扩大公共开支和实现资源出口多样化的政策等。玻利维亚经济增速放缓的主要原因在于，一是碳氢工业部门疲软，能源价格低迷，影响了出口、消费和投资；二是非正规就业居高不下导致生产率和就业增长缓慢；三是玻利维亚碳氢工业出口严重依赖阿根廷和巴西，而这两个国家均推行能源自立政策，减少了对外部能源的依赖；四是玻利维亚碳氢工业部门投资不足，不利于扩大再生产。总固定资本构成的增长对经济的贡献也有所降低。2016年玻利维亚总固定资本构成相当于GDP的20.2%，稍低于2015年的20.7%。

截至2016年9月，玻利维亚消费者物价指数为3.5%，比2015年的3.0%有所提高，但提高幅度不大。消费者物价指数上升的主要原因是玻利维亚月度食品价格上涨。截至2016年8月，玻利维亚侨汇收入为7.92亿美元，较2015年的11.79亿美元有所下滑。侨汇收入减少的一个重要原因是

[①] 除特别标明外，经济形势部分的数据均引自 Comisión Económica para América Latina y el Caribe, *Preliminary Overview of the Economies of Latin America and the Caribbean 2016*, Santiago, Chile, December 2016。

西班牙、巴西和阿根廷等国经济持续衰退导致劳动力市场疲软,失业率上升,而这些国家是玻利维亚侨汇的主要来源国。

由于政府继续推行举借外债的政策,玻利维亚外债总额有所提高,从2015年的94.45亿美元增加到2016年的99.41亿美元。但内债负担有所减轻,2016年中央政府持有的公债总额相当于GDP的29.2%,比2015年的29.5%略低;2016年非金融公共部门持有的公债则相当于GDP的30.9%,也略低于2015年的31.6%。为弥补财政赤字,政府动用了国际储备,致使2016年玻利维亚国际储备由上年的130.56亿美元降为106.94亿美元。

2016年玻利维亚商品出口额为70.25亿美元,与2015年的86.73亿美元相比有所下降;服务出口额为11.66亿美元,仅略高于2015年的11.54亿美元,总出口额仍处于下降态势。出口额减少的原因在于国际能源价格低迷和玻利维亚主要出口市场需求萎缩。玻利维亚国家统计局数据显示,截至2016年11月,玻利维亚碳氢工业产品出口额仅为19.72亿美元,远低于2015年同期的37.15亿美元。[①] 2016年玻利维亚商品进口额为77.43亿美元,低于2015年的90.04亿美元;服务进口额为26.70亿美元,亦低于2015年的28.10亿美元。进口额减少主要是受到脆弱的劳动力市场的影响。总体来看,2016年玻利维亚进口仍大于出口,贸易逆差增大。

三 社会形势

2016年,莫拉莱斯政府正式推行大规模社会发展计划——"2016~2020年规划"。计划将投资485亿美元,主要用于减少不平等和贫困,将赤贫人口从2014年占总人口的17.3%减少到2020年的9.5%,贫困率则从39.3%降低到24%。同时,将最富裕人群和最贫困人群的收入差距从2014年的39倍减少到2020年的25倍,降幅达36%(2005年莫拉莱斯执政前这一差距高达129倍)。计划还将改善可饮用水,将可饮用水覆盖率从2014年

---

① http://www.ine.gob.bo,检索日期:2016年12月19日。

分别占城市与农村人口的92%和66%提高到2020年的95%和80%。另外，"2016~2020年规划"还包括房屋建设和修葺、公路基础设施以及健康中心的扩建等。

2016年是政府启动大规模社会计划的元年，同时也是玻利维亚社会动荡不安的一年。4月，政府和中央工人工会（COB）最终达成一份将公共部门工资提高6%和全国最低工资增长9%（每月最低工资从239美元增加到261美元）的协议，但该协议立即引起了地方卫生员工会（CSTSPB）的抗议，他们要求对卫生员和保健专家进行区分加薪，工资最低的人增长幅度最大，工资最高的人增长幅度最小，而不是采用"一刀切"的办法。6月，中央工人工会反对政府关闭国有Enatex纺织厂的决定，抗议人群与安全部队发生冲突，伤者无数，被捕者众多。8月，为抗议政府新矿业法改革，国家矿业合作联盟（Fencomin）成员提出10点诉求，要求获得单独与外国公司签署合同的权利，并掀起持续近两周的抗议运动。运动使全国公路交通瘫痪，并导致内政部副部长鲁道尔夫·伊利亚内斯（Rodolfo Illanes）死亡。莫拉莱斯由此出台三条行政令，授予国家收回已批准矿业联盟进行开采但尚未开采的土地的权力，成立归矿业部管辖的行政管理和司法裁决矿业局（Ajam）、矿业稽查和控制局（Afoop）等新机构，规定矿场必须向国家监督机构申报收入、利润分配和工资情况，对矿业部门实行更大范围的监督和管理。

2016年，许多抗议运动的发起者都曾是莫拉莱斯的盟友和支持者，这反映了莫拉莱斯阵营进一步发生动摇和分化。同时，反对派受到莫拉莱斯公投失败的鼓舞，不断升级和扩大分裂式暴力抗议活动，加剧了社会动荡。

四 外交形势

在外交领域，2016年玻利维亚与智利在恢复太平洋出海口和共同使用西拉拉河河水问题上继续交恶；与美国关系仍然僵化；落实同俄罗斯的核能合作；开拓与加强同印度的交往；中玻合作进一步扩大和深化；2017年1月玻利维亚正式出任联合国安理会非常任理事国。

（一）玻智在恢复太平洋出海口和共同使用西拉拉河河水问题上继续交恶

2016年，在玻利维亚与智利之间的出海口问题未决之时，又出现了关于西拉拉河河水使用的争端。6月，智利向国际法庭提出诉求，要求国际法庭将西拉拉河判定为一条国际河流，智利拥有根据国际法使用该河河水的权力，而玻利维亚则强调西拉拉河起源于该国，如果不是智利擅自开渠道，西拉拉河将停留在玻境内。7月，在事先未获得外交许可的情况下，玻利维亚外长对智利阿里卡和安托法加斯塔港口进行非官方走访，智利因此取消了以往给予玻利维亚外交人员自动签证的权力。

（二）玻利维亚与美国关系继续僵化

2016年8月，在委内瑞拉和尼加拉瓜国防部部长的见证下，莫拉莱斯宣布在圣克鲁斯省的圣罗莎德帕吉奥成立一所"反帝国主义"军事学校——"胡安·何塞·托雷斯将军反帝国主义指挥学院"，与美国佐治亚州的"美洲学校"相抗衡。莫拉莱斯指出，"美洲学校"在冷战期间为美国的盟国提供军事训练，不少从"美洲学校"毕业的军官在拉美地区犯下践踏人权的罪行。"反帝国主义"军事学校旨在研究帝国主义，将帝国主义看作国家的主要敌人，玻利维亚等发展中国家应该积极抵制美国等帝国主义的影响。预计2017年玻利维亚政府将为该校提供79.4万美元的运行资金。[1]

（三）落实同俄罗斯的核能合作

2016年初，玻政府成立玻利维亚核能局（ABEN）。8月，玻利维亚核能局与俄罗斯国有原子能公司签署了两个合同：一个规定在拉巴斯省的艾尔阿尔托城建设一个"核研究和技术中心"，以提升玻利维亚核基础设施的发

---

[1] Latin American Newsletters, *Latin American Regional Report: Andean Group*, September 2016.

展水平;另一个进一步规划了在选址评估、工程预测、环境影响试验、许可政策等相关领域的合作研究。

(四)开拓与加强同印度的交往

莫拉莱斯上台以来,玻利维亚与印度的关系一直比较冷淡。2016年4月,玻利维亚与印度宣布成立印度—玻利维亚工业、贸易、旅游和文化商会(Cabinco)的计划,以加强双边关系。双方还讨论了铁路基础设施计划和建设两洋铁路路线的方案,以及印度为玻利维亚提供铁路基础设施领域的专家和人才培训的可能性。

(五)中玻合作进一步扩大和深化

2016年,中玻两国的合作范围不断扩大,除卫星、基础设施等领域外,还拓宽了警务、项目融资、司法等领域的深入合作。中国已是玻利维亚最大的债权国。2016年,中国进出口银行同意给玻利维亚提供75亿美元贷款用于玻利维亚"2016~2020年规划"中11个主要的"战略计划"。12月,中国航天科技集团公司第五研究院交付了玻利维亚援外气象机动站。气象机动站可提高玻利维亚在自然灾害、气象、生态环境监测和应对气候变化等方面的能力。除此之外,中国企业在玻利维亚发展顺利。1月,中国中钢集团公司获得价值4.5亿美元的开发穆通铁矿的合同——玻利维亚最大的矿业计划。9月,莫拉莱斯政府与中国一家公司签署了价值10亿美元的合同,设计、建设和运营圣克鲁斯省第一个水电工程——罗西塔斯大坝,促进可再生能源的发展。

(六)出任联合国安理会非常任理事国

2017年1月,玻利维亚在缺席38年之后再次出任新一轮联合国安理会非常任理事国,任期2年。避免战争和争取发展权益是玻利维亚的首要任务。新职位将使玻利维亚承担更多的国际义务,有助于扩大其国际影响力。

从2016年玻利维亚的形势看,修宪公投的失败反而会促使莫拉莱斯总统在2017年加速推行其改革计划。莫拉莱斯的支持者征集第二次全民公投签名的活动使玻利维亚的政治图景充满不确定性。2017年，为实现"南美能源心脏"战略，玻利维亚将扩大能源经济的多样化，大力发展锂矿，扩大出口；同时执行软着陆策略，维持高水平的公共开支，以应对大宗商品价格的持续低迷和2016年11月以来出现的严重旱灾对经济的影响；将通过提高进口关税、落实"玻利维亚第一"（Bolivia first）的政府订货政策支持国内生产等。

（杨志敏　审读）

Y.17
厄瓜多尔：在多重考验下前行

方旭飞*

摘　要： 2016年是科雷亚总统任期的最后一年，经历了政治、经济和严重地震灾害的多重考验。2017年4月执政党候选人莱宁·莫雷诺当选新一届总统。经济形势进一步恶化，增长率收缩2%。"4·16"地震使厄瓜多尔政治经济局势雪上加霜。经济衰退导致全国贫困人口比重和城市贫困率不降反升，劳动力市场状况恶化。厄瓜多尔正式加入欧盟—安第斯共同体联系协定以及与中国的关系升级为全面战略伙伴关系是2016年厄对外关系领域的两大亮点。

关键词： 厄瓜多尔　莱宁·莫雷诺　"4·16"地震　全面战略伙伴关系

一　政治形势

2016年是拉斐尔·科雷亚（Rafael Correa）总统任期的最后一年。2007年以来，厄瓜多尔政局基本保持稳定，低收入阶层在扩张性财政政策的刺激下获得了较多收益，科雷亚总统本人也一直保有较高支持率。但是近两年来，厄瓜多尔经济衰退，民众对政府政策的不满情绪扩大，抗议活动频繁，

---

* 方旭飞，中国社会科学院拉丁美洲研究所副研究员，主要研究方向为拉美左派与社会运动、美拉关系等。

科雷亚政府的执政难度加大。2016年4月16日，西北部沿海地区发生的里氏7.8级地震使科雷亚政府雪上加霜。

2017年2月19日举行的新一届大选是2006年以来第一次没有科雷亚总统参加的选举，决定着已实施10年之久的"公民革命"的前途。超过1200万名选民参与了投票，选举总统、副总统、137名全国代表大会代表和5名安第斯议会代表。竞选活动于2017年1月3日正式开始，2月16日结束。但是，各党派之间的角逐早在2016年就已激烈展开。

经过两轮投票，执政党候选人莱宁·莫雷诺（Lenín Moreno）最终获胜。此次选举结果直接关系到"公民革命"的前途，科雷亚总统高度关注并给了莫雷诺最大限度的支持。但是，随着近年来厄瓜多尔经济形势恶化，民众不满情绪扩大，政治极化程度加剧，民众变革期望较高，莫雷诺并没有十足的获胜把握。2016年7月厄瓜多尔研究和数据中心——盖洛普（CEDATOS-Gallup）的一次联合民意调查显示，60%的厄瓜多尔民众认为本国发展道路是错误的，75%的人希望对此有所改变。在这种情况下，科雷亚政府的支持率大幅受挫，降至历史最低点。到2016年10月，莫雷诺在民意调查中的支持率仅为36%左右。厄瓜多尔法律规定，得票率在50%以上或者40%以上同时与第二名候选人至少保持10个百分点的差距的候选人才能当选总统，否则将进入第二轮投票。

反对派方面则有7名候选人参与总统职位的争夺。中右派政党创造机会党（CREO）候选人吉列尔莫·拉索（Guillermo Lasso）是莫雷诺竞选总统最有实力的竞争者。其主要主张包括如下几个方面。经济领域，实施向全世界开放的自由经济体制，积极吸引外国投资，废除科雷亚政府实施的一些政策和国家干预措施；积极与美国、亚洲国家签订自由贸易协定，加入太平洋联盟，以便抵消美元化对本国经济竞争力带来的负面影响；实施全面减税政策，增值税由14%降至12%，废除外汇汇出税、资产税、农村土地税、公共娱乐场所税、遗产继承税等12个税种；实施经济复苏计划，承诺到2018年使经济增长率恢复到1.5%，任期结束时达到5%；任内创造100万个就业岗位；建立一个旅游区，区内享受30年免税待遇；在地震灾害严重的马纳维（Manabí）和埃斯梅拉达斯（Esmeraldas）地区设立出口加工区，以刺激投资和经济增长。社会领域，主张延续科雷亚政府实施的部分社会计划，包括对液化天然气的补贴；规定私人企业和外国投资者参与建设的诊所和医院可免缴所得税，而作为交换，投资者必须为弱势群体提供一定数量的免费医疗服务。政治领域，拉索提出将对2008年宪法的部分条款进行全民公投。

除拉索外，反对派中呼声较高的还有基督教社会党候选人辛西娅·维特利（Cynthia Viteri）和争取变革左派联盟（Izquierdista Acuerdopor el Cambio）候选人帕科·蒙卡约（Paco Moncayo），他们的支持率分别为10%和7.3%左右。反对派没有推选出共同候选人，力量分散，有利于执政党候选人。

"巴拿马文件"丑闻风波波及政府高官，破坏政府声誉。2016年4月，国家石油公司（Petroecuador）首席执行官阿莱克斯·布拉沃（Álex Bravo）因卷入"巴拿马文件"丑闻而辞职，随后因腐败和洗钱罪名被逮捕入狱。该案件与国家石油公司下属的埃斯梅拉达斯炼油厂翻新维修项目有关。在案件的审查过程中又有约12名政府高官被揭发涉嫌受贿，其中，前石油部部长兼国家石油公司总经理卡洛斯·帕雷哈·亚努塞利（Carlos Pareja Yannuzelli）（任期为2015年11月至2016年4月）涉嫌收受100万美元贿赂并存入巴拿马账户。丑闻被揭发后，厄总检察局以缺乏证据为由对其未予起诉。9月底，帕雷哈以高原反应引起身体不适为由离开厄瓜多尔。因帕雷哈与科雷亚总统私交甚密，所以此案受到各界高度关注的同时，对科雷亚政府及其本人的声誉造成了较大影响。

军队与政府矛盾扩大。自1979年民主化以来，厄瓜多尔军队总体上保持中立。科雷亚执政之后，要求军队承认其为"总指挥"，无条件服从他的指令，引起军方高度不满。2016年，科雷亚与军方就军队社会保障和养老金体系以及双方的房地产交易等问题产生矛盾。科雷亚谴责军方养老保险金过高，政府负担过重，而军方高层针锋相对，要求科雷亚收回他对军队社会保障和养老金体系的批评。科雷亚还要求军方退还双方房地产交易中政府多支付的4100万美元房款，军方对此高度不满并将此争端诉诸独立法庭。许多退休军官成为反政府示威游行的积极参与者。政府与军队之间矛盾的激化成为科雷亚总统剩余任期的重要挑战。

民众的抗议仍然是2016年的重要政治议题。民众抗议的主要矛头指向石油和矿产品开采等采掘业项目、媒体缺乏言论自由、腐败和权力向行政部门的集中等。民众抗议和政治极化的强化加剧了国内的政治紧张局势。2016年3月,在工会的领导下,基多和许多大城市爆发了民众抗议失业的大规模游行示威活动。商业联合会也批评科雷亚政府缺乏实质性的政策措施来恢复投资者的信心。

因对政府的地震预警措施和危机管理不满,公民社会与科雷亚政府之间的矛盾进一步扩大。2016年4月16日,西北部沿海地区发生了里氏7.8级地震。地震发生后,科雷亚政府囿于资金短缺,不得不从国际多边银行借贷6亿美元并征收10亿美元的紧急税用于灾害援助和重建。这不但暴露了政府缺乏面对重大灾难的有效应对机制,也引起了私人投资者和民众的不满。

在英国经济学家情报部发布的《2015年民主指数》报告中,厄瓜多尔与委内瑞拉、玻利维亚、尼加拉瓜、土耳其和巴基斯坦等国共同被列为全球37个"混合型政权"。厄瓜多尔民主指数与2014年持平,在全球167个国家和地区中排名第83位,在拉美24个国家中排名第18位,均比上一年有所后退。权力集中化、行政部门的问责性削弱、腐败和缺乏言论自由是影响厄瓜多尔民主指数及其排名的主要因素。

二 经济形势[①]

2016年,厄瓜多尔经济形势进一步恶化。受石油出口价格持续走低、美元升值和西北部沿海地区严重地震灾害的多重打击,厄瓜多尔国内需求和家庭消费疲软,全年经济增长率收缩了2%。在公共投资被削减、家庭消费疲软以及劳动力市场表现不佳等因素的影响下,2016年前9个月固定资本

---

① 除特别标明外,经济形势部分的数据均引自CEPAL, *Balance Preliminar de las Economías de América Latina y el Caribe 2016*, Santiago de Chile, diciembre de 2016。

形成总额减少了12.8%。表现较差的部门还有建筑业、贸易和制造业，分别收缩了10.2%、4.3%和1.8%。经济表现最为活跃的部门是水产养殖业和渔业，分别增长了29%和15.5%。其他实现正增长的部门有：石油提炼部门，增长了113.29%；电力供应和自来水供应部门，增长了5%。随着亚苏尼国家公园石油ITT区块的蒂普蒂尼油田（Tiputini）投入开采，厄瓜多尔原油生产自2016年3月开始有所复苏。1~9月，原油产量同比增加了0.9%。

地震使本已陷入低迷的经济雪上加霜。2016年4月16日发生的里氏7.8级强烈地震造成重大人员伤亡，直接经济损失高达33亿美元左右，占厄GDP的3%。沿海地区旅游业和水产养殖业等行业遭受毁灭性打击。灾后重建资金需要几十亿美元。为了筹措灾后重建款项，政府颁布了《震后特别法》（2016年6月1日开始实施），一方面向国际多边金融机构申请贷款，另一方面采取上调增值税和所得税、重新实施遗产税和资本收益税、引进临时性的紧急税等措施，将筹集到的款项全部用于震后重建。

公共部门财政赤字增加。2016年1~9月，非金融公共部门支出比上年同期减少了7.4%。其主要原因除固定资本形成总额的大幅减少之外，还包括经常性支出减少了6.4%，其他支出减少了24.5%。同期，非金融公共部门收入比上年同期减少了17.8%，减少的主要原因是石油收入比上一年减少了31.8%，税收收入同比减少了14.2%。截至2016年9月，非金融公共部门财政赤字总额增至33.3亿美元，占GDP的比重为5.5%。为减少财政赤字，科雷亚政府除积极进行外部融资之外，还继续精简公共部门，如废除6个公共机构、12个副部级机构，并对一些国有企业实施部分私有化。

债务负担加重。截至2016年9月，厄瓜多尔债务总额为378亿美元，占GDP的38.4%，接近宪法规定的占GDP比重为40%的上限。而外债占GDP的比重达到了25.5%，比上一年同期增加了5.2个百分点。预计2017~2021年年均利息偿付额将超过GDP的2%。2016年10月21日，科雷亚颁布第1218号总统令，宣布改变公共债务的计算方法，政府欠社会保障局和国有金融公司等其他国家机构的债务不计入公共债务。根据新的计算方式，厄瓜多尔公共债务占GDP的比重将由38.4%降至25.7%。

资金流入和贷款流入额有所增长。至2016年9月，活期存款同比增加了11.2%，而私人部门的信贷总额同比减少了1.3%。截至11月中旬，国际储备为41.341亿美元，同比增加了23.3%，相当于GDP的4.3%。2016年，政府不仅废除了禁止中央银行发行电子货币的规定，还鼓励使用电子货币，规定使用电子货币的企业可享受4%增值税退税的优惠。

对外贸易收支扭亏为盈。2016年1~9月，对外贸易实现盈余9.674亿美元，而2015年同期贸易赤字总额为17.13亿美元。1~9月，商品和服务出口总额122亿美元，同比减少了14.6%，减少幅度比上一年有所放缓。石油出口出现量价齐跌的局面，石油出口量减少了1%，而石油出口收入减少了近30%，只有39亿美元。非石油产品出口收入为83亿美元，同比下降了5%，而出口量出现了2%的增长，尤其是虾和矿产品出口量分别增加了7.5%和55%。1~9月，商品和服务进口总额为112亿美元，同比减少了29.9%，其中消费品和资本货的进口额分别减少了20.5%和30.2%。进口额的大幅减少与2015年3月开始实施的保护性关税有关。2016年6月，科雷亚政府宣布该措施有效期延长一年。原材料、燃料和润滑油等进口产品价格的下跌也是进口额减少的原因之一。

石油出口收入的减少对经常账户造成了巨大的压力。2016年1~9月，厄经常账户赤字总额达17.18亿美元。资本和金融账户出现5.65亿美元赤字，国际收支账户余额赤字22.83亿美元。厄瓜多尔外国直接投资在拉美地区非常落后，占GDP的比重不到1%。

通货膨胀自2015年6月达到4.9%的最高峰以后，一直呈下行趋势。2016年10月之前的12个月，年通胀率累计1.3%，比2015年同期减少了2.2个百分点。造成这一结果的主要原因在于消费需求的疲软和美元强劲导致的进口成本降低和进口通胀受限。

据联合国拉美经委会（CEPAL）估计，2017年厄原油平均价格将恢复到每桶40美元以上，全国石油产量也将随着ITT油田的开采而有大幅度提升。预计2017年厄财政紧张状况将有所缓解，经济将实现0.3%的正增长。但是，即将到来的总统大选将为厄经济增长带来很多不确定因素。

三 社会形势①

据世界银行统计，2015年厄瓜多尔人口总数为1610万。全国人口百万以上的城市有两个：一是瓜亚基尔，共有人口235万人；二是首都基多，人口总数为223.9万。

贫困和收入不平等等社会问题一直困扰着厄瓜多尔。科雷亚政府执政以后，社会支出持续增加，社会形势有所改善。据联合国拉美经委会统计，厄贫困人口占总人口的比重由2002年的49%降至2013年的33.5%和2014年的31%，极端贫困率由2002年的19.4%降至2013年的10.9%和2014年的9.9%。农村贫困人口发生率高于城市。2013年和2014年，城市贫困率分别为25.6%和22.5%，极端贫困率分别为4.4%和4.5%；农村地区贫困率分别为42%和35.3%，极端贫困率分别为17.4%和14.3%。根据家庭收入分配计算的基尼系数由2002年的0.513降至2010年的0.485和2014年的0.447。② 但是，厄中央银行数据显示，由于2015年以来经济衰退，政府财政困难，国内生产缺乏活力，失业率上升，部分中低收入人群沦为贫困人口，从而导致全国贫困人口比重和城市贫困率不降反升。2015年9月至2016年9月，首都基多和昆卡等城市贫困率大幅上升。基多和昆卡城市人口贫困率分别由5.7%和3.7%上升到9.4%和9.7%。家庭人均月收入低于83.79美元的居民被认定为贫困人口，收入低于47.22美元的居民被认定为赤贫人口。③

---

① 除特别标明外，该部分的数据均引自CEPAL, *Social Panorama of Latin America 2016*, http://www.cepal.org, 检索日期：2017年1月5日。
② CEPAL, *Social Panorama of Latin America 2016*, pp.18-20, http://www.cepal.org, 检索日期：2017年1月5日。
③ EIU, *Country Report: Ecuador*, December 2016, p.29.

经济衰退导致劳动力市场状况恶化。2016年9月，全国城市就业率由上一年同期的54.4%降至47.5%。也就是说，全国只有不到一半的经济活跃人口实现了就业。同期，城市失业率由5.5%升至6.7%。① 经济衰退和家庭消费大幅减少导致当前经济增长不能创造足够的就业岗位以吸引日益增加的经济活跃人口，就业不足的问题非常突出。厄瓜多尔国家统计局的数据显示，2015年6月至2016年6月，厄瓜多尔经济活跃人口由740万增至780万，而就业岗位仅新增31.7万个，很多新增就业岗位为"不充分就业"岗位，报酬低且不稳定。2015年6月至2016年6月，充分就业人口由340万降至320万，而不充分就业人口则由370万增至420万，占经济活跃人口的比重从49%增至53%。就拉美整个地区来说，厄瓜多尔失业率处在地区较低水平，但是充分就业率也处在较低水平，不充分就业率则处于较高水平。例如，厄瓜多尔全国充分就业率为41%，落后于乌拉圭、秘鲁和哥伦比亚，而不充分就业率比上述国家高出大约20个百分点。②

2016年名义工资增长了3.4%，实际工资增长了1.7%。近年来，厄瓜多尔最低工资连续上涨。2015年底，厄瓜多尔月平均工资为757.5美元，较2014年同期上涨了7.3%，较2013年上涨了8.3%。③

"4·16"地震严重挑战政府社会治理能力。地震不仅使厄经济遭受重创，造成严重人员伤亡，还严重恶化了社会形势。佩德纳莱斯（Pedernales）城几乎全部被地震毁坏，马纳维和埃斯梅拉达斯等省及附近地区的交通瘫痪，水电供应中断。灾区失业率增加，教育、医疗等领域损失严重，社会治安恶化。地震发生后，厄政府宣布国家进入紧急状态并启动灾后重建委员会，由副总统格拉斯亲自负责，对重灾区马纳维省各城市进行重新规划。2016年6月1日，厄政府对外公布震后重建计划，宣布将33.4亿美元重建

---

① CEPAL, *Balance Preliminar de las Economías de América Latina y el Caribe 2016*, Santiago de Chile, diciembre de 2016.
② EIU, *Country Report: Ecuador*, September 2016, p. 23.
③ CEPAL, *Balance Preliminar de las Economías de América Latina y el Caribe 2016*, Santiago de Chile, diciembre de 2016.

成本的41%（即13.69亿美元）用于社会领域。政府将投入6.53亿美元用于城市和农村地区的房屋修缮，近7亿美元用于教育和医疗领域的重建。

四 对外关系

与美国继续保持既冲突又合作的关系。美国是厄瓜多尔最大的贸易伙伴国。美国给予厄瓜多尔的普惠制安排将持续到2017年底。厄瓜多尔主要从美国进口石油产品、机械、计算机和电子设备、化工和化肥、运输设备与粮食，厄瓜多尔则向美国出口原油、虾、香蕉、可可和鲜花等产品。美国对厄直接投资主要集中在制造业和批发零售行业。相比于经济领域的紧密合作，科雷亚执政以后，厄美两国在政治领域的冲突不断。2016年，美国国务院发布的《2016年国际毒品管制战略报告》批评科雷亚政府对边境管理不严，公共机构薄弱，从而导致跨国贩毒组织乘机将厄瓜多尔发展成毒品中转国。该报告的发布引起了厄政府的不满。3月，厄内政部部长何塞·塞拉诺（José Serrano）对上述报告和美方的指责做出公开回应，谴责美国干预厄瓜多尔反毒政策。

厄瓜多尔正式加入欧盟—安第斯共同体联系协定。2016年11月11日，厄瓜多尔与欧盟在布鲁塞尔签署协定，加入欧盟—安第斯共同体联系协定。该协定于2017年1月1日正式生效。欧盟是厄第二大贸易伙伴，2016年1~8月，厄对欧盟贸易实现7亿美元顺差。这一协定的生效不仅可以抵消2016年底欧盟全面优惠计划到期对厄造成的损失，而且将大大促进厄对欧盟出口。

与中国的关系由战略伙伴关系升级为全面战略伙伴关系。2016年，两国在各个领域的合作取得了令人瞩目的成就。厄"4·16"地震发生之后，中国在第一时间提供了人道援助，在厄中资企业和华人华侨为灾后救援与重建工作做出了巨大努力。11月17日至18日，习近平主席对厄进行国事访问，这是中国国家元首首次访厄，标志着两国传统友好关系迈向新的里程。双方决定将两国关系由战略伙伴关系提升为全面战略伙伴关系。

在经贸领域，中国在厄对外贸易中的地位日益上升，已成为继美国、欧盟之后厄第三大贸易伙伴。2016年1~11月，双边贸易总额为28.23亿美元，比上年同期减少了25.9%。其中，厄从中国进口20.27亿美元，比上年同期减少了23.9%；厄对华出口7.96亿美元，比上年同期减少了30.4%。中国对厄主要出口机械设备、汽车、钢材等产品，从厄进口原油、香蕉、鱼粉等产品。中国还是厄瓜多尔外国直接投资的主要来源国和最重要的贷款来源国。中厄两国经济技术合作也取得了快速发展。中国在厄投资主要涉及石油、矿产勘探开发、基础设施建设等领域。据中国海关统计，截至2016年3月，中国对厄直接投资存量60.5亿美元。厄对华投资项目42个，合同外资863万美元。中国对厄累计签订承包工程合同额98.7亿美元，营业额113.3亿美元。除了经贸和经济技术合作不断推进外，两国在政策优惠和人文交流方面的合作也不断加深。8月18日起，中厄两国政府关于互免持普通护照人员签证协定正式生效，为今后两国人员往来提供了便利。

（杨建民　审读）

Y.18
乌拉圭：经济社会堪忧　执政压力加大

何露杨*

摘　要： 2016年，乌拉圭经济出现滞涨，治安状况堪忧，广泛阵线内部分歧不断，执政压力倍增。经济表现延续了2015年的趋势，增速进一步减缓，通货膨胀亮起红灯。社会发展成绩显著，但治安形势严峻，增税政策引发争议，抗议与罢工再度上演。与阿根廷的关系重修于好。巴斯克斯总统成功访华。南共市经历制度危机，乌拉圭致力于拓展成员国的政策空间。

关键词： 乌拉圭　经济滞涨　公共安全　乌阿关系

一　政治形势

2016年，乌拉圭经济出现滞涨，治安状况堪忧，执政联盟内部分歧不断，巴斯克斯总统执政前景面临严峻挑战。对乌拉圭国家石油公司（Ancap）的调查加剧了执政联盟内部的分裂，副总统和内政部部长成为众矢之的，执政联盟的国会优势遭遇打击。温和派人士当选广泛阵线（Frente Amplio，FA）主席，利于巴斯克斯总统执政。

2015年8月，政府成立委员会对乌拉圭国家石油公司2014年的巨额亏损进行调查。2016年1月初，执政联盟凭借其在国会的微弱优势通过决定，免除国家石油公司6.22亿美元债务，并用2.5亿美元的贷款对其进行资金

---
* 何露杨，中国社会科学院拉丁美洲研究所国际关系室实习研究员。

重组。反对派对此大肆渲染并要求撤换公司领导层。副总统劳尔·森迪克（Raúl Sendic）于 2008~2013 年担任国家石油公司总裁，目前包括总裁在内的多位公司领导属于执政联盟中的激进派。调查引发 FA 内部分裂，以财政部部长达尼洛·阿斯托里（Danilo Astori）为首的温和派也要求公司领导层辞职，而以森迪克为核心的激进派则将其归咎于阿斯托里的财政政策。最终，公司领导层主动辞职，但反对派仍不满于调查报告并提出控诉，乌拉圭法院 4 月正式受理并开展相关调查。此外，执政联盟中的激进派与温和派还在巴西总统弹劾案、南方共同市场（以下简称"南共市"）内部政策空间及其临时主席国问题上出现较大分歧。

森迪克 2 月底被曝出学历造假。根据官方信息，森迪克持有古巴哈瓦那大学的人类遗传学学位，但乌拉圭《观察者报》指出在森迪克就读时期哈瓦那大学不存在上述学位。事后，森迪克承认自己并未获得该学位，并在 FA 全会上为此道歉。执政联盟随后发表声明称森迪克遭到不公正的迫害，指责反对派和媒体破坏政府成员的形象、动摇乌拉圭的民主制度，遭到反对派和媒体的严词回应。森迪克此前被普遍看好，有望成为巴斯克斯的继承人。除了学历造假丑闻，森迪克还将面临有关国家石油公司的司法调查。至此，森迪克从政治新星转变为 FA 的政治负担。

2016 年的治安状况使内政部部长爱德华多·博诺米（Eduardo Bonomi）身陷危机，执政联盟再次为其保驾护航。10 月 27 日，在博诺米接受了众议院关于国内安全形势的质询后，反对派动议就日益恶化的治安状况谴责博诺米。这是自博诺米 2009 年担任内政部部长以来，反对派发起的第三次谴责动议。最终，FA 凭借其在国会的微弱优势否决了这项动议，强调撤换内政部部长无益于改善治安状况，并表达了对博诺米能力的信任。对此，反对派强烈抨击执政联盟无视国家现实和民众的真实感受。

11 月 16 日，乌拉圭众议院通过投票（50∶49）决定成立委员会调查政府推动的液化天然气再气化项目，FA 遭遇 2005 年上台以来的首次失利[①]。

---

① "Uruguay's Ruling FA Suffers First Ever Defeat in Congress," *Latin News Daily*, 7 November, 2016.

尽管执政联盟凭借在国会两院的微弱优势在前几次反对派提出的腐败指控中脱身,但当涉腐的巴西建筑业巨头 OAS 赫然出现在项目的施工企业名单中时,反对派立即呼吁国会开展调查。来自 FA 的贡萨洛·穆希卡议员认为执政联盟阻碍腐败调查的做法不利于加大政府透明度,因而倒戈。这为今后巴斯克斯政府的治理能力增添了变数。

尽管执政联盟内部的分歧扩大,但 7 月举行的 FA 主席竞选中,温和派支持的哈维尔·米兰达(Javier Miranda)胜出,一定程度上减轻了巴斯克斯总统的执政压力。前众议长亚历山德罗·桑切斯(Alexandro Sánchez)代表人民参与运动党(MPP)参选,最终以 8 个百分点的差距位列第二①。这也是继 2015 年地方选举中前第一夫人卢西娅·托波兰斯基(Lucía Topolansky)与蒙得维的亚市市长一职失之交臂后,MPP 的第二次竞选失利。米兰达的胜利也意味着 MPP 没有机会利用 FA 主席一职对巴斯克斯总统施压,以改变政府削减预算和减少社会支出的政策。

二 经济形势②

受国际与地区形势影响,2016 年乌拉圭经济实现 0.6% 的增长,增速进一步减缓(见表 1)。私人消费与投资的停滞、国际需求的减少是经济增长减速的主要原因。随着全球经济逐步恢复,乌拉圭经济 2017 年预计增长 1%。

乌拉圭财政政策的扩张趋势在近年来有所缓和。尽管如此,2016 年 9 月公共部门累计赤字仍占 GDP 的 3.5%,扩大了 0.2 个百分点,其原因主要是经济增长乏力导致的财政收入减少。最新的数据显示,乌拉圭出现了初级财政赤字(占 GDP 的 0.1%),而在提高关税、减少对公共企业的投资等一系列措施的影响下,2016 年曾出现初级财政盈余。为此,政府于 2016 年 5 月宣布将实行财政巩固计划,目标是到 2019 年将财政赤字减少至 GDP 的 2.5%,具体政

---

① "Moderate Wins Presidency of Uruguay's Ruling FA," *Latin News Daily*, 2 August, 2016.
② 如无特别说明,经济形势部分的数据均来自 CEPAL, *Balance Preliminar de las Economías de América Latina y el Caribe*, Santiago de Chile, diciembre de 2016。

策包括自2017年1月1日起提高个人所得税和经济活动所得税,以及减少政府剩余任期中的计划开支。截至2016年6月,乌拉圭净公共债务达到137.3亿美元,相比2015年同期扩大了10%。乌拉圭的主权信用评级前景因此受到影响。

乌拉圭2016年2月的年通胀率突破10%,达到近12年来的最高水平。但随着乌拉圭比索对美元的升值和物价的回落,通货膨胀接近近年来的最高纪录。10月的居民消费价格年化增长率为8.5%,超出3%~7%的目标区间。汇率从3月的32比索兑1美元(近10年最高值)降至8月的28比索兑1美元。因此,央行自8月以来在外汇市场上持续购买外汇,以减少汇率波动的影响。

2016年前9个月,乌拉圭的国际收支状况持续改善。尽管出口下降11%,但进口降幅更大,主要是机械设备、运输材料、石油及其衍生品等进口减少,出口萎缩主要是由于大豆和动物产品的销售下跌。服务业表现良好,出现盈余。由于国际收支平衡赤字超出贸易盈余和经常性转移,截至2016年6月底,乌拉圭经常账户赤字占GDP的1.4%。

2016年上半年的外国直接投资与2015年同期相比减少了24%,延续了自2013年以来的下降趋势,但乌拉圭仍是重要的外国投资目的地,并且外国直接投资预计于2016年末开始增长。与此同时,乌拉圭计划投资40亿美元建第三座纸浆厂,另计划投资10亿美元用于物流发展。

在国内经济增长乏力的影响下,劳动力市场出现恶化的迹象。尽管2016年1~9月的就业活动率维持在63%左右,但全国的就业率降至58.4%(2015年同期为59%),失业率达8%,较2015年的平均值增加了0.6个百分点。实际工资水平自2015年下半年出现停滞以来又恢复上升趋势,9月的年化增长率为2%。

2016年乌拉圭的经济表现见表1。

表1 2014~2016年乌拉圭主要经济指标

项目	2014年	2015年	2016年[a]
年增长率(%)			
GDP	3.2	1.0	0.6
人均GDP	2.9	0.6	0.2
消费者物价指数	8.3	9.4	8.9[b]
平均实际工资	3.4	1.6	1.4

续表

项目	2014年	2015年	2016年[a]
货币供应量 M1	6.1	7.1	1.1[b]
实际有效汇率[c]	5.8	4.1	2.2[b]
贸易条件	3.9	1.9	3.3
年增长率(%)			
城市失业率	6.9	7.8	8.3
中央政府财政余额/GDP	-2.3	-2.8	-3.0
名义存款利率[e]	4.4	5.3	5.1[d]
名义贷款利率[f]	17.2	17.0	17.8[d]
国际收支(百万美元)			
商品和服务出口额	13688	12074	11056
商品和服务进口额	14458	11944	10417
经常账户余额	-2580	-1241	-697
资本和金融账户余额[g]	3940	-547	-963
国际收支余额	1360	-1788	-1660

注：a——初步预算值，b——根据2016年1~9月的数据估算，c——负值表示货币升值，d——根据2016年1~10月的数据估算，e——31天至60天的本地货币存款利率，f——30天至1年的企业贷款，g——包含误差和遗漏的部分。

资料来源：CEPAL, *Balance Preliminar de las Economías de América Latina y el Caribe*, Santiago de Chile, diciembre de 2016.

三 社会形势

2016年，乌拉圭社会的表现有喜有忧。列格坦全球繁荣指数和电子政务（E-Government）排地区首位，能源结构多样化成绩斐然，卫生健康领域有所斩获。但与此同时，社会治安未得到改善，通货膨胀亮起红灯，增税政策引发争议，抗议与罢工再度上演。

2016年，乌拉圭的全球繁荣指数位列全球第28名，领跑拉美和加勒比地区。根据全球繁荣指数，乌拉圭在经济质量、教育、营商环境、个人自由等多个领域持续向好。其中，在个人自由指数上，乌拉圭在全球149个国家中排第6位，领先于大多数发达国家。[①] 2016年《联合国电子政务调查报

---

① "Uruguay-Economic Overview," *Latin American Brazil & Southern Cone Report*, November 2016, p.15.

告》显示,南锥体国家的电子政务发展指数领先于拉美和加勒比地区,其中乌拉圭位居榜首,阿根廷和智利分别排在第二位和第三位。① 此外,乌拉圭的能源消费结构转型可圈可点。近两年来,乌拉圭在可再生能源上的投入超过 20 亿美元②,能源结构取得了显著的变化,基本实现了可再生能源的全覆盖,赢得世界银行和联合国拉美经委会的赞誉。乌拉圭能源改革的领导人拉蒙·门德兹(Ramón Méndez)还入选了美国商业杂志《财富》公布的"2016 年全球 50 位最伟大领袖"。

世界银行下属仲裁机构国际投资争端解决中心(ICSID)2016 年 7 月 8 日做出裁决,驳回了美国烟草巨头菲利普·莫里斯国际公司对乌拉圭政府控烟"过度"的指控。③ 该公司 2010 年向 ICSID 起诉,控告乌拉圭自 2006 年起实施的控烟法规给公司造成经济损失,要求乌拉圭取消这些法规或允许法规不适用于该公司,否则应给予公司 2200 万美元的赔偿。根据裁决,菲利普·莫里斯公司不仅被驳回指控,还需向乌拉圭支付 700 万美元的赔偿,同时承担所有诉讼费用。巴斯克斯总统于 2006 年颁布法令,使乌拉圭成为第一个实行封闭公共场所禁烟的美洲国家。乌拉圭要求香烟包装上的健康提醒信息应占 80% 以上的面积,要求一家烟草企业只能使用一个品牌,禁止在烟盒上使用"轻、柔"等误导性字眼。乌拉圭卫生部的数据显示,吸烟人数占总人口的比例已从 2005 年的 35% 降至 2014 年的 22.2%,同期年轻烟民人数占比从 22.8% 降至 8.4%。④

内政部部长博诺米 2016 年 2 月 4 日接受参议院的质询时承认,2015 年的凶杀率是自 1980 年公布官方犯罪数据以来的最高纪录,暴力抢劫事件也增加了,2015 年达到近 2 万起,平均每天发生 53 起事件。2016 年 4 月初的一个周末,乌拉圭首都接连发生 5 起暴力袭击事件,巴斯克斯总统为此召开

---

① "Uruguay, Argentina and Chile top UN Regional E-Government Rankings," *Latin American Brazil & Southern Cone Report*, August 2016, p. 16.
② "Going Green," *Latin American Brazil & Southern Cone Report*, May 2016, p. 14.
③ 《指控乌拉圭控烟"过度" 美国烟草巨头败诉》,新华网,http://news.xinhuanet.com/world/2016-07/09/c_1119192188.htm,检索日期:2016 年 12 月 5 日。
④ "Vázquez Fells Tobacco Giant," *Latin American Brazil & Southern Cone Report*, July 2016, p. 14.

了各党派代表出席的特别会议，表示将调整公共安全政策以遏制暴力犯罪浪潮。10月初，蒙得维的亚一高档社区内发生暴力抢劫案，致1人死亡，博诺米评论称被抢时最好不要反抗，引发了民众游行抗议。11月27日，乌拉圭足球比赛开场前发生骚乱，最终由于缺乏安全保证，比赛被迫取消。反对派再次质疑博诺米的能力并要求其辞职。

2016年2月的通货膨胀率突破两位数，达到10.23%，乌拉圭中央工会（PIT-CNT）进而提出调整工资协议的要求。5月，政府提议从2017年1月起提高个人所得税和企业所得税，以增加政府税收收入，减少财政赤字。对此，反对派指责巴斯克斯违背竞选承诺、欺骗民众，坚持要求政府减少公共开支而非增税。乌拉圭中央工会则以组织罢工运动为威胁，要求政府将增税目标限定为高收入群体。政府为此小幅调整了征收的对象及相应提高的税率，并将部分公共开支的增长延缓至2017年。7月14日，中央工会组织了近100万人参加的24小时大罢工，要求调整工资协议，反对政府减少公共开支和增加税收。最终，巴斯克斯总统做出让步，但中央工会对结果仍不满意。

四 外交形势

2016年，乌拉圭与阿根廷的关系峰回路转。巴斯克斯总统访华为中乌自由贸易协定铺路。南共市经历制度危机，乌拉圭试图拓展成员国的政策空间，但巴斯克斯政府努力的结果仍有待观察。

在克里斯蒂娜·基什内尔（Cristina Fernandez de Kirchner）执政时期，阿根廷与乌拉圭的关系因乌拉圭的纸浆厂问题而长期遇冷，争议上升至国际仲裁，导致乌拉圭封锁边境桥，而阿根廷颁布针对性的港口和关税政策，严重影响了乌拉圭的贸易和旅游业。随着阿根廷新政府上台，双边关系开始重新焕发生机。马克里总统先后废除前政府推出的进口预申报制度和转船运输限制令。乌拉圭成为马克里上任后出访的首站。访问期间，两国元首同意建立联合实验室以监控环境质量，共同打造跨国港口发展战略，并宣布将联合申办2030年世界杯足球赛。

巴斯克斯总统率代表团于2016年10月12~20日访问中国。访华期间，巴斯克斯总统与中国领导人举行了会谈，出席了第十届中拉企业家高峰会和中国（广东）—乌拉圭经贸交流会。与习近平主席会谈期间，两国元首决定在相互尊重、平等互利的基础上建立中乌战略伙伴关系。此外，两国领导人就尽快开启双边自由贸易协定谈判以及确定签署日期的工作日程达成共识。目前，中国是乌拉圭的第一大贸易伙伴，是该国羊毛、牛肉的最大进口国，乌拉圭也是中国进口大豆的第四大供应国。① 双方还签署了经贸、文化、教育、工业、农业等领域的多项合作协议。

2015年底，巴斯克斯总统接任南共市轮值主席时表示，将重点推动与欧盟的自由贸易谈判，然而南共市内部出现了制度危机。按照相关规定，委内瑞拉应于2016年7月接任轮值主席国。但是，除乌拉圭坚持按规定轮换外，其他3国都对此表示反对，指责委内瑞拉并未履行与南共市的协定，在经济、政治、民主和人权等方面仍未达标，不具备担任主席国资格。由于缺乏共识，原定于7月12日的南共市首脑峰会被迫取消，自8月起南共市出现轮值主席国空缺的局面，南共市的运行也受到影响。迫于压力，乌拉圭的立场逐渐软化。9月14日，创始成员国通过投票（乌拉圭弃权）决定取消委内瑞拉的轮值主席国资格。4国发表联合声明称，将共同担任南共市轮值主席国。4国还要求委内瑞拉在12月1日前完全履行与南共市的协定，否则将取消其南共市成员国资格。委内瑞拉对此提出强烈抗议。② 12月1日，4国以委内瑞拉未按期履行南共市有关贸易、司法和人权方面的协定为由，决定中止委内瑞拉成员国资格。马杜罗总统称该决定不合法，表示将采取行动捍卫委内瑞拉的权利。③

---

① 《乌拉圭总统重申将尽快与中国商签自贸协定》，新华网，http://news.xinhuanet.com/world/2016-10/25/c_1119783613.htm，检索日期：2016年12月7日。
② "Venezuela Denied Mercosur Presidency, Threatened with Suspension," *Latin American Brazil & Southern Cone Report*, September, 2016, p. 16.
③ 《马杜罗说委内瑞拉被中止南共市成员国资格"不合法"》，新华网，http://news.xinhuanet.com/world/2016-12/04/c_1120049187.htm，检索日期：2016年12月8日。

南共市与欧盟于1999年开始自由贸易谈判,但此后多次延迟,2004年以来谈判处于搁置状态,双方自2010年重启谈判。2016年5月12日,南共市与欧盟在布鲁塞尔举行会议,共同磋商互换商品清单的细节。但双方最终能否达成自由贸易协定仍存在诸多不确定性。乌拉圭长期致力于在南共市框架下寻求更大的弹性空间,以便成员国能够与第三方签订自由贸易协定,摆脱集体行动对自身的限制,与中国开展自由贸易谈判成为乌拉圭重要的突破口。然而,阿根廷总统马克里表示他理解乌拉圭的切实需要,但更希望南共市作为整体与中国进行自由贸易协定谈判。因此,中国与乌拉圭的自由贸易协定前途未卜。

(张凡 审读)

Y.19
巴拉圭：经济逆势增长 政府执政能力削弱

李 慧[*]

摘　要： 2016年，卡特斯领导的红党政府的执政能力不断被削弱，改革措施推进受阻。经济增长率为4%，高于拉美地区的平均水平，逆势增长引人注目，低成本制造业拥有较大潜力。对外关系得到良好提升，巩固了与巴西的双边关系，成为南共市内的活跃成员国。

关键词： 巴拉圭　经济形势　红党　低成本制造业

一 政治形势

（一）红党执政能力被削弱，改革推进受阻

2013年，富商出身的奥拉西奥·卡特斯（Horácio Cartes）当选巴拉圭总统。红党在参议院赢得多数席位，在众议院未能如愿，但红党与国内其他党派拥有施政协定。卡特斯政府推行了一系列改革计划，其中包括打击贫困、反腐、"财政责任法"、税收改革以及增加基础设施投资的公共私营合作法案等，这些计划早期取得了一些成绩。但随着时间的推移，执政环境日

---

[*] 李慧，中国社会科学院拉丁美洲研究所综合理论室助理研究员，墨西哥研究中心副秘书长。

趋复杂,改革的推进与预期产生了较大差距。

2016年,卡特斯进一步遭到执政联盟中不同政见者以及中左翼党派的掣肘,政府执政能力被大幅削弱。红党内部持不同政见者马里奥·阿卜杜·贝尼特斯(Mario Abdo Benítez)领导的安娜得特(Añetete)派系一直反对卡特斯的公共项目改革。目前,他已加入中间派的真正激进自由党阵营,并在2016年6月的参议长竞选中开始支持反对派政治家罗伯特·阿塞维多(Roberto Acevedo)。这种新的结盟使卡特斯失去了参议院的绝对多数,打乱了立法议程。8月末,参议院拒绝通过总统连任竞选的宪法修正案提案,直接导致多项改革计划受阻,如向私营部门开放国有企业计划以及公共私营合作法案。另外,调整税收制度以增加政府收入的计划同样丧失了可行性(根据2014年制定的改革方案,国家将对农业部门增加税收)。

此外,由于巴拉圭人民军(EPP)的反政府活动,公众对卡特斯的敌对心理可能被深化。一些官员与毒品走私勾结的传言加大了政府的压力。由于执政能力被削弱,唯一可以期许实现的改革只能发生于涉及面相对窄或没有争议的议题上,如增加巴拉圭中央银行的独立性、政策制定的灵活性以及反腐(例如鼓励举报腐败),但这些改革也有助于增加巴拉圭对外部投资者的吸引力。根据当前形势,预计在2018年的大选中,红党仍会比分裂且弱势的反对党更具优势,卡特斯的继任者将不会变更这些提案,一部分经济成效将在短期内显现出来。

除政治层面以外,城市和农村不平等将继续成为反政府、反腐败情绪的重要来源。学生继续抗议初高中的低质量教学,农民组织周期性的罢工以呼吁土地改革。但是,农村贫困的顽疾、巴拉圭人民军的袭击和毒品走私引发的暴力犯罪并没有中断东北部地区农业经济和制造业吸引外资。

(二)国会拒绝修宪,卡特斯无缘再选

2018年11月,巴拉圭将举行下一届总统和议会选举。由于国会拒绝了卡特斯的连选修正案,此次大选将是广泛开放的状态。红党称将在剩余任期内继续推动该修正案的通过,但是鉴于没有更新的提议以及参议院内没有足够的支持力量，修正案获得通过的可能性很小。另外，由于两位前总统也被禁止参选［尼卡诺尔·杜阿尔特（Nicanor Duarte，2003~2009年）和费尔南多·卢戈（Fernando Lugo，2008~2012年）］，所以这次的候选人还有很大的不确定性。红党安娜得特派系领导人贝尼特斯已经宣布将参加竞选，但是该党内部的右翼力量应该会再推选一名有竞争力的对手，鉴于近年来良好的经济增长势头以及红党拥有充裕的资金来源，红党获胜的可能性很大。卡特斯的大部分政策应该能得到延续。

二 经济形势[①]

（一）主要经济指标

得益于工业、建筑业、贸易和畜牧业的增长，从2016年第二季度开始，巴拉圭经济增速开始提高。拉美经委会估计，2016年巴拉圭国内生产总值（GDP）增速约为4%，高于2015年的3%和2016年拉美地区的平均值（见表1）。税收方面，政府采取了增收抑支政策，估计全年财政赤字可能高于GDP的1.5%，但被控制在财政责任法设定的上限以内。2016年，政府采取了扩张性的经济政策，以抵消恶劣的外部环境及低通胀压力。

巴拉圭实行通胀目标制。2016年，政府主要推行的是货币扩张政策。因通胀压力较小，全年两次进行降息，经调整，2016年7月利率稳定在5.5%的水平。此外，由于篮子商品中一些波动价格的恢复和较小的汇率压力，从2016年第二季度起通胀有所缓和。2016年11月，消费者物价指数为1%，通胀率为4.3%。这源于篮子商品中食品价格的上涨与石油及衍生品、城市交通和电信服务价格的下降。9月，巴拉圭中央银行预计到2016年末通胀率为3.3%，控制在通胀目标4.5%以内（正负2个百分点。）

---

① 除特别说明外，本部分数据均来自CEPAL, *Balance Preliminar de las Economías de America Latina y el Caribe 2016*, Santiago de Chile, diciembre de 2016，检索日期：2017年1月9日。

表1 2014～2016年巴拉圭主要经济指数

类别	2014年	2015年	2016年
年际变化率(%)			
GDP	4.7	3.0	4.0
人均GDP	3.3	1.6	2.7
消费者物价指数	4.2	3.1	3.5
实际平均工资	1.2	0.5	-
货币(M1)	9.6	11.6	1.5
实际有效汇率	-3.1	1.5	4.1
国际收支(百万美元)			
商品和服务出口额	13997	11758	12085
商品和服务进口额	13193	11421	10755
经常账户盈余额	27	-287	592
资本和金融账户盈余额	1112	-272	131

资料来源：CEPAL, *Balance Preliminar de las Economías de America Latina y el Caribe 2016*, Santiago de Chile, diciembre de 2016, 检索日期：2017年1月9日。

汇率方面，2016年1～9月，巴拉圭货币瓜拉尼兑美元汇率略有升值（6%）。对美联储加息预期弱化和上半年出口外汇收入增加是巴拉圭本地货币升值的主要原因。

对外部门，巴拉圭央行预计经常账户盈余相当于GDP的0.5%，相比较而言，2015年的赤字相当于GDP的1%。这源于进口的减少和出口的小幅回升，受到主要产品（大豆及衍生品、谷物、肉类和电力能源）及其价格的影响。再出口产品同样得到提高，这与巴拉圭经济的改善预期以及本国货币兑美元汇率的上升有关。2016年，巴拉圭对2008～2015年外国直接投资数据进行了更新，对收支平衡和经常账户的余额略有调整。据最新估算，2014～2015年，吸收外国直接投资总额降到3.82亿美元。第三产业是外国直接投资最大的接收部门，但与2014年相比有所下降，这是由金融中介机构减少和电信部门外国投资流量为负值的影响所致。第二产业尤其是肉类制品和油类生产也从中受益，但第一产业的流量为负值。主要外国投资来源国是美国、巴西和巴拿马。2016年第一季度，外国直接投资达到了2.6亿美元。需要强调的是,2016年度余下的时间里,持续累积的国际储备达到了GDP的26.5%。

巴拉圭经济经受住了动荡的外部环境和脆弱的地区市场的考验。2015年中期,该国经济活力有所下降后,从2016年第二季度开始,第二产业和第三产业的一些部门显现出活力。其中,更多元化的出口市场、巴拉圭经济的稳定迹象和良好的气候条件对这些部门的发展起了积极作用。鉴于巴拉圭第二产业(尤其是在建筑和电力生产部门)和第一产业的积极表现,拉美经委会估计,2016年巴拉圭的GDP增幅约为4%,高于上年3%的水平。私人消费因受到耐用消费品价格降低的冲击以及限定信用卡利息的新法令的影响而有所减少。

劳动力市场没有足够的活力。2016年第二季度,巴拉圭劳动年龄人口有所增加,但就业人口同比有所下降,这导致失业率达到了9%,而2015年同期的失业率为6.7%。此外,根据巴拉圭央行数据,2016年6月工资指数的年际变化率为4.3%,并宣布将于2016年12月将最低工资提高7.7%。

(二)主要经济政策

卡特斯的主要经济政策是吸引投资,旨在改善基础设施建设和提高公共部门的效率(增加国有企业的私人参与),但投资项目推进缓慢,期间还遇到了左翼反对势力和红党内部一些传统分裂因素的阻力。随着卡特斯在国会中力量的削弱,政策的推进遭遇更大困难,反对派系试图阻止提案的通过。尽管一些项目已经取得部分进展,但基础设施条件(尤其是公路、铁路和机场)依然不能满足商业发展的需要。

在自然资源方面,政府继续对外国资本保持相对开放。近期,巴拉圭推行了矿业部门的改革,目的就是增加该部门对外国企业的吸引力。另外,该国拥有丰富的石油储备,但近期勘探发现的油田从经济层面来看无法实施开采(由于地质结构的限制和国际低油价的影响)。一些外国公司已转向其他国家,等待巴拉圭发现新的油田。与阿根廷亚西雷塔(Yacyretá)水电站的合作项目为巴拉圭提供了丰富的电力资源,促进了该国工业的发展。未来两

年,西班牙和日本公司可能在巴拉圭建造一些中型水泥工厂。同时,尽管该国电力资源丰富,但是电力输送设施落后,接下来几年巴拉圭将得到大规模投资,用于解决周期性停电问题。

(三)"小中国"战略

2016年10月,巴拉圭的一些官员开始讨论将该国打造成拉美区域内"小中国"的战略。巴拉圭经济对农业高度依赖,这一目标的提出旨在发展以制造业为主的工业配套设施,以实现国家经济多元化。政府对该战略的解释是,巴拉圭拥有充足的年轻劳动力、低税率以及廉价的能源(与巴西合营的伊泰普水电站生产的电力),可以向拉美企业提供一个有吸引力的制造业基地。巴拉圭政府官员表示,邻国巴西每年从中国进口700亿美元的货物,而巴拉圭与巴西相邻,拥有更大的比较优势。因此,巴拉圭将致力于发展制造业,将10%的产品销往邻国,实现国家经济的多元化,减少本国对大豆、棉花和白糖等农业产品的依赖。这样,"巴拉圭可以很好地扮演一个'中国'省份的角色"。①

目前,巴拉圭的制造业发展已经引起邻国巴西的担忧。由于国内严重的经济衰退,大量巴西企业试图寻找降低成本、提高生产效率的方法,通过开展跨境业务在巴拉圭制造大量的就业机会。巴西的劳工成本比巴拉圭高100%~135%,并且巴拉圭的能源成本比巴西低60%以上。②

三 社会形势

巴拉圭是一个社会问题比较突出的国家,集中体现在贫困、失业和犯罪

---

① Latin American Economy & Business, "Playing the 'Little China' Card," http://www.latinnews.com/component/k2/item/70297.html?period = 2016&archive = 804491&Itemid = 6&cat _ id = 804491:paraguay-playing-the-little-china-card,检索日期:2017年1月5日。
② 《美媒:巴拉圭发展低成本制造业引邻国巴西关注》,环球网,http://world.huanqiu.com/exclusive/2017 – 01/9927863.html?referer = huanqiu,检索日期:2017年1月10日。

方面（见表2）。卡特斯政府上台后，将打击贫困和改善收入不平等作为首要任务之一。另外，巴拉圭是拉美地区贫富差距悬殊最大的国家之一，仅次于洪都拉斯和尼加拉瓜。据联合国拉美经委会的数据，2011年巴拉圭全国贫困人口、极端贫困人口分别占总人口的49.6%和28.0%。近年来该国贫困率下降较快，贫困人口年均减少4.5%。

表2 巴拉圭主要社会指标

年份	人均GDP（美元，2010年汇率）	人均收入（美元，2010年汇率）	失业率(%)	消费者物价指数年际变化率(%)
2012	3237	3168	8.1	4.0
2013	3642	3563	8.1	3.7
2014	3764	3683	8.0	4.2

资料来源：ECLAC, *Panorama Social de America Latina 2015*, Santiago de Chile, 检索日期：2017年1月9日。

2016年，巴拉圭的社会形势十分严峻，农民、学生、医生等群体的抗议罢工活动接连不断，毒品生产与贩卖引发了国际社会的担忧，游击队袭击事件对红党政府形成了较大压力。

美国呼吁巴拉圭加强打击毒品生产与贩卖。2016年3月18日，美国国务院公布的《国际麻醉品管制战略报告》中呼吁巴拉圭政府加大打击毒品生产与贸易的力度。该报告已连续第三年发出这样的呼吁，指出"巴拉圭是西半球最大的大麻种植国家之一，并且是安第斯可卡因扩散的主要过境国。当地的贩毒人员不仅将全国大部分的大麻作物输送到巴西和阿根廷，而且利用内陆国家的边境、水运通道的优势，在执法力度不足的条件下向邻国走私毒品，继而运往欧洲、非洲和中东地区"。[①] 巴拉圭是继墨西哥之后拉美的第二大麻生产国。

① "Still Viewed with Concern in INCSR," *Latin News Daily*, http://www.latinnews.com/member-area.html?id=36&country=2181，检索日期：2017年1月5日。

合作社与农民抗议制造社会压力。2016年4月，代表当地农民与合作社的社会组织举行了全国范围的游行，要求政府做出一系列让步。事件的起因是合作社部门要求废除政府对其服务提高10%增值税的新法案。这项新法案在2015年通过后，各合作社举行了大规模的游行抗议要求停止法案的执行。首都亚松森的抗议活动出现了暴力事件，使卡特斯政府受到广泛的社会压力。

全国性中学生罢课，教育文化部部长被迫辞职。2016年5月，巴拉圭上百所中学的学生举行了全国性的罢课抗议活动，要求更换教育文化部部长马塔·拉福恩特（Marta Lafuente），增加投入以提高教学质量。数天的抗议之后，教育文化部部长被迫辞职。5月9日，卡特斯任命了新的教育文化部部长恩里克·里埃拉（Enrique Riera）。在成功更换教育文化部部长之后，学生们要求与总统进行对话，当面表达需求，但卡特斯宣布出访阿根廷并未予以回应。该次抗议的主要诉求是将教育经费从GDP的3.5%提高到联合国教科文组织建议的7%，从而实现教学质量的提高。①

巴拉圭人民军袭击事件升级。2016年8月27日，在巴拉圭北部的康普赛西翁（Concepción）市，8名士兵在打击游击队的行动中遇袭。这是自巴拉圭人民军在2008年建立以来发生的伤亡最为惨重的袭击。由于这起袭击在7月游击队绑架案之后紧接着发生，这使全国陷入了公共安全危机，内政部部长面临弹劾。卡特斯总统2013年上台以来为打击游击队所做的军事部署被质疑无效，对游击队的威胁无能为力。

四　外交形势

在卡特斯的治理下，巴拉圭与邻国的关系得到了良好提升。与巴西关系方面，2016年双边往来密切。4月，巴西外交部部长和国防部部长访问巴拉

---

① "Students oust MEC Minister," *Latin News Daily*, http：//www.latinnews.com/component/k2/item/68814.html?period = 2016&archive = 801988&Itemid = 6&cat_id = 801988：paraguay-students-oust-mec-minister，检索日期：2017年1月5日。

圭，两国新签订了共同打击跨国犯罪的协定。2007年，两国曾签署双边安全协议。10月，巴西总统特梅尔访问巴拉圭，促进了两国贸易和投资往来，双边关系得到进一步巩固，但该次访问并未提及存在争议的伊泰普条约。该条约对地处两国边境的伊泰普水电站生产的电力进行了定价，巴拉圭方面存在异议。与阿根廷关系方面，两国建立了常设谈判机制，以解决亚西雷塔（Yacyretá）水电站的历史债务问题。解决水电站的债务是巴拉圭的长期诉求，巴拉圭对阿根廷设定的128亿美元的估值存在异议。自1994年大坝竣工以来，根据双边协定，巴拉圭要以优惠价格转让给阿方亚西雷塔发电量的未使用部分，巴拉圭认为这应该被视为对阿根廷垫付的建造费用的偿还行为。为此，巴拉圭曾多次试图说服阿根廷，但均未取得成效。马克里胜选上台后，两国总统相似的履历背景使巴拉圭重燃了谈判的期望。5月，在卡特斯总统对阿根廷完成国事访问后，巴拉圭外交部宣布了这一常设谈判机制的建立，以示争端正朝着解决的方向推进，但谈判仍可能存在困难。

巴拉圭重返南共市。2012年6月，该国发生了颇具争议的卢戈总统弹劾案，因此南共市暂停其成员国资格达14个月之久。2016年，巴拉圭通过南方共同市场批判另一成员国委内瑞拉对其公民自由权利的侵犯（委内瑞拉给予的回应是，要求收回巴拉圭国家燃料进口公司Petropar所欠下的2.87亿美元债务）。8月19日，巴拉圭外交部宣布召回驻委内瑞拉大使，冻结两国的外交关系。巴拉圭的地理位置（特别是其农业出口对巴拉圭和巴拉那运河的依赖）决定了南共市将是其对外政策的核心。2013年，巴拉圭成为太平洋联盟的观察员国。[①]

巴拉圭与中国尚未建立外交关系。中国台湾地区领导人蔡英文于2016年7月访问了巴拉圭。

（杨志敏 审读）

[①] Raúl Bernal-Meza, "Alianza del Pacífico Versus ALBA y MERCOSUR-Entre el Desafío de la Convergencia y el Riesgo de la Fragmentación de Sudamérica," *Pesquisa & Debate*, SP, Volumen 26, Número1 47, pp. 1–34, Jan.-Mar. 2015.

Y.20
哥斯达黎加：政治分裂　改革受阻

楼　宇*

摘　要： 2016年，哥斯达黎加政局不稳，立法机构党派对立，总统权力受限，多项改革推行举步维艰。公民行动党内部分歧不断，政府高层更替频繁。经济仍呈现通货膨胀率低、复苏缓慢的特征，政府负债率、财政赤字及失业率高企的局面没有根本性改善。"发展之桥"政策初见成效，贫困率持续降低，为近些年来的最低值；但犯罪率有所上升，2016年成为哥斯达黎加史上最为暴力的一年。在对外关系方面，哥斯达黎加积极参与全球和区域一体化进程，与中国签署了一系列重要协定，进一步充实了两国多领域务实合作。

关键词： 哥斯达黎加　政治分裂　改革受阻　财政赤字

一　政治形势

1. 执政党在国会力量薄弱，总统权力受限

2014年公民行动党（PAC）候选人路易斯·吉列尔莫·索利斯（Luis Guillermo Solís）在选举中胜出，成为哥斯达黎加总统，任期4年。索利斯上任后，哥斯达黎加的政治局面并不稳定，2016年突出表现为立法机构内

* 楼宇，博士，目前就职于中国社会科学院拉丁美洲研究所，主要研究方向为拉丁美洲文学、文化及中拉人文交流等。

部的党派对立及民众对政府的不满情绪持续上升。

在立法大会57个席位中公民行动党只占13个席位，席位分化的局面导致总统权力受限，执政党的政策推行频繁遇阻。索利斯政府推行的财政改革计划一再延迟，虽然双方对财政改革的需求已达成共识，但反对派对政府施压，要求削减预算而不是增加税收。财政改革计划的"难产"将进一步削弱公民行动党的执政能力，可能会使其在2017年陷入"跛脚鸭"状态。①

各党派在社会和安全方面具有普遍共识。例如，2016年11月飓风"奥托"登陆哥斯达黎加，对利蒙省造成了严重破坏，各方通力合作，政府做出有效反应，宣布全国进入紧急状态，积极应对灾难。

2. 执政党内部摩擦不断，官员更替频繁

索利斯上任以来，公民行动党内部分歧不断，政府高层更替频繁。鉴于反对派在国会中的优势地位，可以轻易拖延或阻止法案，索利斯政府一直在努力制定其议程，但内部的不团结无疑进一步削弱了政府推行改革的能力。近几年来，哥斯达黎加的贫困、失业和不平等问题加剧，2016年犯罪率上升，给政府的执政能力提出了进一步的挑战。

3. 民调显示执政党支持率不高

哥斯达黎加下一次大选将于2018年2月举行。2016年12月民调显示，民族解放党（PLN）的支持率为30.3%，公民行动党为9.8%，基督教社会团结党（PUSC）为7.8%。现有意参选者中，前总统菲格雷斯（José María Figueres）和阿尔瓦雷斯·德桑蒂（Antonio Álvarez Desanti）的支持率分别为26.5%和40.9%，二人在民族解放党内的支持率分别为40.6%和36.9%。② 经济学人智库预测，鉴于公民行动党的内部摩擦和民众对现任总统索利斯的低认可度，公民行动党在2018年获得连任的概率极低，民族解放党或基督教社会团结党将有可能赢得选举。

---

① 除特殊注明外，本文所引英国经济学人智库（EIU）数据均来源于"Country Report: Costa Rica," *The Economist Intelligence Unit*, January 2017，检索日期：2017年1月22日。
② 《哥斯达黎加2018年大选有关民调》，http://www.mofcom.gov.cn/article/i/jyjl/l/201612/20161202281528.shtml，检索日期：2017年1月8日。

二 经济形势

2016年,哥斯达黎加农业和制造业复苏,服务业持续增长,但受全球经济动荡、地区经济增长放缓和主要贸易伙伴经济复苏乏力影响,哥国经济仍呈现通货膨胀率低、复苏缓慢的特征,政府负债率及失业率高企的局面没有根本性改善。

1. 经济温和增长,通胀低于预期

据联合国拉美经委会(CEPAL)估计,2016年拉美及加勒比地区经济增长将下降至1.1%,其中南美地区为负增长(-2.4%),中美洲增长3.6%。[1] 得益于农业和制造业的恢复以及服务业的持续增长,拉美经委会预计哥斯达黎加2016年的GDP增长率为4.2%,较2015年的3.7%有小幅提高。

出口方面,货物出口受制造业和农业出口复苏推动,在2016年前10个月累计增长7.1%,而2015年同期仅为0.7%;服务出口受旅游收入强劲增长影响,2016年上半年增长12.4%。进口方面,燃料进口下降14.7%,而同期其他商品流入增加,总进口额前10个月增长0.3%,2015年同期则下降3.8%。2016年上半年,外国直接投资净额为13.24亿美元,较上年同期减少4.6%,主要是由2015年农业部门一次性投资金额较大所致。

需求方面,私人消费增长受到高失业率(2016年前3个季度为9.5%)和收入不平等的制约,但规模较大的中产阶级仍是消费需求的有力支撑。2016年前3个季度,哥斯达黎加平均月工资同比增长3.3%,在可支配收入提高(工资上升、低通货膨胀)和信贷扩张的双重驱动下,私人消费增长4.6%。固定投资继续保持强劲,主要利好来自"美国—多米尼加—中美洲自由贸易协定"、良好的政治及商业环境、重要产业部门的逐渐开放以及基

---

[1] 除特殊注明外,本文所引CEPAL数据均来源于"Costa Rica"。CEPAL, *Balance Preliminar de las Economías de América Latina y el Caribe 2016*, Santiago de Chile, diciembre de 2016.

础设施领域的投资增加。

供给方面，专业服务和高科技制造业构成驱动增长的双引擎。电信业快速增长，与高科技和出口部门相关的商业服务也在迅速增长，与美国需求密切相关的旅游业有所恢复。此外，在商业房地产的推动下，建筑业逐步呈现复苏态势。

据联合国拉美经委会预测，受国际燃料价格下跌影响，2016年哥斯达黎加消费者物价指数（CPI）将在年内下跌1%。哥斯达黎加国家统计局的数据显示，2016年前10个月累计通货膨胀率仅为0.37%。哥斯达黎加中央银行亦将2016年目标通货膨胀率下调1个百分点至3%，上下浮动范围为1个百分点。这种趋势符合哥斯达黎加在长期内逐步降低通货膨胀率，以便与其主要贸易伙伴匹配的目标。

2. 财税改革进展缓慢，政府债务率居高不下

哥斯达黎加的政府债务增长率为拉美最高，财政赤字在拉美地区名列前茅。2016年，财政赤字仍然是哥国内经济政策的焦点，第一财政改革法案的通过为削减公共养老金开支和改善国库资金管理铺平了道路，但旨在增加政府收入，特别是引入新增值税及改革所得税的条例草案尚未获得通过。

得益于经济增长和财政部门加强税收征缴，哥斯达黎加政府的财税收入增加了14.7%。截至2016年10月末，哥中央政府总收入较2015年同比增长9.1%；中央政府支出增长3.8%（2015年同期9.5%）。哥中央政府财政赤字在第三季度末占GDP的比重为3.4%（2015年同期4.2%），其全年赤字水平预计由2015年的5.8%下降至5.2%~5.5%，打破近年来的上升趋势。但政府债务率仍居高不下，公共债务占GDP的比重达到43.1%，较2015年底增长了2.6个百分点。

总体来讲，相较于中美洲其他国家，哥斯达黎加中央政府财政赤字高企，财税改革进展缓慢，压力较大。公共财政问题历经多届政府的努力仍未有效改善。2017年的政府支出计划中，公务员薪酬等关键部分的支出仍未减少。解决问题的希望在于税收改革，然而政府和国会之间的摩擦使这一改革陷入了困境。此外，由于公共债务高企，财政改革进展缓慢，2017年哥斯达黎加风险评级下调的可能性较高。评级下调的后果虽不会立即显现，但长期看会提升融资利率及增加融资难度。哥斯达黎加是中美洲唯一一个内债超过外债的国家，受评级影响相对较小，但其经济结构易受外部环境冲击，若不能进行深层次改革以使其财政状况逐步稳健，那财政领域的风险仍令人担忧，财税改革和政府开支"瘦身"迫在眉睫。

3. 利率缓慢下降，汇率相对稳定

联合国拉美经委会的数据显示，2016年哥斯达黎加中央银行实行的货币政策将基本利率维持在1.75%，但其货币政策传递机制弱，平均贷款利率仅从1月底的15.63%下降到11月的14.48%。2016年前9个月，哥斯达黎加科朗对美元的名义汇率累计贬值幅度达3.1%，实际有效汇率指数同期下降3.7%。由于哥央行仍持有77亿美元的外汇储备，上述问题并未对其造成严重影响，但若后续汇率出现大幅波动，哥斯达黎加高度美元化的经济（超过40%的信贷和存款都是以美元计价）则易受较大冲击。

三 社会形势

1. "发展之桥"政策初见成效，贫困率下降

2015年3月，索利斯政府出台"发展之桥"（Puente al Desarrollo）政策，旨在加强社会保障体系建设，消除贫困，改善民生。这一政策在2016年初见成效。哥斯达黎加国家统计及人口普查局（INEC）数据显示，2010年以来哥贫困率总体稳定，2014年和2015年有所上升（分别为22.4%和21.7%），2016年降至20.5%，为近些年来的最低值。① 数据显示，2016年7月哥全国共有30.7万户贫困家庭，比2015年减少了10400户，贫困率降低了1.2个百分点（2015年7月为21.7%）。极端贫困家庭数量也同比减少，由2015年的104712户减少至2016年的95004户。极端贫困家庭比例

---

① 除特殊注明外，本文所引哥斯达黎加国家统计及人口普查局（INEC）数据均来源于INEC，"Encuesta Nacional de Hogares（Julio 2016），"Octubre 2016。

由2015年的7.2%降至6.3%。值得强调的是,哥在改善农村贫困人口方面成效明显,通过对比2010~2016年的多维贫困指数可以发现,哥农村贫困率在持续降低,由2010年的46.7%逐年降低至2016年的34.2%。

此外,2016年索利斯政府加强了对教育基础设施建设的投入,从2015年的600亿科朗增至1000亿科朗,创历史新高。

2. 失业率高企,就业形势严峻

哥斯达黎加失业率呈逐年递增趋势,政府虽采取了一系列措施创造就业,但收效甚微。联合国拉美经委会数据显示,2016年前3个季度哥斯达黎加的平均失业率为9.5%。哥斯达黎加国家统计及人口普查局数据显示,2016年第三季度哥失业率为9.7%,比2015年同期(9.2%)略有增加。

哥斯达黎加中央银行于2016年12月底发布的《2017~2018年宏观经济计划》显示,2016年第三季度净国民劳动参与率为57.7%,与2015年同比下降了3.4个百分点。就业人口减少约9.1万人,失业人口增加2.1万人。央行指出,2016年哥斯达黎加经济活动人口的下降和非活动人口的增加导致了这一结果。①

3. 治安形势恶化

哥斯达黎加一直被视为拉美地区最安全的国家之一,但近年来犯罪率有所上升。2015年政府采取了一系列强力措施以降低犯罪率,但2016年治安形势进一步恶化。据哥斯达黎加司法调查署(OIJ)统计数据,2016年哥共发生577起凶杀案,超过2015年的557起,创历史新高。按世界卫生组织标准(每10万人中10起凶杀案即被视为暴力猖獗区),2016年,哥斯达黎加的凶杀状况为每10万人中11.8起,高于2015年的11.4起。② 哥司法调查署规划处处长迈克尔·索托(Michael Soto)指出,哥近几年犯罪率上涨

---

① "Programa Macroeconómico 2017 – 2018," *El Banco Central de Costa Rica*, 21 de diciembre de 2016.
② 《2016年哥斯达黎加治安形势恶化》(2017年1月5日),http://cr.mofcom.gov.cn/article/jmxw/201701/20170102496101.shtml,检索日期:2017年1月8日。

与来自洪都拉斯、萨尔瓦多及危地马拉的移民有关。哥治安环境在短期内难有较大改善，司法调查署预测2017年凶杀案数量将继续增加。①

四 外交形势

1. 积极参与区域一体化进程

基于"美国—多米尼加—中美洲自由贸易协定"和美国在哥的直接投资，哥斯达黎加与美国的关系稳定，保持密切合作关系。2016年上半年，哥吸引外国直接投资总额达13.26亿美元，其中美国投资额达5.34亿美元，居首位。

哥斯达黎加重视发展与拉美各国的关系，积极推动拉美国家区域经济一体化进程。哥斯达黎加自2014年开启加入太平洋联盟（Alianza del Pacífico）的谈判，截至当前仍在为成为该联盟正式成员国而努力。此外，哥加入经济合作与发展组织（OECD）的计划也在进行之中。2016年2月，OECD秘书长安赫尔·古里亚（Ángel Gurría）访问哥斯达黎加，肯定了哥在经济上取得的成绩，同时指出，哥还需改善财政状况，降低债务水平，提高劳动生产率和产品附加值，以提高国际竞争力。总体来讲，哥申请加入OECD的计划尚处初级阶段，短期内不会有重大进展。

2. 继续加强与中国的合作

哥斯达黎加与中国于2007年建交，两国在政治、经贸、文教及科技各领域开展了卓有成效的互利合作。2016年两国签署了一系列重要合作协定，进一步充实了双边关系发展的内涵。2016年3月，哥立法大会通过了《哥斯达黎加与中国投资保护协定》。该协定涉及促进和保护投资、损失补偿、解决双方争端等内容，旨在为中哥两国的相互投资提供有利条件和安全保障，通过法律框架规范和改善投资条件，在平等互利的基础上加强中哥两国

---

① La Prensa Libre, "327 Homicidios Cometidos en 2016 Siguen sin ser Resueltos por OIJ," https://www.laprensalibre.cr/Noticias/detalle/99008/327-homicidios-cometidos-en-2016-siguen-sin-ser-resueltos-por-el-oij-, 检索日期：2017年1月8日。

的经贸合作，深化中哥关系。该协定的通过为中国在哥投资开辟了道路并提供保障。2016年7月，应中国外交部部长王毅邀请，哥外交部部长冈萨雷斯·桑斯（Manuel González Sanz）于7月17~19日对中国进行正式访问。王毅外长与冈萨雷斯外长在北京举行会谈，并签署了《2016年至2020年中哥合作共同行动框架》，为进一步推进两国多领域务实合作规划了蓝图。

中哥两国在基础设施建设领域的合作进一步加强。中国港湾工程有限责任公司承建的32号公路扩建项目于2016年底获哥斯达黎加政府开工令，该公路是哥最重要的物资运输通道，哥70%的进出口物资需经此路。由中国政府援建的哥国家警察学校项目已基本完成。此外，中国援赠并于2016年10月交付的两架Y12E型飞机已广泛应用于哥国土安全、医疗救助、打击犯罪及抢险救灾等领域。

人文领域方面，中哥交流进一步拓展，汉语教学项目已在6所公立学校落地。2016年底，哥政府对中国持因公普通护照人员实行免签入境，为两国人员往来与合作交流提供了便利。2017年是中哥建交10周年，中哥两国平等互信、合作共赢的战略伙伴关系将获得更大发展。

展望2017年，哥新一届选举虽然还没有明确的候选人，但现执政党公民行动党胜出的可能性极低，民族解放党最有希望胜出。索利斯政府会继续推动财政改革，但由于执政党在国会中的力量薄弱，这一进程将举步维艰。此外，财政赤字、失业率和不平等状况依然严峻，犯罪率攀升也给哥斯达黎加政府带来很大的压力，改善治安状况刻不容缓。

（岳云霞　审读）

Y.21
尼加拉瓜：奥尔特加两度连任夫妻共同执政

李菌*

摘　要： 2016年，现总统奥尔特加赢得连任。第一夫人穆里略当选副总统，尼加拉瓜出现夫妻共同执政的局面。大运河工程进程因民众和反对党的抗议以及融资不确定性等诸多因素严重滞后。经济仍保持增长态势，增速位居拉美前三。尼加拉瓜的气候风险指数全球排名第四位，是受极端天气事件影响最严重的国家之一。与委内瑞拉保持政治经济联盟，与美国的关系紧张，与哥斯达黎加的关系未回暖。

关键词： 尼加拉瓜　奥尔特加　桑解阵　大选　气候风险

一　政治形势

2016年11月6日，尼加拉瓜举行5年一次的全国大选，选出了总统、副总统、90位国会议员和20位中美洲议会议员。现任总统丹尼尔·奥尔特加（Daniel Ortega）及其夫人罗萨里奥·穆里略（Rosario Murillo）分别作为桑地诺民族解放阵线（Frente Sandinista de Liberación Nacional，以下简称"桑解阵"）总统和副总统候选人赢得大选。执政党桑解阵拥有71个议席（共设92

---

* 李菌，中国社会科学院拉丁美洲研究所助理研究员，博士，主要研究方向为拉美政治。

个议席)。奥尔特加实现了2006年、2011年和2016年三度当选总统,得票率分别为38%、62.46%和72.5%。大选结果表明尼加拉瓜在民主制度框架内建立了一个强政府。

尼加拉瓜首次出现总统连选连任和夫妻共同执政的现象,主要归因于奥尔特加采取的政治策略。首先,他通过不断加强总统权力,扫清了连选连任的制度障碍。自2007年上任以来,奥尔特加不断强化行政权和加强对国家机构的控制。具体举措包括:议员禁止投本党的反对票,取消对总统连选连任的限制,废除总统候选人必须获得35%以上选票的规定。同时,他还控制了国家最高法院和最高选举委员会。

其次,政府通过推行减贫计划与促进商业和投资的政策,获得了社会和企业的有力支持。奥尔特加在执政9年期间一直是该国最受欢迎的政治人物,2016年3月的民调显示他的支持率为66.7%。此外,政府通过改善商业和投资环境的举措与企业界保持友好关系,从而在很大程度上垄断了竞选的资金来源。

最后,奥尔特加通过行政资源和制造法律障碍压制反对派,从而形成桑解阵一党独大的竞选格局。6月,最高法院宣布取消中右翼选举力量全国争取民主联盟推选出的总统和副总统候选人的资格,该联盟由主要反对党独立自由党与公民行动党等其他政党组成。最高法院还宣布独立自由党主席爱德华多·蒙特亚莱格雷(Eduardo Montealegre)的职位由贝德罗·雷耶斯(Pedro Reyes)取代。此外,最高法院撤销了公民行动党的法律资格,从而造成选举联盟丧失最后的参选机会。与此同时,最高选举委员会裁定,因16位反对派议员拒绝承认雷耶斯的领导,撤销其议员资格。

反对派和国际组织质疑选举的合法性。全国争取民主联盟与争取民主广泛阵线认为选民投票率低于30%,选举存在舞弊和欺诈行为,要求履行"美洲民主宪章",并由国内外选举组织监督,从而保证大选的合法性、可信性和竞争性。10月14日,美洲国家组织向奥尔特加政府发出一份关于尼加拉瓜选举进程的报告,该组织秘书长路易斯·阿尔马格罗(Luis Almagro)表示要与尼加拉瓜政府签订协议,建立"建设性交流与对话机

制"。双方将在未来3个月内共同发表一份声明，若未达成一致，双方将各自发表声明。

桑解阵稳固执政地位，反对派因力量薄弱、组织分散和缺失合法性，无法实现有效制衡。立宪自由党和独立自由党作为主要反对党，在2016年的大选中的得票率分别为15.3%和4.51%，获得的议席数分别为14个和1个。

尼加拉瓜运河项目进程严重滞后。根据中国香港尼加拉瓜运河开发投资有限公司（HKND集团）的计划，运河项目会在2016年底前启动主体工程建设，而此前的一年主要是建设配套设施、物流系统以及运河港口前期工程等。然而，前期工程已经比预计时间推迟一年。该集团常务副总裁彭国伟表示，目前仍无法确定运河动工的具体时间，布里托港口的设计规划已完成，期望在未来3年内完成对港口工程的初步研究，之后5年完成对尼加拉瓜湖的疏浚工程。在融资方面，他表示公司不会采取传统投资模式，而是将运河计划分解成各项投资计划，比如港口建设、尼加拉瓜湖的疏浚、经济特区等工程由不同的私人投资者承担，寻求中国以外的投资方。同时，彭国伟也承认该工程会对环境造成一定的破坏，但会大力促进经济和社会发展。6月，HKND集团与圣胡安河之友基金会（FUNDAR）签订协议制订生物多样性管理计划。8月，集团聘请澳大利亚公司完成对运河路线的航空研究。9月，集团向哥斯达黎加民用工程委员会提交运河计划。

运河项目遭到民众反对和国外学者质疑。自政府颁布第840号法令（批准中国HKND集团修建运河的法令）3年以来，约40万名尼加拉瓜民众参与60多次游行，抗议运河修建，新几内亚市（Nueva Guinea）的抗议活动尤为剧烈。抗议者主要是当地农民、居民和反对党成员。他们要求政府取消第840号法令，维护主权和保护环境。2016年6月，抗议活动的组织者弗朗西斯卡·拉米雷斯（Francisca Ramírez）被警察逮捕。美国学者埃文·埃利斯（Evan Ellis）6月赴尼加拉瓜调查运河项目，被政府驱逐出境。他指出，运河工程没有实质性启动；政府尚未征收、购买运河沿线的土地，也未启动港口的前期建设工程；运河项目的资金可行性备受质疑。

二 经济形势[①]

受全球经济增长低迷和外部需求减少影响，2016 年尼加拉瓜经济增长率为 4.8%，略低于 2015 年的 4.9%。尽管拉美整体经济已连续两年衰退，但是尼加拉瓜仍属于经济增速快的国家之一，仅次于多米尼加和巴拿马。根据拉美经委会预测，2017 年尼加拉瓜经济增长率为 4.7%。

为实现宏观经济稳定，政府继续实施扩张性财政政策和紧缩性货币政策。2016 年，中央政府财政赤字约占 GDP 的 2.1%，比 2015 年上升了 0.5 个百分点。2016 年前 8 个月，中央政府财政收入增速为 11.8%，高于 2015 年的 7.8%。政府财政支出水平仍保持上升，支出增长 14.7%，主要归因于 2016 年大选和公共投资增加。2016 年通胀率处于 4.5% 至 5.5% 之间。在货币政策方面，政府设定名义汇率锚，保持贬值 5% 的目标。名义存款利率约为 1%，实际利率为 -3%，短期名义贷款利率约为 12%，有利于增加私人部门贷款。由于食品价格和燃油价格保持相对稳定，2016 年前 10 个月的通胀率仅为 3.4%，相较于 2015 年同期下降了近 1.5 个百分点。

从经济部门来看，经济保持增长主要源于农牧业增速加快以及矿业和制造业恢复增长，其增长率分别为 5.7%、6.1% 和 3.1%，扭转了 2015 年的下滑态势。在消费方面，政府消费增长 8.6%，对冲了家庭消费增速减缓（增长率为 4.9%）产生的影响。由于经济活动保持活力，根据尼加拉瓜社会保障机构数据，2016 年前 8 个月尼加拉瓜的正规就业率增加 11.8%。

在对外部门方面，尼加拉瓜出口产品结构以咖啡、牛肉、糖和黄金为主，主要出口对象是美国、中美洲、委内瑞拉和加拿大。2016 年前 9 个月，尼加拉瓜出口总额为 48.31 亿美元，制成品出口下滑 15%，出口增长率下

[①] 除特别说明外，经济形势部分的数据均引自 CEPAL, *Balance Preliminar de las Economías de América Latina y el Caribe 2016*, Santiago de Chile, diciembre de 2016。

降9%,部分归因于委内瑞拉的需求减少。在进口方面,尼加拉瓜国内工业基础非常薄弱,对进口依赖度较高,2016年,尼加拉瓜进口增长约为1.3%,进口总额为72.57亿美元。经常账户赤字进一步扩大,占GDP的比重从2015年的7.8%升至9%。

尼加拉瓜是中美洲地区开发程度最低的国家,外汇储备长期偏低,侨汇是外汇收入的主要来源之一。2016年前9个月,尼加拉瓜侨汇收入9.216亿美元,相较于2015年同期增长了5.4%,占GDP的比重为9.5%。来自美国和西班牙的侨汇分别增加了10.3%和6.5%,来自哥斯达黎加的侨汇收入为1.07亿美元,比2015年减少了6100万美元。尼加拉瓜的侨汇收入水平在中美洲地区居第五位。2016年第一季度,该国吸引外国直接投资约5.1亿美元,全年外国直接投资总额占GDP的比重为6.2%。尼加拉瓜属于重债穷国,严重依赖外援。2016年9月,公共外债为50亿美元,比2015年增加了约2亿美元,外债占GDP的比重为37.9%。

三 社会形势

奥尔特加政府注重社会经济发展,不断加大社会支出和公共支出。根据《2016年国家预算》报告,政府预算约27亿美元,其中57%的预算投入社会领域,增加对教育、卫生部门和全国警署的支出。[1]

地区发展不平衡是尼加拉瓜社会发展面临的主要问题。为调整因资源与制度结构不匹配而造成的地区结构性失衡,缓解农村贫困,政府采取了一系列有效的公共政策。

在教育领域,农村地区20~29岁的印第安群体中,只有5%的人完成了13年基础教育。全国平均受教育年限为5.4年,首都马那瓜达到9.2年,南北大西洋自治区则不到4年。[2] 为改变教育不平等状况,政府采取了全民

---

[1] Ministerio de Hacienda y Crédito Público, Presupuesto general de la República 2016, http://www.hacienda.gob.ni/hacienda/presupuesto2016/,检索日期:2016年12月19日。

[2] ECLAC, The Social Inequality Matrix in Latin America, November 1, 2016.

普及免费教育，从 2012 年实施"支持教育第二计划"，优先关注农村人口，尤其是印第安群体和非洲裔。该计划包括提升小学学生保有率、提高老师教学技能和巩固教育部的管理能力，目前有 23.5 万名学生从中受益。

在公共服务体系和基础设施领域，尼加拉瓜无法获得饮用水、电和卫生条件的家庭的比例分别为 40.7%、27.6% 和 84.8%。[①] 2016 年前 9 个月，政府通过双边、多边和私人机构贷款约投入 4.1 亿美元到多个公共项目，其中包括《农村地区可再生能源发展计划》《农村电力计划》《加强和扩大尼加拉瓜电力输电系统计划》《农村社区卫生计划》《改善社会福利住宅建筑计划》《加勒比沿海地区基础设施计划》等。然而，政府需要通过外来援助和举债实施一系列社会计划，这是尼加拉瓜社会可持续发展面临的重要挑战。

尼加拉瓜易受极端天气影响，不利于社会稳定发展。根据非政府组织德国观察（Germanwatch）发布的《全球气候风险指数 2017》，1996～2015 年尼加拉瓜的气候风险指数全球排名第四位，是受极端天气事件影响最严重的国家之一。该国 20 年来共发生 44 起极端天气事件，造成经济损失约 234 亿美元，占 GDP 的比重为 1.19%。[②] 2016 年 11 月 24 日，尼加拉瓜发生飓风和海啸，总统奥尔特加宣布全国进入紧急状态。为应对极端天气对社会经济造成的冲击，政府实施了《全国适应气候变化计划》，设立全国和地方级别的气候变化风险管理机构，加大公共投资，加强防护加勒比海岸沿线、森林和农牧业，优先关注粮食安全和公民健康，提升社区和公民预防风险的能力。

四 外交形势

2016 年，奥尔特加政府坚持务实的外交政策，与拉美国家和地区组织

---

① ECLAC, *The Social Inequality Matrix in Latin America*, November 1, 2016.
② Germanwatch, *Global Climate Risk Index 2017*, November 2016, https://germanwatch.org/en/download/16411.pdf，检索日期：2016 年 12 月 19 日。

紧密合作。2016年6月30日，奥尔特加出任中美洲一体化体系轮值主席。奥尔特加认为美国的干预影响到了中美洲的和平，希望中美洲国家在和平、安全和发展领域加强合作。

尼加拉瓜与委内瑞拉仍保持政治经济联盟。委内瑞拉向尼加拉瓜提供的经济援助连续4年呈不断下降趋势。2016年前3个月，尼加拉瓜从委内瑞拉获得的合作资金仅为1.72亿美元，相较于2015年同期下降了约37.26%[1]，这主要源于委国经济严重衰退削弱了其对外援助的能力。自奥尔特加2007年上任以来，在两国签订的石油合作协议框架下，委内瑞拉石油公司（PDVSA）向尼加拉瓜ALBA石油企业提供了25年期限的优惠贷款，共约46.59亿美元，居尼加拉瓜援助来源国之首，其贷款额高于多边机构美洲开发银行、中美洲经济一体化银行、世界银行。[2] 7月，委内瑞拉总统马杜罗赴尼加拉瓜参加庆祝桑解阵革命胜利37周年活动。

尼加拉瓜与哥斯达黎加关系未回暖。古巴移民问题导致两国紧张关系再次升级。2015年11月，尼加拉瓜拒绝数千名古巴移民从两国边境赴美并关闭其边境通道，要求哥斯达黎加采取一切适当措施从边境地区撤走所有古巴人。2016年1月，中美洲提出古巴移民危机解决方案，帮助滞留哥斯达黎加的约8000名古巴移民分期分批离开，安全、合法、有序地前往危地马拉与墨西哥边境。由于该解决协议于3月失效，不断增加的古巴移民可能再次迫使尼加拉瓜关闭边境通道，这导致哥斯达黎加独自承担解决移民危机的责任。7月8日，两国政府先后宣布禁止本国市场进口邻国牛奶，影响到双方的基础产业。12月19日，中美洲一体化体系峰会在马那瓜召开，会上尼加拉瓜向哥斯达黎加移交轮值主席国权力，哥总统索利斯拒绝出席峰会，派副总统作为代表与会。

---

[1] Banco Central de Nicaragua, "Informe de Cooperación Oficial Externa del I Semestre de 2016," http://www.bcn.gob.ni/publicaciones/periodicidad/semestral/cooperacion/ICOE_1.pdf，检索日期：2016年12月20日。

[2] Banco Central de Nicaragua, "Informe de Cooperación Oficial Externa del I Semestre de 2016," http://www.bcn.gob.ni/publicaciones/periodicidad/semestral/cooperacion/ICOE_1.pdf，检索日期：2016年12月20日。

尼加拉瓜与美国的双边关系紧张。2016年6月，尼加拉瓜政府以美国未经授权实施反恐和禁毒活动为由驱逐了3位美国官员。美国向尼加拉瓜驻美大使提出抗议，认为这一处理没有正当理由，对两国关系产生了潜在的不利影响。尼驻美大使表示，美方官员在尼从事"反恐行动"却没有告知尼方或与尼方协调。9月，美国国会通过尼加拉瓜限制性投资法案（Nicaraguan Investment Conditionality Act），反对国际金融机构向该国提供贷款。美国对尼实施金融制裁是鉴于奥尔特加政府侵犯人权和操纵选举，而奥尔特加本人对此未做任何回应。

尼加拉瓜注重与韩国的经贸合作。2016年11月16日，奥尔特加政府就韩国与中美洲自由贸易协定谈判、韩国与尼加拉瓜经济合作达成实质性协议。这是尼加拉瓜等其他中美洲国家首次同时与亚洲国家签署自由贸易协定。根据协定，双方货物贸易自由化比例超过税目和贸易额的95%。韩国将立即或分阶段取消对中美洲咖啡、白糖、香蕉、菠萝和芒果等产品征收的进口关税。中美洲各国也将取消产自韩国的变速箱、离合器、化妆品、芦荟饮料以及纺织品等产品的关税。双方争取2017年上半年签署正式协定。

（杨建民　审读）

Y.22
洪都拉斯：经济持续增长 社会形势有所改善

韩晗*

摘　要： 2016年，洪都拉斯基本实现了政治、经济的稳定发展，外交领域取得一定进展，但社会问题依旧严峻。政治方面，议会延续多党分野的局面，最高法院宣布允许总统连选连任，政府延续上年政策；经济实现第四年增长；政府开展了一系列社会政策，但仍不能满足投资者预期；继续巩固与美国以及与中美洲国家的关系，与秘鲁签订双边自由贸易协定。

关键词： 洪都拉斯　政治平稳　经济连增　社会问题　自由贸易协定

一　政治形势

2016年，洪都拉斯总统胡安·奥兰多·埃尔南德斯面对议会多党形势，执政理念如何获得议会支持问题依旧困扰着国民党（Partido Nacional）政府。一方面，政府需要组成联盟以获得议会多数席位，稳定执政地位；另一方面，政府依旧需要应对严重的持枪和贩毒等社会问题。对此，埃尔南德斯政府采取了社会、军事以及外交领域的一系列措施，希望借此提升民众支持率。然而，洪都拉斯仍是世界上犯罪问题最严重

---

* 韩晗，中国社会科学院拉丁美洲研究所综合理论研究室助理研究员，古巴研究中心秘书长，法学博士，主要研究方向为拉美政治、法律等。

的国家之一,公共部门腐败问题也并没有实质性改善,仍未达到国内民众及国际机构预期。

议会多党并举的局面依旧困扰着本届政府。由于缺乏执政同盟支持,执政党法案难获议会支持。执政党在128个议席中仅占48个议席,未能达到半数。目前,议会中的主要党派力量不仅包括洪都拉斯两大传统政党——自由和再建设党以及由前总统曼努埃尔·塞拉亚领导的反腐败党(PAC)[1],还包括民主党的宿敌、中左翼政党自由党。这一多党执政环境一直制约着政府执政。预计,2017年政府仍将继续寻求议会联盟,以期获得立法部门对执政党的支持。目前,在野党自由党已经向国民党提出一些合作意向。

2016年是洪都拉斯获得国际货币基金组织支持的第3年。政府继续执行较为严格的财政赤字控制政策,在维护经济发展的同时,也为本届总统连选连任谋求支持。国际货币基金组织国别项目组于2016年6月13日对洪都拉斯进行了为期2周的访问,认为该国政府的经济状况仍有待改善,但略好于上年预期水平。因此,洪都拉斯政府将继续获得国际货币基金组织的金融性支持,以解决上届政府的遗留性财政危机。稳定的财政收支为政府增加社会项目支出提供了条件,政府借此实施了多项就业、反贫、打击犯罪政策。得益于财政整饬,洪都拉斯政府计划到2020年将中央政府财政赤字从2016年占GDP的2%降至1.6%的水平。

政府为提高行政行为合法性,2016年公布了《洪都拉斯反腐败信息支持和行动计划》,宣布了同美洲国家组织的合作计划,指出洪都拉斯公民有权要求了解官方文件和报告内容,这将有助于腐败案件的侦查与政府行政信息公开。该计划的出台还旨在解决凶杀率居高不下、社会安全治理等问题。根据官方公布数据,洪都拉斯谋杀率从2013年的每10万人中79人死亡下降到2015年的57人,但该国仍是世界上最危险的国家之一。据《2016年人类发展报告》公布的人类发展指数(HDI),2016年洪都拉斯在拉美和加

---

[1] EIU, *Country Report: Honduras August 2016*, London.

勒比地区排名倒数第3，仅次于委内瑞拉（第90名）和萨尔瓦多（第103名）。① 国家首都以及重要城市佩德罗仍上榜全球最危险城市。

在国防部的领导下，为进一步打击制度内腐败并降低犯罪率，执政党开展了联合社会行动。依据法定程序，相关部门进行了部门重组，并计划解职1400位具有警衔的公共安全部门雇员（洪都拉斯警署有总计12500个岗位），截至2016年7月上旬已有158名警官被解职。有分析认为，2016年实施的跨部门"安全国家力量"政策推动了高犯罪率的下降。新组建的社会安全跨部门组主要由军事和检察系统人员出任，但面临跨部门协调、权力部门压力等挑战。今后，如何保持社会治安成效和降低反腐成本都将是政府保持执政支持率的挑战。此外，2016年7月6日，洪都拉斯最高法院就6名警官参与毒品运输一案进行宣判，判定其中5人有罪。这又一次反映了洪都拉斯的制度内腐败问题。

2017年是拉美大选年，洪都拉斯下届总统选举也将于同年末举行。经济学人智库（EIU）研究认为，埃尔南德斯总统将会谋求连任。

二　经济形势②

2016年，洪都拉斯实现了连续4年经济增长，预计经济增长率为3.5%（2015年实际经济增长率为3.6%）。尽管外部需求疲软，但得益于侨汇收入的持续增加，内部消费实现了联动性增长，加之国际石油价格持续保持低位，洪都拉斯与多数中美洲国家一样基本实现了年度经济增长预期（见图1）。2016年，洪都拉斯最具活力的经济部门包括农业、建筑和电力三大基础性部门。

2016年洪都拉斯GDP预计增长3.5%，其中第一季度表现抢眼，涨幅

---

① UNDP, *Human Development Report 2016*, http://hdr.undp.org/en/2016-report，检索日期：2016年12月27日。
② 本部分数据均来自CEPAL, *Balance Preliminar de las Economías de América Latina y el Caribe 2016*, Satiago de Chile, diciembre de 2016。

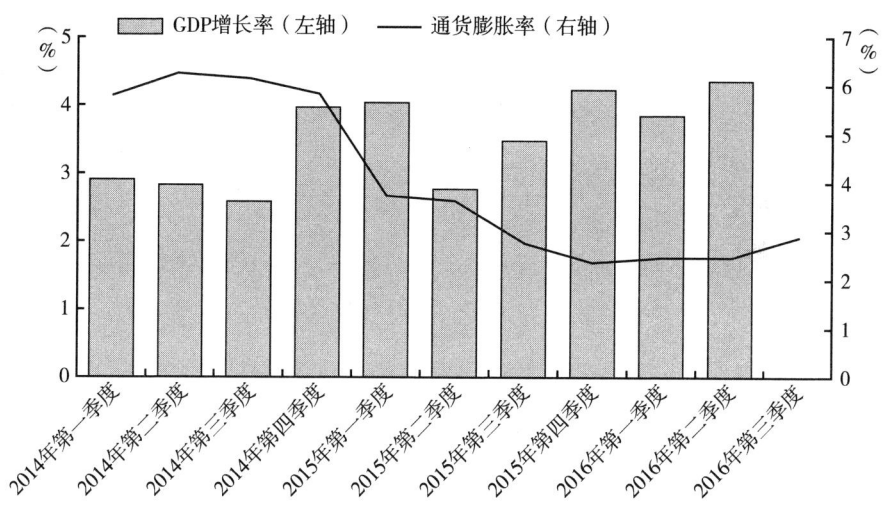

图1 2014~2016年洪都拉斯GDP增长率与通货膨胀率的变化

资料来源：CEPAL，*Balance Preliminar de las Economías de América Latina y el Caribe 2016*，Santiago de Chile，diciembre 2016。

近4.1%。这主要得益于电力部门的优秀表现，该部门第一季度增长13.2%，金融业务增长9.8%，农业增长5.7%，建筑业增长4.4%。需求方面，消费总体增长3.8%，主要得益于私人消费增长4.2%的推动作用。

洪都拉斯在2016年度实现了财政收支的进一步平衡。经过连续两年的严格的财政政策调整后，中央政府财政赤字明显下降，从2013年的7.9%下降到2015年的3.1%。中央政府支出总额在2016年前6个月实际增长11.7%。同时，政府实现了24.7%的明显资本消费增长，这主要是因为基础设施项目投资，特别是公路建设与维护方面投资的大幅增加。经常开支较上年也有小幅提升，约为8.8%。尽管经常性转移支付增长了21.3%，但是其中大部分用于国家电力能源企业（ENEE）的金融账户支出。截至2016年第二季度，中央政府债务大概占GDP的46%（其中，外债余额为29%，内债约为17%），与2015年末基本持平。公共债务水平的稳定也部分得益于公共账户赤字的减少。2016年7月，实际收入占中央政府全部收入的11.4%。其中，税收收入增长13.6%，GDP占比达10.5%，而2015年同期

为9.7%，这主要是因为相关部门的努力在更大程度上实现了税收征收方面的有效性与充足性。

2016年4月，洪都拉斯议会通过了《财政责任法》，强调对公共经常性支出年度增长进行限制，规定非金融公共部门财政赤字最高不得超过GDP的1.0%。该法将于2019年开始实施。政府于2016年2月公布了《2020年洪都拉斯经济发展国家规划》，包括对6个关键性部门（旅游、纺织、中游手工制造业、商业性支持服务、住宅和农业贸易）进行投资，并将在5年内提供60万个工作岗位。

2016年，洪都拉斯实际财政表现良好。中央政府公共部门赤字与经常账户赤字水平与上年相当，实现了国际货币基金组织与拉美经委会对该国的赤字预期目标。公共部门赤字约占2016年GDP的3.6%，较2015年的3.1%上涨了0.5个百分点。公共部门支出的上涨主要是因为公共投资的大幅增加。作为能源进口国，国际油价持续低迷有利于洪都拉斯节省石油进口所需资金。同时，侨汇收入水平的提升以及资本品进口有利于控制经常账户赤字。2015年该国经常账户赤字占GDP的6.4%，2016年下降为5.7%。

得益于低油价和低食品价格，洪都拉斯价格水平相对稳定。截至2016年10月，洪都拉斯消费者物价指数上涨约2.9%，低于中央银行设定的目标预期，预计本年度通货膨胀率将为3.4%。低通胀压力为洪都拉斯央行提供了实施短期扩张性政策的可能性。央行分别在3月和6月两次调低了货币政策利率，共计调整了75个基准点，降至5.5%。与之相应，洪都拉斯名义贷款利率与存款利率小幅下调，2016年8月分别降至19.14%和5.84%，较上年12月分别降低0.88个和0.27个百分点。同期，实际贷款与存款利率分别降低1.03个和0.42个百分点，分别降至16.22%和3.25%。在利率下调的刺激下，私人部门信贷总额较上年同期上涨约10.2%。在国际汇率方面，2016年9月名义伦皮拉（Lempira，洪都拉斯货币单位）对美元汇率较上年同期贬值3%，实际汇率下降1.4%。

2016年洪都拉斯的经济表现具体见表1。

表1　2014～2016年洪都拉斯主要宏观经济指标

年份	2014年	2015年	2016年[a]
年均增长率(%)			
GDP	3.1	3.6	3.5
人均GDP	1.6	2.2	2.1
消费者物价指数	5.8	2.4	2.9[b]
货币供应量(M1)	8.4	19.0	9.8[c]
实际有效汇率[d]	-2.8	-0.7	1.4[b]
贸易条件	2.0	5.4	1.1
年均(%)			
城市公开失业率	7.5	8.8	…
中央政府收支余额/GDP	-4.4	-3.0	-3.2
名义存款利率[e]	7.3	6.7	6.0[b]
名义贷款利率[f]	20.6	20.7	19.5[b]
国际收支(百万美元)			
商品和服务出口额	9159	9145	8912
商品和服务进口额	12854	12891	12416
经常项目账户余额	-1444	-1291	-1123
资本和金融账户余额[g]	1904	1584	1246
国际收支余额	459	293	122

注：a——估计值，b——当年10月数据，c——当年9月数据，d——负值表明货币实际升值，e——存款利率加权平均值，f——一些贷款利率的加权平均值，g——包括错误和遗漏项。

资料来源：CEPAL, *Balance Preliminar de las Economías de América Latina y el Caribe 2015*, http://www.cepal.org，检索日期：2016年12月27日。

同期，洪都拉斯国际收支总体保持平衡。在经常账户下，出口和进口呈现年度性"双降"，前半年出口与进口额降幅分别为5.5%和9.4%。出口方面，下降最明显的是咖啡出口，总额下降约22.6%，主要是因为2016年咖啡的国际价格明显下降。同时，食用油、水果和海产品出口方面有所增加，其中棕榈油、香蕉和龙虾出口分别增长了39.5%、9.2%和32.4%。进口方面，消费性商品进口增加7.1%，但由于燃料进口下降22.3%、资本品进口下降20.3%，二者冲抵了因消费性商品大幅增加带来的进口总额增长。此外，由于2016年前8个月家庭侨汇收入呈现了年度4.8%的增长，也弥补了经常账户缺口。在资本账户下，2016年第二季度外国直接投资增长强劲，同比增长19.3%。这主要得益于国家经济较好表现、政府改善投资环境等增加了投资者的信心。投资目标主要为对实体经济的再投资，重点投资部门为电信业及制造工业等部门。此外，受投资增加带来的资本和金融账户余额下降影响，2016年洪都拉斯国际货币储备略低于2015年12月的水平，截至10月27日为37.07亿美元（约占GDP的18%）。

三 社会形势

"继续变革，建设一个新的洪都拉斯"，这是埃尔南德斯政府执政第二年的口号。政府继续致力于提高国家社会治理能力。改善社会治安状况是本届政府一直坚持的社会政策。据世界经济论坛《2016~2017年全球竞争力报告》分析，2016年度洪都拉斯的全球竞争力指数（GCI）在全球138个国家和地区中列第88位，保持了自2013年以来持续改善的状况。影响洪都拉斯全球竞争力水平的主要因素仍为政府缺乏效率、税率、犯罪和盗窃以及腐败，这些因素成为制约洪都拉斯经济社会发展的顽疾（见表2）。①

表2 影响洪都拉斯营商环境的主要因素及其占比

单位：%

排序	影响因素	占比	排序	影响因素	占比
1	政府缺乏效率	15.3	9	基础设施不足	3.9
2	税率	13.8	10	劳工管理严格	3.3
3	犯罪和盗窃	13.5	11	政府不稳定/政变	2.3
4	腐败	13.2	12	公共卫生服务水平低下	1.5
5	税收制度复杂	13.0	13	劳工职业道德不高	1.4
6	融资可获性	6.9	14	创新能力不足	1.3
7	受教育劳动力缺乏	4.9	15	通货膨胀	0.8
8	政策不稳定	4.2	16	外汇管制	0.8

资料来源：World Economic Forum, *The Global Competitiveness Report 2016 - 2017*, http://www3.weforum.org/docs/gcr/2016 - 2017/Global_ Competitiveness_ Report_ 2016 - 2017.pdf，检索日期：2016年12月29日。

---

① World Economic Forum, *The Global Competitiveness Report 2016 - 2017*, http://www3.weforum.org/docs/gcr/2016 - 2017/Global_ Competitiveness_ Report_ 2016 - 2017.pdf，检索日期：2016年12月29日。

2015~2016年，本届政府在社会治安领域取得了一定成效。根据国家社会情况报告，2年内，洪都拉斯有效减少了国内毒品运输，降幅约72%，收缴了13609公斤可卡因和42817公斤大麻。同时，反毒政策也促使谋杀率降低到每10万居民中死亡20人的水平。本届政府2年任内累计抓获约3000名毒贩和抢劫犯，阻止了612起团伙犯罪并抓捕了745名帮派成员，同时破获了176起有组织犯罪。为加强犯罪问题研究，洪都拉斯警察署成立了犯罪研究技术所和研究智囊国家领导办公室。

政府实施了一系列改善社会生活的计划。通过"更好的生活"倡议减少国家贫困人口，项目获益的贫困人口约120万人。国家开展的小微企业促进计划分别在2014年、2015年提供了23600个和30326个工作岗位，共计53926个就业机会；分别实现了对335820个、255991个家庭提供优惠性有条件帮助；修建住房14657间，新建水泥楼房47000幢、厕所21607间、2万个自来水池、57375个生物灶台及31815个水过滤设施。2015~2016年度，洪都拉斯公共社会项目累计为超过178450户家庭提供了食品援助。通过共住计划，提供社会性住宅。洪都拉斯银行还建立了资助生产与居住的基金，实施了困难居民住房改善计划，170940户家庭从中受益。①

就业方面，洪都拉斯政府实施了多层次、全方位和连贯性的就业政策，实现了一定的就业岗位增加，但实际就业率增长并不明显。本届政府执政以来，共计新增376104个就业岗位，2014年和2015年的新增就业岗位分别为175706个和200398个。其中，名为"小时岗位"的国家就业促进计划共计提供128059个新增岗位，在2014年、2015年分别解决了53339名、74720名洪都拉斯公民就业问题；国家就业服务局提供了24132个新就业岗位，2014年和2015年分别为11931个和12201个；可持续发展国家计划在2014年完成了796个就业机会的增加；Vial基金提供了8645个岗位；同时，生产性基础设施秘书处提供了18048个岗位。此外，农业部、小微企业等也分别在近2年新增了20961个和53926个岗位。各部门新就业岗位分布情况

---

① 资料来源于洪都拉斯中央银行，http://www.bch.hn/，检索日期：2016年12月29日。

为：共建部4300个新岗位，旅游业4772个，林业保护研究院7841个，水资源与健康公共发展部3500个，经济发展秘书处通过鼓励建立小微企业，实现新增就业岗位15337个。尽管如此，据国际组织统计，2016年洪都拉斯实际就业率却由54%下降到53.2%，提高就业率的政策的效果不甚明显。①

社会发展注重国际合作的开展。埃尔南德斯政府自2014年执政以来，加强了与美国合作打击犯罪活动，实施抓捕毒贩并将其引渡至美国等做法取得了一定的收效。8名洪都拉斯公民被引渡到美国，他们需向法官提供无罪证明。目前，2人已进入引渡程序。尽管如此，洪都拉斯暴力犯罪、腐败和贫困这三大社会问题仍未实现根本性转变，这也是困扰该国吸引外资的制约因素。

四 外交形势

与往年一样，2016年洪都拉斯继续坚持两个重点的外交政策。与其他中美洲国家相似，洪都拉斯首要的外交目标是维护同美国的关系，双边关系的主要领域包括安全、经贸、移民政策等。另一项外交重点旨在通过多边机制及地区性组织，促进国家与地区邻国保持多方位友好关系，促进国家对外经贸关系发展，维护本国经济稳定。截至2016年底，洪都拉斯签署或参与的地区性组织包括中美洲一体化组织、美国—多米尼加—中美洲自由贸易协定、中美洲—欧盟伙伴协定（SIGA-EU，2012年）、拉美及加勒比国家共同体等。

2016年5月27日，洪都拉斯同秘鲁签订了自由贸易协定，洪都拉斯因此成为满足太平洋联盟基本要求的候选国，向成为联盟成员迈进了一步。洪都拉斯成为继哥斯达黎加、巴拿马和危地马拉后第4个与秘鲁签订自由贸易协定的中美洲国家。2015年两国贸易总额为4700万美元。自由贸易协定内容包括：秘鲁向洪都拉斯出口的80%的货物自协议生效之日起立即享受零关税，其余商品进口可获得优先通关权；在未来10年内，双方将逐步实现

---

① 资料来源于洪都拉斯统计局，http://www.ine.gob.hn/，检索日期：2016年12月29日。

完全互相免除关税。洪都拉斯希望借此加入由秘鲁、哥伦比亚、智利和墨西哥4国组成的太平洋联盟。此外，双方还签署了关于合作互信的共同宣言以及刑事司法调解协议。

此外，危地马拉和洪都拉斯共同建立了消费市场联盟，2016年底开始实施。这一协议预计涵盖约80%的商品贸易。2016年1月21日，洪都拉斯召开了丰塞卡湾发展三国第九届技术会议。来自萨尔瓦多、尼加拉瓜和洪都拉斯的高层代表团以及中美洲经济一体化银行的高级官员、私人经济代表参会，就如何实现地区的和平与发展进行了探讨，共同签署了《地区发展指导性规划》。洪都拉斯政府进一步推进西部及太平洋沿岸国家基础设施建设计划，计划通过增加公共投资提供更多的社会就业岗位，改善国家投资环境。[①]

2017年洪都拉斯总统将着力改善执政党在议会的不利局面，进一步通过社会政策稳定支持率，为下届总统选举谋求更多机会。据拉美经委会预计，2017年该国GDP实际增长率将近3.4%，由于国际市场的不确定性与风险性提升，内部需求将成为洪都拉斯经济增长的主要动力。同时，地方部门在建筑、农业和能源行业的持续性也将是拉动经济的主要因素。国际价格的预期回升将对洪都拉斯通货膨胀产生影响，有可能对央行实现通胀率目标造成威胁。2017年经济基本面的不确定因素将会增加，包括燃料进口价格、产品出口以及国家侨汇收入等方面。与此同时，经常账户将维持当前水平，而税收征收情况的好转以及公共支出的有效控制有助于洪都拉斯在2017年实现占GDP 3.4%的财政赤字目标。社会方面，治理腐败与进一步改善安全状况仍是政府的工作重心，综合性社会政策的连贯执行仍将继续。美国新总统上台对洪都拉斯外交政策的影响有限。在维系同美国关系的同时，洪都拉斯的对外关系发展仍将关注如何进一步开拓国际市场，为本国吸引更多直接投资及国际机构的贷款支持。

（岳云霞　审读）

---

① EIU, *Country Report: Honduras*, August 2016, London UK, p. 17.

Y.23
萨尔瓦多：执政党面临诸多困境

刘凡平*

摘　要： 2016年，萨尔瓦多左翼执政党继续执政，政府面临的挑战仍然是财政薄弱和犯罪率居高不下。由于执政党未能在2015年3月的议会选举中获得多数票，政治碎片化导致该党整个执政期处在政治效力低下的高风险中。前国家元首面临腐败审判。经济方面，尽管内需上有积极表现，但受全球经济形势影响，经济增长继续放缓，财政状况持续恶化。为改善社会治安，缓解执政压力，总统采取了一系列措施打击当地黑帮，但收效甚微。外交方面，萨尔瓦多继续与美国和拉美其他国家保持紧密关系，重点关注移民问题，积极发展与中国的经贸关系。

关键词： 萨尔瓦多　政治碎片化　腐败　财政困难　黑帮　移民

一　政治形势[①]

由总统萨尔瓦多·桑切斯·塞伦（Salvador Sánchez Cerén）领导的左翼政党法拉本多·马蒂民族解放阵线（FMLN）执政政府于2016年6月迈入执政第三年，并继续承袭上一任总统毛里西奥·富内斯（Mauricio Funes，任期为2009～2014年）的政策。桑切斯·塞伦曾是一名激进的左翼游击队领导人，但他在政策制定上较为温和。尽管如此，由于政府效率低下，他的

---

* 刘凡平，中国社会科学院拉丁美洲研究所助理研究员。
① 如无特别注明，本部分数据均来自EIU, *Country Report: El Salvador*, 4th Quarter 2016。

支持率并不及前任总统富内斯。

2016年，萨尔瓦多政党碎片化愈演愈烈，导致政府政治效力低下，执政风险增加。自2015年3月1日举行议会选举以来，在84个席位中，反对党民族主义共和联盟（ARENA）以总数35席成为议会的主要力量。另有6名国家协和党（PCN）的议员和1名基督教民主党（PDC）议员先后脱离各自政党并加入ARENA，使其所占席位总数达到42席。因此，保住31席的FMLN仍要与占有11席的第三大政党民族团结大联盟（GANA）临时结盟以获得支持。尽管如此，FMLN-GANA联盟仍然差1个席位才能达到43席的简单多数。GANA是由前ARENA成员组成的，与FMLN在意识形态上存在差异，这会阻碍联盟的合作。同时，ARENA作为议会第一大党不断影响政府决策制定的事实，再加上独立于政府的最高法院的突出地位，导致国家政治碎片化程度日益加深，政府内部局势日益紧张，国家政治风险日益增加。经济学人智库（EIU）预估，由于政府在议会席位上未占到多数，且改革推行没有反对党的支持，这一状况在2019年总统选举前不会有所改善。

虽然萨尔瓦多一直存在政治两极分化，但2016年萨尔瓦多的政治碎片化程度加深，党争危及经济发展。9月底，执政政府和国际货币基金组织（IMF）均发出警告，称政治碎片化会威胁国家经济并造成严重后果。10月4日，为解决国家财政危机，总统召开会议，邀请主要反对党和其他党派的代表进行危机谈判，以期在2016年底前达成财政协议。但是，这无疑是具有挑战性的。谈判中执政党和主要反对党针锋相对，相互推卸责任，一个多月后仍未达成一致，谈判陷入僵局。双方的分歧点主要是12亿美元的预算，政府需要ARENA在议会的支持，而ARENA则以执政政府支出过大为由予以拒绝，并只同意批准5亿美元，且该笔资金必须在财政责任法的监督下使用。①

2016年，萨尔瓦多经济增长疲软，社会经济发展水平低下，且犯罪率居高不下，政府仍然面临极度不平等和贫困带来的挑战。而政府若想获得新

---

① "No Deal on Fiscal Pact," *Latin American Caribbean & Central America Report*, November 2016, RC-16-11, p.3.

的国外贷款，就不得不在财政责任法方面有所突破。

2016年，反腐败浪潮席卷拉丁美洲，萨尔瓦多政府高层贪腐问题也暴露在公众的视野中。3位前任总统因中国台湾地区前领导人陈水扁的"支票外交"被指控贪污和非法致富，萨尔瓦多历史上首次出现总统被捕受审的情况。2014年9月19日，弗朗西斯·弗洛雷斯（Francisco Flores, 1999~2004年出任总统）因涉嫌贪污1500万美元的台湾捐赠被捕，于2016年1月30日因脑梗去世，该案审判由此终止。虽然该案件的民事索赔仍将持续，但不少萨尔瓦多人对刑事审判的终止感到不满。2016年10月31日，埃利亚斯·安东尼奥·萨卡（Elias Antonio Saca, 2004~2009年出任总统）因无法解释任期内收取的500万美元款项的来源，并被控犯下侵吞公款与洗钱等贪腐罪行，与其他数名前官员一起遭到逮捕。2016年2月，安东尼奥·萨卡的继任者毛里西奥·富内斯及其子被圣萨尔瓦多民事法庭正式起诉，最高法院要求调查其名下70万美元来源不明的个人收入。同时，富内斯还被控在执政期间存在政治腐败。目前，他在尼加拉瓜政治避难。富内斯是从左翼FMLN当选，但他不是该党成员，并与党内成员关系紧张，所以对他的起诉不会引起左翼政党的震动。前总统萨卡与右翼反对党ARENA之间的关系也是如此。

当地媒体猜测，最高法院对3位前总统的指控并非为了反腐，而是保护自身利益的行为。最高法院通过表明其可以起诉前总统的不法行为，证明萨尔瓦多不需要外部机构干涉，如设于危地马拉的反对有罪不罚国际委员会（CICIG）或设于洪都拉斯的打击腐败和有罪不罚现象委员会（MACCIH）。①

二　经济形势②

受国际经济持续疲软、美国经济复苏缓慢等因素影响，2016年萨尔瓦多

---

① "Former Heads of State Face Corruption Trials," *Latin American Caribbean & Central America Report*, March 2016, RC-16-03, p. 12.
② 如无特别注明，本部分数据均来自 CEPAL, *El Salvador*, Balance Preliminar de las Economías de América Latina y el Caribe 2016, Santiago de Chile, http://repositorio.cepal.org/bitstream/handle/11362/40825/67/1601260BP_ElSalvador_es.pdf，检索日期：2017年2月9日。

国内生产总值预计增长2.2%，比2015年的增长率2.5%略有下降。到12月底预计全年通胀率约为0.5%，与2015年持平。非金融公共部门的财政赤字（包括养老金和信托的成本）占GDP的3.3%，与2015年的赤字水平相近。经常项目收支赤字将降至GDP的2.2%水平（2015年为3.6%）。

2016年，萨尔瓦多公共债务的稳定性与累积的财政赤字总额堪忧。根据财政部消息，非金融公共部门总债务额较2015年底扩大了3.9%，截至2016年第三季度共计161.14亿美元（相当于2016年GDP的60.1%）。

由于萨尔瓦多财政状况恶化，2016年10月6日国际评级机构标准普尔将该国长期信用评级为B+，短期信用评级为B，并将其列入特殊负面观察国家名单。11月，穆迪公司将萨尔瓦多主权债务评级由Ba3下调至B1，政府债务持续增加、财政赤字高企、经济增长缓慢等是评级下调的主因。另外，萨尔瓦多一直存在政治两极化，且2016年政党碎片化已经严重威胁该国的经济运行，如果情况持续恶化下去将造成严重后果。

2016年，萨尔瓦多对包括中国、加拿大、美国、新西兰、危地马拉及其他中美洲国家在内的主要贸易伙伴国的出口额减少。1~10月，总出口额同比下降3.9%，主要原因是产品平均价格上涨3.4%导致成交量减少了7.0%。传统和非传统产品出口分别减少28.9%和3.6%，但加工业产品出口额同比增加3.7%，其中粮食加工类产品（13.1%）、药物制剂（11.8%）以及其他纺织材料及其制品货物（9.0%）表现良好。同期，总进口额同比下降6.6%，尽管进口商品数量增加了3.7%，但由于石油价格下降，截至2016年10月，进口支出减少2.88亿美元。1~10月的贸易收支逆差同比下降9.8%。

2016年前3个季度，政府做出了调整。这期间，在非金融公共部门税收收入增长5.0%的前提下，预计2016年底税收收入将达到GDP的15.8%。非金融公共部门总支出同比增长1.2%，经常性支出下降0.4%，资本支出上升至12.6%。为进一步巩固公共财政并减少公共债务，2016年11月，议会批准通过财政责任法。该法规定将划拨的5.5亿美元中的大部分用于支付短期债务本金和利息，但该笔资金只能解决政府初步预算的一部分,这意味着还有一部分悬而未决。

萨尔瓦多经济增长放缓主要与外部需求减少有关,但内需上的积极表现,包括个人消费以及公共和私营部门投资的增加,缓解了这方面的压力。

2016年前9个月,通胀率约为1%,但10月变成了负值-0.9%(去年同期为-0.2%)。受燃油价格下跌影响,产品减少类别的分别为家具和家居用品(-3%)、服装和鞋类(-2.5%)、娱乐业和文化(-2.2%)、食品和非酒精饮料(-1.7%)。

金融方面,2016年9月180天名义存款利率达到4.51%,比2015年同期(4.33%)略有增长。一年期名义贷款利率达到6.27%,几乎与2015年持平。关于内需方面的积极表现,私营部门存款数额的增加带动了存款总额的增加,截至9月贷款总额相较上年增加了6%。净国际储备总额截至10月为295.4万美元(较2015年底增加了10.6%)。

2016年上半年,工业制造业、信息技术和通信部门以及贸易部门通过投资获益,外商直接投资净额为1.57亿美元,比上年同期增加了19.6%。侨汇收入是影响萨尔瓦多经济的重要因素,美国经济形势好转增加了旅美居民的工作机会,侨汇收入涨幅明显,推动了经济增长。萨尔瓦多中央银行最新数据显示,2016年1~11月萨尔瓦多侨汇收入达41.03亿美元,较上年同期增加了6.6%。[①] 经济部官方最新数据显示,现居住在美国的萨尔瓦多人口达到280万,20.2%的萨尔瓦多人收到汇款,且该项收入占GDP的16.4%。

2016年上半年经济平均增长率为2.4%(2015年同期为2.3%),主要由三个部门驱动:农业(3.6%)、工业制造业(2.5%)和贸易(2.9%)。其中贸易部门活跃的主要原因是实际工资的提高和侨汇的流入。投资方面的主要驱动力为贷款的扩大,即储蓄性机构(银行和与银行合作的机构)对贷款的授权扩大至私营公司(同比增长8.3%)和侨汇(4.4%)。由于交

---

① 《2016年1~11月萨尔瓦多侨汇收入达41.03亿美元》,中华人民共和国驻哥斯达黎加共和国大使馆经济商务参赞处,http://cr.mofcom.gov.cn/article/Salvador/201612/20161202417618.shtml,检索日期:2017年2月9日。

通和通信、农业和建筑部门的扩大,根据周期趋势来看,经济活动指数截至2016年9月同比上升2.1%。

2017年,得益于国内需求尤其是个人消费方面(侨汇收入、实际工资上升、低利率和较高的可支配收入)的强劲表现,拉丁美洲和加勒比经济委员会(CEPAL)预计萨尔瓦多国内生产总值将增长2.2%。在整个国际社会处于动荡之中和萨尔瓦多财政受限的背景下,外部需求将继续减少,这进而将导致萨尔瓦多经济持续放缓。美元化制度将继续实施,并会略微改善该国的贸易条件,尽管波动仍然会出现。现金账户赤字估计在2016年缩减至1%,并将在2017年保持稳定。非金融公共部门(包括社会保障部)的财政赤字估计为国内生产总值的3.3%。萨尔瓦多央行估计,由于对外贸易在预期内扩大,贸易平衡赤字和经常账户赤字都会略有增加。受石油及其相关产品的国际价格影响,通货膨胀率将略有上升。

三 社会形势

2015年,暴力事件和杀戮激增到了自该国内战(1980~1992年)结束以来的最高点。2016年,萨尔瓦多依旧是世界上最危险的国家之一。社会不稳定和较差的治安持续制约着该国发展,并对投资和社会体制的稳定构成威胁。除凶杀案以外,绑架和勒索等影响力广的犯罪以及贩毒团伙的存在仍将是个人和企业2016~2020年的主要关注点。2016年第一季度是萨尔瓦多有史以来暴力犯罪最为猖獗的时期,第二季度凶杀率则显著下降。政府称其在3月颁布的"非常措施"有效打击了该国的街头帮派,但"野蛮萨尔瓦多人"(MS-13)和"18街黑帮"(Barrio 18)两个主要黑帮组织认为,这是双方头目3月26日宣布同意停火的结果。

2016年3月,为改善社会治安、缓解执政压力,桑切斯·塞伦总统宣布对黑帮采取"非常措施",5月12日还宣布将在12个月内"清除"黑帮。他所采取的措施包括:划定全国最暴力的20个城市,在街头增设更多警力和军队力量,部署一支由600名军人和400名国家警察组成的"特殊反应部队"（FERES）并为其配备直升机、装甲车和攻击武器，进行重大监狱改革如改善监狱人满为患的情况等。5月底，在与反对党ARENA经过数轮谈判后，议会批准了1.52亿美元的资金用以执行"非常措施"。对于该项资金，ARENA坚持采取严格的机制以防止资金被用于其核准以外的任何项目。最后ARENA赢得了FMLN的让步，国家安全委员会（CNSCC）必须接受外部审计。2016年6月，萨尔瓦多发生331起谋杀案，比2015年6月的677起同比下降50%以上。第二季度的凶杀案总数为1035起，而第一季度（2003起）是第二季度的近两倍。尽管2016年第一季度谋杀率大幅下降，但前两个季度的总数仍达3038起，较2015年同比增加了6.1%。据调查，自4月萨尔瓦多凶杀率从创纪录高点下降以来，总统桑切斯·塞伦的民望开始回暖。《全国日报》（La Prensa Gráfica）5月24日发表的一项民意调查显示，桑切斯·塞伦的支持率为48%，较之前上升了12个百分点。据预测，2016年的凶杀案总数不会超过2015年，因此"非常措施"的收效甚微。据安全专家推测，这可能只是暂时的停火，因为帮派在适应政府安全战略的变化。①

人权方面，2016年7月13日，萨尔瓦多最高法院宪法法庭宣布废除1993年颁布的《大赦法》，这在一定程度上加强了对国家暴力犯罪的法律约束，有助于进一步保障国内人权。宪法法庭认为，FMLN游击队和政府1992年1月16日签署的和平协定没有包括大赦条款；恰恰相反，这些协定包括"克服有罪不罚现象"的条文，根据该条文，涉及严重危害人类罪者和侵犯人权行为者，无论他们为哪一方战斗，都应该面对正义的审判。该院裁定，《大赦法》"妨碍了国家履行预防、调查、判决、制裁和赔偿严重侵犯行为的义务"。②

就业方面，萨尔瓦多社会保障协会（ISSS）估计，到2016年底正规就

---

① "Reduction in Violence Offers Chink of Light," *Latin American Caribbean & Central America Report*, July 2016, RC-16-07, p. 4.
② "El Salvador's Top Court Strikes down Amnesty Law," *Latin American Caribbean & Central America Report*, August 2016, RC-16-08, p. 1.

业率约有1%的小幅增长，正规就业人数截至8月底为64.7161万人。创造正规就业岗位活跃的部门包括电力、光能与水力（同比增长3.6%）、贸易、饮食及酒店业（3.1%）和交通业（2.8%）。名义工资指数截至8月显示有5%的增长。此外，ISSS登记在册的正式就业人员数量与2015年相比不会有太大变化。[①]

四 外交形势[②]

2016年萨尔瓦多的外交政策仍是优先与美国及其他中美洲国家保持密切关系。萨美关系的重点为贸易、安全和移民等领域的合作。移民方面呈现出新特点：进入美国的萨尔瓦多儿童移民逐年增加。此外，在中美洲非法移民数量上升的背景下，2014年美国国会批准了一项多年期、援助金额近7.5亿美元的"繁荣联盟"计划。该计划旨在帮助包括萨尔瓦多在内的广大中美洲国家，以解决由暴力、缺乏社会机会以及治理薄弱导致的移民增加问题。在短期内，萨尔瓦多又一次延长了与美国有关临时保护状态（TPS）的协定，经非法途径赴美的萨尔瓦多公民可以通过申请领事保护免遭驱逐出境。然而，唐纳德·特朗普（Donald Trump）总统上台后，未来非法移民被美国驱逐出境的可能性增加，萨尔瓦多政府也为此准备了一项"应急计划"。该计划旨在应对任何重大突发状况，并考虑在北美开设新领事机构，以及开展同洪都拉斯、危地马拉和墨西哥的多边合作，以期缓解因美国总统换届造成的对萨尔瓦多赴美移民的不利影响。目前19.5万名萨尔瓦多移民因为临时保护状态（TPS）可以在美国合法工作，但该状态的有效期将截止于2018年1月。

执政党FMLN与拉美地区的左翼政权，如委内瑞拉和古巴等国保持着历史性的联系。2016年5月14日，在巴西前总统迪尔玛·罗塞夫（Dilma

---

[①] CEPAL, "El Salvador," *Balance Preliminar de las Economías de América Latina y el Caribe 2016*, Santiago de Chile.

[②] 如无特别注明，本部分数据均来自EIU, *Country Report: El Salvador*, 4th Quarter 2016。

Rousseff）被弹劾后，总统桑切斯·塞伦公开声明萨尔瓦多拒绝承认巴西新政府，并下令召回驻巴西大使。尽管如此，执政政府仍尽量避免明显的反美立场。

萨尔多瓦与其他中美洲国家政府就安全相关问题开展的合作也将继续，且此项合作被萨政府列为优先考虑事项，它包括对毒品使用非罪化可能性的讨论。当然，在其他方面萨尔瓦多也积极开展合作：萨尔瓦多、洪都拉斯、尼加拉瓜三国政府代表团于2016年9月8日在马那瓜举行的第十一次丰塞卡湾三国会议上提交丰塞卡湾投资发展总体规划;① 10月5日，萨尔瓦多与玻利维亚签署双边油气和能源合作谅解备忘录;② 10月20日，萨尔瓦多总统桑切斯宣布成立发展投资金融部（副部级单位），其隶属于外交部，将与出口投资促进局、经济部等部门协调推动外国在萨投资;③ 11月，中美洲北三角国家和墨西哥四国外长在危地马拉城举行会晤并达成共识，共同努力保证在美移民人口的权利。

萨尔瓦多一直与中国台湾地区保持着所谓的"邦交"关系。2017年1月，蔡英文"出访"中南美洲，其中包括萨尔瓦多。基于2007年中国台湾地区前领导人马英九提出的"活路外交"，中国政府在之后一直未与中美洲国家拓展外交关系。但随着现任领导人蔡英文上台和中国对台湾地区政策的调整，2017年萨尔瓦多的对华外交政策是否会发生变化还有待观察。

萨尔瓦多政府充分认识到外国投资对本国经济发展的重要推动作用。虽然与中国台湾地区保持着所谓的"邦交"关系，但近年来萨尔瓦多不断增

---

① 《萨尔瓦多、洪都拉斯、尼加拉瓜联合发展物流及贸易》，中华人民共和国驻哥斯达黎加共和国大使馆经济商务参赞处，http://cr.mofcom.gov.cn/article/Salvador/201609/20160901388952.shtml，检索日期：2017年2月9日。
② 《萨尔瓦多与玻利维亚加强油气领域合作》，中华人民共和国驻哥斯达黎加共和国大使馆经济商务参赞处，http://cr.mofcom.gov.cn/article/Salvador/201610/20161001410424.shtml，检索日期：2017年2月9日。
③ 《萨尔瓦多宣布成立发展投融资部》，中华人民共和国驻哥斯达黎加共和国大使馆经济商务参赞处，http://cr.mofcom.gov.cn/article/Salvador/201610/20161001485906.shtml，检索日期：2017年2月9日。

进与中国的贸易关系,促进两国经贸、人文等领域的往来。当前,萨政府优先发展的领域包括运输、轨道交通、农业、金融、旅游等。2016年,中萨两国年均贸易额约为10亿美元,中国消费市场庞大,萨尔瓦多与中国有较强的贸易互补性,两国间经贸潜力巨大。

(杨建民　审读)

Y.24
危地马拉：改革之路坎坷

魏 然*

摘 要： 2016年是右翼政党国家融合阵线领导人、新总统吉米·莫拉莱斯执政的第一年。2016年上半年，虽然国家融合阵线跃升为国会第一大党，但国会政党格局仍旧高度碎片化，执政党的任何立法举动均需耗费大量资源，执政效率低下。2016年，危地马拉GDP增长率为3.3%，通货膨胀率处于目标范围内。GDP增速下降的主要原因是外部需求下降，新政府实施了紧缩性财政政策，缩减了公共开支。连续不断的政治丑闻和缓慢的改革步伐使民众对新总统的执政能力缺乏信心，2016年下半年政治抗议活动明显增多。在对外关系方面，新政府继续与美洲的传统合作伙伴保持亲密关系，但美国新政策给中美洲的边境与移民治理带来了某些不确定性；与伯利兹的边境摩擦给本地区的安全与合作投下了阴影。

关键词： 危地马拉　财政紧缩政策　社会暴力　腐败丑闻　边境冲突

一　政治形势

（一）新政府深负改革期待

危地马拉右翼政党国家融合阵线候选人吉米·莫拉莱斯（Jimmy

---

* 魏然，中国社会科学院拉丁美洲研究所综合理论室助理研究员，文学博士，主要研究方向为拉丁美洲文化及社会思想。

Morales）于 2015 年 10 月 25 日以 67% 的得票率赢得大选，并于 2016 年 1 月 14 日就任总统一职。莫拉莱斯及其新政府背负着推行深度改革的期待，但由于国家融合阵线在国会中力量有限，再加上新总统本人原先是政治局外人，缺乏执政经验，新政府因此面临巨大挑战。

国家融合阵线原本是以退伍军官中鹰派群体的组织"退伍军人协会"为基础组建起来的小党派。其候选人在大选中意外胜出，反映了选民对过去政治结构的排斥，也是 2015 年一系列民众抗议活动和佩雷斯·莫利纳（Otto Perez Molina）因涉嫌贪污而被迫辞职并被捕入狱等事件连锁反应的结果。民众将前喜剧演员吉米·莫拉莱斯送入总统府，是因为他承诺反腐和打击特权阶层，但这个过于宽泛的承诺很难在短期内兑现。特别考虑到国家融合阵线本身就与军方保持着千丝万缕的联系，多方已开始怀疑执政党是否有意清算军方在内战中侵犯人权的罪行。

（二）执政党跃升为国会第一大党

国家融合阵线在 2015 年 9 月立法部门的选举中仅赢得 11 个席位，但 2016 年上半年由于反对党议员不断叛逃、改换政党，国家融合阵线已占据国会 158 个席位中的 37 席，成为国会第一大党。不过，即便国家融合阵线在立法部门的力量已经提升，国会政治格局仍高度碎片化，国家融合阵线的任何立法举动均需耗费大量资源来游说其他立法议员。鉴于政治联盟本质脆弱，国会陷入僵持状态的可能性极高，行政效率将在一段时间内保持较低水平。例如，民间呼声很高的竞选融资法（旨在限制大利益集团和有组织犯罪集团资助总统和地方官员竞选），以及反对裙带关系人事安排、限制市长和议员任职期限的立法动议在 2016 年内均未能获得通过。

（三）倚重联合国机构推进反腐议程

2015 年最先揭露前总统贪腐罪行的部门是设在危地马拉的联合国机构反对有罪不罚国际委员会（CICIG）。2016 年，新政府表示不满于本国司法纪检部门的能力与效率，继续倚重反对有罪不罚国际委员会，意图

深化反腐行动。莫拉莱斯在2016年4月18日访问联合国时提议将反对有罪不罚国际委员会派驻危地马拉的时间再延长两年,即从2017年延至2019年。2016年反腐的最大成果之一是前国会领袖古迪·里维拉(Gudy Rivera)因腐败罪行遭起诉,被判入狱13年。其中,反对有罪不罚国际委员会发挥了关键作用。

(四)不满于新政府表现,民众政治抗议频繁

莫拉莱斯履新虽未满一年,但其公共形象已日趋恶化,新政府在推进改革、打击腐败和维护社会治安方面的表现均不能让民众满意。2016年10月末,交通工人的罢工运动严重干扰了首都市政的正常运行,甚至与墨西哥交界的两所海关和加勒比沿岸的重要海港都一度关闭。11月初,原住民组织"农民发展委员会"又策划了一系列全国性的抗议运动,他们反对政府针对农村地区水电供应的高额税收,同时反对政府过分慷慨地减免私营出口企业的商业税。更为棘手的是,总统本人的兄弟和儿子也遭到公共部和反对有罪不罚国际委员会的调查。总统本人在2016年末与报道其家族腐败嫌疑的报业集团处于对峙状态。只要媒体上任何一项指控坐实,都将对莫拉莱斯的公共形象造成重大打击。① 若新政府不能在2017年深入推进反腐措施,那么其在社会可治理性方面还将面临更严峻的挑战。

二 经济形势

联合国拉丁美洲和加勒比经济委员会估计,2016年危地马拉GDP增长率为3.3%,明显低于2015年的4.1%。经济增长率下降的主要原因是外部需求下降与公共开支缩减。根据危地马拉中央银行统计,2016年通货膨胀率为4.5%,处于央行预计的3%至5%之间。财政赤字相当于GDP的

---

① The Economist Intelligence Unit, *Guatemala: Country Report November 2016*, London, 2016, p.19.

1.3%。截至2016年末，失业率达到3%。①

纵观2016年危地马拉的经济发展形势，这一年的经济活动主要受到金融服务行业（增长9%）、贸易（增长4.1%）、加工业（增长3.4%）、农业（增长3.2%）的推动与刺激。就需求侧方面而言，私人消费在2016年有较大提升，这主要受益于侨汇增长，其次也受到了贷款增长的激励。2016年，危地马拉经济的具体表现如下。

（一）激励商业发展

莫拉莱斯总统崇尚正统市场规则，主张激励商业发展的经济政策。他是选战中涌现出的"黑天鹅"，其竞选纲领中的经济政策相对模糊，主要政治资本在于和前政府的腐败网络没有直接牵连。从他的执政表现来看，新政府的经济政策实际上与前一届政府相当接近，均主张在宏观经济稳定的基础上保持GDP增长，不同之处在于新政府在缩减政府开支、抑制公共债务增长和减少逃税漏税等方面加强了力度。

（二）紧缩的财政政策

2016年，危地马拉政府实行紧缩性财政政策，包括抑制财政开支、提高税收和加强公共财政的透明度等措施。2016年前8个月，中央政府总收入与2015年同期相比增加了3%，而总支出减少了8.5%。2016年前9个月，公共外债增加6.8%，而公共内债相比于2015年12月仅增加了4.6%。紧缩政策对公共投资领域，特别是信息、基础设施和住房建设等方面的财政支出影响显著。②倾向于新自由主义的宏观经济管理方法造成社会投资的增加相当有限，国会反对大规模预算也是形成这一局面的重要原因。2016年，社会投资仅占政府支出的12.2%，低于2015年的12.3%。

---

① ECLAC, *Balance Preliminar de las Economías de América Latina y el Caribe 2016 – Guatemala*, Santiago de Chile, Naciones Unidas, 2016, p.1, 检索日期：2016年12月14日。
② ECLAC, *Balance Preliminar de las Economías de América Latina y el Caribe 2016 – Guatemala*, Santiago de Chile, Naciones Unidas, 2016, p.2, 检索日期：2016年12月14日。

莫拉莱斯政府主张紧缩政策，同时提出财政改革的主要原因是政府资金匮乏。从长期来看，危地马拉的税收水平一直较低，2014年政府税收相当于GDP的11.5%，而2015年为10.8%。截至2016年末，这一数值下降到了10.6%。可以说，危地马拉的税收状况始终处于拉美国家的最低水平。从近期政坛热点来看，前政府的贪腐问题大多发生在海关与税务部门。随着调查的展开，上述机构越发暴露出腐败泛滥、管理低效等问题。为此，新政府势必在税务部门施展作为。2016年，鉴于财政短缺，莫拉莱斯政府没有充裕的资金投入大规模的基础设施建设，相比于前总统佩雷斯时期相关预算缩减明显。在矿业部门，由于小农和原住民社群普遍反对破坏生态环境的大规模矿业开发，因此寄希望于以矿产出口换取资金的发展方案也难以施行。

（三）稳健的货币政策

2016年，危地马拉的货币政策较为稳健，利率在2016年前10个月始终保持在3%。截至2016年10月底，官方汇率为1美元可兑换7.49格查尔，比2015年12月贬值2%，实际贬值幅度接近5.9%。因向国际金融市场开放程度有限，危地马拉货币受外部震荡影响并不显著。2016年10月，危地马拉央行介入汇率市场，收购外汇共计10.64亿美元，国家外汇储备达到90.63亿美元，比2015年末增加了16.9%。

（四）出口总值下降，政府出台外贸扶持政策

2016年前9个月，危地马拉出口额下降4%，造成这一现象的原因既有平均价格下降（-1%），又有出口总量下降（-3.7%）。在传统出口商品当中，咖啡出口量下降2.4%，香蕉出口量下降2.9%，蔗糖出口量下降10.5%；在非传统出口商品中，服装加工出口量下降3.2%。面对不容乐观的外贸局面，以及一些来自出口商的压力，政府于2016年2月底出台了一系列扶持政策，其中一项是准许出口服装厂及其客服中心享受10年的免税优惠待遇。总体来看，2016年，危地马拉政府促进外贸出口的主要成绩在于改善商业环境、鼓励私营部门投资于出口导向型的基础设施建设，以及减

少政府内部行政手续和干扰外贸活动的繁文缛节。此外，2016年5月，危地马拉与洪都拉斯海关统一计划正式启动，这项计划旨在推动双边实现人员与商品的自由流通。11月底，政府又公布了在2017年进一步落实两国海关统一计划的新步骤。

（五）侨汇与外国直接投资增幅明显

侨汇收入对于危地马拉这样一个劳务输出国具有较大影响。2016年前10个月，危地马拉侨汇收入增加13.4%，明显好于2015年同期11.4%的增长率。侨汇增加主要得益于美国劳务市场的复苏。2016年第一季度，危地马拉吸收的外国直接投资额达到5.64亿美元。危地马拉央行预计截至2016年底外国直接投资额将增加8.5%，远好于上年的情况。

三 社会形势

（一）国内就业岗位增多，最低工资提高

2016年3月，危地马拉政府主持的全国就业与收入调查的第一轮统计显示，全国失业率达到3.1%，比2015年5月的2.4%有所增加，其中女性失业率为4.1%，男性为2.6%。据危地马拉社会保障局（IGSS）统计，2016年6月正规就业人口增加了2%，受惠人口达到130万。创造新岗位的主要是农业、贸易和服务部门。

2016年1月，国家将农业部门和非农业部门的最低日工资调高了4%，达到81.87格查尔。同时，出口加工部门的最低日工资也提高了3.5%，达到74.89格查尔。尽管工资收入有所增长，但物价也在同步上涨。据统计，2016年10月的消费者物价指数（CPI）为4.8%，远高于2015年同期的2.2%。[1]

---

[1] ECLAC, *Balance Preliminar de las Economías de América Latina y el Caribe 2016*, Santiago de Chile, Naciones Unidas, 2016, p.121, 检索日期：2016年12月14日。

国内食品、非酒精饮料价格2016年全年上涨9.2%，住房价格上涨5.2%。为此，危地马拉城市居民普遍感到生活质量有所下降。

（二）贩毒和黑帮犯罪案件数目居高不下

2016年，高犯罪率仍是困扰危地马拉的重大社会问题。35/100000的谋杀率使危地马拉仍为全球最危险国家之一。上一届的佩雷斯政府曾着手扩充治安特警队伍，但这项计划在全国各地的贯彻力度不均衡。2016年莫拉莱斯多次呼吁提高司法系统效率，但没有出台具体政策。反对有罪不罚国际委员会曾向总统府提出一个方案，要求增加税收以补助司法与治安部门，但该法案因私营工商业的坚决反对而未能获得通过。社会暴力的风险还来自巨大的贫富差距。在原住民聚居地区和内战期间遭受蹂躏最惨重的山区，减贫政策的倾斜力度不足，这也是造成社会不安定的根源之一。

四 外交形势

（一）美国新政府带来的可能影响

美国新政府可能的移民政策等将给危地马拉带来不确定性影响。首先，一旦美国驱逐数目庞大的非法移民，危地马拉等国在美务工人员的侨汇收入将急剧缩减，本土私人消费能力会随之降低。其次，传统上，美国在中美洲地区关切的最主要是毒品犯罪和移民潮，危地马拉连续两届政府都在打击毒品犯罪议题上与美国保持密切合作。美国以打击犯罪、维护边境地区安全为名目，多年来对危地马拉提供援助。今后美危之间的此项合作是否会继续还有待观察。

（二）与伯利兹之间爆发边境危机

危地马拉与伯利兹之间迄今为止仍悬而未决的边境纠纷可追溯到英国殖民伯利兹时期。两国边境地带摩擦不断，1999年以来已有9名危地马拉人被伯利兹边防军击毙。2016年4月21日，又有一名潜入伯利兹边境的13岁危地马拉男孩遭到伯军射杀。为此，危方派遣了3000名士兵前往边境与伯利兹部队对峙，总统莫拉莱斯呼吁伯利兹政府将凶手绳之以法。美洲国家组织（OAS）应两国政府的请求派遣调查组到事发地点进行了调查，暂时平息了事态，并敦促两国尽早完成公投，以便将领土争议问题提交海牙国际法庭审理。但预计两国之间的领土冲突在短期内无法找到解决之道。

（三）新政府反对毒品非犯罪化

毒品非犯罪化曾是前总统佩雷斯在中美洲地区关系中主推的一套话语。2013年，在危地拉马举行的美洲国家峰会上，这项动议仅得到了哥斯达黎加的回应，却招致了美国和周边其他中美洲国家的反感。与前任总统不同，莫拉莱斯反对毒品非犯罪化，因此有效规避了危地马拉与美国及其他中美洲国家在这个问题上发生龃龉的可能性。

2016年危地马拉的情况表明，普遍存在的腐败、制度框架不合理、基础设施建设投资不足、财政来源匮乏等问题将在一段时间内限制由国家融合阵线主导的新政府推进改革的力度。在上述判断的基础上，联合国拉丁美洲和加勒比经济委员会预计2017年危地马拉经济增长率将继续保持在3.3%上下，鉴于中美洲国际环境的不稳定性，外需增长将较小，但由于内需扩大的刺激，私人消费将有所增加。根据2017年危地马拉国家预算计划，相较于2016年，基础设施建设和社会项目将实现一定数量的增加，财政赤字也将相应增加（约相当于GDP的2.2%），通货膨胀率将提高到4.5%，而失业率仍将保持在3%。[1]

（杨志敏　审读）

---

[1] ECLAC, *Balance Preliminar de las Economías de América Latina y el Caribe 2016 – Guatemala*, Santiago de Chile Naciones Unidas, 2016, p. 3, 检索日期：2016年12月14日。

Y.25
巴拿马：运河扩建竣工 丑闻让政府形象受损

王 帅*

摘 要： 2016年巴拿马政治形势较为波折，"巴拿马文件"泄露、维克特集团遭受制裁等事件接连发生，政府疲于应对，总统支持率下滑。宏观经济继续保持稳定，增速保持在5%以上，巴拿马运河扩建工程竣工，预计将对巴拿马长期经济增长做出贡献。社会方面，因在原住民聚居地修建水电站而发生的纠纷尚未达成和解，民众对政府维护公共安全的努力反应冷淡。外交局势趋于紧张，政府忙于平息"巴拿马文件"事件的影响，与哥伦比亚的贸易经济战尚未完全解决。

关键词： "巴拿马文件" 巴拿马运河 公共安全 巴哥关系

一 政治形势

至2016年7月，巴拿马总统巴雷拉（Juan Carlos Varela）执政已满两周年，然而他领导的"人民第一"执政联盟（EPP）并没有心情庆祝，因为2016年以来巴雷拉政府的支持率持续走低。虽然政府的反腐进程持续推进，

---

* 王帅，中国社会科学院拉丁美洲研究所社会文化研究室助理研究员，西班牙萨拉曼卡大学拉美研究硕士，主要研究方向为拉美社会治理。

但"巴拿马文件"泄露事件等一系列丑闻将一直饱受质疑的政府信誉和透明问题推上了风口浪尖,让巴雷拉政府一直力图改善巴拿马形象的努力几乎毁于一旦。同时存在的政治争斗和民众不满情绪也提高了巴雷拉政府在2016年的执政难度。

（一）系列丑闻让政府疲于应对

2016年4月初,国际调查记者联盟(ICIJ)公布了"巴拿马文件"调查报告,披露了巴拿马莫萨克·丰塞卡(Mossack Fonseca)律师事务所是如何为客户提供避税、洗钱以及摆脱制裁等服务的。该组织掌握着高达1150万份相关经济和法律资料,这是巴拿马历史上最严重的一次秘密信息泄露事件,涉及超过128位政客和公职人员(阿根廷、巴西、厄瓜多尔、委内瑞拉和秘鲁等拉美国家均有人在列),其中包括12位现任和前任国家领导人的海外资产情况。[①] 此次事件给巴雷拉兑现上台后提出的提高政府金融透明度承诺带来了前所未有的挑战。经济合作与发展组织(OECD,以下简称"经合组织")批评说"巴拿马是最后一个仍继续允许海外资金逃脱税则和执法当局监管的障碍",[②] 并敦促巴雷拉政府立即采取国际税务透明标准。法国财政部部长甚至表示将把巴拿马重新列入其税务管辖区不合作"黑名单",并提出希望经合组织也这样做。[③] 这些都给巴雷拉政府的外交政策造成了巨大压力。

然而值得一提的是,莫萨克·丰塞卡律师事务所的创始合伙人之一拉蒙·丰塞卡·莫拉(Ramón Fonseca Mora)在事件发生后辞职,他曾任执政党巴拿马主义党(PPA)主席。由此不难看出拉蒙·丰塞卡·莫拉是总统的政治亲信,不知泄露事件背后是否有对巴雷拉政府一系列反腐政治行为发难的可能性。拉蒙·丰塞卡·莫拉否认公司的一切不当行为,并控诉公司数据

---

① "Argentina's Macri and other Regional Figures Implicated in 'Panama Papers'," *LatinNews Daily*, April 4, 2016.
② "Panama under Pressure to 'Put its House in Order'," *LatinNews Daily*, April 5, 2016.
③ "Panama Makes International Headlines for All the Wrong Reasons," *Latin American Regional Report, Caribbean & Central America*, April 2016 (RC-16-04), p. 3.

遭到国外服务器攻击。总统巴雷拉更是表示，他的政府"表现出了对法律和金融服务透明性的绝对承诺"，巴拿马将完全配合国内、国际调查，成立国内外专家独立委员会，以对当前的政府工作进行评估，并提出提升国家金融和法律透明度的新举措。① 2016年12月，特别专家委员会提交的调查报告认为，巴拿马应该修订并强化其企业、金融和法律体系，建立一个没有避税成分的新型金融系统。对此，巴雷拉政府也展示了其正在加强透明度的行动和决心。然而，这些努力并未赢得公众和国际社会的信任。②

2016年5月，巴拿马税务问题再起波澜，其国内第二大企业维克特集团（Waked Family）因被美国当局认定犯有洗钱和贩毒罪行而遭到制裁。这使当时正疲于应对"巴拿马文件"泄露丑闻的巴雷拉政府雪上加霜。美国财政部海外资产控制办公室（OFAC）决定冻结该集团在美国或受美国人管辖的全部企业和个人资产，并禁止美国国民与其开展业务往来。③ 维克特集团在巴拿马经营的商业活动覆盖面极广，涉及房地产、银行业、传媒、零售和科隆自由贸易区的转口业务等。此次被美国当局列入"黑名单"的包括该集团旗下的68家公司，牵涉5000~6000个工作岗位以及每年上缴国库的大量税收，由此导致的经济损失将难以估量，并可能引发巴雷拉政府上任以来最严重的一次国内政治经济危机，相当于经济、社会系统的一次"十级地震"。④ 而对于巴雷拉政府来说，首先要做的是保证那些尚未被卷入的公司和个人不会被牵连。

接连爆发的信誉危机严重损害了巴拿马的国际形象，给巴雷拉政府带来了严峻的政治挑战。2016年上半年以来，巴雷拉总统的支持率持续下滑，民众普遍质疑政府的信誉和透明度并没有发生实质性改变。

---

① "Varela Pledges more Measures in Wake of 'Panama Papers' Scandal," *LatinNews Daily*, April 7, 2016.
② "Efforts to Boost Transparency Fail to Convince," *Latin American Regional Report*, *Caribbean & Central America*, December 2016（RC-16-12），p. 13.
③ "Further Blow to Panama's Credibility as Prominent Business Family Blacklisted," *LatinNews Daily*, May 6, 2016.
④ "Panama: Gov't Tries to Save Waked Group Jobs," *LatinNews Daily*, May 11, 2016.

（二）打击国内腐败，巩固执政地位

"巴拿马文件"泄露危机和维克特集团遭受制裁令巴雷拉政府亟须通过积极手段转移国内、国际对丑闻事件的过多关注，加强打击腐败力度，从而维护政府的威望，修复国家的正面形象，扭转不利局面和影响，最终巩固执政基础。2016年8月，巴拿马监狱系统腐败案被揭露，13名监狱贪腐集团成员遭到逮捕，这成为巴雷拉政府打击官员腐败的案例证明。[1] 他甚至表示将对政府腐败采取"零容忍"的态度。9月又有5名巴拿马国家警察的高级官员因涉嫌腐败被捕。[2]

然而，发生在1月的最高法院院长任职在国内引发了巨大争议。被认为是前总统马蒂内利亲信的何塞·阿玉·普拉多（José Ayú Prado）被任命为最高法院院长，任期一年（2016年1月至2017年1月）。非政府组织"透明国际"和巴拿马国内的公民社会组织均对此表示强烈抗议，认为这是巴拿马司法公正的一次沦陷，并担心对马蒂内利贪腐等罪行的追查也会因此被拖延，他们甚至建议巴拿马最高法院的9名法官应该集体辞职。[3] 有评论认为，为保护卷入其中的执政党议员，政府可能对何塞·阿玉·普拉多的当选做出了让步。[4] 事实上，根据"透明国际"组织发布的"2015年清廉指数（CPI）"报告，巴拿马获得39分（满分100分），较2012年只提高了1分，在全部167个国家中位列第72名。[5]

此外，前总统马蒂内利领导的民主变革党（CD）内部已经出现严重分裂，目前他仍在美国，已有超过一半的党内议员（16名）不再听从其指挥。在巴拿马国民大会的71位议席中，反对党民主变革党占据25席，第一大党

---

[1] "Corruption Ring Uncovered in Panama's Prison System," *LatinNews Daily*, August 11, 2016.
[2] "PN Officers Arrested as Anti-Corruption Efforts Continue in Panama," *LatinNews Daily*, September 5, 2016.
[3] "TI Calls for Panama's Top Court to Resign," *LatinNews Daily*, February 1, 2016.
[4] EIU, *Country Report*, *Panama*, June 2016, p. 18.
[5] "Which Way for the Corruption Story?" *Latin American Security & Strategic Review*, May 2016 (SSR – 16 – 05), p. 10.

民主革命党（PRD）占26席（其中有14位议员被认为是亲政府的合作派），① 可以看出国会中反对党的力量正在被逐渐分解，虽然执政党的席位仍相对较少，但其影响力和执政地位正逐步上升。

二 经济形势

2016年巴拿马经济继续稳定增长，预计全年增速将达5.2%，② 较上年将有所放缓，但巴拿马仍是拉美和加勒比地区经济增长最快的国家。虽然巴拿马运河扩建工程已于5月下旬竣工，但其对巴经济增长的促进作用未如预期那般显现。

（一）宏观经济稳定，除对外贸易各部门保持经济活力

预计至2016年底，巴拿马非金融公共部门（SPNF）赤字率将进一步下降，达到GDP的1%左右，经常性账户赤字也将保持在GDP的5%以下，而这两个数字在2015年分别为2%和6.5%。这归功于财政责任法规定的公共财政秩序对公共部门的严格要求。

截至2016年9月，非金融公共部门的赤字额为9.11亿美元，较上年同期减少10%。赤字的减少主要因为总收入出现显著的增长而总支出增加相对较低，总收入和总支出分别增长了8.6%和6.4%。总收入的增加主要源于税收的增长，增幅达9.1%；总支出增加的主要原因是经常性消费的增加（4.4%）以及资本支出的增加（11.7%）。经常性账户赤字主要源自商品和服务贸易逆差，2016年虽然服务贸易顺差出现小幅下降，但商品贸易逆差也有所下降，因此缩小了经常性账户赤字。商品贸易赤字的减少主要是因为科隆自由贸易区购买量减少导致进口额下降，出口额（包括转口业务和国内出口）也出现下滑。此外，国民收入账户赤字拉大，这主要归因于向非

---

① EIU, *Country Report*, *Panama*, September 2016, p. 18.
② 如无特别注明，"经济形势"部分的全部数据均来自CEPAL, *Balance Preliminar de las Economías de América Latina y el Caribe 2016*, Santiago de Chile, diciembre de 2016。

常住居民支付的收入增加,如对外国直接投资支付的报酬等。事实上,巴拿马较低的赋税和宽松的移民政策以及美元化的经济体均使之成为外国投资和创新等领域的初创公司眼中最具吸引力的拉美地区国家之一。

截至 10 月,巴拿马公共债务共有 214.12 亿美元,占 GDP 的 39.7%,同比增长 1.4%。其中,76.9% 为公共外债,23.1% 为公共内债,53.4% 的债务以长期全球债券的形式存在。

商业银行向私人部门的信贷业务在 2016 年依然表现出旺盛活力。表现特别突出的是抵押贷款业务,由于房地产项目的快速发展,至 8 月该业务已占全部私人信贷投资的 29.6%,名义增长率达 11.4%。其他经济部门同样展现出活力,特别是受公共基础设施工程拉动的建筑业、采矿业和采石业。目前,巴拿马主要工程项目包括巴拿马城地铁二号线、卫生和水利工程以及建筑内输电线路安装等。尽管科隆自由贸易区正经历经济困难,贸易量较低,但批发和零售业务保持增长。另外,渔业和制造业在 2016 年出现明显收缩。

2016 年物价基本保持稳定,全年消费者物价指数(CPI)将维持在 1.5% 的水平,相较于上年基本持平。这主要归功于汽油价格一直保持着较低水平,而餐馆、酒店、医疗、教育、酒精饮料和香烟的价格增长较为明显。失业率有所上升,截至 8 月已达到 5.5% 的水平,而上年同期的失业率为 5.1%。

(二)运河扩建工程竣工,海运物流枢纽实力加强

在延期了一年零七个月之后,巴拿马运河扩建项目第三套船闸工程终于在 2016 年 5 月竣工。此次工程耗资 53 亿美元,期间曾因建筑成本超支等问题导致财团与巴拿马政府几次发生争端,施工甚至一度中断。[①] 运河扩建工程的完工将为巴雷拉政府的业绩添上重要一笔,特别在刚刚发生了两起关于透明度问题的丑闻之后,这将有利于政府重拾信心,以长期积极的经济前景打破负面事件带来的短期尴尬僵局。

新船闸开通启用仪式在 2016 年 6 月 26 日举行,来自 60 多个国家的官

---

① "Canal Expansion Complete in Panama," *LatinNews Daily*, May 25, 2016.

方代表出席,受"巴拿马文件"泄露事件影响,出席此次仪式的外国代表都较为低调。中国远洋海运集团有限公司(COSCO)旗下的"安德洛尼卡斯"集装箱货轮作为第一艘"新巴拿马型"船舶率先通过新船闸。此次新建船闸长427米,宽55米,深18.3米,可允许长366米、宽49米、深15米且最大船载量为14000个标准箱的船舶通过。这预示着巴拿马运河作为地区海运枢纽中心进入了发展的新时期,预计今后每年的贡献将超过10亿美元,其中扩建部分的贡献将占15%。[1] 在由世界银行公布的"2016年物流表现指数(LPI)"报告中,巴拿马的得分超过智利成为拉美第一物流中心,并在全部160个国家中排名第40位。[2] 国际货币基金组织也认为,新运河将给巴拿马经济增长带来积极影响。

然而,受全球贸易周期性和航运路线竞争激烈等因素影响,也有人认为对巴拿马运河扩建工程已有预期的实现可能会有一定程度的缩水。对于"扩张效应"抵消经济的周期性衰退的能力仍旧存疑。市场份额的竞争主要来自美国西海岸和东海岸港口间航线以及苏伊士运河,目前巴拿马国家统计局(INEC)的数据显示,无论是通行费还是相关服务性收入的增速都较为缓慢。[3] 巴拿马运河管理方宣称,新运河今后将提供更节约成本、更有利可图的航线,船舶承载量将达到以往的3倍以上。[4] 这将帮助巴拿马运河赢回一些业务量,特别是美亚航线中的业务量。

三 社会形势

2016年,巴拿马社会形势总体稳定,政府积极应对民众普遍关心的安

---

[1] "Canal Expansion Project Unveiled," *Latin American Weekly Report*, June 30, 2016 (WR – 16 – 25), p. 15.

[2] "Varela Hails 'New Era' of Panama Canal," *Latin American Regional Report, Caribbean & Central America*, July 2016 (RC – 16 – 07), p. 6.

[3] "Is the Wider Canal Paying Its Way?" *Latin American Economy & Business*, September 2016 (EB – 16 – 09), p. 18.

[4] "Wider Canal Underpins Growth Outlook," *Latin American Economy & Business*, June 2016 (EB – 16 – 06), p. 7.

全问题。然而在原住民聚居地恩加贝-布格尔（Ngäbe-Buglé）建设巴洛·布兰克（Barro Blanco）水电站问题上，仍需政府花费更多的时间和耐心。

在国际智库经济与和平研究所（IEP）公布的"2016年全球和平指数（GPI）"报告中，巴拿马在全部163个国家中位列第45名，相较于2015年跃升了24个名次，是进步最大的国家。① 报告认为，巴拿马发生社会暴力示威和政治不稳定的可能性较低，这是因为2014年大选后该国政治环境更加稳定，国内局势进一步改善，军事化程度更低，军费开支和常规武器进口额占GDP的比重减少。

2016年5月以来，针对在原住民聚居地恩加贝-布格尔地区修建水电站一事，抗议群众持续与政府发生冲突，甚至有学生被捕。② 目前大坝95%的工程已经完成，但由于未通过环境影响评估（EIA），该项目遭到了当地原住民和巴拿马民众的强烈反对，他们要求政府搁置该项目。于是自2015年2月以来，该工程一直处于停摆状态，考验着巴雷拉政府解决长期争议的能力。然而目前政府的表现并不尽如人意，原本已在2016年8月达成的和解协议在9月遭到原住民代表大会的否决。③ 事实上，能源项目是巴拿马最具活力和外资吸引力的基础设施工程之一，此次让巴雷拉政府头痛许久的争议看来还需要用更大耐心解决。

此外，虽然巴拿马社会形势进一步改善，政府亦加大力度维护公共安全和社会稳定，但这些进步与努力尚未得到民众的认可。2016年1~9月，巴拿马全国共发生谋杀案304起，相较于2015年同比下降18.7%，与此同时，自2014年1月的近3年来，巴拿马谋杀率已由原来的16.1/100000下降到7.5/100000。④ 除此之外，巴拿马安全部还积极打击毒品犯罪，有超过1500

---

① "Global Peace Index," *Latin American Security & Strategic Review*, July 2016（SSR-16-07），p. 19.
② "Barro Blanco Protests Intensify in Panama," *LatinNews Daily*, May 26, 2016.
③ "Panama's Varela hails 'historic deal' over Barro Blanco dam," *LatinNews Daily*, August 23, 2016；"Setback for Panama's Varela over Barro Blanco dam," *LatinNews Daily*, September 19, 2016.
④ "Panama's Gov't Forced to Address Security," *LatinNews Daily*, October 11, 2016.

名国民警察、边防和国家航空服务人员参与缉毒行动,截至10月已缉获毒品50.3吨。然而,Dichter & Neira的调查显示,目前公共安全问题仍是巴拿马民众最为关心、巴拿马国内最严重的问题之一,它被置于生活成本和失业问题之前。只有16%的受访者认为巴雷拉政府上台后安全问题有所改善。① 这种反应可能与此前国家安全部内部发生的权力斗争有关,内斗导致副部长被换、部长职位待定,② 安全部的威信也遭到破坏,这可能导致了民众对其维护国家安全能力的质疑和不信任。

四 外交形势

受"巴拿马文件"泄露事件影响,2016年巴拿马外交形势趋于紧张,国际社会针对其政府透明度问题施加压力。

2016年2月,总部设在巴黎的反洗钱金融行动特别工作组(FATF)决定将巴拿马从其"灰名单"中移除,总统巴雷拉将其称为"国家的胜利"③ 并视其为政府透明度的明证。然而,随后发生的"巴拿马文件"泄露事件对这一荣誉可谓当头棒喝,经合组织对此提出批评,法国更是决定将其列入"黑名单",美国也在之后对维克特集团予以制裁。巴拿马国际外交环境一片暗淡,为此,巴拿马与多方签订了金融信息共享协定,并承诺继续改善政府透明度问题。

2016年巴拿马最引人关注的外交事件莫过于同哥伦比亚旷日持久的经济外交战。这场争端开始于2012年哥伦比亚对巴拿马出口商品征收特别关税,这对科隆自由贸易区贸易额的影响颇大,哥伦比亚本是科隆自由贸易区的第二大国际市场。由于此次贸易战,巴拿马立法机构迄今仍未通过与哥方

---

① "Seeking to Address a Major Public Concern," *Latin American Regional Report*, Caribbean & Central America, November 2016 (RC – 16 – 11), p. 6.
② "Changes in the Security Ministry," *Latin American Security & Strategic Review*, May 2016 (SSR – 16 – 05), p. 16.
③ "Off the Grey List," *Latin American Regional Report*, Caribbean & Central America, March 2016 (RC – 16 – 03), p. 14.

签订的自由贸易协定。① 6月,世界贸易组织(WTO)最终裁定,哥伦比亚对巴拿马出口的纺织品、衣服和鞋征收高关税的理由不够充分,应调整其关税结构。② 国际贸易方面产生的经济纠纷并不影响双方在其他领域的合作。"巴拿马文件"泄露丑闻后,巴拿马与哥伦比亚签订了新的税务信息共享协议,③ 双方还继续加强安全合作,共同打击犯罪和贩毒。哥伦比亚拒绝为巴拿马嫌犯提供政治庇护,④ 巴拿马帮助哥伦比亚打击毒品犯罪,⑤ 甚至宣布与哥方共同成立特别小组监测哥伦比亚政府同"哥伦比亚革命武装力量"(FARC)的和平进程。⑥ 不难看出,双方在一直努力改善双边外交关系。11月,哥伦比亚接受了世界贸易组织的裁决并取消了复合进口关税,但同时又引入了新的对转口贸易的非关税壁垒。此举遭到了巴拿马的立即回绝,认为这仍然是对科隆自由贸易区转口贸易的歧视性政策。⑦ 巴哥双边关系"政热经冷"的态势没有改变。

2017年6月13日,中巴两国政府签署《中华人民共和国和巴拿马共和国关于建立外交关系的联合公报》,两国建立大使级外交关系。

(房连泉 审读)

---

① "Panama Again Accuses Colombia of Discriminatory Trade Practices," *LatinNews Daily*, November 3, 2016.
② "Panama Hails WTO Ruling against Colombia," *LatinNews Daily*, June 8, 2016.
③ "Panama and Colombia to Sign Tax Transparency Deal," *LatinNews Daily*, April 29, 2016.
④ "Panama Gets a Political Gesture from Colombia," *LatinNews Daily*, September 8, 2016.
⑤ "Relations with Colombia Under Strain," *Latin American Weekly Report*, August 11, 2016 (WR-16-31), p. 15.
⑥ "Boosting Cooperation with a Key Ally," *Latin American Security & Strategic Review*, September 2016 (SSR-16-09), p. 16.
⑦ "Taking Issue with Colombia's New Import Restrictions," *Latin American Weekly Report*, November 10, 2016 (WR-16-44), p. 15.

Y.26
多米尼加：延续与变革

高庆波*

摘　要： 2016年，现任总统梅迪纳代表解放党参加大选并轻松获胜，原有多项经济、社会改革有望延续下去。传统对手革命党与解放党结成联盟，但解放党长期盟友基督教社会改革党却转而支持由革命党分裂出来的现代革命党，多米尼加由两党争雄转入两大联盟对峙时代。经济方面，预计2016年GDP增长6.4%，财政赤字占GDP的比重为2.7%，通货膨胀率继续低于政府目标下限，同时汇率将保持稳定。社会方面，就业继续向好，持续的教育与反贫困投入取得一定的成果，公众日益重视腐败问题。外交方面，2016年多米尼加及时援助遭受飓风灾害的海地，持续一年的禁售风波开始平息，新外交部部长也展开了卓有成效的工作。

关键词： 多米尼加　大选　经济改革

一　政治形势

2016年，多米尼加举行了新一届总统、议会议员及地方政府首脑选举，

---

* 高庆波，中国社会科学院拉丁美洲研究所副研究员，管理学博士，主要研究方向为社会保障与劳动力市场。

多米尼加解放党（PLD）候选人、现任总统达尼洛·梅迪纳（Danilo Medina）成功连任。

（一）总统大选获连任

多米尼加选举委员会5月28日晚宣布，5月15日举行的大选结束计票，现总统、多米尼加解放党候选人达尼洛·梅迪纳竞选获胜。达尼洛·梅迪纳的得票率为61.79%，现代革命党（PRM）总统候选人阿比纳德尔（Luis Rodolfo Abinader Corrona）获得34.96%的选票。[①]

自2012年达尼洛·梅迪纳就职以来，其民众支持率屡创新高。2015年，多米尼加时隔5年后再次修订宪法，允许总统连选连任。所有的民调结果均显示他将轻松获胜，竞选结果也正是如此。[②] 由于新引入的电子计票系统出现部分故障，加上反对党指责地方选举中存在舞弊现象，因此选举结果的颁布耗时两周之久。5月31日，最高选举法院驳回针对选举公正性的各种异议，选举大局已定。

（二）两党对峙转向两大联盟角力

2016年大选主要党派得票率如下：执政党联盟方面，解放党得票率为50.22%，革命党得票率为5.85%；反对党联盟方面，现代革命党得票率为26.80%，基督教社会改革党（PSRC）得票率为5.62%。

多米尼加20年来由解放党和革命党轮流执政，第三大党为基督教社会改革党，是解放党的盟友，党主席莫拉莱斯（Carlos Morales Troncoso）长期担任外交部部长一职。但近年来情况发生了变化。主要反对党革命党主席米格尔·巴尔加斯·马尔多纳多（Miguel Vargas Maldonado）与党内前总统伊

---

① Boletin Dominicano, *Central Electoral Board. Ordinary General Presidential Elections, Congressional and municipal 15th May 2016. Boletin Nacional Electoral No. 13. Partnerships With Detail*, http://www.boletindominicano.com/portada.php, 检索日期：2016年6月8日。
② EIU, *Country Report: Dominican Republic*, August 2015, p. 23; EIU, *Country Report: Dominican Republic*, February 2016, p. 4.

波利托·梅希亚（Hipólito Mejía）之间发生分歧，梅希亚与昔年竞选副手路易斯·阿比纳德尔在2014年组建了现代革命党，后者也是新党派大选候选人。

2015年，革命党与老对手解放党达成竞选联盟。但是，解放党的长期盟友基督教社会改革党却转而支持现代革命党，多米尼加传统两党争雄有转化为双联盟对峙的倾向。新政府成立后，外交部部长一职被交给了新盟友革命党主席马尔多纳多。

2016年，执政的解放党在参众两院的选举中获得压倒性胜利：在参议院32个席位中，解放党占27席；在众议院选举中，解放党获得125个席位，现代革命党26个席位，基督教社会改革党14个席位。① 解放党在地方选举中同样大胜。这意味着梅迪纳总统将在第二个任期内获得来自议会和地方的稳定支持。

二 经济形势

（一）经济概况

多米尼加是一个农业国，出口加工业为国内经济传统支柱。多米尼加经济长期以来在贸易、投资与侨汇方面依赖美国，美国经济增长速度放缓对多米尼加最直接的影响体现在侨汇。截至2016年10月，侨汇增长速度为5%，相对于2015年8%以上的增速有所放缓。②

近年来在梅迪纳政府的大力推动下，采矿业和旅游业开始成为新的支柱产业。2014年，黄金出口占总出口的15.5%。③ 旅游业不仅成为推动经济增长的重要力量，还成为最重要的劳动力吸纳部门，2015年私人部门就业

---

① BMI Research, *Latin America Monitor Caribbean*, August 2016, p. 3.
② ECLAC, *Preliminary Overview of the Economies of Latin America and the Caribbean 2016 Briefing Paper*, p. 31.
③ BMI Research, *Latin America Monitor Caribbean*, April 2016, p. 3.

中的27.4%来自旅游业。① 预计2016年多米尼加经济增长率为6.4%，人均GDP增长率为5.2%。②

近年来，多米尼加经济实现了连续、稳定增长，并在2016年成为拉美经济增长速度最快的国家。多米尼加经济持续增长的主要原因有三：一是梅迪纳执政以来建设电厂和兴建自由贸易区、旅游港及物流中心等一系列举措使建筑业持续繁荣；二是美国经济温和复苏，不仅带来了侨汇和投资，更带动了旅游业迅猛发展，2016年第一季度来自美国的游客占全部外来游客的38.5%，③ 2016年前往多米尼加旅游人数继续创下新高；三是受到一系列自由贸易协定与国际大宗商品价格下跌的影响，多米尼加在出口波动不大的同时进口成本大幅下降。

在外贸方面，预计2016年多米尼加商品出口93.33亿美元（装运港船上交货价格，下同），比2015年低2.0%；服务出口81.18亿美元，比2015年高7.7%；进口商品167.79亿美元，比2015年低0.5%；进口服务31.49亿美元，比2015年高0.3%。商品和服务累计贸易逆差24.77亿美元，稍高于上年的23.26亿美元。需要指出的是，2016年多米尼加经常账户赤字为7.6亿美元，是近年来的最低水平。④

（二）经济政策与财政情况

2015年，多米尼加在财政收支方面终于实现了盈余，不过这种盈余系偶然事件所致——提前折扣归还委内瑞拉石油贷款（用19.3亿美元抵消44亿美元贷款），按照会计准则，委内瑞拉当年有了一大笔意外收入。这一意外事件也使2015年多米尼加外债规模降低到了GDP的35.2%，预计2016年多米尼加公共部门外债总量占GDP的比重为37%，外汇储备为54.33亿美元，较上

---

① BMI Research, *Latin America Monitor Caribbean*, May 2016, p. 3.
② ECLAC, *Preliminary Overview of the Economies of Latin America and the Caribbean 2016 Briefing Paper*, p. 39.
③ BMI Research, *Latin America Monitor Caribbean*, December 2016, p. 3.
④ ECLAC, *Preliminary Overview of the Economies of Latin America and the Caribbean 2016 Briefing Paper*, pp. 91 – 92.

年小幅度增加。① 不过，财政赤字依旧无法避免，尤其是多米尼加既处在大选之年，又坚持大规模基础设施建设。预计2016年财政赤字占GDP比重大致为2.7%。②

在货币政策方面，多米尼加中央银行在2015年6月将基准利率下调到5%，③ 此后保持稳定。在降息的同时，多米尼加汇率基本稳定。2015年12月31日，汇率为45.55∶1；到2016年12月30日，汇率为46.70∶1。④ 需要说明的是，由于石油及大宗商品价格持续处于低位，截至2016年10月，多米尼加消费者物价指数（CPI）为1.6%，低于政府预设目标区间的下限（3.0%～5.0%），为货币政策提供了充足的空间。⑤

2016年多米尼加发行债券18.7亿美元。⑥ 2016年1月29日，多米尼加的全球新兴市场债券风险指数（EMBIG）得分为498分，较2015年底的数值（421分）增长明显，但到10月31日，该数值已经下降到386。这一变化表明各界对梅迪纳领导下的多米尼加主权债务风险判断趋向乐观。⑦

新一年中多米尼加国家竞争力有所提高，《2016～2017年全球竞争力报告》显示，多米尼加竞争力排名为第92位，得分3.94，较2015年提升了6位。⑧ 需要指出的是，尽管多米尼加近年来经济持续增长，但其国内营商环境并未得

---

① ECLAC, *Preliminary Overview of the Economies of Latin America and the Caribbean 2016 Briefing Paper*, p. 65.
② ECLAC, *Preliminary Overview of the Economies of Latin America and the Caribbean 2016 Briefing Paper*, pp. 113 - 116.
③ EIU, *Country Report：Dominican Republic*, June 2015, p. 25.
④ Central Bank of The Dominican Republic, *Month Average Spot Exchange Rate Against U. S. Dollar*, http：//www.bancentral.gov.do/tasas_cambio/TMI4004_BC_2016.pdf, 检索日期：2017年1月10日。
⑤ ECLAC, *Preliminary Overview of the Economies of Latin America and the Caribbean 2016 Briefing Paper*, p. 48.
⑥ ECLAC, *Preliminary Overview of the Economies of Latin America and the Caribbean 2016 Briefing Paper*, p. 100.
⑦ ECLAC, *Preliminary Overview of the Economies of Latin America and the Caribbean 2016 Briefing Paper*, p. 35.
⑧ World Economic Forum, *The Global Competitiveness Report 2016 - 2017*, http：//www3.weforum.org/docs/GCR2016 - 2017/05FullReport/TheGlobalCompetitivenessReport2016 - 2017_FINAL.pdf, 检索日期：2017年1月8日。

到有效改善。世界银行的营商环境指数显示，多米尼加在2016年排第103位。预计2017年仍排第103位，在各项指标中，下降幅度最大的是起步艰难、贷款不易，在出入境、合同和投资者保护方面也有小幅下降；提升最大的是电力获取、税收缴纳以及注册。①

总的来看，多米尼加在2016年执行了稳健的货币政策与积极的财政政策，同时保持了汇率和物价稳定，并进一步提升了国家竞争力。需要说明的是，连续多年繁荣的多米尼加经济已经开启稳定增长模式。当物价长期保持稳定、失业率持续下降、治安转好时，居民消费和固定资本形成开始发挥日益强大的作用。固定资本投资占GDP的比重已经从2013年的22.4%上涨到2016年的28.3%，② 消费从2015年开始持续增加，成为多米尼加经济增长中的一股重要力量。③

三 社会形势

继2013年犯罪问题成为市民最关心的问题之后，市民最关注的问题在2015年开始改变，盖洛普民意调查显示，87%的被调查者认为腐败是一个严重的问题。④ 而在2016年多米尼加社会政策中，反腐并不是核心议题，其总体情况正如梅迪纳在新年致辞中所规划的，政府将继续坚持社会发展战略（END 2010 - 2030），致力于发展教育和医疗卫生，并着重解决国内长期存在的安全、贫困与失业问题。

（一）犯罪

由于地理位置的原因，多米尼加是贩毒分子将产自南美的毒品运往美国

---

① World Bank, *Ease of Doing Business in Dominican Republic*, http://www.doingbusiness.org/data/exploreeconomies/dominican-republic/，检索日期：2017年1月8日。
② ECLAC, *Preliminary Overview of the Economies of Latin America and the Caribbean 2016 Briefing paper*, p. 90.
③ BMI Research, *Latin America Monitor Caribbean*, May 2016, p. 3.
④ BMI Research, *Latin America Monitor Caribbean*, April 2016, p. 3.

和欧洲销售的主要通道之一。美国缉毒局（DEA）估计，欧美6%左右的海洛因是从多米尼加流入的。2014年，多米尼加和美国政府强化了已有的联合反毒机制（始建于1985年），由美国缉毒局、美国食品药品管理局、多米尼加警察局和武装部队等众多部门展开合作，共同反毒。而且，2014年的反毒合作更加关注金融领域的合作。① 美国缉毒局表示，通过双方的共同努力，由多米尼加入境的毒品数量在持续下降。

总体来看，多米尼加的治安情况近年来有所好转，梅迪纳政府建立的"911"应急反应、公路巡视、武器注册等制度对改善其国内治安状况发挥了积极作用。不过，虽然多米尼加的暴力犯罪率低于其中美洲和加勒比邻国，但地理位置原因导致的反毒压力依旧是多米尼加社会治安问题中的不稳定因素，尤其是军警贪腐问题更需要政府进一步的努力。

（二）贫困与劳动力市场

梅迪纳上任以来，政府在反贫困领域的持续投入近年来取得了一定的成效。2012年贫困人口占多米尼加总人口的比重为42.2%，2015年贫困人口比重下降到35.5%②。梅迪纳表示将继续将反贫困作为重要的社会目标，政府将继续开展有条件现金转移支付计划（CCTs）等项目以降低贫困。

在就业方面，通过不断的努力，劳动力市场得到了明显的改善。2013年，失业率为7.9%，劳动参与率为58.7%；到2016年，失业率降至5.7%，劳动参与率升至59.8%。在这一进程中，政府大力推动的基础设施建设以及旅游业发挥了重大的作用。不过，梅迪纳一直期望的劳动力市场法规的完善并未取得实质性进展，这也是政府未来努力的方向。多米尼加历年失业率与劳动参与率详细情况见表1。

---

① Bureau of International Narcotics and Law Enforcement Affairs, *2015 International Narcotics Control Strategy Report*, https：//www.state.gov/j/inl/rls/nrcrpt/2015/vol1/238963.htm，检索日期：2017年1月8日。
② EIU, *Country Report*：*Dominican Republic*, April 2016, p.20.

表1 多米尼加失业率与劳动参与率变化（2005～2016年）

单位：%

项目	2005年	2006年	2007年	2008年	2009年	2010年	2011年	2012年	2013年	2014年	2015年	2015年	2016年
失业率	7.3	6.2	5.4	5.3	5.8	5.7	6.7	7.2	7.9	7.2	6.9	6.0	5.7
劳动参与率	56.4	57.1	57.1	57.4	55.2	56.5	57.8	59.0	58.7	59.1	59.3	58.9	59.8

注：本表数据截至4月。多米尼加劳动统计时间为每年4月到次年3月底。
资料来源：ECLAC, ILO, *Employment Situation in Latin America and the Caribbean: Global Supply Chains and Decent Work*, No. 15, Oct. 2016.

（三）公共卫生

受地理条件影响，多米尼加易受风暴袭击，2016年依旧未能幸免。10年来最强飓风"马修"于10月初袭击了加勒比地区，强风暴雨肆虐了海地、古巴、多米尼加、巴哈马等国。不过，多米尼加的人员伤亡与疫情严重度却低于往年。相比之下，邻国海地却灾难深重。10月8日，海地确认飓风死亡人数升至336人，另有211人受伤，4人失踪，而且面临着霍乱的威胁。[①] 赤贫、对飓风灾难准备不足、住房质量差和人口密度高是海地此次飓风伤亡惨重的主要原因，而这些原因也曾导致多米尼加灾情惨重。

随着梅迪纳政府持续增加医疗投入并推进居民住房建设项目，多米尼加终于可以在相似的天灾中大幅降低灾害带来的损失。总的来看，多米尼加连续多年来在提升教育、医疗、就业水平以及反贫困方面的支出取得了一定的成效，不过未来仍旧任重道远。在联合国《2015年人类发展报告》中，多米尼加排名小幅前进1位，目前排第101位。[②]

[①] 《海地死亡人数升至336人》，新华网，2016年10月9日，http://news.xinhuanet.com/world/2016-10/09/c_1119681982.htm，检索日期：2017年1月7日。

[②] UN, *Human Development Report 2015*, http://report.hdr.undp.org/，检索日期：2017年1月9日。

四 外交形势

在外交方面,2016年最引人注目的还是与海地的关系。自2013年多米尼加颁布移民法案以来,双方关系几度反复,尤其是双方贸易不平衡(海地是多米尼加的第二大出口对象国,2014年多米尼加出口份额的14.3%出口到海地)加剧了双方关系紧张的局面。① 2015年10月,海地宣布对多米尼加23项产品实施禁售。在长达1年的磋商中,尤其是在多米尼加紧急援助遭受飓风"马修"袭击的海地之后不久,双方宣布"不存在禁售,只是需要履行必要手续"。到2015年12月,在美国政府的见证下,多米尼加和海地在德克萨斯的拉雷多城签署了建立双边委员会的协议,② 两国紧张关系有所改善。

2016年,多米尼加与美国的关系依旧密切,主要体现为更加密切的经贸往来,并在安全、金融、移民以及反毒领域深入开展合作。此外,美国在缓解海地和多米尼加之间紧张关系的过程中发挥了重要的作用。在经贸领域,对美出口、来自美国的投资与侨汇都是驱动多米尼加经济增长的重要因素。

此外,2016年多米尼加与俄罗斯达成协议,由俄罗斯为多米尼加提供油气勘探开发的各项技术支持,包括卫星技术,并达成了一系列的贸易、投资、旅游乃至反毒合作与访问学者交流协定。③ 这一年,多米尼加与古巴达成协议,双方拟加强在商品、服务以及投资经贸领域的合作,并互访组建合

---

① BMI Research, *Latin America Monitor Caribbean*, January 2016, p. 3.
② Ministerio de Relaciones Exteriores República Dominicana, *Canciller Miguel Vargas anuncia la firma de acuerdo tripartito en Laredo, Texas*, http://www.mirex.gob.do/medios/noticias/canciller-miguel-vargas-anuncia-la-firma-de-acuerdo-tripartito-en-laredo-texas,检索日期:2016年12月14日。
③ Ministerio de Relaciones Exteriores República Dominicana, *Canciller Miguel Vargas llega a Rusia para encabezar reunión de la Celac*, http://www.mirex.gob.do/medios/noticias/canciller-miguel-vargas-llega-a-rusia-para-encabezar-reunion-de-la-celac,检索日期:2016年12月14日。

作机构以将协议落到实处。① 此外，2016 年，在新外交部部长的领导下，多米尼加与澳大利亚、日本等国家达成了广泛的协议。

在多边合作方面，多米尼加目前还是以各项贸易协定为主体，这些协定多年来起到了重要作用。如美国—多米尼加—中美洲自由贸易协定（DR-CAFTA）签署 10 余年来，多米尼加的农产品出口量增加了 1 倍。在与欧盟的关系上，多米尼加主要还是通过经济伙伴协定（EPA）与之保持经贸合作。2016 年，欧盟向多米尼加提供了 1.5 亿欧元的中小企业合作基金。②

（房连泉　审读）

---

① Ministerio de Relaciones Exteriores República Dominicana, *Republica Dominicana y Cuba acuerdan fortalecer relaciones comerciales y de cooperación en diferentes áreas*, http://www.mirex.gob.do/medios/noticias/republica-dominicana-y-cuba-acuerdan-fortalecer-relaciones-comerciales-y-de-cooperacion-en-diferentes-areas，检索日期：2017 年 1 月 8 日。

② Ministerio de Relaciones Exteriores República Dominicana, *Unión Europea dispone 150 millones de euros en fondos de cooperación para（PYMES）*, http://www.mirex.gob.do/medios/noticias/republica-dominicana-y-cuba-acuerdan-fortalecer-relaciones-comerciales-y-de-cooperacion-en-diferentes-areas，检索日期：2017 年 1 月 11 日。

Y.27
海地：总统选举一波三折政治经济前景堪忧

赵重阳*

摘　要： 2016年，海地重新举行了总统选举，但政局依旧动荡。受政局不稳和飓风"马修"影响，海地2016年的经济形势并不乐观，2017年更是前景堪忧。海地的社会形势依然非常严峻，社会治安状况恶劣，警察执法能力低下。海地与美国的关系可能因唐纳德·特朗普当选美国总统而紧张化。

关键词： 海地　总统选举　经济萧条　社会动荡　海美关系

2016年，海地重新举行了总统选举，但政局依旧动荡；经济形势受政局不稳和气候因素等影响未有起色；社会形势则因政治、经济困境和飓风"马修"过境而更加严峻；与美国的关系可能因唐纳德·特朗普（Donald Trump）当选美国总统而紧张化。

一　政治形势

2016年，海地的选举进程仍旧一波三折，其国内政局也一直处于动荡之中。海地于2015年8月举行了第一轮议会选举，10月25日举行了总统选举

---

* 赵重阳，中国社会科学院拉丁美洲研究所助理研究员，主要研究方向为拉美国际关系。

和第二轮议会选举。选举结果显示海地光头党总统候选人霍韦内尔·莫依兹（Jovenel Moïse）和海地进步与解放党总统候选人瑞德·赛莱斯坦（Jude Célestin）共同进入了第二轮总统选举。由于反对党派指控选举存在舞弊行为，海地因此爆发了大规模的示威和暴力事件，第二轮总统选举迟迟未能举行。

2016年2月7日，米歇尔·马尔泰利（Michel Martelly）总统期满离任，参议院议长若瑟莱姆·普利韦尔（Jocelerme Privert）就任临时总统，领导过渡政府治理国家。普利韦尔的任期本应到6月中旬结束，但由于海地一直没有选出正式总统，而本应延长其任期或选出新临时总统的议会也未能采取任何行动，普利韦尔只能继续留在总统位置上而成为"实际"总统。

2016年4月，海地过渡政府成立独立调查委员会，彻查2015年总统选举中的舞弊和违规问题，以应对海地社会对选举公正性的强烈质疑和指控。6月，海地过渡政府宣布，将采纳独立调查委员会的建议，重新举行总统选举，选举日期定于2016年10月9日。

尽管包括联合国、美洲国家组织、美国和欧盟在内的国际社会都认为海地没有必要重新举行选举，但过渡政府的意志十分坚定，并决定自筹资金而不是依赖国际社会组织选举。然而，就在选举即将举行之际，飓风"马修"于2016年10月4日过境海地，给海地造成了巨大的人员伤亡和经济损失。在此情形下，海地只得又将选举推迟至11月20日举行，选举的初步和最终结果公布日期分别定于11月28日和12月29日。

2016年11月20日，经过多次推迟和反复的海地总统选举终于举行，除了要选出总统外，此次选举还要选出10个即将到期的参议员席位，以及在前两次议会选举中未能选出的6个参议员和24个众议员席位。选举进行得比较顺利，海地各界及一些国际和地区组织的观察团都对当日的选举秩序表示满意，希望在此次选举后海地政局能结束长期动荡而趋于稳定。不过，当海地临时选举委员会公布的初步结果显示光头党候选人莫依兹以55.67%的得票率直接胜选后，海地各反对党派再次对选举过程和选举结果的公正性提出质疑。他们除了依照法律规定向国家选举申诉委员会提出申诉外，还组织各种游行示威活动进行抗议，并多次引发暴力冲突，使海地政局进一步紧

张化。

2016年12月20日,申诉委员会决定对全国12%的选票进行审核,致使公布选举最终结果的日期由12月29日推迟至2017年。2017年1月3日,海地临时选举委员会宣布,申诉委员会经过审核,认定2016年11月的选举有效,光头党总统候选人莫依兹当选总统,并将于2017年2月7日宣誓就职。虽然选举进程一波三折,跨越3个年头,但海地最终还是按照法定程序选出了新总统,并得到了国际社会的认可。

霍韦内尔·莫依兹是位农产品商人,是海地政坛的"局外人",虽然他以超过55%的得票率当选总统,但仍将面临三个严峻挑战。一是合法性问题。海地反对党派已表示拒绝接受选举结果,另有3名临时选举委员会的成员拒绝在选举结果上签字,表明海地选举进程的合法性确有值得质疑的地方。此外,海地此次选举的投票率非常低,只有21%,这说明即使莫依兹以高得票率当选,也并不意味着他得到了全国大多数民众的支持。

二是国内政治对立问题。海地国内各政治党派之间的分歧对立十分严重,议会是其相互博弈的主要场所。在马尔泰利总统任期内,几乎所有旨在推进国家政治经济发展的法规、政策乃至国家预算都难以获得议会通过,贯彻实施这些法规更无从谈起。在此次议会选举中,光头党及其结盟党派得到11个参议员席位和49个众议员席位,是议会最大党派联盟,但并未得到议会多数席位,执政联盟受到议会掣肘的可能性非常大。

三是如何实现国家发展。海地是西半球最贫困的国家,长年的政治危机使该国根本无力发展经济,政府对环境卫生、医疗和教育等社会公共服务体系更是无暇顾及。莫依兹就任海地总统后能否实现国内稳定,能否制定并实施有效的经济政策使国家集中精力促进经济和社会发展,还有待进一步观察。

二 经济形势

受政局持续动荡影响,海地2016财政年度宏观经济环境的特点主要是通货膨胀率上升、汇率大幅下滑以及公共财政脆弱。此外，飓风"马修"10月初过境海地造成的破坏性后果使其2017财政年度的前景堪忧。①

根据联合国拉丁美洲和加勒比经济委员会公布的数据，海地2016财年的国内生产总值增长率为2%，这主要是受到第一产业和第三产业的驱动，如海地的农业部门在经历两年多的干旱后有所恢复。第二产业的发展形势并不理想，如建筑业虽然增长了6.9%，但制造业的萎缩（-2.2%）抵消了建筑业恢复的成果。

2016年，海地中央政府的财政赤字和经常账户赤字有所减少，分别占GDP的2.9%（2015年为6.6%）和0.5%（2015年为2.3%），主要原因是投资支出大幅缩减以及进口额下降。海地2016年的投资支出下降了17%，主要是因为加勒比石油计划框架内的收入显著减少；进口额减少了6%，下降幅度大于出口额的下降幅度（-2.2%），海地的贸易平衡赤字（占GDP的8.4%）连续第二年减少。这两个因素再加上稳定的侨汇收入（占GDP的28%）使海地的经常账户赤字占GDP的比例下降了约2个百分点。

2016年，海地对外贸易额增长6.6%，主要原因是进口额下降的幅度大于出口额下降的幅度。加工服装和农产品（如精油、芒果、可可和咖啡）仍然是海地最具代表性的出口产品，出口额分别为3.45亿美元和5300万美元。

2016年，由于政局持续动荡，海地货币古德贬值超过20%，9月汇率为65.2古德兑1美元。受汇率贬值影响，海地2016年的通货膨胀率（12.5%）在主要国际大宗商品（如石油和原材料）价格持续下跌的背景下依然呈上涨趋势（2015年为11%）。

2016年，海地税收收入增长2.6%（2015年为12%），主要源于关税收入和间接税收入的增长（分别为1.6%和6.9%）。这两项增长是因为汇率的贬值而非政府采取了有利于增加税收的举措。

---

① 除特别说明外，本部分数据均引自 ECLAC, *Preliminary Overview of the Economies of Latin America and the Caribbean*, Santiago, Chile, 2016。

由于通胀率上升、汇率下滑以及脆弱的公共财政，2016年海地中央银行仍然采取紧缩性的货币政策。商业银行的古德和美元存款准备金率一直分别保持在负债额42%和46%的水平，主动和被动的银行市场利率分别保持在10.5%~22.5%以及2.8%~7%。中央银行净出售9200万美元干预外汇市场，使海地国际储备水平下降至9.05亿美元，占GDP的11%。

2016年，海地国内信贷实际减少3.3%，主要原因是对私营部门（GDP的20%）的信贷减少1.9%，以及对公共部门的信贷锐减14.2%。银行系统中的美元化率依然保持在很高的水平，占存款的63%和贷款的37%。

2016年，海地的外债额为20亿美元，相当于GDP的24%；外国直接援助为1.08亿美元。

虽然联合国拉丁美洲和加勒比经济委员会的数据显示海地2016财年的GDP增长率为2%，但海地财政部12月下旬公布的数据仅为1.4%。① 这是海地自2010年以来经济增长率连续第三年下滑。主要原因首先是国家政局长期动荡使国际援助持续减少，再加上加勒比石油计划框架内的援助大幅缩减导致投资下降；其次是虽然农业较前两年有所恢复，但2016年春季的旱情仍造成农业减产，恶化了经济形势；最后是2016年10月初过境海地的飓风"马修"给海地造成了约19亿美元的经济损失，相当于GDP的23%，② 使海地2017财年的前景堪忧。鉴于此，联合国拉丁美洲和加勒比经济委员会预计海地2017财年的经济增长率约为1%，如果其政治进程在2017年仍无显著进展的话，海地经济还可能面临零增长甚至负增长。③

霍韦内尔·莫依兹将于2017年2月正式就任海地总统，他在竞选期间提出将从四个方面促进海地经济发展：一是农业，主要措施是修建灌溉水

---

① "Moïse confirmed as Haiti's president-elect," *LatinNews Daily*, January 4, 2017, http://www.latinnews.com/component/k2/item/70844.html?period=2017&archive=805393&Itemid=6&cat_id=805393: moise-confirmed-as-haiti-s-president-elect, 检索日期：2017年1月5日。

② "Moïse confirmed as Haiti's president-elect," *LatinNews Daily*, January 4, 2017, http://www.latinnews.com/component/k2/item/70844.html?period=2017&archive=805393&Itemid=6&cat_id=805393: moise-confirmed-as-haiti-s-president-elect, 检索日期：2017年1月5日。

③ 中国海地贸易发展办事处，http://ht.chinacommercialoffice.org/chn/zyxw/t1425828.htm。

坝、建立温室、扶植专供出口的农产品以及促进农业相关部门的发展；二是旅游业，主要措施是促进生态旅游和增加宾馆建设；三是基础设施建设，主要措施是成立国家建设管理局，以及将国家相关机构整合归属于区域发展部际委员会、国家地籍办公室及住房和公共建筑部门等；四是促进创业，主要措施是通过加强法治和其他改善投资环境的措施吸引投资。

虽然农业、旅游业和出口加工制造业等确实是海地较有发展潜力的产业部门，但由于海地政治环境动荡、社会治安状况恶劣、基础设施建设落后以及自然环境恶化，海地对投资者或游客的吸引力一直在下降。因此，莫依兹政府的当务之急是实现国内稳定、提高政府部门效能、改善投资环境，否则这些经济政策将难以奏效。

三 社会形势

2016年，在陷入政治、经济困境和受到自然灾害侵袭的情况下，海地的社会形势十分严峻。

社会治安状况恶劣。根据联合国2016年8月的一份报告，海地在2016年3月1日至8月初的5个月时间内就发生了438起凶杀案，其中75%发生在首都太子港地区。出于对经济状况的不满，海地自4月以来发生的游行示威、静坐和罢工的次数也有所增加，其中有记录的公共示威438起，34起引发了暴力冲突。不仅如此，海地还发生了多起针对国家政府部门和政治人士的袭击事件，如2016年5月袭击海地国家警察位于莱凯（Les Cayes）的地区总部事件、6月8日枪击外交部大楼事件，以及数起针对各政治党派领袖或总统候选人的刺杀事件等。此外，海地还发生了多起监狱骚乱事件，其中西部省的一所监狱在10月22日发生骚乱，一名狱警被打死，两名狱警受伤，172名犯人在抢夺武器后越狱。

国家警察执法能力差。海地的治安形势十分严峻，而警察部门却无力维护社会稳定。一是警员人数严重不足。根据海地国家警察与联合国海地稳定特派团（MINUSTAH）共同制订的计划，海地的警察数量将在2017年2月

达到1.4万人,警员与居民比例将达到1.3‰。这一数字虽然比2004年的0.73‰和2012年的0.98‰有较大进步,但远低于2.2‰的世界平均水平。二是警力覆盖范围十分有限。目前海地有约1/4的警官岗位空缺,导致警察队伍效能低下。全国570个城镇中仅有261个城镇部署有警察,边境检查站、交警和刑警等缺编严重。三是在处置突发情况和内部管理等方面能力不足。经过联合国海地稳定特派团(以下简称"联海团")10余年的帮助和培训,目前海地警方基本能独立维护游行秩序,但在打击黑帮犯罪等社会性事件以及实施战略规划和装备保养等方面仍有很大不足。

飓风"马修"肆虐海地。2016年10月4日,飓风"马修"过境海地,引发了强烈的降雨、洪水、山体滑坡和海水倒灌等自然灾害,造成546人死亡和19亿美元的经济损失,使约80万人处于人道主义危机之中,140万人需要食品援助。联合国粮农组织(FAO)称,飓风给海地农业造成了约5.8亿美元的损失,约90%的农作物被毁,南部一些省几乎颗粒无收,并面临超过50%的牲畜损失。飓风还造成海地南部诸省超过75%的民众丧失生活来源,尤其是农民和渔民。此外,飓风还造成400所学校被毁坏,南部一些省95%的住宅被摧毁。海地规划部称灾后重建等工作大约需要28亿美元的资金。可以说,飓风已经造成海地自2010年地震以来最严重的人道主义危机。

海地是西半球最贫穷的国家,约有250万人生活在赤贫状态中,40%的人口失业,有一半妇女没有工作,① 社会形势一直非常严峻。这种严峻的社会形势源于海地自独立以来就动荡不止的政治环境,也源于政治动荡造成的经济发展长期停滞乃至倒退。与此同时,这种严峻的社会形势又反过来影响了海地的政治进程和经济发展。长期以来,海地各界都寄希望于通过选举实现国家发展和人民生活水平的提高,而事实上选举往往成为社会动荡的根源,因此人民也不再关注选举。这主要是因为海地各政治派别只以自身利益为重,并不关注民众的生活状况。只有海地各界真正把改善民生作为第一要务,才有可能实现相互妥协和团结,就社会稳定和国家发展达成共识。只有

---

① USAID, *Haiti: Economic Growth & Agricultural Development Fact Sheet*, January 2016, p.1.

这样，海地人民的生活水平才有可能切实得到提高，海地的社会形势才有可能真正得到好转。

四 外交形势

2016年，海地与联合国和美国的关系值得关注。

联合国就海地霍乱疫情道歉。海地于2010年爆发了霍乱疫情，至今已造成近80万人感染，9000余人死亡。相关各界指责联海团维和士兵将霍乱病毒传播到海地，但联合国一直对此予以否认。2016年8月19日，时任联合国秘书长潘基文发表声明，向海地霍乱受害者表示深切同情，承认联合国对疫情受害者及支持海地战胜疫情和建设供水、卫生及医疗系统"负有道义责任"。12月1日，潘基文发表录像致辞，称"霍乱疫情在海地爆发和传播过程中，联合国所做的工作不足，并因此向海地人民道歉"。[1] 目前海地霍乱病例数量比2011年最高峰时下降了90%，但一些相关的援助项目资金严重短缺，需要国际社会继续提供帮助以最终消除疫情。潘基文表示，联合国将在未来两年内分两批投入4亿美元，用于控制和消灭疫情。联合国大会也于12月16日通过决议，促请所有会员国、有关联合国机构以及其他国家政府和非政府合作伙伴全力支持潘基文提出的应对海地霍乱问题的新做法。

联海团自2004年入驻海地至今已有12年，原本计划于2016年10月15日前撤出海地，却因为海地政治形势不明朗、飓风"马修"造成的严重后果而再次将驻期延长了半年。[2] 目前，联海团总兵力共有4971人，包括2370名军事人员和2601名警察。虽然联海团在海地霍乱疫情起因问题上饱受争议，但不可否认的是，其为维持海地的国家秩序做出了重要贡献。无论

---

[1] 联合国：《联大通过决议批准联合国应对海地霍乱问题新做法》，2016年12月16日，http://www.un.org/chinese/News/story.asp?newsID=27280，检索日期：2016年12月21日。
[2] 联合国：《秘书长特别代表："马修"飓风对海地造成人道主义和政治双重影响》，2016年10月11日，http://www.un.org/chinese/News/story.asp?NewsID=26944，检索日期：2016年12月21日。

是在组织选举、维护治安、建设海地警察队伍，还是在灾后求援和海地国家重建等方面，联海团都发挥了关键性作用。

海美关系可能紧张化。海地与美国有很深的渊源，海地的稳定符合美国的安全利益。为了控制海地局势，美国曾武装占领或多次出兵海地。为了保持海地的稳定，美国一直为海地的政治进程提供援助，同时还提供人道主义援助以及促进海地长期发展和机制建设方面的援助。自2010年海地发生地震以来，美国已向海地提供45亿美元的援助用于震后救援以及灾后的长期恢复、重建和发展项目。[①] 美国一直希望海地尽快选出新总统，向选举进程提供了3300万美元的援助，并认为2015年10月的选举是有效的。对于海地过渡政府坚持重新选举的做法，美国表示无法理解，并中断了对海地的选举援助。而海地的一些舆论却认为，美国提供的选举援助绝大部分是资助美洲国家组织和联合国开发计划署等国际机构的，并没有真正用于海地，而美国反对海地重新选举是为了控制海地选举进程。

唐纳德·特朗普当选美国总统有可能使海美关系紧张化，这主要体现在两个方面：一是移民问题。美国是海地除多米尼加外的第二大移民国家，有数十万名海地移民生活在美国。特朗普宣称的移民政策使海地移民对其恐惧已达顶点。目前，美国已重启海地非法移民遣返程序，2016年11月遣返了两批海地移民。当前，海地政局动荡，经济停滞，社会形势恶劣，又刚刚受到飓风"马修"的重创，如果美国政府继续向海地遣返移民，海地社会将难以承受。二是侨汇问题。海地历年的侨汇收入都占到GDP的1/4左右，是海地主要的外汇收入来源，并决定着其国内的消费能力。如果特朗普就任美国总统后落实其竞选承诺，驱逐非法移民，甚至修改移民法，海地每年的侨汇收入将大幅减少，其经济也将因此受到沉重打击。

（张凡　审读）

[①] U. S. Department of State, "Fact Sheet: U. S. Relations with Haiti," March 15, 2016, https://www.state.gov/r/pa/ei/bgn/1982.htm, 检索日期：2016年12月21日。

Y.28
加勒比地区：全面发展遭遇结构性障碍

李江春*

摘　要： 2016年，加勒比地区的全面发展仍面临结构性障碍。政治局势保持良好的发展势头，政治竞争张弛有序，民主政治进一步完善。经济形势总体恶化，结构性难题未能得到解决，但也有一些推动经济发展的积极因素呈现出来。以新千年发展目标和2015年后发展议程的要求来看，近年来加勒比地区社会发展喜忧参半，多年积累的问题难以解决。外交沿着两条主线展开：在地区团结中谋求和平与发展，努力与地区外大国构建发展伙伴关系。虽然外交方面成效卓著，但该地区仍无法摆脱依附性地位。

关键词： 加勒比地区　结构性障碍　加勒比共同体

2016年，加勒比地区的总体形势为全面发展遭遇结构性障碍。具体而言，各个领域都有了新的进展，但旧的系统性难题仍无时无刻不在干扰，于是该地区在新和旧、希望和失望的交织中走过了2016年。

一　政治形势

作为维持民主体制最成功的发展中地区，加勒比地区在2016年继续保

---

* 李江春，天津外国语大学拉丁美洲研究中心助理研究员，法学博士，主要研究方向为拉美问题、国际政治。

持良好的政治发展势头。以选举为核心，部分国家和地区政治版图重构，政权平稳过渡，反对党纷纷通过更换领导人的方式改造革新以执掌国家政权，政治竞争总体张弛有序，民主政治进一步完善。

（一）部分国家和地区政权平稳过渡

1. 牙买加工党二连胜

2016年2月25日，牙买加举行议会选举，反对党工党获得众议院63个席位中的32席，其领导人安德鲁·霍尔尼斯（Andrew Holness）当选总理，执政的人民民族党获得31席。来自美洲国家组织、加勒比共同体的选举观察团认为此次选举自由、公正，表示满意。霍尔尼斯生于1971年7月22日，2011年10月至2012年1月曾接任总理一职，2007~2012年出任教育部部长，2012年起担任反对党领袖。2016年11月28日，工党再次击败人民民族党，赢得地方政府选举的胜利，结果为131∶97。

2. 圣卢西亚执政党败北

2016年6月6日，圣卢西亚举行议会选举，反对党统一工人党击败执政的工党，获得众议院17席中的11席，其领导人艾伦·沙塔内（Allen Chastanet）当选总理，工党仅获得6席。此次选举的投票率仅为51.9%，创下历史新低。沙塔内生于1960年11月20日，2006~2011年曾出任旅游和民航部部长、参议员，2011年竞选议员连任失败，2013年成为统一工人党领袖。

3. 特克斯和凯科斯群岛选出第一位女总理

2016年12月15日，英国海外领地特克斯和凯科斯群岛举行议会选举，反对党人民民主运动取得压倒性胜利，在10个选区中拿下7个选区，另有4人被选为代表全区的议员，共赢得众议院15席中的11席，该党领导人莎琳娜·卡特赖特－罗宾逊（Sharlene Cartwright-Robinson）成为第一位女总理，原总理、进步民族党领导人鲁弗斯·尤因（Rufus Ewing）甚至失去了议员资格。此次选举的投票率为80.41%。卡特赖特－罗宾逊出生于巴哈马，现年45岁，此前已创下当地政坛的两个第一：人民民主运动的第一位女性副主席、第一位反对党女性领袖。

（二）部分反对党领导权更迭

1. 圣卢西亚工党迎来新一代领导人

2016年6月18日，新近沦为在野党的圣卢西亚工党领导人进行更替，菲利普·皮埃尔（Philip Pierre）肩负起带领该党重新执政的大任。皮埃尔自1997年起一直拥有议员身份，是该党新一届6名议员之一，曾出任副总理。此前，肯尼·安东尼（Kenny Anthony）已领导该党长达20年之久。

2. 圣文森特和格林纳丁斯新民主党更换党主席

2016年11月16日，圣文森特和格林纳丁斯新民主党宣布，72岁的经济学家安海姆·尤斯塔斯（Arnhim Eustace）卸任党主席一职，戈德温·弗雷迪（Godwin Friday）接任。该党已经在野16年，但在2010年、2015年两次议会选举中均只以1席落败。尤斯塔斯拥有政治学博士学位，是一位律师，曾4次当选国会议员。

3. 牙买加人民民族党主席不再竞选连任

2016年，牙买加人民民族党接连在议会和地方政府选举中失利，牙买加第一位女总理、党主席波西娅·辛普森·米勒（Portia Simpson Miller）面临来自党内的巨大压力，于12月4日宣布不再参加2017年9月的党主席选举。与此同时，前财政部部长彼得·菲利普（Peter Phillips）在一次媒体采访中声称将角逐党主席职位。自年初败选以后，秘书长一职已两次易人。

4. 巴哈马第一位反对党女性领袖宣誓就任

2016年12月11日，第一任巴哈马总督的孙女洛蕾塔·巴特勒－特纳（Loretta Butler-Turner）宣誓就任自由民族运动的新一任领导人，成为巴哈马历史上第一位反对党女性领袖。她与另一个反对党——民主民族联盟密切合作，志在夺取2017年大选的胜利。巴特勒－特纳于2007年首次当选巴哈马议员，2009~2011年担任美洲妇女委员会副主席，是下届总理的有力竞争者之一。

二 经济形势

当前,大宗商品繁荣的超级周期已经结束,全球经济增长乏力。受此拖累,加勒比地区2016年经济出现2009年以来第二次负增长,经济形势总体恶化,但各国表现不一。从根本上看,该地区长期以来经济增速较慢,经济结构脆弱,结构性难题得不到解决。与此同时,一些推动经济发展的积极因素也显现出来。不过,突破结构性障碍的现实和未来仍不乐观。

(一)经济形势总体恶化

1. 经济下滑

2016年,加勒比地区经济萎缩1.7%,成为2009年以来的第二个负增长年份。其中,苏里南的降幅最大,达10.4%,而特立尼达和多巴哥、伯利兹则分别下降4.5%、2.4%,都低于平均增长率。安提瓜和巴布达是该地区2016年经济表现最好的国家,增幅为4.2%,其他经济增长相对较快的国家还有圣基茨和尼维斯(3.7%)、格林纳达(2.9%)、圣卢西亚(2.8%)和圭亚那(2.6%),巴哈马则接近零增长。

2. 通胀率上升

到2016年9月为止,加勒比地区的12个月累积通胀率上升了4.5个百分点,从1.8%增加到6.3%。苏里南通胀率达到63.9%,创下10年来的新高,成为拉升加勒比地区通胀率的最主要因素,而巴哈马、巴巴多斯、多尼米克、圣基茨和尼维斯以及圣卢西亚的通胀率均呈下降之势。具体到各个部门,食品价格的涨幅最大,为7.4%。

3. 失业率高企

根据公开的数据,加勒比地区2016年的城市失业率比2015年减少了0.7个百分点,但仍然居高不下,达到9.3%,若算上隐性失业则更高。1~9月,巴哈马和牙买加的城市失业率在13%左右。

4. 财政形势严峻

和上一年度相比,加勒比地区 2016 年的财政赤字占 GDP 的比例保持不变,仍为 2.5%;公共开支和公共财政占 GDP 的比例都有所提高,分别增加到 30.5% 和 28.1%;中央政府债务占 GDP 的比例较上年下降了 2 个百分点,但仍高达 69.6%。牙买加的公共债务水平最高,占 GDP 的 124.2%,其次是巴巴多斯和伯利兹,分别占 103.3% 和 78.2%;苏里南仅占 36.4%,是加勒比地区中占比最低的。①

(二)结构性障碍依旧

1. 高度依赖外部市场

多数加勒比国家面积小、资源缺乏、经济体量小,难以自足,高度依赖外部市场。旅游业是该地区的支柱产业;农业在国民经济中的比重虽然一直在下降,但其重要性不容低估;而矿业则是圭亚那、牙买加、苏里南以及特立尼达和多巴哥等国家的支柱产业。这些产业的共同特征就是对外部市场特别敏感,依附性强,实行多年的地区一体化也没能使之彻底改观。该地区近年来经济增速逐渐放缓直至萎缩,此乃主因。现在,该地区还面临着英国退出欧盟的巨大挑战,因为这一旦成为事实,加勒比国家就会丧失与欧盟的优惠贸易机会。

2. 融资能力不稳定

一方面,加勒比地区产业结构的缺陷导致贸易逆差,致使债台高筑,近年来多数加勒比国家债务占 GDP 的比例超过 60% 的警戒线,有的甚至在 100% 以上。另一方面,在过去 10 多年间,该地区的平均储蓄只有 GDP 的 15%,仅及其他新兴经济体和发展中国家平均水平的一半。② 因而,加勒比国家不得不求助国际资本市场。但是,由于当地经济规模和市场小、宏观经济环境差、国内成本高,一些国家存在监管负担,国际资本在经济下行时往

---

① ECLAC, *Preliminary Overview of the Economies of Latin America and the Caribbean*, Santiago, ECLAC, 2016.
② Caribbean Development Bank, *Caribbean Development Bank Annual Report 2014*, 2015, p. 13.

往踟蹰不前，2008年后尤其如此。① 过分依赖国际资本市场、融资能力不稳定始终是加勒比国家的痼疾。

3. 基础设施滞后

由于缺乏足够的融资手段，加上自然灾害频繁，加勒比国家的基础设施建设一直难以满足经济社会发展的需要。世界银行2016年的物流绩效报告显示，在贸易和交通基础设施一项中，巴哈马、多米尼加共和国、圭亚那和牙买加的得分分别为2.72、2.29、2.24和2.23（最高为5分），在全球160个国家和地区中处于中下游水平，分别位列第68、第111、第118和第120名，这个结果跟2010年以来4次调查得到的平均数相比变化不大。②

4. 能源短缺

加勒比地区能源需求的90%为化石能源，不过，除了特立尼达和多巴哥，其他国家的能源消费几乎全部依赖进口，一些能源进口国甚至要动用外汇收入的40%～60%才能满足能源的需求。于是，该地区的电价居高不下，竟至位列世界之首。③ 2005年6月29日，14个加勒比国家④成立加勒比石油组织（PETRROCARIBE），委内瑞拉同意以优惠条件向其他成员国提供石油，并允许在25年内偿还债务，不少国家因此受益，但随着委内瑞拉陷入政治、经济和社会的全面危机，这一体制难以为继。

5. 在全球经济竞争中处于劣势

加勒比地区的经济体规模小，独立性差，竞争力较弱。据《2016～2017年全球竞争力报告》对加勒比国家的综合制度、基础设施、宏观经济环境、医疗和初等教育、高等教育和培训、商品市场效率、劳动力市场效率、金融市场的发展、技术准备、市场规模、商业成熟度和创新等12项指标的评估，

---

① Ransford Smith, *The Caribbean and the Post-2015 Development Agenda*, Santiago, ECLAC, 2015, pp. 11 – 13.
② World Bank, *Connecting to Compete 2016: Trade Logistics in the Global Economy*, 2016, pp. 39 – 41, 52 – 54.
③ UNDP, *Caribbean Human Development Report 2016*, 2016, pp. 157 – 158.
④ 后增至18国。

加勒比地区的全球竞争力不尽如人意，在全球138个国家和地区排名中仅有3个国家位列前100名，而且排名相对靠后，其中，巴巴多斯排第72名，牙买加排第75名，特立尼达和多巴哥排第94名。[①] 这表明，该地区在全球经济竞争中处于劣势，经济发展受到一定影响。

（三）积极因素显现

1. 战略重要性提升

随着2014年底尼加拉瓜两洋运河动工兴建和2016年6月26日巴拿马运河扩建竣工通航，加勒比地区的战略重要性有所提升，经济发展机遇显现。与此相应，牙买加、多米尼加共和国和巴哈马等国家的港口建设提速。

2. 旅游业内外发力

2016年，作为加勒比地区经济支柱的旅游业内外发力，焕发新活力。1月4日，加勒比旅游组织宣布2016年为"加勒比浪漫年"，以浪漫假期为主题，推出了一系列有创意的活动，精选30多个旅游景点，大力推销当地旅游业。除此之外，各国也采取切实措施发展旅游业。比如，圣卢西亚欢迎澳大利亚的P&O邮轮公司将卡斯特里作为邮轮母港，牙买加增加2000多间客房和从美国过来的4000个航空座位以促进冬季旅游，等等。10月4日，美国国际开发署的清洁能源部门与加勒比国家的酒店和旅游协会签署了合作协议，以提高该地区酒店行业的能源效率，鉴于酒店行业用电量最大，此举被认为具有里程碑意义。经过多方努力，2015年旅游业的增长势头得以延续，预计2016年国际游客达到破纪录的3000万人次。

3. 新的投资援助机会涌现

2016年，加勒比地区涌现出一些新的投资援助机会。其中5项颇引人注目：（1）6月30日，埃克森美孚（ExxonMobil）公司发布公告，宣称在圭亚那海上斯塔布鲁克区块Liza-2号钻井勘探发现一个世界级的油田，储量为8亿~14亿桶原油。埃克森美孚公司将和赫斯（Hess）公司共同投资

---

① World Economic Forum, *The Global Competitiveness Report 2016-2017*, 2016.

开发该油田,预计于2021年实现首次生产。(2)7月19日,牙买加政府宣布,阿尔帕特(Alpart)氧化铝厂将以2.99亿美元的价格卖给中国酒泉钢铁(集团)有限责任公司。酒泉钢铁(集团)有限责任公司计划分阶段投资,第一阶段投资2.2亿美元以提高产能、削减成本,另外追加投资15亿美元再建一个工业区。(3)7月29日,圣卢西亚政府和香港大漠马业控股有限公司签署协议,由后者投资26亿美元,开发建设占地700英亩的"加勒比明珠"旅游度假村。(4)10月13日,国际货币基金组织和牙买加政府签署一项新的为期3年的备用贷款安排协议。11月11日,国际货币基金组织执行董事会批准了该协议,决定向牙买加贷款16.4亿美元,帮助其保持宏观经济稳定,扩大就业,提高生活水平。(5)12月12日,巴哈马政府和香港周大福集团宣布,双方已签署协议,由后者出资35亿美元收购停业多时的加勒比地区有史以来最大的单期酒店项目——计划于2017年4月正式营业的巴哈·玛(Baha Mar)旅游度假村。

三 社会形势

以新千年发展目标和2015年后发展议程的要求来看,近年来加勒比地区的社会发展可谓喜忧参半:一方面取得了长足的进步,在整个发展中地区享有较高声誉;另一方面又相当脆弱,甚至存在结构性障碍,若不实施全面的政治、经济和社会改革,则难以实现质的飞跃。

(一)社会治安面临严重威胁

与政治局势平稳、极少发生政变和暴乱形成鲜明对比的是,加勒比地区的社会治安长期面临严重威胁。加勒比地区是全球暴力犯罪的高发地,人们普遍缺乏安全感。根据联合国2014年的最新数据,以每10万人中被谋杀的人数来算,牙买加为36.1人,为该地区最高;伯利兹以及特立尼达和多巴哥分列第二名和第三名,分别为34.4人、25.9人;格林纳达最少,但也达到7.5人,高于全球5.3人的平均水平;而同时期东亚和太平洋地区(不包括高收入国家）仅为 1.6 人。① 导致该地区暴力犯罪频发的因素有很多，其中最突出的是这里是毒品进入北美和欧洲的转运中心及容易获得非法武器（主要来自美国、委内瑞拉、哥伦比亚和海地），而这又与加勒比地处交通要道有极大的关系。

此外，加勒比地区还受到境外罪犯遭遣返、墨西哥毒品犯罪集团染指、"伊斯兰国"招募成员、青年心怀不满和旅游业成为恐怖袭击的潜在目标等问题的困扰，公民安全受到严重挑战。②

（二）两极分化依然严重

加勒比地区两极分化依然严重。从基尼系数来看，安提瓜和巴布达、巴哈马、巴巴多斯、多米尼克、圣卢西亚以及圣文森特和格林纳丁斯为 0.4～0.57，其他国家为 0.4 以下。伯利兹、格林纳达、圭亚那、牙买加、圣基茨和尼维斯、圣卢西亚，以及圣文森特和格林纳丁斯等国家的贫富差距趋于缩小，而巴巴多斯和多米尼克的收入不平等现象进一步加剧。③

近年来，经济增长乏力使加勒比地区的贫困现象加剧。不包括海地在内，加勒比共同体国家的平均贫困率为 24%。有 6 个国家的贫困率下降，5 个国家上升。④ 同时，尽管拉美和加勒比地区的饥饿人口比重已从 1990～1992 年的 14.7% 降低到 2014～2016 年的 5.5%，但加勒比地区只减少了 27%，未达到新千年发展目标的要求。其中达标的国家有 16 个；5 个国家接近目标，减少的幅度在 40%～50%；6 个国家反饥饿任务艰巨。⑤

---

① 数据来源于联合国毒品和犯罪问题国际命案统计办公室数据库。
② Anthony Clayton, "Citizen Security: Achieving a Safe and Secure Caribbean," in Denny Lewis-Bynoe, eds., *Achieving a Resilient Future for Small States: Caribbean 2050*, London: Commonwealth Secretariat, 2016, pp. 176 – 181.
③ Caribbean Development Bank, *The Changing Nature of Poverty and Inequality in the Caribbean*, 2016, p. 25.
④ UNDP, *Caribbean Human Development Report 2016*, pp. 101 – 102.
⑤ ECLAC, *Latin America and the Caribbean: Looking ahead after the Millennium Development Goals*, 2015, p. 17.

（三）教育领域量升质平

和经济合作与发展组织（以下简称"经合组织"）国家相比，加勒比地区教育开支占 GDP 的比例普遍并不低，其最显而易见的回报就是平均受教育年限早在 2010 年就已经增加到 10.3 年，而同期经合组织国家为 12.1 年。① 就备受关注的初等教育而言，该地区的纯入学率在 21 世纪 10 年代初已超过 90%。其中，伯利兹、阿鲁巴、安提瓜和巴布达以及格林纳达甚至超过 98%，波多黎各、圣基茨和尼维斯、苏里南和圭亚那则低于 90%，巴哈马、巴巴多斯以及圣文森特和格林纳丁斯介于二者之间。② 在中等教育的总入学率方面，大多数加勒比国家也有所增加，格林纳达以及安提瓜和巴布达保持不变，而巴哈马、多米尼克、牙买加、圣卢西亚以及特立尼达和多巴哥则降低了。高等教育总入学率的变化同样参差不齐，伯利兹、圭亚那和圣卢西亚有所增加，格林纳达、苏里南以及特立尼达和多巴哥停滞不前，安提瓜和巴布达、巴巴多斯和牙买加呈下降之势。③

教学质量不高是加勒比地区教育面临的最大挑战之一。整体来看，该地区近年来只有 1/4 的中学生能通过加勒比考试理事会关于初中升学考试 5 门课程及格的最低标准，数学和英语的通过率分别为 37% 与 59%。④ 20 多年前，世界银行就特别要求解决加勒比地区这一问题，但情况一直没什么改观。

（四）医疗卫生领域进步缓慢

加勒比地区的医疗卫生事业在缓慢发展中，但这并不必然意味着落后，起点较高、进步难是其重要特点。根据目前能得到的最新数据，截至 2013 年，

---

① Harriet Nannyonjo and Clark Mathews, "Quality Counts for Skills and Growth," in Andrea Gallina and Sara Giannozzi, eds., *Making Reforms Work in the Caribbean: A Collection Action Approach to Growth*, World Bank, 2014, p. 183.
② ECLAC, *Latin America and the Caribbean: Looking ahead after the Millennium Development Goals*, p. 23.
③ UNDP, *Caribbean Human Development Report 2016*, pp. 117 – 118.
④ UNDP, *Caribbean Human Development Report 2016*, pp. 117 – 118.

加勒比地区尚未有国家达到新千年发展目标中设定的5岁以下儿童的死亡率比1990年减少2/3的要求。多米尼克每1000名5岁以下儿童的死亡人数从17.2人降至11.4人，是该地区进步幅度最大的国家。安提瓜和巴布达减少到9.3人，表现突出。在孕妇死亡率方面，该地区每10万名孕妇中死亡人数在30～50人的国家包括巴巴多斯、巴哈马和伯利兹，而圭亚那以及圣文森特和格林纳丁斯均超过100人。此外，该地区2014年成年人感染艾滋病毒的比例高达1.1%，仅次于撒哈拉以南非洲，位居世界第二，情况十分危急。让人稍感欣慰的是，该地区2000～2014年的艾滋病发病率减少了50%。[1]

四　外交形势

2016年，加勒比国家的外交沿着两条主线展开：一是加强和维护地区团结，谋求和平与发展；二是努力与地区外大国构建发展伙伴关系，借助大国的实力促进本地的全面发展。总体而言，外交成效卓著，但如何在与地区外大国的不对称交往中维护自身的安全和利益还需要高明的智慧和战略。

（一）在地区团结中谋求和平与发展

1. 牙买加与特立尼达和多巴哥解决入境争端

2016年3月21日，12名牙买加人在特立尼达和多巴哥的西班牙港皮亚尔科国际机场被拒绝入境，理由是这些人会花费特立尼达和多巴哥的"公共基金"。不过，按照加勒比共同体的规定，共同体国家的公民可以在任何共同体国家自由流动。此举在两国引起了争议，政府出面进行了干预，并相继举行两国外长和总理级别会晤。特立尼达和多巴哥承诺改进机场设施，并对负责入境事务的官员和接触游客的工作人员进行培训。3～12月，被特立尼达和多巴哥拒绝入境的牙买加人同比减少了64%。[2]

---

[1] ECLAC, *Latin America and the Caribbean: Looking ahead after the Millennium Development Goals*, pp. 37, 44, 51.
[2] http://www.jamaicaobserver.com/news/Fewer-Jamaicans-denied-entry-to-Trinidad.

2. 加勒比共同体外交和共同体关系理事会第19次会议召开

2016年5月9~10日,加勒比共同体外交和共同体关系理事会第19次会议在圣文森特和格林纳丁斯召开,与会的各成员国外长就全球性问题、美古关系以及英国脱欧等问题进行了讨论,寻求加强与联合国、美洲国家组织、拉美和加勒比共同体、加勒比国家联盟等多边组织的关系,加强与巴西、瑞典、日本和荷兰的关系。在委内瑞拉和圭亚那领土争端问题上,外长们认为,1899年的仲裁书无效,联合国的调停对于结束争端起着决定性作用,支持圭亚那的主权和领土完整。关于因近期伯利兹和危地马拉进行军事动员而加剧的紧张局势,会议呼吁双方严格遵守2005年达成的建立信任措施,将争端提交国际法庭仲裁。

3. 第37届加勒比共同体政府首脑大会召开

2016年7月4~6日,第37届加勒比共同体政府首脑大会在圭亚那的乔治敦召开,会议决定要加强地区安全合作,提升加勒比共同体单一市场和经济体的地位并将各项工作升级,在各成员国开展广泛的公共教育运动,让共同体内部的旅行更加便利,强调代理银行的重要性,促进信息和通信技术发展,重申在边界问题中支持伯利兹和圭亚那的立场。会议还讨论了苏里南政治局势、与古巴关系、与多米尼加共和国关系、英国退出欧盟等问题。

4. 加勒比共同体国家安全和执法理事会第17次会议召开

2016年11月21日,加勒比共同体国家安全和执法理事会第17次会议在圭亚那的乔治敦召开。各国代表认为,犯罪和安全问题愈加急迫,要在国家和地区层面加强联合行动;要使用法律手段防治犯罪;要与共同体紧密合作,让公民感受与支持安全和执法部门的工作。地区安全架构、网络安全和网络犯罪、与非加勒比共同体国家共享情报、高级旅客信息系统和为地区安全议程筹集资金等议题是与会代表关注的重点。

5. 加勒比共同体—古巴建交44周年纪念会举行

2016年12月8日是加勒比共同体—古巴日,加勒比共同体和古巴共同庆祝双方建交44周年。加勒比共同体一直坚定地支持和帮助古巴融入西半球,是美古关系正常化的推动者,要求取消对古巴的经济、贸易和金融制裁。加勒比国家也受益于古巴的技术援助,尤其在医疗卫生方面。古巴还在社会和文化领域帮助加勒比共同体加强能力建设,提高灾害管理、农业和体育水平。纪念会当天,圭亚那、古巴政府与加勒比共同体秘书处签署了谅解备忘录,由古巴在圭亚那帮助建立地区训练中心,以发展和激励有特殊教育需要和残疾的儿童、少年和青年。

(二)努力与地区外大国构建发展伙伴关系

1. 加勒比论坛和欧盟举行政治对话

2016年3月15日,加勒比论坛和欧盟在圭亚那的乔治敦举行政治对话,以进一步增强双方的长期伙伴关系。此次对话重点讨论了三个方面的议题。一是实施《加勒比—欧盟联合伙伴战略》。双方决定成立联合工作组,着力推动以下领域的工作:加勒比地区一体化与合作、海地重建、气候变化和自然灾害、犯罪和安全以及在全球问题上采取联合行动。二是实施和规划欧盟发展基金的第10次和第11次加勒比地区指示性项目。其中,第11次项目以《加勒比—欧盟联合战略伙伴》为基础,总额达3.46亿欧元,于2015年6月签订,尚处于早期阶段。三是有效实施《加勒比论坛—欧盟经济伙伴协议》。

2. 中国和加勒比建交国外交部间第6次磋商举行

2016年3月22日,中国和加勒比建交国外交部间第6次磋商在巴巴多斯的布里奇顿举行。双方同意保持高层交往势头,推动各层级往来,扩大政府、立法机构、地方和青年之间的交流合作。双方同意进一步深化务实合作,加强贸易、投资、金融、基础设施、能源、制造业、农业等领域的合作,共同实施好在建待建项目,适时举办第四届中国—加勒比经贸合作论坛。双方同意深化教育、文化、新闻、体育、旅游等领域的交流与合作。双方表示将继续加强卫生领域的合作,加方感谢中方向加勒比国家派遣医疗队、"光明行"眼科专家组提供义诊服务,中方愿就寨卡病毒等流行性疾病的防治同加方开展合作。

3. 第九届英国—加勒比部长级论坛举行

2016年4月29~30日,第九届英国—加勒比部长级论坛在巴哈马的大巴哈马岛举行,旨在"建立更强大的可持续增长和发展的伙伴关系"。除了双方开展范围广泛的合作以外,英国还特别承诺将在未来4年里为加勒比地区融资3.6亿英镑,支持其发展。其中包括2015年宣布的3亿英镑基础设施项目;和泛美卫生组织合作,提供3800万英镑,改善加勒比7国的医疗设施;继续向加勒比开发银行的特别发展基金提供资金;继续推动加勒比地区的可持续发展,尤其是在经济增长和创造就业、打击犯罪和腐败、应对气候变化和自然灾害等方面。

4. 中国政府发布《中国对拉美和加勒比政策文件》

2016年11月24日,中国政府发布了第二份《中国对拉美和加勒比政策文件》,致力于构建政治上真诚互信、经济上合作共赢、人文上互学互鉴、国际事务中密切协作、整体合作和双边关系相互促进的中国与拉美和加勒比关系"五位一体"新格局,推动中国与拉美和加勒比全面合作伙伴关系再上新台阶,成为携手发展的命运共同体。

2016年,中国在加勒比地区投资、援助的一系列项目进展顺利,为构建中国和该地区的发展伙伴关系写下了新篇章。除前面提到的几个大型工程外,还有众多项目,如在安提瓜和巴布达的安巴五岛学校、板球场和机场航站楼项目,在巴巴多斯的山姆罗德城堡酒店重建和国家体育馆维修改造项目,在巴哈马的The Pointe项目,在多米尼克的玛格丽特医院改扩建、西部公路灾后修复、农业技术合作和约克峡谷桥项目,在格林纳达的国家田径场和农业综合楼项目,在牙买加的南北高速公路安吉斯至林斯特德段项目,在苏里南的外交部办公大楼和帕拉马里博索菲亚社区中心项目,在特立尼达和多巴哥的"未来种子"项目,等等。

5. 美国总统签署《美国—加勒比战略接触法案》

2016年12月13日,《美国—加勒比战略接触法案》经美国参众两院批准,16日由总统奥巴马签署,正式成为美国法律。该法案旨在增加美国和加勒比地区的接触,弥补美国加勒比政策的缺失。法案共包括8个方面的内容：提升经济合作、支持地区整合、鼓励可持续发展、减少犯罪和毒品走私、加强法治和公民安全、提高能源安全、提升民主和人权、支持与公共医疗有关的合作。

五 前景展望

每一个地区都有全面发展的理想，加勒比地区也不例外，但要实现这种理想，就必须跨越诸多结构性障碍。从加勒比地区过去的长期历史和现实来看，在可以预见的未来，该地区有不少乐观的理由，但要铲除根深蒂固的系统性问题仍难上加难，尽管它从不缺少全面、具体和"时髦"的计划。

在政治领域，加勒比地区维持和完善民主体制是可以预期的，不过，政治分歧、效率低下和腐败等痼疾仍将持续。

在经济领域，加勒比地区有望于2017年走出低谷，恢复增长，可实现1.3%的增幅，但仍大大低于2.8%的世界平均水平。从更长远来看，加勒比地区的经济增速还会延续数十年以来一直低于非洲、亚洲和最不发达国家的态势，[①] 因为它难以打破积累数十年的束缚。

在社会领域，人类发展指数排名靠前是加勒比地区的一大成就，未来保持这一优势并不困难，只是内外因素纠结而形成的社会难题已经积重难返，不大破便无以至大立。

在外交领域，加勒比地区谋求和平与安全的机制和共识相当强大，可以作为其他发展中地区效仿的资本，但地理位置和国家规模的先天缺陷导致了其对地区外大国的依附，这是国际政治运行的结果。

（岳云霞　审读）

---

① Ransford Smith, *The Caribbean and the Post-2015 Development Agenda*, Santiago, ECLAC, November 2015.

附录 统计资料

Appendix: Economic Statistics

Y.29
附表1-10

郑 猛[*]

附表1 拉美地区GDP及人均GDP年均增率（2007～2016年）

单位：%

国家和地区	GDP年均增长率										人均GDP年均增长率									
	2007年	2008年	2009年	2010年	2011年	2012年	2013年	2014年	2015年	2016年	2007年	2008年	2009年	2010年	2011年	2012年	2013年	2014年	2015年	2016年
拉美和加勒比地区	5.8	4.1	-1.7	6.2	4.5	2.8	2.9	0.9	-0.5	-1.1	4.5	2.7	-2.9	4.9	3.3	1.7	1.7	-0.2	-1.6	-2.2
安提瓜和巴布达	9.3	0.0	-12.0	-7.0	-1.8	3.8	-0.2	4.6	4.1	4.2	8.1	-1.1	-13.0	-8.0	-2.8	2.8	-1.2	3.5	3.1	3.1
阿根廷	9.0	4.1	-5.9	10.1	6.0	-1.0	2.4	-2.5	2.5	-2.0	7.9	3.0	-6.9	9.0	4.9	-2.1	1.3	-3.5	1.5	-2.9
巴哈马	1.4	-2.3	-4.2	1.5	0.6	3.1	0.0	-0.5	-1.7	0.0	-0.5	-4.1	-5.8	-0.2	-1.0	1.5	-1.4	-1.9	-2.9	-1.2

* 郑猛，中国社会科学院拉丁美洲研究所博士后。

续表

国家和地区	GDP 年均增长率										人均 GDP 年均增长率									
	2007年	2008年	2009年	2010年	2011年	2012年	2013年	2014年	2015年	2016年	2007年	2008年	2009年	2010年	2011年	2012年	2013年	2014年	2015年	2016年
巴巴多斯	1.7	0.3	-1.5	0.3	0.8	0.3	-0.1	0.2	0.5	1.4	1.3	-0.1	-1.9	-0.1	0.4	0.0	-0.4	-0.1	0.2	1.1
伯利兹	1.1	3.2	0.8	3.3	2.1	3.7	1.3	4.1	1.2	-2.4	-1.5	0.6	-1.7	0.9	-0.3	1.4	-0.9	1.9	-1.0	-4.4
玻利维亚	4.6	6.1	3.4	4.1	5.2	5.1	6.8	5.5	4.8	4.0	2.8	4.3	1.6	2.4	3.5	3.4	5.1	3.8	3.2	2.4
巴西	6.1	5.1	-0.1	7.5	3.9	1.9	3.0	0.1	-3.9	-3.6	4.8	3.9	-1.2	6.4	2.9	0.9	2.1	-0.8	-4.7	-4.4
智利	4.6	3.7	-1.0	5.8	5.8	5.5	4.0	1.9	2.3	1.6	3.4	2.5	-2.1	4.6	4.7	4.3	2.9	0.8	1.2	0.6
哥伦比亚	6.9	3.5	1.7	4.0	6.6	4.0	4.9	4.4	3.1	2.0	5.6	2.3	0.5	2.8	5.5	3.0	3.8	3.4	2.2	1.1
哥斯达黎加	7.9	2.7	-1.0	5.0	4.5	5.2	2.0	3.0	3.7	4.1	6.5	1.3	-2.3	3.6	3.2	3.9	0.9	1.9	2.7	3.0
古巴	7.3	4.1	1.5	2.4	2.8	3.0	2.7	1.0	4.3	0.4	7.2	4.1	1.4	2.3	2.7	2.8	2.6	0.9	4.2	0.4
多米尼克	6.4	7.1	-1.2	0.7	-0.2	-1.1	0.8	4.2	-1.8	1.0	6.2	7.0	-1.3	0.4	-0.6	-1.5	0.3	3.7	-2.2	0.5
多米尼加	8.5	3.2	0.9	8.3	3.1	2.8	4.7	7.6	7.0	6.4	7.0	1.8	-0.4	6.9	1.8	1.5	3.5	6.3	5.8	5.2
厄瓜多尔	2.2	6.4	0.6	3.5	7.9	5.6	4.9	4.0	0.2	-2.0	0.5	4.6	-1.1	1.8	6.2	4.0	3.3	2.4	-1.3	-3.4
萨尔瓦多	3.8	1.3	-3.1	1.4	2.2	1.9	1.8	1.4	2.5	2.2	3.4	0.9	-3.5	1.0	1.8	1.5	1.4	1.0	2.0	1.8
格林纳达	6.1	0.9	-6.6	-0.5	0.8	-1.2	2.4	7.3	6.2	2.9	58	0.6	-6.9	-0.9	0.4	-1.5	1.9	6.9	5.8	2.4
危地马拉	6.3	3.3	0.5	2.9	4.2	3.0	3.7	4.2	4.1	3.3	3.9	1.0	-1.6	0.7	2.0	0.8	1.6	2.1	2.1	1.3
圭亚那	7.0	2.0	3.3	4.4	5.4	4.8	5.2	3.8	3.0	2.6	6.7	1.6	3.0	4.0	5.1	4.5	4.9	3.5	2.6	2.1
海地	3.3	0.8	3.1	-5.5	5.5	2.9	4.2	2.8	1.7	2.0	1.7	-0.7	1.5	-6.9	4.0	1.4	2.8	1.4	0.3	0.7
洪都拉斯	6.2	4.2	-2.4	3.7	3.8	4.1	2.8	3.1	3.6	3.5	4.3	2.4	-4.1	2.1	2.2	2.6	1.3	1.6	2.2	2.1

续表

国家和地区	GDP 年均增长率										人均 GDP 年均增长率									
	2007年	2008年	2009年	2010年	2011年	2012年	2013年	2014年	2015年	2016年	2007年	2008年	2009年	2010年	2011年	2012年	2013年	2014年	2015年	2016年
牙买加	17.1	-0.7	-4.4	-1.5	1.7	-0.6	0.5	0.7	1.0	1.1	16.6	-1.2	-4.9	-1.9	1.3	-1.0	0.2	0.3	0.6	0.7
墨西哥	3.1	1.4	-4.7	5.1	4.0	4.0	1.4	2.2	2.5	2.0	1.5	-0.3	-6.2	3.5	2.5	2.6	0.0	0.9	1.1	0.7
尼加拉瓜	5.3	2.9	-2.8	3.2	6.2	5.6	4.5	4.6	4.9	4.8	3.9	1.5	-4.0	1.9	4.9	4.3	3.3	3.4	3.8	3.7
巴拿马	12.1	8.6	1.6	5.8	11.8	9.2	6.6	6.1	5.8	5.2	10.2	6.7	-0.1	4.0	9.9	7.4	4.9	4.4	4.1	3.6
巴拉圭	5.4	6.4	-4.0	13.1	4.3	-1.2	14.0	4.7	3.0	4.0	4.0	4.9	-5.2	11.6	2.9	-2.6	12.5	3.3	1.6	2.7
秘鲁	8.5	9.1	1.1	8.3	6.3	6.1	5.9	2.4	3.3	3.9	7.2	7.8	-0.1	7.0	4.9	4.7	4.4	1.0	1.9	2.6
圣基茨和尼维斯	-0.2	6.3	-3.0	-2.2	2.4	-0.6	6.2	6.0	3.8	3.7	-1.5	5.0	-4.2	-3.4	1.2	-1.8	4.9	4.7	2.6	2.6
圣卢西亚	1.0	4.2	-0.4	-1.7	0.2	-1.4	0.1	0.4	1.9	2.8	-0.5	2.6	-1.8	-2.9	-0.8	-2.3	-0.7	-0.4	1.2	2.0
圣文森特和格林纳丁斯	2.4	2.5	-2.1	-3.4	-0.4	1.4	1.8	1.2	1.6	2.1	2.3	2.4	-2.2	-3.4	-0.4	1.4	1.8	1.1	1.5	2.0
苏里南	5.1	4.1	3.0	5.2	5.3	3.1	2.9	1.8	-2.0	-10.4	4.1	3.0	1.8	4.0	4.2	2.1	1.9	0.9	-2.9	-11.2
特立尼达和多巴哥	4.5	3.4	-4.4	3.3	-0.3	1.3	2.3	-1.0	0.2	-4.5	4.0	2.9	-4.8	2.8	-0.8	0.8	1.8	-1.5	-0.2	-4.8
乌拉圭	6.5	7.2	4.2	7.8	5.2	3.5	4.6	3.2	1.0	0.6	6.3	6.8	3.9	7.5	4.8	3.2	4.3	2.9	0.6	0.2
委内瑞拉	8.8	5.3	-3.2	-1.5	4.2	5.6	1.3	-3.9	-5.7	-9.7	7.0	3.6	-4.7	-2.9	2.7	4.2	0.0	-5.1	-6.9	-10.8

注：2016年数据为初步数据，GDP 增长率以2010年美元不变价格为基础核算。

资料来源：ECLAC, *Preliminary Overview of the Economies of Latin America and the Caribbean 2016*, Santiago, Chile, 2016.

附表 2 拉美地区 GDP 与人均 GDP (2013~2015 年)

国家和地区	人均 GDP(美元,当前美元价格)				GDP(亿美元,当前美元价格)			
	2013 年	2014 年	2015 年	2015 年全球排名	2013 年	2014 年	2015 年	2015 年全球排名
拉美和加勒比地区	10191.9	9994.68	8534.18	n/a	63144.27	62605.05	54031.54	n/a
安提瓜和巴布达	13290	14019	14764	65	11.95885	12.7433	13.55646	187
阿根廷	14474	13279	14565	66	6156.846	5707.229	6323.434	21
巴哈马	22554	22497	22817	45	85.21998	86.17738	88.53519	143
巴巴多斯	15473	15360	15429	64	43.712	43.5275	43.85266	163
伯利兹	4719	4884	4789	117	16.24294	17.17862	17.2076	180
玻利维亚	2948	3124	3077	142	306.5934	329.9619	329.977	95
巴西	12072	11729	8528	91	24657.86	24170.95	17725.91	9
智利	15765	14566	13416	71	2770.787	2587.334	2407.964	43
哥伦比亚	8031	7918	6056	105	3801.919	3784.16	2920.802	40
哥斯达黎加	10547	10437	11015	79	496.3973	496.572	529.5837	79
古巴	6790	7088	7657	95	771.48	806.56	872.0567	65
多米尼克	7073	7234	7051	96	5.092593	5.233333	5.124741	201
多米尼加	5952	6147	6374	101	611.9826	639.6896	671.0327	70
厄瓜多尔	6074	6432	6205	103	951.2966	1022.923	1001.768	62
萨尔瓦多	3999	4102	4219	123	243.5093	250.5423	258.5021	104
格林纳达	8011	8313	8934	89	8.484111	8.840407	9.543542	193
危地马拉	3432	3667	3903	130	538.5106	587.2207	637.9422	71

续表

国家和地区	人均GDP（美元，当前美元价格）				GDP（亿美元，当前美元价格）			
	2013年	2014年	2015年	2015年全球排名	2013年	2014年	2015年	2015年全球排名
圭亚那	3929	4028	4279	121	29.90006	30.77087	32.82208	169
海地	804	819	794	187	83.87084	86.61429	85.01171	144
洪都拉斯	2358	2449	2522	151	185.1088	194.972	203.6483	110
牙买加	5148	4993	5106	112	142.7656	138.9756	142.6219	119
墨西哥	10173	10326	8981	88	12587.75	12946.95	11407.24	15
尼加拉瓜	1829	1960	2087	154	108.7475	117.9022	126.9254	128
巴拿马	11787	12712	13268	72	448.5619	491.6577	521.3229	80
巴拉圭	4480	4713	4174	124	289.6591	308.8117	277.1412	101
秘鲁	6577	6538	6069	104	2010.231	2024.907	1904.279	49
圣基茨和尼维斯	14515	15430	15772	61	7.881639	8.477782	8.764786	196
圣文森特和格林纳丁斯	6597	6656	6739	99	7.212074	7.279128	7.376835	199
圣卢西亚	7327	7649	7839	94	13.35681	14.04729	14.50277	185
苏里南	9646	9737	8985	87	51.45655	52.40734	48.78814	159
特立尼达和多巴哥	19614	20131	19063	53	264.4436	272.6702	259.2722	103
乌拉圭	16881	16738	15574	62	575.3121	572.3594	534.4238	77
委内瑞拉	12265	11835	11069	78	3713.383	3632.662	3443.314	31

资料来源：联合国统计署国家账户主要总体数据库（National Accounts Main Aggregate Database），http://unstats.un.org/unsd/snaama/dnllist.asp。

附表3 拉美地区国际收支（2014～2016年）（1）

单位：百万美元

国家和地区	货物出口额（FOB）			服务出口额			货物进口额（FOB）			服务进口额		
	2014年	2015年	2016年	2014年	2015年	2016年	2014年	2015年	2016年	2014年	2015年	2016年
拉美和加勒比地区	1083333	924085	—	154521	151296	—	1105630	984700	—	229818	204160	—
安提瓜和巴布达	69	60	61	522	543	558	517	444	453	225	226	233
阿根廷	68407	56788	57117	13877	14046	12678	62429	57176	53516	16940	17971	18866
巴哈马	834	527	—	2717	2737	—	3316	2953	—	1725	1271	—
巴巴多斯	792	801	—	1103	1127	—	1652	1537	—	462	494	—
伯利兹	589	538	—	494	496	—	926	961	—	225	221	—
玻利维亚	12810	8673	7025	1231	1242	1166	9888	9004	7743	3024	2810	2670
巴西	224098	190092	183439	39965	33778	33891	230727	172422	139662	88072	70696	61864
智利	74924	62232	58800	11011	9777	9780	68580	58738	55214	14829	13589	12845
哥伦比亚	56899	38114	32397	6900	7144	7053	61539	52049	43930	13560	11439	9944
哥斯达黎加	9493	9404	9968	6955	7358	8190	14784	14464	14753	2448	2728	2946
多米尼克	39	32	33	179	179	185	203	192	211	75	74	78
多米尼加	9899	9523	9333	7025	7537	8118	17273	16863	16779	2835	3139	3149
厄瓜多尔	26596	19049	16763	2346	2391	2071	26660	20699	15731	3517	3197	2800
萨尔瓦多	4255	4381	4249	2226	2330	2470	9463	9320	8761	1486	1544	1716
格林纳达	44	38	39	189	200	202	299	307	314	104	110	112

续表

国家和地区	货物出口额（FOB）			服务出口额			货物进口额（FOB）			服务进口额		
	2014年	2015年	2016年	2014年	2015年	2016年	2014年	2015年	2016年	2014年	2015年	2016年
危地马拉	10992	10824	10499	2830	2823	2696	17056	16381	15562	3033	3162	3002
圭亚那	1167	1170	—	181	143	—	1791	1475	—	426	423	—
海地	961	1024	1001	701	724	651	3666	3445	3223	1085	986	888
洪都拉斯	8072	8041	7759	1087	1104	1153	11070	11097	10653	1784	1794	1763
牙买加	1449	1261	1286	2952	3057	2872	5208	4414	4275	2245	2157	2241
墨西哥	397650	381049	369618	21086	22886	22886	400440	395573	386008	33537	32056	30347
尼加拉瓜	3622	3341	3174	1388	1437	1657	6024	6083	6204	1036	948	1053
巴拿马	14972	12784	10994	12655	14535	14680	25759	22492	19793	4868	4499	4364
巴拉圭	13105	10898	11225	892	860	860	12079	10317	9698	1114	1104	1057
秘鲁	39533	34236	35299	5950	6226	6413	41042	37385	35741	7680	7958	7799
圣基茨和尼维斯	58	60	63	315	321	340	285	370	388	139	161	169
圣卢西亚	184	207	195	448	456	464	552	502	482	191	186	185
圣文森特和格林纳丁斯	53	51	54	132	137	144	319	295	301	93	91	93
苏里南	2145	1652	—	211	204	—	2012	2028	—	761	674	—
特立尼达和多巴哥	14566	10804	—	1407	1339	—	11276	9474	—	1878	2074	—
乌拉圭	10343	9077	8326	3345	2997	2694	11252	9340	8126	3206	2603	2291
委内瑞拉	74714	37357	—	2201	1163	—	47508	36901	—	17216	13774	—

注：2016年数据为估计值，马哈马、伯利兹的统计数据包含错误和遗漏。
资料来源：ECLAC, *Preliminary Overview of the Economies of Latin America and the Caribbean 2016*, Santiago, Chile, 2016.

附表1-10

附表3 拉美地区国际收支（2014~2016年）（2）

单位：百万美元

国家和地区	贸易余额			收益余额			经常转移余额			经常项目余额		
	2014年	2015年	2016年	2014年	2015年	2016年	2014年	2015年	2016年	2014年	2015年	2016年
拉美和加勒比地区	-97635	-113479	—	-157068	-133735	—	65854	68029	—	-188849	-179185	—
安提瓜和巴布达	-152	-68	-68	-36	-31	-37	28	29	29	-159	-71	-75
阿根廷	2916	-4312	-2587	-10788	-11260	-10515	-158	-372	-167	-8031	-15944	-13270
巴哈马	-1490	-960	—	-438	-402	—	0	-46	—	-1928	-1409	—
巴巴多斯	-219	-104	—	-197	-213	—	-14	2	—	-431	-315	—
伯利兹	-67	-149	—	-143	-95	—	74	70	—	-136	-175	—
玻利维亚	1089	-1899	-2222	-1696	-1124	-700	1086	1169	1204	478	-1854	-1218
巴西	-54736	-19249	15803	-52170	-42357	-38136	2725	2724	2800	-104181	-58882	-19533
智利	2526	-317	521	-7692	-6194	-6400	1849	1750	1550	-3316	-4761	-4328
哥伦比亚	-11300	-18231	-14424	-12634	-5825	-4602	4475	5117	5322	-19459	-18938	-13705
哥斯达黎加	-784	-430	-459	-2062	-2359	-2778	412	435	444	-2434	-2353	-1875
多米尼克	-61	-53	-70	-17	-17	-17	21	28	28	-57	-43	-60
多米尼加	-3185	-2942	-2477	-3265	-3045	-3197	4309	4680	4914	-2141	-1307	-760
厄瓜多尔	-1234	-2455	303	-1556	-1745	-2300	2264	2078	2120	-526	-2122	123
萨尔瓦多	-4467	-4154	-3759	-1074	-1137	-1274	4234	4372	4634	-1307	-920	-399
格林纳达	-170	-180	-184	-33	-34	-35	22	16	17	-181	-198	-203
危地马拉	-6267	-5896	-5369	-1408	-1399	-1650	6445	7199	7702	-1230	-96	684

续表

国家和地区	贸易余额 2014年	贸易余额 2015年	贸易余额 2016年	收益余额 2014年	收益余额 2015年	收益余额 2016年	经常转移余额 2014年	经常转移余额 2015年	经常转移余额 2016年	经常项目余额 2014年	经常项目余额 2015年	经常项目余额 2016年
圭亚那	-869	-585	—	27	25	—	458	417	0	-385	-144	0
海地	-3089	-2684	-2459	50	46	37	2291	2437	2377	-748	-202	-44
洪都拉斯	-3695	-3746	-3504	-1322	-1380	-1569	3572	3835	3950	-1444	-1291	-1123
牙买加	-3051	-2253	-2358	-298	-449	-315	2236	2306	2370	-1114	-395	116
墨西哥	-15241	-23694	-23851	-33804	-33823	-30413	22915	24301	26245	-26131	-33216	-28019
尼加拉瓜	-2049	-2252	-2426	-314	-342	-344	1450	1548	1595	-913	-1045	-1175
巴拿马	-3036	328	1518	-2630	-3599	-4364	122	-106	-238	-5544	-3377	-3084
巴拉圭	804	337	1329	-1383	-1297	-1477	606	672	740	27	-287	592
秘鲁	-3240	-4882	-1829	-9328	-7659	-9145	4372	3331	3950	-8196	-9210	-7023
圣基茨和尼维斯	-51	-151	-154	-26	-25	-26	42	39	37	-35	-137	-143
圣文森特和格林纳丁斯	-226	-197	-196	0	-3	-5	44	44	45	-182	-156	-156
圣卢西亚	-111	-26	-6	-23	-22	-20	11	11	11	-123	-37	-16
苏里南	-417	-846	—	-69	-27	—	71	65	—	-415	-808	—
特立尼达和多巴哥	2820	595	—	-2421	-650	—	-21	-47	—	378	-101	—
乌拉圭	-770	130	639	-1941	-1495	-1459	131	124	123	-2580	-1241	-697
委内瑞拉	12191	-12155	—	-8375	-5798	—	-218	-197	—	3598	-18150	—

注：2016年数据为估计值。

资料来源：ECLAC, *Preliminary Overview of the Economies of Latin America and the Caribbean 2016*, Santiago, Chile, 2016.

附表3 拉美地区国际收支（2014~2016年）（3）

单位：百万美元

国家和地区	资本和金融项目余额			国际收支余额			储备资产变化			其他融资项目		
	2014年	2015年	2016年	2014年	2015年	2016年	2014年	2015年	2016年	2014年	2015年	2016年
拉美和加勒比地区	219328	150938	—	37907	-26345	—	-40175	23780	—	2272	2534	—
安提瓜和巴布达	253	128	75	94	58	0	-94	-59	0	0	0	0
阿根廷	9226	11073	25239	1195	-4871	0	-3428	2063	-11970	2232	2808	0
巴哈马	1974	1433	—	46	24	0	-46	-24	—	2	0	—
巴巴多斯	386	252	—	-46	-63	—	46	63	—	0	0	0
伯利兹	221	71	—	85	-104	—	-84	104	—	-1	0	0
玻利维亚	454	233	-565	932	-1620	-2283	-932	1620	—	0	0	0
巴西	115014	60451	27633	10833	1569	8100	-10833	-1569	-8100	0	0	0
智利	4373	4973	5438	1057	211	1109	-1057	-211	-1109	0	0	0
哥伦比亚	23896	19354	13939	4437	415	234	-4437	-415	-234	0	0	0
哥斯达黎加	2321	2997	1722	-113	644	-153	113	-664	153	0	0	0
多米尼克	75	65	60	18	21	0	-15	-26	0	0	0	0
多米尼加	2789	2077	435	648	770	-326	-195	-407	0	0	0	0
厄瓜多尔	101	633	1739	-424	-1498	1862	411	1453	-1862	-455	-365	0
萨尔瓦多	1274	1033	1063	-33	113	664	33	-113	-664	13	36	0
格林纳达	204	228	203	23	30	0	-23	-30	0	0	0	0
危地马拉	-2292	-1512	580	73	475	1264	-73	-475	-1264	0	0	0

续表

国家和地区	资本和金融项目余额			国际收支余额			储备资产变化			其他融资项目		
	2014年	2015年	2016年	2014年	2015年	2016年	2014年	2015年	2016年	2014年	2015年	2016年
圭亚那	408	169	—	22	25	—	-59	-68	0	37	43	—
海地	288	85	252	-94	-157	208	479	155	-208	-385	2	0
洪都拉斯	1904	1584	1246	459	293	122	-459	-303	-122	-1	10	0
牙买加	-1588	882	520	800	428	-197	-800	-428	197	0	0	—
墨西哥	42459	17549	30162	16329	-15667	2142	-16329	15667	-2142	0	0	0
尼加拉瓜	1195	1242	1074	282	197	-101	-282	-197	101	0	0	0
巴拿马	5941	3377	3514	397	-78	430	-1222	78	-430	825	0	0
巴拉圭	1112	-272	131	1138	-560	724	-1131	560	-724	-7	0	0
秘鲁	6041	9288	7322	-2188	73	299	2178	-73	-299	10	0	0
圣基茨和尼维斯	62	99	143	27	-38	0	-27	38	0	0	0	0
圣文森特和格林纳丁斯	205	171	156	23	15	0	-23	-15	0	0	0	0
圣卢西亚	190	76	16	67	39	0	-67	-63	0	0	0	0
苏里南	265	542	—	-150	-266	—	150	266	—	0	0	—
特立尼达和多巴哥	952	-1427	—	1330	-1529	—	-1330	1529	—	0	0	—
乌拉圭	3940	-547	-963	1360	-1788	-1660	-1360	1788	1660	0	0	0
委内瑞拉	-4316	14632	—	-718	-3518	—	718	3518	—	0	0	—

注：2016年数据为估计值，资本和金融项目余额一栏的数据包含错误和遗漏，储备资产变化数据中的负号表示储备资产增加。

资料来源：ECLAC, *Preliminary Overview of the Economies of Latin America and the Caribbean 2016*, Santiago, Chile, 2016.

附表4 拉美地区外国直接投资净额（2007~2015年）

单位：百万美元

国家和地区	2007年	2008年	2009年	2010年	2011年	2012年	2013年	2014年	2015年
拉美和加勒比地区	96000	103021	72157	110405	153484	148447	142086	142354	134795
安提瓜和巴布达	338	159	81	97	65	133	95	149	148
阿根廷	4969	8335	3306	10368	9352	14269	8932	3145	11103
巴哈马	746	860	664	872	667	530	388	251	76
巴巴多斯	559	689	484	747	758	186	46	791	335
伯利兹	139	167	108	95	95	193	92	138	59
玻利维亚	362	508	426	672	859	1060	1750	690	495
巴西	27518	24601	36033	61689	85091	81399	54240	70855	61576
智利	7453	7137	4730	3916	9491	7126	7117	9428	4663
哥伦比亚	7607	7480	4530	947	6228	15646	8557	12426	7514
哥斯达黎加	1634	2072	1340	1589	2328	1803	2401	2553	2542
多米尼克	40	57	42	43	35	59	23	33	34
多米尼加	1667	2870	2165	1622	2277	3142	1990	2032	2199
厄瓜多尔	627	558	683	165	644	567	727	772	1321
萨尔瓦多	1455	824	366	-226	218	484	176	311	429
格林纳达	157	135	103	60	43	31	113	38	60
危地马拉	720	770	626	829	1043	1284	1329	1495	1338

续表

国家和地区	2007年	2008年	2009年	2010年	2011年	2012年	2013年	2014年	2015年
圭亚那	152	178	164	198	247	278	201	238	117
海地	75	30	55	178	119	156	162	99	106
洪都拉斯	926	1007	505	971	1012	851	992	1120	1113
牙买加	751	1361	480	169	144	-411	-631	-584	-931
墨西哥	24201	28224	8527	12094	11685	-2293	34199	20282	22127
尼加拉瓜	366	608	463	474	929	703	700	804	785
巴拿马	1777	2196	1259	2363	2956	3254	3612	3980	4586
巴拉圭	202	209	95	216	557	697	252	382	260
秘鲁	5425	6188	6020	8189	7518	11840	9161	7789	7690
圣基茨和尼维斯	134	178	131	116	110	108	136	118	76
圣文森特和格林纳丁斯	119	159	110	97	86	115	160	109	120
圣卢西亚	272	161	146	121	81	74	92	91	93
苏里南	-247	-231	-93	-248	73	173	188	163	276
特立尼达和多巴哥	830	2101	709	549	156	772	-66	1214	583
乌拉圭	1240	2117	1512	2349	2511	2539	3027	2148	1293
委内瑞拉	3783	1316	-3613	-918	6110	1679	1928	-704	2609

注：外国直接投资净额即流入一国的外国直接投资减去该国居民的对外直接投资，包括再投资收益。

资料来源：ECLAC, *Preliminary Overview of the Economies of Latin America and the Caribbean 2016*, Santiago, Chile, 2016.

附表 5 拉美地区外债总额（2007~2016 年）

单位：百万美元

国家和地区	2007年	2008年	2009年	2010年	2011年	2012年	2013年	2014年	2015年	2016年
拉美和加勒比地区	738254	769247	834876	999251	1123667	1235162	1300637	1421974	1457798	1542753
安提瓜和巴布达（公共）	481	436	416	432	467	445	577	560	570	622
阿根廷（总额）	125366	125895	119267	134011	145154	145722	141491	144801	152632	188266
巴哈马（公共）	337	443	767	916	1045	1465	1616	2095	2100	2294
巴巴多斯（公共）	1103	1089	1321	1523	1564	1490	1590	1652	1610	1579
伯利兹（公共）	973	958	1017	1021	1032	1029	1083	1127	1177	1192
玻利维亚（总额）	5403	5930	5801	5875	6298	6625	7756	8543	9445	9941
巴西（总额）	193159	198492	198136	256204	298204	327590	312517	352684	334745	335361
智利（总额）	53627	63534	72617	84986	99306	120446	134550	149652	155656	162588
哥伦比亚（总额）	44553	46369	53719	64738	75568	78763	91976	101282	110596	116378
哥斯达黎加（总额）	8075	8827	8276	9527	11286	15381	19629	21671	23903	25389
多米尼克（公共）	241	234	222	232	238	263	273	278	281	274
多米尼加（公共）	6556	7219	8215	9947	11625	12872	14919	16074	16029	17162
厄瓜多尔（总额）	17445	16900	13514	13914	15210	15913	18788	24112	27193	32725
萨尔瓦多（总额）	9349	9994	9882	9698	10670	12521	13238	14885	15482	15908
格林纳达（公共）	463	481	512	528	535	535	562	578	581	605
危地马拉（总额）	10909	11163	11248	12026	14021	15339	17307	19530	20385	20775

续表

国家和地区	2007年	2008年	2009年	2010年	2011年	2012年	2013年	2014年	2015年	2016年
圭亚那(公共)	718	834	933	1043	1206	1358	1246	1216	1143	1140
海地(公共)	1627	1921	1333	354	709	1173	1562	1875	1985	—
洪都拉斯(总额)	3190	3499	3365	3785	4208	4861	6709	7184	7462	7337
牙买加(公共)	6123	6344	6594	8390	8626	8256	8310	8659	10314	10225
墨西哥(总额)	124995	123626	160427	193971	209766	225973	259535	285754	297896	321153
尼加拉瓜(公共)	3385	3512	3661	4068	4263	4481	4724	4796	4804	5000
巴拿马(公共)	8276	8477	10150	10439	10858	10782	12231	14352	15648	16689
巴拉圭(总额)	2731	3220	3177	3713	3970	4563	4776	6126	6513	7083
秘鲁(总额)	33239	34997	35157	43674	47977	59376	60823	64512	68244	69746
圣基茨和尼维斯(公共)	323	312	325	296	320	317	320	280	210	199
圣文森特和格林纳丁斯(公共)	219	229	262	313	328	329	354	385	378	351
圣卢西亚(公共)	399	364	373	393	417	435	488	526	457	568
苏里南(公共)	298	319	269	334	463	567	739	810	876	1042
特立尼达和多巴哥(公共)	1398	1515	1351	1522	1706	1478	2068	2109	2164	3251
乌拉圭(总额)	14864	15425	17969	18425	18345	24030	26518	28100	28451	27057
委内瑞拉(总额)	58426	66727	84602	102354	118285	130785	132362	135767	138869	—

注：本表中数据都为初步数据，拉美和加勒比地区的数据包括国际货币基金组织（IMF）债务。

资料来源：ECLAC，*Preliminary Overview of the Economies of Latin America and the Caribbean 2016*，Santiago，Chile，2016.

附表6 拉美地区居民消费价格年度变化率（2007～2016年）

单位：%

国家和地区	2007年	2008年	2009年	2010年	2011年	2012年	2013年	2014年	2015年	2016年[a]
拉美和加勒比地区[b]	6.3	8.3	4.6	6.5	6.9	5.7	7.5	9.4	16.5	—
拉美和加勒比地区[c]	5.6	7.0	3.5	5.4	5.8	4.9	5.0	6.3	7.9	8.4
安提瓜和巴布达	5.2	0.7	2.4	2.9	4.0	1.8	1.1	1.3	0.9	-0.5[f]
阿根廷	8.5	7.2	7.7	10.9	9.5	10.8	10.9	23.9	27.5	42.4
巴哈马	2.8	4.5	1.3	1.4	0.0	0.7	0.8	0.2	2.0	-0.3[f]
巴巴多斯	4.7	7.3	4.4	6.5	9.6	2.4	1.1	2.3	-2.5	1.3[g]
伯利兹	4.1	4.4	-0.4	0.0	2.6	0.8	1.6	-0.2	-0.6	0.7
玻利维亚	11.7	11.9	0.3	7.2	6.9	4.5	6.5	5.2	3.0	3.5
巴西	4.5	5.9	4.3	5.9	6.5	5.8	5.9	6.4	10.7	8.5
智利	7.8	7.1	-1.4	3.0	4.4	1.5	3.0	4.6	4.4	3.1
哥伦比亚	5.7	7.7	2.0	3.2	3.7	2.4	1.9	3.7	6.8	7.3
哥斯达黎加	10.8	13.9	4.0	5.8	4.7	4.5	3.7	5.1	-0.8	0.4
古巴[d]	10.6	-0.1	-0.1	1.5	1.3	2.0	0.0	2.1	2.8	-0.8
多米尼克	6.0	2.0	3.2	0.3	1.9	1.3	-0.4	0.5	-0.5	-0.4[f]
多米尼加	8.9	4.5	5.7	6.3	7.8	3.9	3.9	1.6	2.3	1.4
厄瓜多尔	3.3	8.8	4.3	3.3	5.4	4.2	2.7	3.7	3.4	1.3
萨尔瓦多	4.9	5.5	-0.2	2.1	5.1	0.8	0.8	0.5	1.0	1.0
格林纳达	7.4	5.2	-2.3	4.2	3.5	1.8	-1.7	-0.2	1.1	1.9[f]

续表

国家和地区	2007年	2008年	2009年	2010年	2011年	2012年	2013年	2014年	2015年	2016年[a]
危地马拉	8.7	9.4	-0.3	5.4	6.2	3.4	4.4	2.9	3.1	4.6
圭亚那	14.1	6.4	3.6	4.5	3.3	3.4	0.9	1.2	-1.8	0.9
海地	9.9	10.1	2.0	6.2	8.3	7.6	3.4	6.4	12.5	12.5
洪都拉斯	8.9	10.8	3.0	6.5	5.6	5.4	4.9	5.8	2.4	2.9
牙买加	16.8	16.9	10.2	11.8	6.0	8.0	9.7	6.2	3.7	1.8
墨西哥	3.8	6.5	3.6	4.4	3.8	3.6	4.0	4.1	2.1	3.0
尼加拉瓜	16.2	12.7	1.8	9.1	8.6	7.1	5.4	6.4	2.9	3.5
巴拿马	6.4	6.8	1.9	4.9	6.3	4.6	3.7	1.0	0.3	1.2
巴拉圭	6.0	7.5	1.9	7.2	4.9	4.0	3.7	4.2	3.1	3.5
秘鲁	3.9	6.7	0.2	2.1	4.7	2.6	2.9	3.2	4.4	3.1
圣基茨和尼维斯	2.9	6.5	1.2	4.3	2.0	0.5	0.6	-0.5	-2.4	-3.1[f]
圣文森特和格林纳丁斯	8.3	8.7	-1.6	0.9	4.7	1.0	0.0	0.1	-2.1	0.9[f]
圣卢西亚	6.8	3.4	-3.1	4.2	4.8	5.0	-0.7	3.7	-2.6	-4.1[f]
苏里南	8.3	9.4	1.3	10.3	15.3	4.4	0.6	3.9	25.2	77.1
特立尼达和多巴哥	7.6	14.5	1.3	13.4	5.3	7.2	5.6	8.5	1.5	3.0
乌拉圭	8.5	9.2	5.9	6.9	8.6	7.5	8.5	8.3	9.4	8.9
委内瑞拉[e]	22.5	31.9	25.1	27.2	27.6	20.1	56.2	68.5	180.9	—

注：a——截至2016年9月的居民消费价格年度变化率。b——加权平均。c——加权平均，不包括委内瑞拉。d——以本币计价的商品。e——取决于2008年的居民消费价格年度变化率。f——截至2016年6月的居民消费价格年度变化率。g——截至2016年5月的居民消费价格年度变化率。h——到2015年8月为止的居民消费价格年度变化率。

资料来源：ECLAC, *Preliminary Overview of the Economies of Latin America and the Caribbean 2016*, Santiago, Chile, 2016.

附表7 拉美地区公开失业率（年度平均失业率）[a]（2007~2016年）

单位：%

国家和地区[c]	2007年	2008年	2009年	2010年	2011年	2012年	2013年	2014年	2015年	2016年[b]
拉美和加勒比地区[c]	8.6	8.0	9.2	8.6	7.8	7.4	7.2	7.0	7.4	9.0
阿根廷（城市）[d]	8.5	7.9	8.7	7.7	7.2	7.2	7.1	7.3	6.5[e]	8.9[f]
巴哈马（全国）[g]	7.9	8.7	14.2	—	15.9	14.4	15.8	14.8	13.4	12.7[h]
伯利兹（全国）[g]	8.5	8.2	13.1	12.5	—	15.3	13.2	11.6	10.1	8.0[j]
玻利维亚（城镇）	7.7	6.7	6.8	—	3.8	3.2	4.0	3.5	4.4	—
巴西（20大都市区）[k]	9.3	7.9	8.1	6.7	6.0	8.2	8.0	7.8	9.3	12.9
智利（全国）[m]	7.1	7.8	9.7	8.2	7.1	6.4	5.9	6.4	6.2	6.5
哥伦比亚（首都城市圈）[g]	12.2	12.1	13.2	12.7	11.8	11.4	10.7	10.0	9.8	10.3
哥伦比亚（首都城市圈）[n]	11.2	11.4	12.4	12.0	11.1	10.8	10.0	9.4	9.2	9.7
哥斯达黎加（城镇）[o]	4.8	4.8	8.5	7.1	7.7	9.8	9.1	9.5	9.7	9.7[p]
古巴（全国）	1.8	1.6	1.7	2.5	3.2	3.5	3.3	2.7	2.4	—
多米尼加（全国）	5.1	4.7	5.3	5.0	5.8	6.5	7.1	6.4	5.9	5.7[j]
厄瓜多尔（城镇）	7.4	6.9	8.5	7.6	6.0	4.9	4.7	5.1	5.4	6.7
厄瓜多尔（城镇）[n]	5.5	5.4	6.9	6.1	5.0	4.2	4.0	4.3	4.7	6.0
萨尔瓦多（城镇）	5.8	5.5	7.1	6.8	6.6	6.2	5.6	6.7	6.8	—
危地马拉（全国）[g]	7.4	8.1	10.0	10.8	11.2	11.6	11.6	12.3	11.9	9.3[i]
洪都拉斯（城镇）	4.0	4.1	4.9	6.4	6.8	5.6	6.0	7.5	8.8	—

续表

国家和地区	2007年	2008年	2009年	2010年	2011年	2012年	2013年	2014年	2015年	2016年[b]
牙买加(全国)[g]	9.8	10.6	11.4	12.4	12.6	13.9	15.2	13.7	13.5	13.3[p]
牙买加(全国)[l]	6.0	6.9	7.5	8.0	8.4	9.3	10.3	9.4	9.5	9.1[p]
墨西哥(城市)	4.0	4.3	5.9	5.9	5.6	5.4	5.4	5.3	4.7	4.3
尼加拉瓜(城镇)	7.3	8.0	10.5	10.1	6.5	7.6	—	—	—	—
巴拿马(城镇)[g]	7.8	6.5	7.9	7.7	5.4	4.8	4.7	5.4	5.8	6.4[s]
巴拿马(城镇)[n]	5.8	5.0	6.3	5.8	3.6	3.6	3.7	4.1	4.5	5.2[s]
巴拉圭(首都亚松森及中央省城区)[l]	7.2	7.4	8.2	7.4	6.9	7.9	7.7	7.8	6.5	8.3[u]
秘鲁(利马)	8.4	8.4	8.4	7.9	7.7	6.8	5.9	5.9	6.5	6.7
特立尼达和多巴哥(全国)[g]	5.6	4.6	5.3	5.9	5.1	5.0	3.6	3.3	3.5	3.8[r]
乌拉圭(城镇)	9.8	8.3	8.2	7.5	6.6	6.7	6.7	6.9	7.8	8.3
委内瑞拉(全国)[g]	8.4	7.3	7.9	8.7	8.3	8.1	7.8	7.2	7.0	7.5[v]

注：a——失业人口占经济活动人口的百分比。b——根据1～9月的数据估计。c——因信息缺失和统计方法差异与变化进行加权平均调整，各国统计范围和对工作年龄人口的定义又有所不同，故表中各国数据不具可比性。d——2007～2015年数据于阿根廷国家研究所所人口普查和统计数据（The National Institute of Statistics and Censuses, INDEC），为初步数据，官方数据公布后将随之替换。e——第一季度至第三季度平均值。f——第二、第三季度平均值。g——包括隐性失业。h——截至5月的数据。i——截至上半年的数据。j——截至4月的计量方法。k——2012年后的数据采用新的计量方法。l——到2011年6个城市圈汇总。m——2010年后的数据采用新的计量方法，与前期数据不具可比性。n——不包括隐性失业。o——2009年调整后的数据，包括调整后的数量。p——1～9月平均值。q——由于计算方法改变，与2011年前的数据不具可比性。r——到2009年城镇汇总。s——截至3月的数据。t——截至8月的数据。u——截至上半年的数据。v——1～4月均值。

资料来源：ECLAC, *Preliminary Overview of the Economies of Latin America and the Caribbean 2016*, Santiago, Chile, 2016.

附表8 中拉贸易统计（2012～2016年）

单位：百万美元

国别(地区)	2012年			2013年			2014年		
	进出口额	出口额	进口额	进出口额	出口额	进口额	进出口额	出口额	进口额
拉丁美洲	261287.85	135215.21	126072.65	261390.25	133961.30	127428.95	263277.53	136223.56	127053.97
安提瓜和巴布达	747.05	746.98	0.07	245.82	245.48	0.34	172.40	172.36	0.04
阿根廷	14430.19	7869.26	6560.93	14836.20	8750.43	6085.77	12926.77	7679.83	5246.94
阿鲁巴岛	29.49	16.24	13.24	21.48	21.33	0.16	237.86	53.58	184.28
巴哈马	708.96	592.08	116.89	336.79	336.71	0.08	743.06	742.87	0.19
巴巴多斯	106.56	96.11	10.44	82.90	70.21	12.69	86.26	71.46	14.80
伯利兹	60.30	52.51	7.79	130.75	122.37	8.39	103.13	95.86	7.27
玻利维亚	675.99	351.92	324.08	807.24	531.47	275.77	1198.51	705.94	492.57
博内尔	0.05	0.05	0.00	0.04	0.04	0.00	47.43	0.29	47.14
巴西	85748.96	33419.56	52329.40	90194.59	35895.47	54299.12	86543.36	34890.13	51653.24
开曼群岛	113.70	113.58	0.12	11.45	11.19	0.26	8.46	8.46	0.00
智利	33226.12	12599.45	20626.67	33813.15	13105.47	20707.69	34003.38	13017.50	20985.88
哥伦比亚	9386.50	6229.25	3157.25	10446.31	6826.04	3620.27	15642.22	8043.33	7598.89
多米尼克	26.45	25.30	1.15	23.08	22.97	0.11	37.61	37.04	0.57
哥斯达黎加	6172.00	901.76	5270.24	5685.03	926.98	4758.05	5295.81	1109.54	4186.27
古巴	1742.75	1173.58	569.17	1879.42	1374.79	504.63	1395.48	1062.47	333.01
库腊索岛	26.29	26.15	0.15	21.56	20.10	1.46	25.65	25.63	0.02
多米尼加	1439.60	1029.93	409.67	1335.53	1045.52	290.01	1547.43	1273.63	273.80
厄瓜多尔	3552.32	2614.00	938.32	3742.11	2966.85	775.26	4309.65	3245.14	1064.51

续表

国别(地区)	2012 年			2013 年			2014 年		
	进出口额	出口额	进口额	进出口额	出口额	进口额	进出口额	出口额	进口额
法属圭亚那	15.51	15.48	0.03	14.59	14.51	0.08	12.95	12.94	0.01
格林纳达	19.87	19.87	0.00	7.60	7.57	0.03	14.87	14.86	0.01
瓜德罗普岛	34.32	34.28	0.03	30.52	30.31	0.21	36.53	36.51	0.02
危地马拉	1352.17	1283.67	68.51	1649.24	1475.31	173.93	1918.68	1867.28	51.40
圭亚那	225.60	199.52	26.08	181.27	160.14	21.13	207.51	167.29	40.22
海地	293.68	283.71	9.97	338.50	323.49	15.01	406.21	391.38	14.83
洪都拉斯	1307.70	1056.65	251.05	1033.91	799.04	234.87	848.20	686.54	161.66
牙买加	816.78	786.10	30.69	630.87	627.06	3.81	560.56	523.04	37.52
马提尼克岛	22.38	21.93	0.44	23.70	23.61	0.09	24.40	24.38	0.02
墨西哥	36675.09	27515.49	9159.61	39204.78	28966.30	10238.48	43428.80	32255.39	11173.41
蒙特塞拉特岛	0.05	0.01	0.04	0.17	0.15	0.02	0.43	0.42	0.01
尼加拉瓜	582.64	466.79	115.85	614.74	522.92	91.82	611.50	568.13	43.37
巴拿马	15359.04	15306.04	53.00	11036.68	10992.73	43.94	9434.88	9307.39	127.49
巴拉圭	1383.64	1335.79	47.84	1417.17	1356.50	60.67	1451.87	1396.24	55.63
秘鲁	13798.83	5332.48	8466.35	14596.90	6188.84	8408.06	14241.72	6100.85	8140.87
波多黎各	1538.60	656.22	882.38	1709.91	657.46	1052.45	2040.22	1036.70	1003.52
萨巴	0.90	0.90	0.00	1.23	1.23	0.00	0.10	0.10	0.00
圣卢西亚	28.91	28.79	0.12	19.91	19.88	0.03	29.94	29.90	0.04
圣马丁岛	2.19	2.19	0.00	3.04	3.04	0.00	5.98	5.98	0.00
圣文森特和格林纳丁斯	29.06	29.06	0.00	25.23	25.23	0.00	37.29	37.29	0.00
萨尔瓦多	497.89	490.53	7.37	530.94	521.96	8.99	612.37	601.89	10.48

附表1-10

续表

国别(地区)	2012年			2013年			2014年		
	进出口额	出口额	进口额	进出口额	出口额	进口额	进出口额	出口额	进口额
苏里南	212.47	189.11	23.35	202.12	174.03	28.09	229.54	176.87	52.67
特立尼达和多巴哥	451.84	312.18	139.66	440.89	321.39	119.50	528.71	427.98	100.73
特克斯和凯科斯群岛	0.30	0.30	0.00	0.39	0.38	0.01	1.10	1.09	0.01
乌拉圭	4324.49	2413.27	1911.22	4790.02	2323.60	2466.42	5087.58	2458.49	2629.09
委内瑞拉	23847.54	9304.20	14543.34	19184.60	6064.50	13120.10	16977.48	5657.42	11320.06
英属维尔京群岛	153.83	153.82	0.01	19184.60	6064.50	13120.10	114.98	114.97	0.01
圣基茨和尼维斯	2.84	2.71	0.13	11.16	11.07	0.09	27.09	26.66	0.43
圣皮埃尔和密克隆	0	0	0	15.87	15.59	0.28	—	—	—
荷属安的列斯群岛	115.64	115.64	0.00	59.53	59.53	—	59.89	59.89	0.01
其他	0.78	0.78	0.00	1.32	0.54	0.78	1.68	0.62	1.06

国别(地区)	2015年			2016年		
	进出口额	出口额	进口额	进出口额	出口额	进口额
拉丁美洲	235893.25	132096.61	103796.64	216561.27	113863.78	102697.49
安提瓜和巴布达	53.08	53.07	0.01	103.69	103.65	0.04
阿根廷	14522.58	8805.11	5717.48	12320.04	7200.73	5119.31
阿鲁巴岛	48.28	48.28	0.01	25.63	25.25	0.38
巴哈马	1609.74	1585.37	24.37	411.04	359.44	51.60
巴巴多斯	84.03	65.20	18.83	90.94	72.31	18.63
伯利兹	80.28	78.50	1.79	90.90	89.97	0.93
玻利维亚	1012.67	568.85	443.83	934.52	609.84	324.68

续表

国别（地区）	2015年			2016年		
	进出口额	出口额	进口额	进出口额	出口额	进口额
博内尔	0.35	0.35	0.00	0.67	0.67	0.00
巴西	71501.58	27412.23	44089.36	67712.90	21975.24	45737.66
开曼群岛	60.95	60.94	0.00	169.08	169.06	0.02
智利	31729.29	13290.32	18438.96	31288.62	12801.79	18486.83
哥伦比亚	11125.93	7580.79	3545.14	9283.95	6751.85	2532.10
多米尼克	31.41	30.76	0.65	—	—	—
哥斯达黎加	2156.64	1330.68	825.96	2191.73	1494.56	697.17
古巴	2216.38	1886.37	330.00	2057.18	1783.43	273.75
库腊索岛	27.75	27.61	0.14	23.09	23.09	0.00
多米尼加	1765.44	1557.43	208.01	1696.79	1566.75	130.04
厄瓜多尔	4129.87	2891.42	1238.45	3196.59	2256.77	939.82
法属圭亚那	14.44	14.44	0.01	13.08	13.03	0.05
格林纳达	9.94	9.93	0.01	7.33	7.32	0.01
瓜德罗普岛	33.17	33.16	0.00	33.33	33.32	0.01
危地马拉	2253.77	2052.66	201.10	1954.28	1854.33	99.95
圭亚那	208.32	158.95	49.37	206.24	177.99	28.25
海地	444.69	434.22	10.47	460.29	453.91	6.38
洪都拉斯	889.28	853.79	35.49	748.07	720.27	27.80
牙买加	656.68	625.37	31.31	521.50	505.77	15.73
马提尼克岛	24.56	24.55	0.01	23.46	23.44	0.02
墨西哥	43819.27	33791.76	10027.52	42548.77	32354.81	10303.96

附表1-10

续表

国别(地区)	2015年			2016年		
	进出口额	出口额	进口额	进出口额	出口额	进口额
蒙特塞拉特岛	0.50	0.49	0.01	0.35	0.34	0.01
尼加拉瓜	700.98	666.25	34.73	641.87	624.01	17.86
巴拿马	8834.10	8518.88	315.21	6380.10	6342.45	37.65
巴拉圭	1309.75	1267.97	41.78	1188.37	1166.05	22.32
秘鲁	14304.89	6354.97	7949.92	15419.93	5990.02	9429.91
波多黎各	1649.33	765.35	883.98	1270.01	595.31	674.70
萨巴	0.08	0.08	0.00	0.05	0.05	0.00
圣卢西亚	18.36	18.29	0.07	16.95	16.91	0.04
圣马丁岛	12.69	12.69	0.00	6.82	6.82	0.00
圣文森特和格林纳丁斯	37.17	37.12	0.05	17.53	17.47	0.06
萨尔瓦多	780.45	726.69	53.76	817.62	771.82	45.80
苏里南	250.05	199.21	50.85	165.72	136.64	29.08
特立尼达和多巴哥	517.52	478.31	39.21	520.88	345.96	174.91
特克斯和凯科斯群岛	0.75	0.75	0.00	0.89	0.89	0.00
乌拉圭	4371.11	1960.57	2410.54	3724.10	1776.03	1948.08
委内瑞拉	12093.49	5315.77	6777.71	2518.79	5520.45	-3001.65
英属维尔京群岛	424.19	424.18	0.01	37.12	37.11	0.01
圣基茨和尼维斯	11.19	10.85	0.34	—	—	—
圣皮埃尔和密克隆	0.12	0.12	0.00	0.01	0.01	0.00
荷属安的列斯群岛	63.84	63.68	0.16	49.46	49.36	0.10
其他	2.39	2.32	0.07	1.57	1.57	0.00

资料来源：2012~2015年数据来自《中国统计年鉴》(2013~2016)，中国统计出版社；2016年数据来自中国海关总署。

附表9 拉美对华直接投资（2011～2015年）

单位：万美元

国别(地区)	2011年	2012年	2013年	2014年	2015年	国别(地区)	2011年	2012年	2013年	2014年	2015年
全球	11600985	11171614	11758620	11956156	12626555	格林纳达	—	—	—	—	—
拉丁美洲	1250460	1018357	820687	771545	913768	危地马拉	260	—	—	3	—
安提瓜和巴布达	218	—	—	400	—	洪都拉斯	—	—	—	—	—
阿根廷	732	830	52	305	—	牙买加	—	—	—	—	—
巴哈马	3961	3731	8192	8412	14895	墨西哥	453	1487	1580	319	731
巴巴多斯	31005	15988	16096	7074	3911	巴拿马	3845	3281	3539	600	2064
伯利兹	2133	1130	4204	2208	3180	巴拉圭	—	2013	—	—	—
玻利维亚	189	—	22	—	—	秘鲁	87	16	—	39	28
巴西	4304	5760	2304	2811	5084	萨尔瓦多	—	—	—	—	—
开曼群岛	224139	197540	177825	125509	144446	苏里南	—	—	—	—	—
智利	1679	2075	2094	625	526	特克斯和凯科斯群岛	495	25	40	17	—
哥伦比亚	1	3	38	—	12	乌拉圭	63	50	158	215	12
哥斯达黎加	22	—	—	—	—	委内瑞拉	209	128	66	45	—
古巴	2300	—	—	—	—	英属维尔京群岛	972495	783086	615858	—	738778
多米尼克	134	103	100	60	—	圣基茨和尼维斯	263	652	95	50	52
多米尼加	6	—	—	—	—	圣文森特和格林纳丁斯	13	21	111	—	18
厄瓜多尔	3	1	2	—	—	拉美其他国家(地区)	1394	437	256	—	25

资料来源：《中国统计年鉴》（2012～2016），中国统计出版社。

附表 1-10

附表 10　中国对拉美直接投资流量与存量（2011~2015 年）

单位：万美元

国别(地区)	FDI 流量(净值)					FDI 存量				
	2011 年	2012 年	2013 年	2014 年	2015 年	2011 年	2012 年	2013 年	2014 年	2015 年
全球	7465404	8780353	10784371	12311986	14566715	42478067	53194058	66047840	88264242	109786459
拉丁美洲	1193582	616974	1435895	1054739	1261036	5517175	6821163	8609593	10611113	12631893
安提瓜和巴布达	101	—	—	—	—	484	544	630	630	630
阿根廷	18515	74325	22141	26992	20832	40525	89719	165820	179152	194892
巴哈马	—	—	—	—	—	160	60	60	60	60
巴巴多斯	—	81	92	-167	—	313	395	497	330	289
伯利兹	—	—	35	35	-28	—	—	35	70	70
玻利维亚	867	4321	1440	2453	3432	6632	15619	11892	13217	31746
巴西	12640	19410	310931	73000	-6328	107179	144951	173358	283289	225712
开曼群岛	493646	82743	925340	419172	1021303	2169232	3007200	4232406	4423672	6240048
智利	1399	3622	1179	1629	685	9794	12628	17904	19583	20464
哥伦比亚	3325	8351	1793	18310	370	5980	34615	36869	54730	55443
古巴	7671	-557	-2437	-2222	4243	14637	13569	11134	6255	12062
多米尼克	50	—	30	—	—	815	815	845	315	315
多米尼加	—	—	—	—	—	12	112	100	101	101
厄瓜多尔	-3506	31139	47060	13781	11811	9524	40763	100879	94460	105635
格林纳达	—	—	—	2367	—	1454	1454	1454	2367	2367

续表

国别（地区）	FDI 流量（净值）					FDI 存量				
	2011 年	2012 年	2013 年	2014 年	2015 年	2011 年	2012 年	2013 年	2014 年	2015 年
圭亚那	20	9884	3500	408	-389	13513	15188	22518	24757	25601
洪都拉斯	—	—	—	—	—	—	—	—	—	—
牙买加	3545	3586	474	11132	-628	3907	7493	7968	18837	22568
墨西哥	4154	10042	4973	14057	2382	26388	36848	40987	54121	52476
巴拿马	116	72	18768	481	—	33087	19662	47864	20493	22815
巴拉圭	557	142	18	—	-17776	4465	4606	4624	4791	4791
秘鲁	21425	-4937	11460	4507	303	80224	75287	86778	90798	70549
圣文森特和格林纳丁斯	—	—	—	332	2009	3620	3620	3620	3900	4204
苏里南	—	-3323	2900	-1690	915	7884	4561	11193	9393	11352
特立尼达和多巴哥	10	19	23	3625	3615	90	109	386	102531	60463
乌拉圭	36	950	967	108	28830	815	1765	2593	21081	18273
委内瑞拉	8177	154176	42556	11608	184900	50100	204276	236338	249323	280029
英属维尔京群岛	620833	223928	42556	457043		2926141	3085095	3390298	4932041	5167214

注：巴西、开曼群岛、古巴、牙买加、墨西哥、秘鲁、特立尼达和多哥巴、乌拉圭 2015 年末的存量数据中包含对历史数据进行的调整。

资料来源：中国商务部、中国国家统计局、国家外汇管理局《2015 年度中国对外直接投资统计公报》，中国统计出版社，2016。

Introduction

Yuan Dongzhen

In 2016, economic activity in the world economy remained to be lackluster, with little prospect for a turnaround in 2017. There was a continued slowdown in economic and trade growth and a surge of volatility in the global financial market. Most countries witnessed rising unemployment rates. The income gap between the rich and the poor kept widening. Consequently, the anti-globalization movement was gaining momentum. In world politics, a number of Black Swan events continued to occur, including Donald Trump's unexpected win of the U. S. presidential election, the withdraw of U. K. from the European Union as a result of the referendum in June 2016, and the rising tide of populism in Europe. The above-mentioned factors were causing massive uncertainties in the development of the world.

As a major part of the developing world, Latin America and the Caribbean enjoys a very unique development path and has made outstanding achievements. However, it is facing challenges resulting from deeply rooted fragility and unbalanced economic structure, which has caused it to be exposed to external risks. In 2016, impacted by economic slowdown of the world economy and other external factors, the region fully exposed its economic and political fragilities. Prolonged economic recession was complicating the development environment and pressuring regional governments to restructure economy. At the same time, political and social situations were getting worse. Some regional countries launched major adjustments of their domestic and foreign policies. Transformation, uncertainty and varied performances can be viewed as keywords to define the economic, political and social processes in the region in 2016.

The *Annual Report on Latin America and the Caribbean (2016 – 2017)* seeks to provide a detailed analysis of changes of the region in political, economical, social

situations and international relations. It is principally focused on analyzing newly emerged challenges confronting regional countries, discussing their varied performances, exploring their role in global governance and evaluating opportunities and challenges for the Chinese-Latin American relations.

1. Rising anti-globalization movements brought Latin America and the Caribbean new challenges and uncertainties in participating global economic governance.

In the 21st century, emerging economies headed by BRICS countries gainedan overall rise and grew to be the main engine of global economic growth. There was a remarkable expansion of their shares of the global economy, contributing to accelerate the transformation of the world political and economic pattern. Based on common international status and shared interests, emerging and developing economies enjoy common pursuits in the fields of international trade, finance and investment. They are expecting to have a deeper involvement into global economic governance and reform international institutions dominated by developed economies. However, confronting the current complicated international situation, they will face more hardships to achieve the goal. It is also noticeable that as a result of political uncertainties in global affairs and the rise of trade protectionism, regional economies as well as other emerging and developing economies are facing challenges in sustaining economic growth and expanding international economic linkages.

The *Annual Report on Latin America and the Caribbean* (2016 – 2017) presents a special report entitled "Global Economic Governance and Latin America's Economy", seeking to construct a framework to show the evolution of global economic governance and then analyzing regional countries' role as emerging economies. It focuses on major challenges confronting regional countries, their common aspirations and new opportunities for the Chinese-Latin American cooperation. According to the authors, Latin America is the most concentrated area of high-income emerging and developing economies in the world and rather active in international economic and trade activities. Thanks to unique natural endowments, it will play an important role in the future, contributing to economic growth and the development of the world. For a long time, the region remains to be an active participant in global economic governance, but enjoys a rather limited influence and is struggling for a bigger voice. At present, pressured by unfavorable external environment and necessity to gain momentum by economic reforms, regional countries are considering to adjust development strategies to achieve the transformation of economic growth pattern, meet the need to upgrade the industrial structure, advance regional integration and expanding the opening to the outside world. The authors argue that it is a pressing need for China and Latin America to upgrade their economic and trade linkages, in order to create opportunities for future development.

2. Economic crisis produced political and social side effects, triggering a series of major changes in political and social situations in regional countries.

Due to the prolonged economic crisis, the social situation in the region continued to deteriorate in 2016. In terms of economic growth, the period of 2003 – 2013 is viewed as the "golden decade" for the region. Between 2003 and 2008, it enjoyed an average annual GDP growth rate at 4.8%. In the same period, its GDP per capita increased at an annual rate of 3.4%. The world financial crisis of 2008 plunged the region into recession in 2009 in which its GDP contracted by 1.9%. Thanks to the commodity price boom, it regained economic growth in 2010 with an average GDP growth rate at 5.9%. However, the collapse of commodity price in 2014 inflicted a heavy blow to the region. Some regional countries fell into economic recession or even crisis. Following the weak growth in 2014 (1.1%) and the contraction in 2015 (-0.4%), the regional GDP contracted by 1.1% in 2016. Economic recession caused growing political and social intensions. Regional governments were forced to reduce public expenditure on social welfare programs. Unemployment rate continued to grow in 2016, impairing the quality of employment and resulting many people's return to poverty. According to the CEPAL, the average poverty rate in the region was reduced to 27.9% in 2013, the lowest point in the history. However, due to economic recession, it rebounded to 28.2% in 2014 and then 29.2% in 2015, which represents a net increase of 7 million poor people and 5 million extremely poor people respectively. The region was expected to have a remarkable increase of poor population in 2016. In the next two years, there will be another 25 million to 30 million people in the region to fall into poverty. The worsening social situation impaired political stability and brought about new challenges to regional governments. The political balance of power was undergoing deep transformation due to the rise of new social groups. It is especially noteworthy that the emerging middle class in LAC countries was increasingly involved into political affairs to protect their economic rights in the current economic context.

The *Annual Report on Latin America and the Caribbean* (2016 – 2017) presents special chapters analyzing economic, political and social situations in the region. According to the chapter "Political Situation", regional politics underwent a remarkable transformation in 2016 featured by the rise of rightist governments and the decline of the leftist bloc. The increasing tension in some regional countries and especially Venezuela posed a threat to political stability in the region. It is pointed out that the leftist will continue to be a major political force although there are less leftist governments in the region in the short and medium term. According to the chapter "Economic Situation", the regional economy remained to be on recession in 2016 along with worsening basic economic indicators, widening foreign debt exposure, and decreasing trade and investments. In most regional countries, structural reforms fell into stagnation and failed to gain long expected results. It is indicated that regional governments did not fully respond to economic hardships by adopting economic policies with counter-cyclicity. It argues that the regional economy has hit the bottom and is likely to rebound. Regional countries are expected to reverse downturn in 2017 and even regain a modest recovery, although the med-term economic prospect is not optimistic. According to the chapter "Social Situation", with a worsening economy, social indicators in the region continued to deteriorate, which was especially remarkable in the fields of employment, education and public health.

3. Latin American and the Caribbean countries confronted new challenges and uncertainties in the complex and volatile international environment.

In 2016, radical changes in the external environment and the latest regional politics posed great challenges to regional countries. By and large, they maintained balanced foreign policies of promoting relations with emerging economies like

China and India and pursuing close partnership with the United States and the E. U.

In terms of the external environment, Donald Trump's election to be the next U. S. President is the most noteworthy factor. It is indicated that the U. S. - Latin American relations will face considerable uncertainties due to Trump's new proposals on the U. S. foreign policy. Regional countries generally regard their relationship with the United States as a top priority. But, it is highly sensitive and complex due to differing interests and conflicting ideas. On one hand, once there was a growing presence of the United States in Latin America, regional countries would likely move to a nationalist position to precaution any U. S. interference into regional affairs. On the other hand, once the U. S. turned attention to other parts of the world, they would be concerned to be ignored to enjoy economic and financial support from it. For this reason, regional countries maintained rather complex and variable connections with the United States.

In recent years, Latin America was turning right with the establishment of a number of rightist governments. Different from the leftist predecessors, they would like to adopt balanced foreign policies and focus on promoting the relationship with the United States, which greatly contributed to warming of the U. S. -Latin American relations. However, the process fell into stagnation due to Donald Trump's election to be the next U. S. President. As a result of his policy proposals, the bilateral relations were facing massive uncertainties and challenges. Presently Mexico and Central American countries are major victims of the transformation in the U. S. foreign policy. It is pointed out that Trump's foreign policy would probably impair the U. S. -Latin American relations in the following three aspects. First, Trump released a variety of signals of trade protectionism including the withdrawal of the United States from the Trans Pacific Partnership negotiations and agreement, the renegotiation of the North American Free Trade Agreement, and the raise of taxes on imported Mexican goods. Second, Trump would tighten the immigration policy and repatriate undocumented immigrants. The measure will especially go against Mexico and Central American countries who have a large number of illegal immigrants in the United States. Third, the U. S. -Cuba relations might suffer a setback due to Trump's hardline stance on Cuba.

The chapter "International Relations" presents a general review of impacts on regional countries from the global context by focusing on Donald Trump's election to be the next U. S. President and the potential transformation of the U. S. foreign policy. According to it, in his final year in office, President Obama took active and forceful diplomatic measures including the historic visit to Cuba to consolidate his political heritage and ensure the U. S. influence over regional affairs. Due to Donald Trump's election to be the next President of the Untied States, the U. S. - Latin American relations were challenged by considerable uncertainties, forcing regional countries to take precautionary measures in case of any major adjustment in the U. S. foreign policy. It argues that the above-mentioned situation will drive regional countries to continue to diversify their international linkages by promoting the regional integration, coordinating their policy towards the United States and building up the trans-Pacific partnership.

4. China and Latin America gaineda remarkable progress in bilateral relations by making joint efforts.

In 2016, the Chinese-Latin American relations gained a remarkable development. Chinese President Xi Jinping was invited to visit three regional countries including Ecuador, Peru and Chile and attended the APEC summit held in Peru, representing a new phase of the bilateral relations. In the context of the "New Normal" of the world economy, regional countries on one hand sought to gain economic momentum by expanding trade linkages with China. On the other hand, they were responding to challenges from China's growing presence in the region. The *Annual Report on Latin America and the Caribbean* (2016 – 2017) carries two special reports to fully analyze the significance of the Chinese-Latin American relations and summarize the latest progress.

According to the special report "The Chinese-Latin American Relations on the New Phase", China has proposed to forge a Community of Common Destiny by joint efforts and develop a comprehensive strategic partnership with Latin America, marking the new phase of the bilateral relations and Latin America's role to be a more significant partner of China. They share common development targets, continue to upgrade the content of cooperation, and seek to expand cooperation fields. It is pointed out that China needs to pay long-term efforts to advance the bilateral relations in order to achieve strategic objectives. According to the special report "The Infrastructure Integration in Latin America", there will be a rather bright prospect for the Chinese-Latin American cooperation in infrastructure.

5. Regional countries had varied performance due to their different degrees of economic, social and political pressure.

In 2016, the economic performances of regional countries varied greatly. Among them, Brazil, Venezuela, Argentina and Ecuador underwent economic contraction by 3.6%, 9.7%, 2% and 2% respectively. In sharp contrast with them, the Dominican Republic and Panama gained a remarkable growth of 6.4% and 5.2%. Regional economies will enjoy varied economic prospects in 2017. Thanks to the recovery in commodity prices and China's rising market demand, South American countries are expected to restore growth. However, there will be increased pressures on Central American and the Caribbean economies due to rising uncertainties in the U.S. economy and escalating imported inflation from price hike of commodities. Economic slowdown has caused considerable social costs in regional countries. In those countries with a prolonged recession, including Brazil, Argentina and Venezuela, there were intense social conflicts, undermining political stability and democratic institutions. In regional countries like Colombia, Panama and the Dominican Republic, stable economy greatly contributed to social and political stabilities. The *Annual Report on Latin America and the Caribbean* (2016 – 2017) presents a very detailed and comprehensive analysis of all LAC countries with an aim to display their varied performance.

In a word, transformation, uncertainty and varied performances can be categorized as keywords to define Latin America in 2016. It is expected that they will be the main features of the region in 2017.

Contents

Ⅰ Main Report

Y. 1 Sino-Latin American Cooperation: Exploring Co-Development in Transformation of Global Economic Governance

Economic Division, Institute of Latin American Studies / 001

Abstract: Since the beginning of the new century, the emerging and developing economies have become the main engine of the world economic growth, which has profoundly changed the global economic structure and challenged the traditional economic governance system. Latin America is the most concentrated area of high-income emerging and developing economies in the world. It is relatively active in international economic and trade activities, and because of its rich and unique natural resources, it plays an important role in the future growth of the world economy. For a long time, Latin America has been an active player in global economic governance, but its voice and influence is relatively limited. Under the double pressure of adverse external environment and lagging domestic reform, Latin American countries need "strategic change" to transform their pattern of economic growth, upgrade their industrial structure, promote regional integration and attract external financing. President Xi Jinping demonstrated that China is willing to work with Latin American countries to strengthen the exchange of experience in governance, enhance macro policy coordination, and promote the strategic convergence between China and LAC. The evolution of Sino-Latin American cooperation will be carried out along three main lines, i. e. , reducing transaction costs, giving play to comparative advantages and jointly dealing with externalities, which will make fundamental contribution to the improvement of global economic governance.

Keywords: Sino-Latin America Cooperation; Global Economic Governance; Newly Emerging and Developing Economies

II Situation Reports

Y.2 Political Situation 2016 −2017: Left-Wing
　　　Dominance Declines　　　　　　　　　　*Yang Jianmin* / 045

Abstract: In 2016, the political situation in Latin America is relatively stable, and the government's changes have been carried out within the constitutional framework, with Venezuela who faces political instability being an exception. In 2016, Brazilian president Dilma Rousseff was impeached, Michel Temer organized the right-wing government and made the leftist-dominated political situation turn right. Approval of left-wing doctrine is retreating while that of right-wing is taking shape. The right-wing forces inside and outside Latin America will continue to launch attack on the left-wing ruling parties so as to force them step down, thus Venezuela and other left-wing regime face unprecedented challenges. In 2017, we must pay more attention to the policy changes in countries where the right-wings have taken power, besides the elections in Chile and other countries.

Keywords: Left-Wing Government; Political Dominance; Right-Wing Consensus; Latin America

Y.3 Economic Situation 2016 −2017: Recession Continues,
　　　Uncertainty Increases　　　　　　　　　　*Yue Yunxia* / 065

Abstract: In 2016, due to the slowness of world economic growth, the relevantly frequent "black swan" event, the declining commodity prices and the

slumped international trade and FDI, the economy of Latin American and the Caribbean (LAC) are remained in continuing recession. A series of basic indicators, such as the regional overall economic growth, consumer price index, employment rate and international trade volume, turned out worse than the previous year. All the sub-regions were in deceleration, while the intra-regional difference widened. The economic indicators in Central America performed better than those in the Caribbean and South America. The LAC countries, faced with economic difficulties, implemented the targeted fiscal and monetary policy. However, as the policy spaces were constrained, these policies were characterized by short-term and emergency features. Looking ahead, with the external environment turning better, the region might recover growth in 2017, though it will be hard to rebound because of the increasing uncertainties. With the volatility in economy, the basic economic indicators will remain weak, while the differentiation is likely to be further exacerbated among the sub-regions.

Keywords: LAC Countries; Economic Situation; Economic Policy

Y.4　Social Situation 2016 −2017: Economic Contraction
　　　Undermined Social Progress　　　　*Fang Lianquan* / 083

Abstract: In 2016, the economic contraction in Latin America, which has lasted for five years, had a significant impact on social development, embodied in growing poverty-stricken population, unemployment rising, declining quality of job creation, climbing consumer price as well as slow income growth in some countries. Under the pressure of fiscal deficit, expansionary social policies implemented by the traditional left-wing government are no longer feasible. In the 2030 Sustainable Development Agenda drafted in 2015, most countries in this region made an overall review of traditional social policies and focused more on the issues of social inclusion and inequality reduction.

Keywords: Latin America; Social Situation; Labor Employment; Poverty; Inequality

Y. 5　Foreign Relations 2016−2017: Uncertainties, Challenges

　　and Opportunities　　　　　　　　　　*Zhang Fan* / 097

Abstract: In 2016, regional relations in Latin America were remarkably influenced by the world situation and the latest regional politics. In his final year in office, American President Obama took significant diplomatic initiatives including the historic visit to Cuba to sustain the U. S. influence over regional affairs. Due to Donald Trump's winning in the presidential election, the U. S. -Latin American relations were challenged by considerable uncertainties, forcing LAC countries to take precautionary measures in case of any major fluctuations in the U. S. foreign policy. China's significant role in Latin America was demonstrated by President Xi Jinping's visit to Ecuador, Peru and Chile in November 2016, pointing toward a new phase of the Sino-Latin America relations. In the context of the "New Normal" of the world economy, regional countries were seeking to gain economic momentum by expanding trade linkages with China. It is notable that there are remarkable transformations in some countries' foreign policy due to rotation of ruling parties.

Keywords: Latin America; International Relations; the United States; China; Diplomatic Policy

Ⅲ　Reports on Sino-Latin America Relations

Y. 6　Sino-Latin America Relations in a New Stage: Positioning

　　and Influential Factors　　　　　　　　*He Shuangrong* / 120

Abstract: The Sino-Latin America relations entered a new stage after the great development in the first decade of the 21st century. Starting from 18th Congress of CPC in November 2012, the new generation leadership led by Xi Jinping has put forward a series of goals, policies and grand strategies of development both domestically and internationally. Within China's grand

diplomatic strategy, the goal of Sino-Latin America relations and its position in China's diplomatic strategy has been enhanced greatly. The Sino-Latin America relations have advanced to a new stage when President Xi proposed to establish the Community for Common Destiny and Comprehensive Strategic Development Partnership among China and Latin American Countries. In this new stage, the goal, cooperation plan, and development engine have been updated significantly. However, the internal and external environments for Sino-Latin America relations are undergoing fundamental changes. These changes will bring both opportunities and challenges. The certainty of China's policy toward Latin America and uncertainty of the world caused by Brexit and Donald Trump's taking power, offer opportunities for China and Latin America to deepen their cooperation, though with a lot of challenges lying ahead. One of the key challenges comes from the Chinese side, that is how to achieve greater development domestically, enhance risk management for Chinese investment in Latin America and strengthen its soft power in Latin America.

Keywords: Sino-Latin America Relations; China's Policy toward Latin America; Community for Common Destiny; Comprehensive Strategic Development Partnership

Y.7　Infrastructure Integration in Latin America: Progress and Cooperation with China　　　　*Xie Wenze* / 135

Abstract: Latin America accelerates the regional integration of infrastructure, focusing on areas of transport, energy and communication. IIRSA is entering the high wave of projects completion, and Mesoamerica is focusing on the building of the sub-regional networks of road and power connections. In 2016, China-Latin American cooperation in the field of infrastructure construction achieved great breakthrough, with Chinese companies successfully carrying out several M&A in Brazil's energy sector as well as road concession projects in Jamaica and Ecuador. Eleven "Bi-Oceanic Corridor" frame in Latin America have been under construction or in planning. The financial resources from China available for supporting the development of infrastructure in this region have reached over 180 billion USD. China-Latin America cooperation is endowed with new historical opportunity.

Keywords: Latin America; Infrastructure Integration; China-Latin America Cooperation

Ⅳ National and Regional Reports

Y.8　Brazil　　　　　　　　　　　　　　　　　　　　*Zhang Yong* / 150

Abstract: The impeachment process having lasted for nearly 9 months ended by Dilma Rousseff being out of office. Michel Temer officially became the president of Brazil, however, his ruling may not go as smoothly as expected. Party politics has entered another round of differentiation and re-organization in the coming presidential election in 2018. And the influence derived from continuous corruption probe may be immeasurable. The second consecutive year of deep recession remains to be the biggest challenge for the new government. Although President Temer has proposed some reform measures such as limiting fiscal expenditure, reducing public debt and privatizing state-owned enterprises, most of them must be approved by Congress in the form of law amendment, thus there exist a lot of uncertainties. In the short term, unemployment rate and poverty rate have increased. Due to the need of re-evaluating the protectionist policies pursued by Trump government of the United States, the adjustment of Brazil's corresponding policies remains to be seen. In 2017, Brazil's situation will be more complex than expected.

Keywords: Brazil; Michel Temer; Impeachment; Economic Recession; Corruption

Y.9　Mexico　　　　　　　　　　　　　　　　　*Chen Yuanting* / 162

Abstract: In 2016, the Mexican government was under double pressure, that is, uncertainty about Mexico-U. S. relations and volatility of domestic economy and politics. President Peña Nieto strengthened his efforts to fight corruption. The main challenge throughout the rest of his term is to ensure that the structural reforms are adequately implemented. The ruling PRI lost 7 out of 12 governorships in local elections in June, which implies a considerable challenge in 2018 General election. Economic performance showed no improvement, and the main goal of economic policy was to ensure macroeconomic stability. In social terms, security issue remains to be a primary concern for the public, and protests were becoming normalized. In foreign relations, Peña Nieto government was trying to consolidate relations with the United States, especially with upcoming Trump administration.

Keywords: Mexico; Corruption; Public Security; Local Election; Structural Reform

Y.10　Argentina　　　　　　　　　　　　　　　　*Lin Hua* / 178

Abstract: In 2016, the Macri government basically achieved the goal of consolidating power, while the left-wing political forces are still at a low tide due to internal divisions and corruption scandals among other reasons. Although the government made substantial economic adjustments, it failed to reverse the economic decline in Argentina. The economic downturn was the result of a combination of internal and external factors, and the economy in 2017 will depend on changes in these factors. As the economy remained depressed, social situation showed no signs of improvement, and the instability worsened. The ·year 2016 witnessed major adjustment in Argentina's foreign policy. Series of diplomatic actions taken by Macri implied that Argentina's diplomatic strategy has undergone a fundamental change, which was characterized by pragmatism, pluralism, balance, and reshaping the national image.

Keywords: Argentina; Macri Administration; Market-Oriented Reform; Pluralist Diplomacy

Y.11　Cuba　　　　　　　　　　　　　　　　　　　　　*Fan Lei* / 190

Abstract: In 2016, the new political landscape marked by combination of traditional and new generations of leadership was formed in the 7th Congress of the Communist Party of Cuba. "The conceptualization of the economic and social model of Cuba's socialist development" confirms the strategic objective of "promoting and strengthening the construction of a sovereign, independent, democratic, prosperous and sustainable socialist country". The economic performance was still poor, but the actualization process continued. The government maintained investment in health care and education, improved communication services and environmental protection, however, the shortage of commodity and low income level still affect social stability. To make things worse, population aging poses a new problem to Cuban economy. Cuba is very active in its diplomatic activities, with its relation with U. S. advancing steadily, though Trump's election increased uncertainty. It also achieved significant progress in its relations with EU, meanwhile maintained good relation with traditional friend countries.

Keywords: Cuba; 7th Congress of the Communist Party of Cuba; Actualization Process; Cuba-U. S. Relations; Cuba-EU relations

Y.12　Venezuela　　　　　　　　　　　　　　　　　*Wang Peng* / 204

Abstract: As a result of decreasing crude outputs and the fall of oil prices, Venezuela's oil export revenues continued to decline in 2016, which led to the

deteriorated macro-economy featuring by extended recession, surging inflation, and severe commodity shortage. The country witnessed the intensified political rivalry between the ruling United Socialist Party of Venezuela (PSUV) and the opposition Democratic Unity Roundtable (MUD). The newly established National Assembly, dominated by the MUD, continued to challenge the authorities of the Maduro government. As an effort to overcome the impacts of inflation, the government raised the minimum wage four times in the year. In order to improve housing conditions, it attached great importance to implementing the Gran Misión Vivienda (GMVV). The Maduro government sought to stabilize oil prices by concerted efforts of oil producing countries, maintained close ties with China and attempted to improve bilateral relations with the United States.

Keywords: Venezuela; Strife within National Assembly; Economic Recession; GMVV; Oil Prices

Y.13 Chile
Lu Siheng / 213

Abstract: In 2016, in the area of politics, the president and her government were in crisis of confidence. In the municipal election, the opposition coalition recovered important ground. The economy ran smoothly, though growth was still weak due to sluggish domestic demand. Fiscal and monetary policy has been tightened. In social terms, the protest movement prompted the government to formulate a new pension system reform program. Chinese President Xi Jinping visited Chile, and enhanced Sino-Chile relations to comprehensive strategic partnership.

Keywords: Chile; Municipal Election; Pension Reform; Comprehensive Strategic Partnership

Contents

Y.14 Colombia   Zuo Xiaoyuan / 225

Abstract: In 2016, Colombian government has reached an agreement with FARC, the biggest left wing anti-government group, thus ended a five-decade civil war. To raise the supporting rate and implement the peace agreement smoothly, President Santos reshuffled his cabinet to unite more forces by absorbing new ministers from non-alliance parties. The combination of lower oil price and sluggish demand from both international and domestic market led to moderate economic growth. However, relatively sound economic policies made Colombia rank among the top Latin American countries in the field of economic performance. It witnessed high inflation expectation, moderate currency depreciation and reduction in current account deficit.

Keywords: Colombia; Peace Agreement; Cabinet Reshuffle; Moderate Economic Growth

Y.15 Peru   He Meilan / 236

Abstract: Peru has marched towards a steady political development since President Kuczynski organized new government in July 2016. Economy kept growing, while financial situation worsened to some extent. Peruvian society has achieved progress in poverty reduction and primary education expenditure, though income distribution remains unequal. The current government further strengthened relations with Latin American countries, particularly with its neighbors, and its relations with China reached a new stage of comprehensive strategic partnership.

Keywords: Peru; Stable Political Situation; Steady Economy; Basic Social Needs; Regional Foreign Affairs

Y.16　Bolivia　　　　　　　　　　　　　　　　*Song Xia* / 250

Abstract: Evo Morales will not be able to seek a fourth term at the elections in 2019, as a result of being defeated at the referendum in February. The ruling party Movimiento al Socialismo (MAS) still controls two-thirds seats in the National Assembly. In 2016, Bolivia's GDP growth rate dropped to 4.0% while still listed among one of the strongest growing economies in this region. In 2016, Evo Morales launched overall economic and social development plan for 2016 – 2020, which focuses on his promise to battle poverty and inequality. The oppositions and even some of Morales' former allies organized strikes and protests, giving rise to continuous political and social crises. Bolivia's relations with Chile were further complicated by the issues of sovereign access to the Pacific coast as well as the use of shared water resources of the Silala river. Its relations with U.S. remained rigid while its ties with Russia and India strengthened. The cooperation between Bolivia and China has been further promoted. Bolivia has been elected non-permanent member of the UN Security Council from 2017 to 2018.

Keywords: Bolivia; Evo Morales; Failed Constitutional Referendum; Political Crisis; Non-Permanent Member of the UN Security Council

Y.17　Ecuador　　　　　　　　　　　　　　　*Fang Xufei* / 258

Abstract: The yearof 2016 is the last year of Correa's presidency, which witnessed profound challenges in the field of politics and economy. The severe earthquake disasters further worsened the uneven situation. The main political parties are ready for the new presidential election of 2017, and the ruling party elected Lenín Moreno as its presidential candidate. The economic situation worsened, and the growth rate contracted by 2 percentage point. The losses resulted from earthquake disaster deteriorated Ecuador's political and economic situations. The economic recession led to a rise in unemployment rate as well as poverty rate. However, Correa government achieved progress in diplomatic area, i. e., formal accession to the EU-Andean Community Association Agreement and upgrading of its relationship with China to Comprehensive Strategic Partnership.

Keywords: Ecuador; Lenín Moreno; Earthquake; Comprehensive Strategic Partnership

Y. 18　Uruguay　　　　　　　　　　　　　　　　　　He Luyang / 268

Abstract: In 2016, evidence of stagflation, worrisome public security, alongside with the frequent disputes inside the FA, imposed increasing pressure on the Vazquez administration. Economic trend of 2015 continued, with further declining growth and rising inflation. Though achievements in social development were significant, the security situation remained grim. With tax policy sparking controversy, protests and strikes were staged again. In terms of foreign affairs, Uruguay restored its relationship with Argentina. In October, president Vazquez visited China. Mercosur experienced a systemic crisis, and Uruguay was committed to the expansion of policy space for member states.

Keywords: Uruguay; Stagflation; Public Security; Uruguay-Argentina Relations

Y. 19　Paraguay　　　　　　　　　　　　　　　　　　Li Hui / 277

Abstract: In 2016, the governability of the Partido Colorado led by Carters weakened, and the reform measures were hampered as a result. Paraguay's GDP growth rate of 4% was higher than the average level in Latin America, and its low-cost manufacturing industry showed great potential. Its foreign relations had been improved by efforts of consolidating of bilateral relations with Brazil and returning to MERCOSUR.

Keywords: Paraguay; Economic Situation; Partido Colorado; Low Cost Manufacturing Industry

Y.20　Costa Rica　　　　　　　　　　　　　　　　　Lou Yu / 286

Abstract: In 2016, Costa Rica was politically unstable. The strength of the opposition parties legislature limited the power of the president, hampering most reforms measures. Strife within the Citizens' Action Party (*Partido Acción Ciudadana*) abounded, and top-level government officials shuffled frequently. Inflation rate kept at a low level, and economy recovered slowly. Meanwhile, there was no fundamental improvement in public debt ratio, fiscal deficit, or unemployment rate. The Development Bridge (Puente al Desarrollo) policy achieved some initial success, with poverty rate continued to decline, currently at its lowest level in recent years. However, crime rate increased, and the year 2016 became the most violent year in history. In foreign relations, Costa Rica actively participated in global and regional integration, and signed a series of important agreements with China, which further enriched pragmatic cooperation between the two countries in various fields.

Keywords: Costa Rica; Political Division; Hampered Reform; Fiscal Deficit

Y.21　Nicaragua　　　　　　　　　　　　　　　　　Li Han / 294

Abstract: In 2016, President Ortega secured a third consecutive term in office by joining hands with his wife Rosario Murillo as vice-president. As a result of the social protest and uncertainty in financial viability, construction of the Canal project was delayed again. Nicaraguan economy showed the strongest growth among Latin American countries despite regional slowdown. In terms of climate vulnerability, Nicaragua is the fourth most vulnerable country in the world. Nicaragua maintained close political and economic relationship with Venezuela, and its ties with the US remained strained.

Keywords: Nicaragua; President Ortega; FSLN; General Elections; Climate Risk

Y.22　Honduras　　　　　　　　　　　　　　　　　　*Han Han / 302*

Abstract: In 2016, the general situation of Honduras made much progress in political economy and diplomacy, but social problems were still serious. Domestic politics was hampered by multiparty division in the Parliament. The Supreme Court issued a rule to remove the ban on presidential reelection. The economy kept growing in the fourth year. Though the government has taken a series of reform measures, the business environment are still unable to meet investors' expectation. Its diplomatic efforts will be focused on strengthening ties with the US and Central America countries. Honduras has signed a free trade agreement with Peru.

Keywords: Honduras; Political Stability; Economy Growth; Social Problems; FTA

Y.23　El Salvador　　　　　　　　　　　　　　　　*Liu Fanping / 312*

Abstract: In 2016, the Salvadoran government of left-wing party FMLN led by President Salvador Sánchez Cerén still faced challenges in fiscal weaknesses and high crime risk. As indicated by the FMLN's failure to gain a majority in legislative elections in March 2015, the parties' fragmentation posed fundamental risks to political effectiveness. Former presidents incurred corruption trials. Due to the impact of global economic situation, economic growth rate remained low and

financial situation continued to deteriorate, despite the positive performance of domestic demands. In order to improve social security and relieve the pressure on governance, the President had taken a series of measures to struggle against gangs, but his effort yielded little effect. The priority of foreign policy was to maintain close relations with the US and other Central American countries, while focusing on the issue of immigration. Besides, El Salvador promoted commercial relations with China.

Keywords: El Salvador; Political Fragmentation; Corruption; Financial Difficulties; Gangs; Immigration

Y.24 Guatemala   *Wei Ran* / 322

Abstract: President Jimmy Morales of the right-wing Frente de Convergencia Nacional of Guatemala faced multiples challenges, including fragmented legislature, as he attempted to fulfill his pledges to improve public services and combat corruption. Economic progress slowed down in 2016, with the GDP growth rate at only mild 3.3%. Social unrest and corruption scandals further eroded people's confidence in the president's governing capacity. The Morales administration maintained close relations with traditional partners in Latin America, Europe and the U.S. However, following the election of Donald Trump to the US presidency in November 2016, there was a risk that future aid flows might be tightened. Relations with Belize remained tense, which hampered security efforts in Central America.

Keywords: Guatemala; Fiscal Balance; Social Violence; Corruption Scandal; Border Conflicts

Y.25　Panama　　　　　　　　　　　　　　　　　Wang Shuai / 330

Abstract: The political situation in Panama in 2016 encountered setbacks. Adverse events occurred one after another, such as "Panama Papers" leaking and the "Waked Family" suffering sanctions, which badly eroded the President's approval rating. The macro economy maintained a stable growth rate of more than 5%. The completion of the Panama Canal expansion project is expected to facilitate long-term economic growth. In social aspect, the "Barro Blanco" dam constructed in indigenous Ngäbe Buglé failed to reach a settlement agreement yet. The public held lukewarm reaction to Government's efforts to maintain public security. The diplomatic situation was strained in 2016, the Government was kept busy quelling the impact of the "Panama Papers" incident, and the trade war with Colombia had not been fully settled.

Keywords: "Panama Papers"; Panama Canal; Public Security; Panama-Colombia Relations

Y.26　Dominican Republic　　　　　　　　　　　　Gao Qingbo / 340

Abstract: President Danilo as the candidate of PLD won his second term in May 2016. PLD allied with PRD, who used to be the conventional opponent. The offshoot party divided from PRD, named Modern Revolution Party, formed opposition alliance with PSRC, the major member in PLD's traditional governing coalition. Mr. Medina pursued an ambitious social agenda in his second term, including security reform, policies on immigrants, education reform, poverty reduction and job creation. In the economy aspect, GDP was estimated to increase by 6.4%, and the percentage of overall deficit in GDP was estimated to be 2.7%. In the social aspect, job creation and anti-crime were the most important issues, while corruption remained to be a concerned problem. The most impressed diplomatic affair was the relationship with Haiti due to illegal

immigration.

Keywords: Dominican Republic; Presidential Election; Economic Reform

Y.27 Haiti *Zhao Zhongyang* / 350

Abstract: In 2016, Haiti re-held the presidential election, but the political situation remained unstable. Affected by political instability and the hurricane "Matthew", Haiti's economic situation in 2016 was not optimistic, and was expected to be even worse in 2017. Haiti's social situation was still serious, featured by poor social security situation and weak law enforcement capacity. The relationship between Haiti and the United States may be strained as Donald Trump was elected President of the United States.

Keywords: Haiti; Presidential Election; Economic Stagnation; Social Unrest; Haiti-U.S. Relations

Y.28 Caribbean Area *Li Jiangchun* / 359

Abstract: The goal of comprehensive development in Caribbean area encountered structural obstacles. Progress has been made in the political field, with political competition maintaining a degree of relaxation and democratic level being further improved. The whole economic situation deteriorated and structural defects remained to be a problem, though some positive factors emerged. According to the standards set by New Millennium Development Goals and the Post-2015 Development Agenda, recent social development was mixed with problems remained to be resolved. Although it had showed diplomatic progress along two directions, i.e. pursuing peace and development while maintaining regional solidarity, and constructing developmental partnerships, the Caribbean area was still kept in dependent status.

Keywords: Caribbean Area; Structural Obstacle; Caribbean Community

V Appendix: Economic Statistics

Y. 29　Appendix　/ 374

Table 1	Average Annual Growth Rates of GDP and GDP per Capita (2007-2016)	/ 374
Table 2	Regional GDP and GDP per Capita of LAC (2013-2015)	/ 377
Table 3	Balance of Payment (2014-2016)	/ 379
Table 4	Net FDI (2007-2015)	/ 385
Table 5	Total Foreign Debt (2007-2016)	/ 387
Table 6	Annual Variations of CPI (2007-2016)	/ 389
Table 7	Open Unemployment Rate (average annual rate) (2007-2016)	/ 391
Table 8	Sino-Latin American Trade Statistics (2012-2016)	/ 393
Table 9	FDI of LAC in China (2011-2015)	/ 398
Table 10	FDI of China in LAC	/ 399

社会科学文献出版社　　**皮书系列**

❖ 皮书起源 ❖

"皮书"起源于十七、十八世纪的英国,主要指官方或社会组织正式发表的重要文件或报告,多以"白皮书"命名。在中国,"皮书"这一概念被社会广泛接受,并被成功运作、发展成为一种全新的出版形态,则源于中国社会科学院社会科学文献出版社。

❖ 皮书定义 ❖

皮书是对中国与世界发展状况和热点问题进行年度监测,以专业的角度、专家的视野和实证研究方法,针对某一领域或区域现状与发展态势展开分析和预测,具备原创性、实证性、专业性、连续性、前沿性、时效性等特点的公开出版物,由一系列权威研究报告组成。

❖ 皮书作者 ❖

皮书系列的作者以中国社会科学院、著名高校、地方社会科学院的研究人员为主,多为国内一流研究机构的权威专家学者,他们的看法和观点代表了学界对中国与世界的现实和未来最高水平的解读与分析。

❖ 皮书荣誉 ❖

皮书系列已成为社会科学文献出版社的著名图书品牌和中国社会科学院的知名学术品牌。2016年,皮书系列正式列入"十三五"国家重点出版规划项目;2012~2016年,重点皮书列入中国社会科学院承担的国家哲学社会科学创新工程项目;2017年,55种院外皮书使用"中国社会科学院创新工程学术出版项目"标识。

中国皮书网

发布皮书研创资讯，传播皮书精彩内容
引领皮书出版潮流，打造皮书服务平台

栏目设置

关于皮书：何谓皮书、皮书分类、皮书大事记、皮书荣誉、
皮书出版第一人、皮书编辑部

最新资讯：通知公告、新闻动态、媒体聚焦、网站专题、视频直播、下载专区

皮书研创：皮书规范、皮书选题、皮书出版、皮书研究、研创团队

皮书评奖评价：指标体系、皮书评价、皮书评奖

互动专区：皮书说、皮书智库、皮书微博、数据库微博

所获荣誉

2008年、2011年，中国皮书网均在全国新闻出版业网站荣誉评选中获得"最具商业价值网站"称号；

2012年，获得"出版业网站百强"称号。

网库合一

2014年，中国皮书网与皮书数据库端口合一，实现资源共享。更多详情请登录www.pishu.cn。

权威报告·热点资讯·特色资源

皮书数据库
ANNUAL REPORT(YEARBOOK) DATABASE

当代中国与世界发展高端智库平台

所获荣誉

- 2016年，入选"国家'十三五'电子出版物出版规划骨干工程"
- 2015年，荣获"搜索中国正能量 点赞2015""创新中国科技创新奖"
- 2013年，荣获"中国出版政府奖·网络出版物奖"提名奖
- 连续多年荣获中国数字出版博览会"数字出版·优秀品牌"奖

成为会员

通过网址www.pishu.com.cn或使用手机扫描二维码进入皮书数据库网站，进行手机号码验证或邮箱验证即可成为皮书数据库会员（建议通过手机号码快速验证注册）。

会员福利

- 使用手机号码首次注册会员可直接获得100元体验金，不需充值即可购买和查看数据库内容（仅限使用手机号码快速注册）。
- 已注册用户购书后可免费获赠100元皮书数据库充值卡。刮开充值卡涂层获取充值密码，登录并进入"会员中心"—"在线充值"—"充值卡充值"，充值成功后即可购买和查看数据库内容。

社会科学文献出版社 皮书系列
卡号：467513193988
密码：

数据库服务热线：400-008-6695
数据库服务QQ：2475522410
数据库服务邮箱：database@ssap.cn
图书销售热线：010-59367070/7028
图书服务QQ：1265056568
图书服务邮箱：duzhe@ssap.cn

子库介绍
Sub-Database Introduction

中国经济发展数据库

涵盖宏观经济、农业经济、工业经济、产业经济、财政金融、交通旅游、商业贸易、劳动经济、企业经济、房地产经济、城市经济、区域经济等领域，为用户实时了解经济运行态势、把握经济发展规律、洞察经济形势、做出经济决策提供参考和依据。

中国社会发展数据库

全面整合国内外有关中国社会发展的统计数据、深度分析报告、专家解读和热点资讯构建而成的专业学术数据库。涉及宗教、社会、人口、政治、外交、法律、文化、教育、体育、文学艺术、医药卫生、资源环境等多个领域。

中国行业发展数据库

以中国国民经济行业分类为依据，跟踪分析国民经济各行业市场运行状况和政策导向，提供行业发展最前沿的资讯，为用户投资、从业及各种经济决策提供理论基础和实践指导。内容涵盖农业，能源与矿产业，交通运输业，制造业，金融业，房地产业，租赁和商务服务业，科学研究，环境和公共设施管理，居民服务业，教育，卫生和社会保障，文化、体育和娱乐业等100余个行业。

中国区域发展数据库

对特定区域内的经济、社会、文化、法治、资源环境等领域的现状与发展情况进行分析和预测。涵盖中部、西部、东北、西北等地区，长三角、珠三角、黄三角、京津冀、环渤海、合肥经济圈、长株潭城市群、关中一天水经济区、海峡经济区等区域经济体和城市圈，北京、上海、浙江、河南、陕西等34个省份及中国台湾地区。

中国文化传媒数据库

包括文化事业、文化产业、宗教、群众文化、图书馆事业、博物馆事业、档案事业、语言文字、文学、历史地理、新闻传播、广播电视、出版事业、艺术、电影、娱乐等多个子库。

世界经济与国际关系数据库

以皮书系列中涉及世界经济与国际关系的研究成果为基础，全面整合国内外有关世界经济与国际关系的统计数据、深度分析报告、专家解读和热点资讯构建而成的专业学术数据库。包括世界经济、国际政治、世界文化与科技、全球性问题、国际组织与国际法、区域研究等多个子库。

法律声明

"皮书系列"（含蓝皮书、绿皮书、黄皮书）之品牌由社会科学文献出版社最早使用并持续至今，现已被中国图书市场所熟知。"皮书系列"的LOGO（ ）与"经济蓝皮书""社会蓝皮书"均已在中华人民共和国国家工商行政管理总局商标局登记注册。"皮书系列"图书的注册商标专用权及封面设计、版式设计的著作权均为社会科学文献出版社所有。未经社会科学文献出版社书面授权许可，任何使用与"皮书系列"图书注册商标、封面设计、版式设计相同或者近似的文字、图形或其组合的行为均系侵权行为。

经作者授权，本书的专有出版权及信息网络传播权为社会科学文献出版社享有。未经社会科学文献出版社书面授权许可，任何就本书内容的复制、发行或以数字形式进行网络传播的行为均系侵权行为。

社会科学文献出版社将通过法律途径追究上述侵权行为的法律责任，维护自身合法权益。

欢迎社会各界人士对侵犯社会科学文献出版社上述权利的侵权行为进行举报。电话：010-59367121，电子邮箱：fawubu@ssap.cn。

社会科学文献出版社

皮书系列

2017年

智库成果出版与传播平台

社会科学文献出版社

社长致辞

2017年正值皮书品牌专业化二十周年之际，世界每天都在发生着让人眼花缭乱的变化，而唯一不变的，是面向未来无数的可能性。作为个体，如何获取专业信息以备不时之需？作为行政主体或企事业主体，如何提高决策的科学性让这个世界变得更好而不是更糟？原创、实证、专业、前沿、及时、持续，这是1997年"皮书系列"品牌创立的初衷。

1997～2017，从最初一个出版社的学术产品名称到媒体和公众使用频率极高的热点词语，从专业术语到大众话语，从官方文件到独特的出版型态，作为重要的智库成果，"皮书"始终致力于成为海量信息时代的信息过滤器，成为经济社会发展的记录仪，成为政策制定、评估、调整的智力源，社会科学研究的资料集成库。"皮书"的概念不断延展，"皮书"的种类更加丰富，"皮书"的功能日渐完善。

1997～2017，皮书及皮书数据库已成为中国新型智库建设不可或缺的抓手与平台，成为政府、企业和各类社会组织决策的利器，成为人文社科研究最基本的资料库，成为世界系统完整及时认知当代中国的窗口和通道！"皮书"所具有的凝聚力正在形成一种无形的力量，吸引着社会各界关注中国的发展，参与中国的发展。

二十年的"皮书"正值青春，愿每一位皮书人付出的年华与智慧不辜负这个时代！

社会科学文献出版社社长
中国社会学会秘书长

2016年11月

社会科学文献出版社简介

社会科学文献出版社成立于1985年，是直属于中国社会科学院的人文社会科学学术出版机构。成立以来，社科文献出版社依托于中国社会科学院和国内外人文社会科学界丰厚的学术出版和专家学者资源，始终坚持"创社科经典，出传世文献"的出版理念、"权威、前沿、原创"的产品定位以及学术成果和智库成果出版的专业化、数字化、国际化、市场化的经营道路。

社科文献出版社是中国新闻出版业转型与文化体制改革的先行者。积极探索文化体制改革的先进方向和现代企业经营决策机制，社科文献出版社先后荣获"全国文化体制改革工作先进单位"、中国出版政府奖·先进出版单位奖，中国社会科学院先进集体、全国科普工作先进集体等荣誉称号。多人次荣获"第十届韬奋出版奖""全国新闻出版行业领军人才""数字出版先进人物""北京市新闻出版广电行业领军人才"等称号。

社科文献出版社是中国人文社会科学学术出版的大社名社，也是以皮书为代表的智库成果出版的专业强社。年出版图书2000余种，其中皮书350余种，出版新书字数5.5亿字，承印与发行中国社科院院属期刊72种，先后创立了皮书系列、列国志、中国史话、社科文献学术译库、社科文献学术文库、甲骨文书系等一大批既有学术影响又有市场价值的品牌，确立了在社会学、近代史、苏东问题研究等专业学科及领域出版的领先地位。图书多次荣获中国出版政府奖、"三个一百"原创图书出版工程、"五个'一'工程奖"、"大众喜爱的50种图书"等奖项，在中央国家机关"强素质·做表率"读书活动中，入选图书品种数位居各大出版社之首。

社科文献出版社是中国学术出版规范与标准的倡议者与制定者，代表全国50多家出版社发起实施学术著作出版规范的倡议，承担学术著作规范国家标准的起草工作，率先编撰完成《皮书手册》对皮书品牌进行规范化管理，并在此基础上推出中国版芝加哥手册——《SSAP学术出版手册》。

社科文献出版社是中国数字出版的引领者，拥有皮书数据库、列国志数据库、"一带一路"数据库、减贫数据库、集刊数据库等4大产品线11个数据库产品，机构用户达1300余家，海外用户百余家，荣获"数字出版转型示范单位""新闻出版标准化先进单位""专业数字内容资源知识服务模式试点企业标准化示范单位"等称号。

社科文献出版社是中国学术出版走出去的践行者。社科文献出版社海外图书出版与学术合作业务遍及全球40余个国家和地区并于2016年成立俄罗斯分社，累计输出图书500余种，涉及近20个语种，累计获得国家社科基金中华学术外译项目资助76种、"丝路书香工程"项目资助60种、中国图书对外推广计划项目资助71种以及经典中国国际出版工程资助28种，被商务部认定为"2015-2016年度国家文化出口重点企业"。

如今，社科文献出版社拥有固定资产3.6亿元，年收入近3亿元，设置了七大出版分社、六大专业部门，成立了皮书研究院和博士后科研工作站，培养了一支近400人的高素质与高效率的编辑、出版、营销和国际推广队伍，为未来成为学术出版的大社、名社、强社，成为文化体制改革与文化企业转型发展的排头兵奠定了坚实的基础。

经济类 皮书系列 重点推荐

经 济 类

经济类皮书涵盖宏观经济、城市经济、大区域经济，提供权威、前沿的分析与预测

经济蓝皮书
2017年中国经济形势分析与预测

李扬/主编　2017年1月出版　定价：89.00元

◆ 本书为总理基金项目，由著名经济学家李扬领衔，联合中国社会科学院等数十家科研机构、国家部委和高等院校的专家共同撰写，系统分析了2016年的中国经济形势并预测2017年中国经济运行情况。

中国省域竞争力蓝皮书
中国省域经济综合竞争力发展报告（2015～2016）

李建平　李闽榕　高燕京/主编　2017年5月出版　定价：198.00元

◆ 本书融多学科的理论为一体，深入追踪研究了省域经济发展与中国国家竞争力的内在关系，为提升中国省域经济综合竞争力提供有价值的决策依据。

城市蓝皮书
中国城市发展报告No.10

潘家华　单菁菁/主编　2017年9月出版　估价：89.00元

◆ 本书是由中国社会科学院城市发展与环境研究中心编著的，多角度、全方位地立体展示了中国城市的发展状况，并对中国城市的未来发展提出了许多建议。该书有强烈的时代感，对中国城市发展实践有重要的参考价值。

经济类

人口与劳动绿皮书
中国人口与劳动问题报告 No.18

蔡昉 张车伟 / 主编　2017 年 10 月出版　估价：89.00 元

◆ 本书为中国社会科学院人口与劳动经济研究所主编的年度报告，对当前中国人口与劳动形势做了比较全面和系统的深入讨论，为研究中国人口与劳动问题提供了一个专业性的视角。

世界经济黄皮书
2017 年世界经济形势分析与预测

张宇燕 / 主编　2017 年 1 月出版　定价：89.00 元

◆ 本书由中国社会科学院世界经济与政治研究所的研究团队撰写，2016 年世界经济增速进一步放缓，就业增长放慢。世界经济面临许多重大挑战同时，地缘政治风险、难民危机、大国政治周期、恐怖主义等问题也仍然在影响世界经济的稳定与发展。预计 2017 年按 PPP 计算的世界 GDP 增长率约为 3.0%。

国际城市蓝皮书
国际城市发展报告（2017）

屠启宇 / 主编　2017 年 2 月出版　定价：79.00 元

◆ 本书作者以上海社会科学院从事国际城市研究的学者团队为核心，汇集同济大学、华东师范大学、复旦大学、上海交通大学、南京大学、浙江大学相关城市研究专业学者。立足动态跟踪介绍国际城市发展时间中，最新出现的重大战略、重大理念、重大项目、重大报告和最佳案例。

金融蓝皮书
中国金融发展报告（2017）

王国刚 / 主编　2017 年 2 月出版　定价：79.00 元

◆ 本书由中国社会科学院金融研究所组织编写，概括和分析了 2016 年中国金融发展和运行中的各方面情况，研讨和评论了 2016 年发生的主要金融事件，有利于读者了解掌握 2016 年中国的金融状况，把握 2017 年中国金融的走势。

经济类　皮书系列 重点推荐

农村绿皮书
中国农村经济形势分析与预测（2016~2017）

魏后凯　杜志雄　黄秉信/主编　2017年4月出版　估价：89.00元

◆ 本书描述了2016年中国农业农村经济发展的一些主要指标和变化，并对2017年中国农业农村经济形势的一些展望和预测，提出相应的政策建议。

西部蓝皮书
中国西部发展报告（2017）

徐璋勇/主编　2017年7月出版　估价：89.00元

◆ 本书由西北大学中国西部经济发展研究中心主编，汇集了源自西部本土以及国内研究西部问题的权威专家的第一手资料，对国家实施西部大开发战略进行年度动态跟踪，并对2017年西部经济、社会发展态势进行预测和展望。

经济蓝皮书·夏季号
中国经济增长报告（2016~2017）

李扬/主编　2017年9月出版　估价：98.00元

◆ 中国经济增长报告主要探讨2016~2017年中国经济增长问题，以专业视角解读中国经济增长，力求将其打造成一个研究中国经济增长、服务宏微观各级决策的周期性、权威性读物。

就业蓝皮书
2017年中国本科生就业报告

麦可思研究院/编著　2017年6月出版　估价：98.00元

◆ 本书基于大量的数据和调研，内容翔实，调查独到，分析到位，用数据说话，对中国大学生就业及学校专业设置起到了很好的建言献策作用。

社会政法类

社会政法类皮书聚焦社会发展领域的热点、难点问题，提供权威、原创的资讯与视点

社会蓝皮书
2017年中国社会形势分析与预测
李培林　陈光金　张翼/主编　2016年12月出版　定价：89.00元

◆ 本书由中国社会科学院社会学研究所组织研究机构专家、高校学者和政府研究人员撰写，聚焦当下社会热点，对2016年中国社会发展的各个方面内容进行了权威解读，同时对2017年社会形势发展趋势进行了预测。

法治蓝皮书
中国法治发展报告No.15（2017）
李林　田禾/主编　2017年3月出版　定价：118.00元

◆ 本年度法治蓝皮书回顾总结了2016年度中国法治发展取得的成就和存在的不足，对中国政府、司法、检务透明度进行了跟踪调研，并对2017年中国法治发展形势进行了预测和展望。

社会体制蓝皮书
中国社会体制改革报告No.5（2017）
龚维斌/主编　2017年3月出版　定价：89.00元

◆ 本书由国家行政学院社会治理研究中心和北京师范大学中国社会管理研究院共同组织编写，主要对2016年社会体制改革情况进行回顾和总结，对2017年的改革走向进行分析，提出相关政策建议。

社会心态蓝皮书
中国社会心态研究报告（2017）

王俊秀　杨宜音 / 主编　2017 年 12 月出版　估价：89.00 元

◆ 本书是中国社会科学院社会学研究所社会心理研究中心"社会心态蓝皮书课题组"的年度研究成果，运用社会心理学、社会学、经济学、传播学等多种学科的方法进行了调查和研究，对于目前中国社会心态状况有较广泛和深入的揭示。

生态城市绿皮书
中国生态城市建设发展报告（2017）

刘举科　孙伟平　胡文臻 / 主编　2017 年 7 月出版　估价：118.00 元

◆ 报告以绿色发展、循环经济、低碳生活、民生宜居为理念，以更新民众观念、提供决策咨询、指导工程实践、引领绿色发展为宗旨，试图探索一条具有中国特色的城市生态文明建设新路。

城市生活质量蓝皮书
中国城市生活质量报告（2017）

中国经济实验研究院 / 主编　2017 年 7 月出版　估价：89.00 元

◆ 本书对全国 35 个城市居民的生活质量主观满意度进行了电话调查，同时对 35 个城市居民的客观生活质量指数进行了计算，为中国城市居民生活质量的提升，提出了针对性的政策建议。

公共服务蓝皮书
中国城市基本公共服务力评价（2017）

钟君　刘志昌　吴正杲 / 主编　2017 年 12 月出版　估价：89.00 元

◆ 中国社会科学院经济与社会建设研究室与华图政信调查组成联合课题组，从 2010 年开始对基本公共服务力进行研究，研创了基本公共服务力评价指标体系，为政府考核公共服务与社会管理工作提供了理论工具。

皮书系列 重点推荐　　行业报告类

行业报告类

行业报告类皮书立足重点行业、新兴行业领域，提供及时、前瞻的数据与信息

企业社会责任蓝皮书
中国企业社会责任研究报告（2017）

黄群慧　钟宏武　张蒽　翟利峰 / 著　2017年10月出版　估价：89.00元

◆ 本书剖析了中国企业社会责任在2016～2017年度的最新发展特征，详细解读了省域国有企业在社会责任方面的阶段性特征，生动呈现了国内外优秀企业的社会责任实践。对了解中国企业社会责任履行现状、未来发展，以及推动社会责任建设有重要的参考价值。

新能源汽车蓝皮书
中国新能源汽车产业发展报告（2017）

中国汽车技术研究中心　日产（中国）投资有限公司　东风汽车有限公司 / 编著　2017年7月出版　估价：98.00元

◆ 本书对中国2016年新能源汽车产业发展进行了全面系统的分析，并介绍了国外的发展经验。有助于相关机构、行业和社会公众等了解中国新能源汽车产业发展的最新动态，为政府部门出台新能源汽车产业相关政策法规、企业制定相关战略规划，提供必要的借鉴和参考。

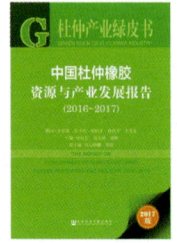

杜仲产业绿皮书
中国杜仲橡胶资源与产业发展报告（2016～2017）

杜红岩　胡文臻　俞锐 / 主编　2017年4月出版　估价：85.00元

◆ 本书对2016年杜仲产业的发展情况、研究团队在杜仲研究方面取得的重要成果、部分地区杜仲产业发展的具体情况、杜仲新标准的制定情况等进行了较为详细的分析与介绍，使广大关心杜仲产业发展的读者能够及时跟踪产业最新进展。

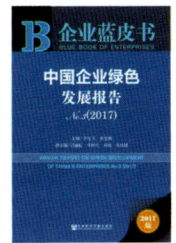

企业蓝皮书

中国企业绿色发展报告 No.2（2017）

李红玉　朱光辉 / 主编　　2017 年 8 月出版　　估价：89.00 元

◆ 本书深入分析中国企业能源消费、资源利用、绿色金融、绿色产品、绿色管理、信息化、绿色发展政策及绿色文化方面的现状，并对目前存在的问题进行研究，剖析因果，谋划对策，为企业绿色发展提供借鉴，为中国生态文明建设提供支撑。

中国上市公司蓝皮书

中国上市公司发展报告（2017）

张平　王宏淼 / 主编　　2017 年 10 月出版　　估价：98.00 元

◆ 本书由中国社会科学院上市公司研究中心组织编写的，着力于全面、真实、客观反映当前中国上市公司财务状况和价值评估的综合性年度报告。本书详尽分析了 2016 年中国上市公司情况，特别是现实中暴露出的制度性、基础性问题，并对资本市场改革进行了探讨。

资产管理蓝皮书

中国资产管理行业发展报告（2017）

智信资产管理研究院 / 编著　　2017 年 6 月出版　　估价：89.00 元

◆ 中国资产管理行业刚刚兴起，未来将成为中国金融市场最有看点的行业。本书主要分析了 2016 年度资产管理行业的发展情况，同时对资产管理行业的未来发展做出科学的预测。

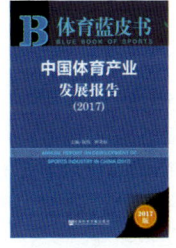

体育蓝皮书

中国体育产业发展报告（2017）

阮伟　钟秉枢 / 主编　　2017 年 12 月出版　　估价：89.00 元

◆ 本书运用多种研究方法，在体育竞赛业、体育用品业、体育场馆业、体育传媒业等传统产业研究的基础上，并对 2016 年体育领域内的各种热点事件进行研究和梳理，进一步拓宽了研究的广度、提升了研究的高度、挖掘了研究的深度。

皮书系列重点推荐　国别与地区类

国际问题类

国际问题类皮书关注全球重点国家与地区，提供全面、独特的解读与研究

美国蓝皮书
美国研究报告（2017）

郑秉文　黄平 / 主编　2017年6月出版　估价：89.00元

◆ 本书是由中国社会科学院美国研究所主持完成的研究成果，它回顾了美国2016年的经济、政治形势与外交战略，对2017年以来美国内政外交发生的重大事件及重要政策进行了较为全面的回顾和梳理。

日本蓝皮书
日本研究报告（2017）

杨伯江 / 主编　2017年5月出版　估价：89.00元

◆ 本书对2016年日本的政治、经济、社会、外交等方面的发展情况做了系统介绍，对日本的热点及焦点问题进行了总结和分析，并在此基础上对该国2017年的发展前景做出预测。

亚太蓝皮书
亚太地区发展报告（2017）

李向阳 / 主编　2017年4月出版　估价：89.00元

◆ 本书是中国社会科学院亚太与全球战略研究院的集体研究成果。2017年的"亚太蓝皮书"继续关注中国周边环境的变化。该书盘点了2016年亚太地区的焦点和热点问题，为深入了解2016年及未来中国与周边环境的复杂形势提供了重要参考。

国别与地区类 皮书系列重点推荐

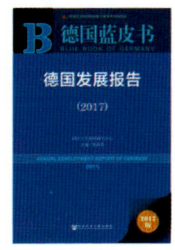

德国蓝皮书
德国发展报告（2017）

郑春荣 / 主编　　2017年6月出版　　估价：89.00元

◆ 本报告由同济大学德国研究所组织编撰，由该领域的专家学者对德国的政治、经济、社会文化、外交等方面的形势发展情况，进行全面的阐述与分析。

日本经济蓝皮书
日本经济与中日经贸关系研究报告（2017）

张季风 / 编著　　2017年5月出版　　估价：89.00元

◆ 本书系统、详细地介绍了2016年日本经济以及中日经贸关系发展情况，在进行了大量数据分析的基础上，对2017年日本经济以及中日经贸关系的大致发展趋势进行了分析与预测。

俄罗斯黄皮书
俄罗斯发展报告（2017）

李永全 / 编著　　2017年7月出版　　估价：89.00元

◆ 本书系统介绍了2016年俄罗斯经济政治情况，并对2016年该地区发生的焦点、热点问题进行了分析与回顾；在此基础上，对该地区2017年的发展前景进行了预测。

非洲黄皮书
非洲发展报告 No.19（2016～2017）

张宏明 / 主编　　2017年8月出版　　估价：89.00元

◆ 本书是由中国社会科学院西亚非洲研究所组织编撰的非洲形势年度报告，比较全面、系统地分析了2016年非洲政治形势和热点问题，探讨了非洲经济形势和市场走向，剖析了大国对非洲关系的新动向；此外，还介绍了国内非洲研究的新成果。

皮书系列
重点推荐　　地方发展类

地方发展类

地方发展类皮书关注中国各省份、经济区域，提供科学、多元的预判与资政信息

北京蓝皮书
北京公共服务发展报告（2016~2017）

施昌奎/主编　2017年3月出版　定价：79.00元

◆ 本书是由北京市政府职能部门的领导、首都著名高校的教授、知名研究机构的专家共同完成的关于北京市公共服务发展与创新的研究成果。

河南蓝皮书
河南经济发展报告（2017）

张占仓　完世伟/主编　2017年4月出版　估价：89.00元

◆ 本书以国内外经济发展环境和走向为背景，主要分析当前河南经济形势，预测未来发展趋势，全面反映河南经济发展的最新动态、热点和问题，为地方经济发展和领导决策提供参考。

广州蓝皮书
2017年中国广州经济形势分析与预测

庾建设　陈浩钿　谢博能/主编　2017年7月出版　估价：85.00元

◆ 本书由广州大学与广州市委政策研究室、广州市统计局联合主编，汇集了广州科研团体、高等院校和政府部门诸多经济问题研究专家、学者和实际部门工作者的最新研究成果，是关于广州经济运行情况和相关专题分析、预测的重要参考资料。

 文化传媒类 皮书系列 重点推荐

文化传媒类

文化传媒类皮书透视文化领域、文化产业，探索文化大繁荣、大发展的路径

新媒体蓝皮书

中国新媒体发展报告 No.8（2017）

唐绪军 / 主编　2017年6月出版　估价：89.00元

◆ 本书是由中国社会科学院新闻与传播研究所组织编写的关于新媒体发展的最新年度报告，旨在全面分析中国新媒体的发展现状，解读新媒体的发展趋势，探析新媒体的深刻影响。

移动互联网蓝皮书

中国移动互联网发展报告（2017）

官建文 / 主编　2017年6月出版　估价：89.00元

◆ 本书着眼于对2016年度中国移动互联网的发展情况做深入解析，对未来发展趋势进行预测，力求从不同视角、不同层面全面剖析中国移动互联网发展的现状、年度突破及热点趋势等。

传媒蓝皮书

中国传媒产业发展报告（2017）

崔保国 / 主编　2017年5月出版　估价：98.00元

◆ "传媒蓝皮书"连续十多年跟踪观察和系统研究中国传媒产业发展。本报告在对传媒产业总体以及各细分行业发展状况与趋势进行深入分析基础上，对年度发展热点进行跟踪，剖析新技术引领下的商业模式，对传媒各领域发展趋势、内体经营、传媒投资进行解析，为中国传媒产业正在发生的变革提供前瞻行参考。

经济类

"三农"互联网金融蓝皮书
中国"三农"互联网金融发展报告（2017）
著(编)者：李勇坚 王弢　　2017年8月出版 / 估价：98.00元
PSN B-2016-561-1/1

G20国家创新竞争力黄皮书
二十国集团（G20）国家创新竞争力发展报告（2016~2017）
著(编)者：李建平　李闽榕　赵新力　周天勇
2017年8月出版 / 估价：158.00元
PSN Y-2011-229-1/1

产业蓝皮书
中国产业竞争力报告（2017）No.7
著(编)者：张其仔　2017年12月出版 / 估价：98.00元
PSN B-2010-175-1/1

城市创新蓝皮书
中国城市创新报告（2017）
著(编)者：周天勇 旷建伟　2017年11月出版 / 估价：89.00元
PSN B-2013-340-1/1

城市蓝皮书
中国城市发展报告 No.10
著(编)者：潘家华 单菁菁　2017年9月出版 / 估价：89.00元
PSN B-2007-091-1/1

城乡一体化蓝皮书
中国城乡一体化发展报告（2016~2017）
著(编)者：汝信 付崇兰　2017年7月出版 / 估价：85.00元
PSN B-2011-226-1/2

城镇化蓝皮书
中国新型城镇化健康发展报告（2017）
著(编)者：张占斌　2017年8月出版 / 估价：89.00元
PSN B-2014-396-1/1

创新蓝皮书
创新型国家建设报告（2016~2017）
著(编)者：詹正茂　2017年12月出版 / 估价：89.00元
PSN B-2009-140-1/1

创业蓝皮书
中国创业发展报告（2016~2017）
著(编)者：黄群慧 赵卫星 钟宏武等
2017年11月出版 / 估价：89.00元
PSN B-2016-578-1/1

低碳发展蓝皮书
中国低碳发展报告（2016~2017）
著(编)者：齐晔 张希良　2017年3月出版 / 估价：98.00元
PSN B-2011-223-1/1

低碳经济蓝皮书
中国低碳经济发展报告（2017）
著(编)者：薛进军 赵忠秀　2017年6月出版 / 估价：85.00元
PSN B-2011-194-1/1

东北蓝皮书
中国东北地区发展报告（2017）
著(编)者：姜晓秋　2017年2月出版 / 定价：79.00元
PSN B-2006-067-1/1

发展与改革蓝皮书
中国经济发展和体制改革报告No.8
著(编)者：邹东涛 王再文　2017年4月出版 / 估价：98.00元
PSN B-2008-122-1/1

工业化蓝皮书
中国工业化进程报告（2017）
著(编)者：黄群慧　2017年12月出版 / 估价：158.00元
PSN B-2007-095-1/1

管理蓝皮书
中国管理发展报告（2017）
著(编)者：张晓东　2017年10月出版 / 估价：98.00元
PSN B-2014-416-1/1

国际城市蓝皮书
国际城市发展报告（2017）
著(编)者：屠启宇　2017年2月出版 / 定价：79.00元
PSN B-2012-260-1/1

国家创新蓝皮书
中国创新发展报告（2017）
著(编)者：陈劲　2017年12月出版 / 估价：89.00元
PSN B-2014-370-1/1

金融蓝皮书
中国金融发展报告（2017）
著(编)者：王国刚　2017年2月出版 / 定价：79.00元
PSN B-2004-031-1/6

京津冀金融蓝皮书
京津冀金融发展报告（2017）
著(编)者：王爱俭 李向前
2017年4月出版 / 估价：89.00元
PSN B-2016-528-1/1

京津冀蓝皮书
京津冀发展报告（2017）
著(编)者：文魁 祝尔娟　2017年4月出版 / 估价：89.00元
PSN B-2012-262-1/1

经济蓝皮书
2017年中国经济形势分析与预测
著(编)者：李扬　2017年1月出版 / 定价：89.00元
PSN B-1996-001-1/1

经济蓝皮书·春季号
2017年中国经济前景分析
著(编)者：李扬　2017年6月出版 / 估价：89.00元
PSN B-1999-008-1/1

经济蓝皮书·夏季号
中国经济增长报告（2016~2017）
著(编)者：李扬　2017年9月出版 / 估价：98.00元
PSN B-2010-176-1/1

经济信息绿皮书
中国与世界经济发展报告（2017）
著(编)者：杜平　2017年12月出版 / 估价：89.00元
PSN G-2003-023-1/1

就业蓝皮书
2017年中国本科生就业报告
著(编)者：麦可思研究院　2017年6月出版 / 估价：98.00元
PSN B-2009-146-1/2

经济类 — 皮书系列 2017全品种

就业蓝皮书
2017年中国高职高专生就业报告
著(编)者：麦可思研究院　2017年6月出版　估价：98.00元
PSN B-2015-472-2/2

科普能力蓝皮书
中国科普能力评价报告（2017）
著(编)者：李富　强李群　2017年8月出版　估价：89.00元
PSN B-2016-556-1/1

临空经济蓝皮书
中国临空经济发展报告（2017）
著(编)者：连玉明　2017年9月出版　估价：89.00元
PSN B-2014-421-1/1

农村绿皮书
中国农村经济形势分析与预测（2016~2017）
著(编)者：魏后凯　杜志雄　黄秉信
2017年4月出版　估价：89.00元
PSN G-1998-003-1/1

农业应对气候变化蓝皮书
气候变化对中国农业影响评估报告 No.3
著(编)者：矫梅燕　2017年8月出版　估价：98.00元
PSN B-2014-413-1/1

气候变化绿皮书
应对气候变化报告（2017）
著(编)者：王伟光　郑国光　2017年6月出版　估价：89.00元
PSN G-2009-144-1/1

区域蓝皮书
中国区域经济发展报告（2016~2017）
著(编)者：赵弘　2017年6月出版　估价：89.00元
PSN B-2004-034-1/1

全球环境竞争力绿皮书
全球环境竞争力报告（2017）
著(编)者：李建平　李闽榕　王金南
2017年12月出版　估价：198.00元
PSN G-2013-363-1/1

人口与劳动绿皮书
中国人口与劳动问题报告 No.18
著(编)者：蔡昉　张车伟　2017年11月出版　估价：89.00元
PSN G-2000-012-1/1

商务中心区蓝皮书
中国商务中心区发展报告 No.3（2016）
著(编)者：李国红　单菁菁　2017年4月出版　估价：89.00元
PSN B-2015-444-1/1

世界经济黄皮书
2017年世界经济形势分析与预测
著(编)者：张宇燕　2017年1月出版　定价：89.00元
PSN Y-1999-006-1/1

世界旅游城市绿皮书
世界旅游城市发展报告（2017）
著(编)者：宋宇　2017年4月出版　估价：128.00元
PSN G-2014-400-1/1

土地市场蓝皮书
中国农村土地市场发展报告（2016~2017）
著(编)者：李光荣　2017年4月出版　估价：89.00元
PSN B-2016-527-1/1

西北蓝皮书
中国西北发展报告（2017）
著(编)者：高建龙　2017年4月出版　估价：89.00元
PSN B-2012-261-1/1

西部蓝皮书
中国西部发展报告（2017）
著(编)者：徐璋勇　2017年7月出版　估价：89.00元
PSN B-2005-039-1/1

新型城镇化蓝皮书
新型城镇化发展报告（2017）
著(编)者：李伟　宋敏　沈体雁　2017年4月出版　估价：98.00元
PSN B-2014-431-1/1

新兴经济体蓝皮书
金砖国家发展报告（2017）
著(编)者：林跃勤　周文　2017年12月出版　估价：89.00元
PSN B-2011-195-1/1

长三角蓝皮书
2017年新常态下深化一体化的长三角
著(编)者：王庆五　2017年12月出版　估价：88.00元
PSN B-2005-038-1/1

中部竞争力蓝皮书
中国中部经济社会竞争力报告（2017）
著(编)者：教育部人文社会科学重点研究基地
　　　　　南昌大学中国中部经济社会发展研究中心
2017年12月出版　估价：89.00元
PSN B-2012-276-1/1

中部蓝皮书
中国中部地区发展报告（2017）
著(编)者：宋亚平　2017年12月出版　估价：88.00元
PSN B-2007-089-1/1

中国省域竞争力蓝皮书
中国省域经济综合竞争力发展报告（2017）
著(编)者：李建平　李闽榕　高燕京
2017年2月出版　定价：198.00元
PSN B-2007-088-1/1

中三角蓝皮书
长江中游城市群发展报告（2017）
著(编)者：秦尊文　2017年9月出版　估价：89.00元
PSN B-2014-417-1/1

中小城市绿皮书
中国中小城市发展报告（2017）
著(编)者：中国城市经济学会中小城市经济发展委员会
　　　　　中国城镇化促进会中小城市发展委员会
　　　　　《中国中小城市发展报告》编纂委员会
　　　　　中小城市发展战略研究院
2017年11月出版　估价：128.00元
PSN G-2010-161-1/1

中原蓝皮书
中原经济区发展报告（2017）
著(编)者：李英杰　2017年6月出版　估价：88.00元
PSN B-2011-192-1/1

自贸区蓝皮书
中国自贸区发展报告（2017）
著(编)者：王力　2017年7月出版　估价：89.00元
PSN B-2016-559-1/1

社会政法类

北京蓝皮书
中国社区发展报告（2017）
著（编）者：于燕燕　　2017年4月出版 / 估价：89.00元
PSN B-2007-083-5/8

殡葬绿皮书
中国殡葬事业发展报告（2017）
著（编）者：李伯森　　2017年4月出版 / 估价：158.00元
PSN G-2010-180-1/1

城市管理蓝皮书
中国城市管理报告（2016~2017）
著（编）者：刘林　刘承水　2017年5月出版 / 估价：158.00元
PSN B-2013-336-1/1

城市生活质量蓝皮书
中国城市生活质量报告（2017）
著（编）者：中国经济实验研究院
2018年7月出版 / 估价：89.00元
PSN B-2013-326-1/1

城市政府能力蓝皮书
中国城市政府公共服务能力评估报告（2017）
著（编）者：何艳玲　　2017年4月出版 / 估价：89.00元
PSN B-2013-338-1/1

慈善蓝皮书
中国慈善发展报告（2017）
著（编）者：杨团　　2017年6月出版 / 估价：89.00元
PSN B-2009-142-1/1

党建蓝皮书
党的建设研究报告 No.2（2017）
著（编）者：崔建民　陈东平　2017年4月出版 / 估价：89.00元
PSN B-2016-524-1/1

地方法治蓝皮书
中国地方法治发展报告 No.3（2017）
著（编）者：李林　田禾　2017年4出版 / 估价：108.00元
PSN B-2015-442-1/1

法治蓝皮书
中国法治发展报告 No.15（2017）
著（编）者：李林　田禾　2017年3月出版 / 定价：118.00元
PSN B-2004-027-1/1

法治政府蓝皮书
中国法治政府发展报告（2017）
著（编）者：中国政法大学法治政府研究院
2017年4月出版 / 估价：98.00元
PSN B-2015-502-1/2

法治政府蓝皮书
中国法治政府评估报告（2017）
著（编）者：中国政法大学法治政府研究院
2017年11月出版 / 估价：98.00元
PSN B-2016-577-2/2

法治蓝皮书
中国法院信息化发展报告 No.1（2017）
著（编）者：李林　田禾　2017年2月出版 / 定价：108.00元
PSN B-2017-604-3/3

反腐倡廉蓝皮书
中国反腐倡廉建设报告 No.7
著（编）者：张英伟　　2017年12月出版 / 估价：89.00元
PSN B-2012-259-1/1

非传统安全蓝皮书
中国非传统安全研究报告（2016~2017）
著（编）者：余潇枫　魏志江　2017年6月出版 / 估价：89.00元
PSN B-2012-273-1/1

妇女发展蓝皮书
中国妇女发展报告 No.7
著（编）者：王金玲　　2017年9月出版 / 估价：148.00元
PSN B-2006-069-1/1

妇女教育蓝皮书
中国妇女教育发展报告 No.4
著（编）者：张李玺　　2017年10月出版 / 估价：78.00元
PSN B-2008-121-1/1

妇女绿皮书
中国性别平等与妇女发展报告（2017）
著（编）者：谭琳　　2017年12月出版 / 估价：99.00元
PSN G-2006-073-1/1

公共服务蓝皮书
中国城市基本公共服务力评价（2017）
著（编）者：钟君　刘志昌　吴正杲　2017年12月出版 / 估价：89.00
PSN B-2011-214-1/1

公民科学素质蓝皮书
中国公民科学素质报告（2016~2017）
著（编）者：李群　陈雄　马宗文
2017年4月出版 / 估价：89.00元
PSN B-2014-379-1/1

公共关系蓝皮书
中国公共关系发展报告（2017）
著（编）者：柳斌杰　　2017年11月出版 / 估价：89.00元
PSN B-2016-580-1/1

公益蓝皮书
中国公益慈善发展报告（2017）
著（编）者：朱健刚　　2018年4月出版 / 估价：118.00元
PSN B-2012-283-1/1

国际人才蓝皮书
中国国际移民报告（2017）
著（编）者：王辉耀　　2017年4月出版 / 估价：89.00元
PSN B-2012-304-3/4

国际人才蓝皮书
中国留学发展报告（2017）No.5
著（编）者：王辉耀　苗绿　2017年10月出版 / 估价：89.00元
PSN B-2012-244-2/4

海洋社会蓝皮书
中国海洋社会发展报告（2017）
著（编）者：崔凤　宋宁而　2017年7月出版 / 估价：89.00元
PSN B-2015-478-1/1

社会政法类 | 皮书系列 2017全品种

行政改革蓝皮书
中国行政体制改革报告（2017）No.6
著(编)者：魏礼群　2017年5月出版／估价：98.00元
PSN B-2011-231-1/1

华侨华人蓝皮书
华侨华人研究报告（2017）
著(编)者：贾益民　2017年12月出版／估价：128.00元
PSN B-2011-204-1/1

环境竞争力绿皮书
中国省域环境竞争力发展报告（2017）
著(编)者：李建平　李闽榕　王金南
2017年11月出版／估价：198.00元
PSN G-2010-165-1/1

环境绿皮书
中国环境发展报告（2017）
著(编)者：刘鉴强　2017年4月出版／估价：89.00元
PSN G-2006-048-1/1

基金会蓝皮书
中国基金会发展报告（2016~2017）
著(编)者：中国基金会发展报告课题组
2017年4月出版／估价：85.00元
PSN B-2013-368-1/1

基金会绿皮书
中国基金会发展独立研究报告（2017）
著(编)者：基金会中心网　中央民族大学基金会研究中心
2017年6月出版／估价：88.00元
PSN G-2011-213-1/1

基金会透明度蓝皮书
中国基金会透明度发展研究报告（2017）
著(编)者：基金会中心网　清华大学廉政与治理研究中心
2017年12月出版／估价：89.00元
PSN B-2015-509-1/1

家庭蓝皮书
中国"创建幸福家庭活动"评估报告（2017）
国务院发展研究中心"创建幸福家庭活动评估"课题组著
2017年8月出版／估价：89.00元
PSN B-2015-508-1/1

健康城市蓝皮书
中国健康城市建设研究报告（2017）
著(编)者：王鸿春　解树江　盛继洪
2017年9月出版／估价：89.00元
PSN B-2016-565-2/2

教师蓝皮书
中国中小学教师发展报告（2017）
著(编)者：曾晓东　鱼霞　2017年6月出版／估价：89.00元
PSN B-2012-289-1/1

教育蓝皮书
中国教育发展报告（2017）
著(编)者：杨东平　2017年4月出版／估价：89.00元
PSN B-2006-047-1/1

科普蓝皮书
中国基层科普发展报告（2016～2017）
著(编)者：赵立　新陈玲　2017年9月出版／估价：89.00元
PSN B-2016-569-3/3

科普蓝皮书
中国科普基础设施发展报告（2017）
著(编)者：任福君　2017年6月出版／估价：89.00元
PSN B-2010-174-1/3

科普蓝皮书
中国科普人才发展报告（2017）
著(编)者：郑念　任嵘嵘　2017年4月出版／估价：98.00元
PSN B-2015-512-2/3

科学教育蓝皮书
中国科学教育发展报告（2017）
著(编)者：罗晖　王康友　2017年10月出版／估价：89.00元
PSN B-2015-487-1/1

劳动保障蓝皮书
中国劳动保障发展报告（2017）
著(编)者：刘燕斌　2017年9月出版／估价：188.00元
PSN B-2014-415-1/1

老龄蓝皮书
中国老年宜居环境发展报告（2017）
著(编)者：党俊武　周燕珉　2017年4月出版／估价：89.00元
PSN B-2013-320-1/1

连片特困区蓝皮书
中国连片特困区发展报告（2017）
著(编)者：游俊　冷志明　丁建军
2017年4月出版／估价：98.00元
PSN B-2013-321-1/1

流动儿童蓝皮书
中国流动儿童教育发展报告（2016）
著(编)者：杨东平　2017年1月出版／定价：79.00元
PSN B-2017-600-1/1

民调蓝皮书
中国民生调查报告（2017）
著(编)者：谢耘耕　2017年12月出版／估价：98.00元
PSN B-2014-398-1/1

民族发展蓝皮书
中国民族发展报告（2017）
著(编)者：郝时远　王延中　王希恩
2017年4月出版／估价：98.00元
PSN B-2006-070-1/1

女性生活蓝皮书
中国女性生活状况报告No.11（2017）
著(编)者：韩湘景　2017年10月出版／估价：98.00元
PSN B-2006-071-1/1

汽车社会蓝皮书
中国汽车社会发展报告（2017）
著(编)者：王俊秀　2017年12月出版／估价：89.00元
PSN B-2011-224-1/1

皮书系列 2017全品种 — 社会政法类

青年蓝皮书
中国青年发展报告（2017）No.3
著（编）者：廉思 等　2017年4月出版 / 估价：89.00元
PSN B-2013-333-1/1

青少年蓝皮书
中国未成年人互联网运用报告（2017）
著（编）者：李文革 沈洁 季为民
2017年11月出版 / 估价：89.00元
PSN B-2010-165-1/1

青少年体育蓝皮书
中国青少年体育发展报告（2017）
著（编）者：郭建军 杨桦　2017年9月出版 / 估价：89.00元
PSN B-2015-482-1/1

群众体育蓝皮书
中国群众体育发展报告（2017）
著（编）者：刘国永 杨桦　2017年12月出版 / 估价：89.00元
PSN B-2016-519-2/3

人权蓝皮书
中国人权事业发展报告 No.7（2017）
著（编）者：李君如　2017年9月出版 / 估价：98.00元
PSN B-2011-215-1/1

社会保障绿皮书
中国社会保障发展报告（2017）No.8
著（编）者：王延中　2017年1月出版 / 估价：98.00元
PSN G-2001-014-1/1

社会风险评估蓝皮书
风险评估与危机预警评估报告（2017）
著（编）者：唐钧　2017年8月出版 / 估价：85.00元
PSN B-2016-521-1/1

社会管理蓝皮书
中国社会管理创新报告 No.5
著（编）者：连玉明　2017年11月出版 / 估价：89.00元
PSN B-2012-300-1/1

社会蓝皮书
2017年中国社会形势分析与预测
著（编）者：李培林 陈光金 张翼
2016年12月出版 / 估价：89.00元
PSN B-1998-002-1/1

社会体制蓝皮书
中国社会体制改革报告No.5（2017）
著（编）者：龚维斌　2017年3月出版 / 定价：89.00元
PSN B-2013-330-1/1

社会心态蓝皮书
中国社会心态研究报告（2017）
著（编）者：王俊秀 杨宜音　2017年12月出版 / 估价：89.00元
PSN B-2011-199-1/1

社会组织蓝皮书
中国社会组织发展报告（2016~2017）
著（编）者：黄晓勇　2017年1月出版 / 定价：89.00元
PSN B-2008-118-1/2

社会组织蓝皮书
中国社会组织评估发展报告（2017）
著（编）者：徐家良 廖鸿　2017年12月出版 / 估价：89.00元
PSN B-2013-366-1/1

生态城市绿皮书
中国生态城市建设发展报告（2017）
著（编）者：刘举科 孙伟平 胡文臻
2017年9月出版 / 估价：118.00元
PSN G-2012-269-1/1

生态文明绿皮书
中国省域生态文明建设评价报告（ECI 2017）
著（编）者：严耕　2017年12月出版 / 估价：98.00元
PSN G-2010-170-1/1

土地整治蓝皮书
中国土地整治发展研究报告 No.4
著（编）者：国土资源部土地整治中心
2017年7月出版 / 估价：89.00元
PSN B-2014-401-1/1

土地政策蓝皮书
中国土地政策研究报告（2017）
著（编）者：高延利 李宪文
2017年12月出版 / 定价：89.00元
PSN B-2015-506-1/1

医改蓝皮书
中国医药卫生体制改革报告（2017）
著（编）者：文学国 房志武　2017年11月出版 / 估价：98.00元
PSN B-2014-432-1/1

医疗卫生绿皮书
中国医疗卫生发展报告 No.7（2017）
著（编）者：申宝忠 韩玉珍　2017年4月出版 / 估价：85.00元
PSN G-2004-033-1/1

应急管理蓝皮书
中国应急管理报告（2017）
著（编）者：宋英华　2017年9月出版 / 估价：98.00元
PSN B-2016-563-1/1

政治参与蓝皮书
中国政治参与报告（2017）
著（编）者：房宁　2017年9月出版 / 估价：118.00元
PSN B-2011-200-1/1

宗教蓝皮书
中国宗教报告（2016）
著（编）者：邱永辉　2017年4月出版 / 估价：89.00元
PSN B-2008-117-1/1

行业报告类

SUV蓝皮书
中国SUV市场发展报告（2016~2017）
著（编）者：靳军　2017年9月出版／估价：89.00元
PSN B-2016-572-1/1

保健蓝皮书
中国保健服务产业发展报告No.2
著（编）者：中国保健协会　中共中央党校
2017年7月出版／估价：198.00元
PSN B-2012-272-3/3

保健蓝皮书
中国保健食品产业发展报告No.2
著（编）者：中国保健协会
　　　　　中国社会科学院食品药品产业发展与监管研究中心
2017年7月出版／估价：198.00元
PSN B-2012-271-2/3

保健蓝皮书
中国保健用品产业发展报告No.2
著（编）者：中国保健协会
　　　　　国务院国有资产监督管理委员会研究中心
2017年4月出版／估价：198.00元
PSN B-2012-270-1/3

保险蓝皮书
中国保险业竞争力报告（2017）
著（编）者：项俊波　2017年12月出版／估价：99.00元
PSN B-2013-311-1/1

冰雪蓝皮书
中国滑雪产业发展报告（2017）
著（编）者：孙承华　伍斌　魏庆华　张鸿俊
2017年8月出版／估价：89.00元
PSN B-2016-560-1/1

彩票蓝皮书
中国彩票发展报告（2017）
著（编）者：益彩基金　2017年4月出版／估价：98.00元
PSN B-2015-462-1/1

餐饮产业蓝皮书
中国餐饮产业发展报告（2017）
著（编）者：邢颖　2017年6月出版／估价：98.00元
PSN B-2009-151-1/1

测绘地理信息蓝皮书
新常态下的测绘地理信息研究报告（2017）
著（编）者：库热西·买合苏提
2017年12月出版／估价：118.00元
PSN B-2009-145-1/1

茶业蓝皮书
中国茶产业发展报告（2017）
著（编）者：杨江帆　李闽榕　2017年10月出版／估价：88.00元
PSN B-2010-164-1/1

产权市场蓝皮书
中国产权市场发展报告（2016~2017）
著（编）者：曹和平　2017年5月出版／估价：89.00元
PSN B-2009-147-1/1

产业安全蓝皮书
中国出版传媒产业安全报告（2016~2017）
著（编）者：北京印刷学院文化产业安全研究院
2017年4月出版／估价：89.00元
PSN B-2014-384-13/14

产业安全蓝皮书
中国文化产业安全报告（2017）
著（编）者：北京印刷学院文化产业安全研究院
2017年12月出版／估价：89.00元
PSN B-2014-378-12/14

产业安全蓝皮书
中国新媒体产业安全报告（2017）
著（编）者：北京印刷学院文化产业安全研究院
2017年12月出版／估价：89.00元
PSN B-2015-500-14/14

城投蓝皮书
中国城投行业发展报告（2017）
著（编）者：王晨艳　丁伯康　2017年11月出版／估价：300.00元
PSN B-2016-514-1/1

电子政务蓝皮书
中国电子政务发展报告（2016~2017）
著（编）者：李季　杜平　2017年7月出版／估价：89.00元
PSN B-2003-022-1/1

杜仲产业绿皮书
中国杜仲橡胶资源与产业发展报告（2016~2017）
著（编）者：杜红岩　胡文臻　俞锐
2017年4月出版／估价：85.00元
PSN G-2013-350-1/1

房地产蓝皮书
中国房地产发展报告No.14（2017）
著（编）者：李春华　王业强　2017年5月出版／估价：89.00元
PSN B-2004-028-1/1

服务外包蓝皮书
中国服务外包产业发展报告（2017）
著（编）者：王晓红　刘德军
2017年6月出版／估价：89.00元
PSN B-2013-331-2/2

服务外包蓝皮书
中国服务外包竞争力报告（2017）
著（编）者：王力　刘春生　黄育华
2017年11月出版／估价：85.00元
PSN B-2011-216-1/2

工业和信息化蓝皮书
世界网络安全发展报告（2016~2017）
著（编）者：洪京一　2017年4月出版／估价：89.00元
PSN B-2015-452-5/5

工业和信息化蓝皮书
世界信息化发展报告（2016~2017）
著（编）者：洪京一　2017年4月出版／估价：89.00元
PSN B-2015-451-4/5

皮书系列 2017全品种 — 行业报告类

工业和信息化蓝皮书
世界信息技术产业发展报告（2016~2017）
著(编)者：洪京一　2017年4月出版／估价：89.00元
PSN B-2015-449-2/5

工业和信息化蓝皮书
移动互联网产业发展报告（2016~2017）
著(编)者：洪京一　2017年4月出版／估价：89.00元
PSN B-2015-448-1/5

工业和信息化蓝皮书
战略性新兴产业发展报告（2016~2017）
著(编)者：洪京一　2017年4月出版／估价：89.00元
PSN B-2015-450-3/5

工业设计蓝皮书
中国工业设计发展报告（2017）
著(编)者：王晓红　于炜　张立群
2017年9月出版／估价：138.00元
PSN B-2014-420-1/1

黄金市场蓝皮书
中国商业银行黄金业务发展报告（2016~2017）
著(编)者：平安银行　2017年4月出版／估价：98.00元
PSN B-2016-525-1/1

互联网金融蓝皮书
中国互联网金融发展报告（2017）
著(编)者：李东荣　2017年9月出版／估价：128.00元
PSN B-2014-374-1/1

互联网医疗蓝皮书
中国互联网医疗发展报告（2017）
著(编)者：宫晓东　2017年9月出版／估价：89.00元
PSN B-2016-568-1/1

会展蓝皮书
中外会展业动态评估年度报告（2017）
著(编)者：张敏　2017年4月出版／估价：88.00元
PSN B-2013-327-1/1

金融监管蓝皮书
中国金融监管报告（2017）
著(编)者：胡滨　2017年6月出版／估价：89.00元
PSN B-2012-281-1/1

金融蓝皮书
中国金融中心发展报告（2017）
著(编)者：王力　黄育华　2017年11月出版／估价：85.00元
PSN B-2011-186-6/6

建筑装饰蓝皮书
中国建筑装饰行业发展报告（2017）
著(编)者：刘晓－　葛道顺　2017年7月出版／估价：198.00元
PSN B-2016-554-1/1

客车蓝皮书
中国客车产业发展报告（2016~2017）
著(编)者：姚蔚　2017年10月出版／估价：85.00元
PSN B-2013-361-1/1

旅游安全蓝皮书
中国旅游安全报告（2017）
著(编)者：郑向敏　谢朝武　2017年5月出版／估价：128.00元
PSN B-2012-280-1/1

旅游绿皮书
2016~2017年中国旅游发展分析与预测
著(编)者：宋瑞　2017年2月出版／定价：89.00元
PSN G-2002-018-1/1

煤炭蓝皮书
中国煤炭工业发展报告（2017）
著(编)者：岳福斌　2017年12月出版／估价：85.00元
PSN B-2008-123-1/1

民营企业社会责任蓝皮书
中国民营企业社会责任报告（2017）
著(编)者：中华全国工商业联合会
2017年12月出版／估价：89.00元
PSN B-2015-510-1/1

民营医院蓝皮书
中国民营医院发展报告（2017）
著(编)者：庄一强　2017年10月出版／估价：85.00元
PSN B-2012-299-1/1

闽商蓝皮书
闽商发展报告（2017）
著(编)者：李闽榕　王日根　林琛
2017年12月出版／估价：89.00元
PSN B-2012-298-1/1

能源蓝皮书
中国能源发展报告（2017）
著(编)者：崔民选　王军生　陈义和
2017年10月出版／估价：98.00元
PSN B-2006-049-1/1

农产品流通蓝皮书
中国农产品流通产业发展报告（2017）
著(编)者：贾敬敦　张东科　张玉玺　张鹏毅　周伟
2017年4月出版／估价：89.00元
PSN B-2012-288-1/1

企业公益蓝皮书
中国企业公益研究报告（2017）
著(编)者：钟宏武　汪杰　顾一　黄晓娟　等
2017年12月出版／估价：89.00元
PSN B-2015-501-1/1

企业国际化蓝皮书
中国企业国际化报告（2017）
著(编)者：王辉耀　2017年11月出版／估价：98.00元
PSN B-2014-427-1/1

企业蓝皮书
中国企业绿色发展报告No.2（2017）
著(编)者：李红玉　朱光辉　2017年8月出版／估价：89.00元
PSN B-2015-481-2/2

企业社会责任蓝皮书
中国企业社会责任研究报告（2017）
著(编)者：黄群慧　钟宏武　张蒽　翟利峰
2017年11月出版／估价：89.00元
PSN B-2009-149-1/1

企业社会责任蓝皮书
中资企业海外社会责任研究报告（2016~2017）
著(编)者：钟宏武　叶柳红　张蒽
2017年1月出版／定价：79.00元
PSN B-2017-603-2/2

行业报告类

皮书系列
2017全品种

汽车安全蓝皮书
中国汽车安全发展报告（2017）
著(编)者：中国汽车技术研究中心
2017年7月出版 / 估价：89.00元
PSN B-2014-385-1/1

汽车电子商务蓝皮书
中国汽车电子商务发展报告（2017）
著(编)者：中华全国工商业联合会汽车经销商商会
北京易观智库网络科技有限公司
2017年10月出版 / 估价：128.00元
PSN B-2015-485-1/1

汽车工业蓝皮书
中国汽车工业发展年度报告（2017）
著(编)者：中国汽车工业协会 中国汽车技术研究中心
丰田汽车（中国）投资有限公司
2017年4月出版 / 估价：128.00元
PSN B-2015-463-1/2

汽车工业蓝皮书
中国汽车零部件产业发展报告（2017）
著(编)者：中国汽车工业协会 中国汽车工程研究院
2017年10月出版 / 估价：98.00元
PSN B-2016-515-2/2

汽车蓝皮书
中国汽车产业发展报告（2017）
著(编)者：国务院发展研究中心产业经济研究部
中国汽车工程学会 大众汽车集团（中国）
2017年8月出版 / 估价：98.00元
PSN B-2008-124-1/1

人力资源蓝皮书
中国人力资源发展报告（2017）
著(编)者：余兴安 2017年11月出版 / 估价：89.00元
PSN B-2012-287-1/1

融资租赁蓝皮书
中国融资租赁业发展报告（2016～2017）
著(编)者：李光荣 王力 2017年8月出版 / 估价：89.00元
PSN B-2015-443-1/1

商会蓝皮书
中国商会发展报告No.5（2017）
著(编)者：王钦敏 2017年7月出版 / 估价：89.00元
PSN B-2015-125-1/1

输血服务蓝皮书
中国输血行业发展报告（2017）
著(编)者：朱永明 耿鸿武 2016年8月出版 / 估价：89.00元
PSN B-2016-583-1/1

社会责任管理蓝皮书
中国上市公司社会责任能力成熟度报告（2017）No.2
著(编)者：肖红军 王晓光 李伟阳
2017年12月出版 / 估价：98.00元
PSN B-2015-507-1/2

社会责任管理蓝皮书
中国企业公众透明度报告(2017)No.3
著(编)者：黄速建 熊梦 王晓光 肖红军
2017年4月出版 / 估价：98.00元
PSN B-2015-440-1/2

食品药品蓝皮书
食品药品安全与监管政策研究报告（2016～2017）
著(编)者：唐民皓 2017年6月出版 / 估价：89.00元
PSN B-2009-129-1/1

世界能源蓝皮书
世界能源发展报告（2017）
著(编)者：黄晓勇 2017年6月出版 / 估价：99.00元
PSN B-2013-349-1/1

水利风景区蓝皮书
中国水利风景区发展报告（2017）
著(编)者：谢婵才 兰思仁 2017年5月出版 / 估价：89.00元
PSN B-2015-480-1/1

碳市场蓝皮书
中国碳市场报告（2017）
著(编)者：定金彪 2017年11月出版 / 估价：89.00元
PSN B-2014-430-1/1

体育蓝皮书
中国体育产业发展报告（2017）
著(编)者：阮伟 钟秉枢 2017年12月出版 / 估价：89.00元
PSN B-2010-179-1/4

网络空间安全蓝皮书
中国网络空间安全发展报告（2017）
著(编)者：惠志斌 唐涛 2017年4月出版 / 估价：89.00元
PSN B-2015-466-1/1

西部金融蓝皮书
中国西部金融发展报告（2017）
著(编)者：李忠民 2017年8月出版 / 估价：85.00元
PSN B-2010-160-1/1

协会商会蓝皮书
中国行业协会商会发展报告（2017）
著(编)者：景朝阳 李勇 2017年4月出版 / 估价：99.00元
PSN B-2015-461-1/1

新能源汽车蓝皮书
中国新能源汽车产业发展报告（2017）
著(编)者：中国汽车技术研究中心
日产（中国）投资有限公司 东风汽车有限公司
2017年7月出版 / 估价：98.00元
PSN B-2013-347-1/1

新三板蓝皮书
中国新三板市场发展报告（2017）
著(编)者：王力 2017年6月出版 / 估价：89.00元
PSN B-2016-534-1/1

信托市场蓝皮书
中国信托业市场报告（2016～2017）
著(编)者：用益信托研究院
2017年1月出版 / 定价：198.00元
PSN B-2014-371-1/1

信息化蓝皮书
中国信息化形势分析与预测（2016~2017）
著(编)者：周宏仁 2017年8月出版 / 估价：98.00元
PSN B-2010-168-1/1

21

信用蓝皮书
中国信用发展报告（2017）
著(编)者：章政 田侃　2017年4月出版 / 估价：99.00元
PSN B-2013-328-1/1

休闲绿皮书
2017年中国休闲发展报告
著(编)者：宋瑞　2017年10月出版 / 估价：89.00元
PSN G-2010-158-1/1

休闲体育蓝皮书
中国休闲体育发展报告（2016~2017）
著(编)者：李相如 钟炳枢　2017年10月出版 / 估价：89.00元
PSN G-2016-516-1/1

养老金融蓝皮书
中国养老金融发展报告（2017）
著(编)者：董克用 姚余栋
2017年8月出版 / 估价：89.00元
PSN B-2016-584-1/1

药品流通蓝皮书
中国药品流通行业发展报告（2017）
著(编)者：佘鲁林 温再兴　2017年8月出版 / 估价：158.00元
PSN B-2014-429-1/1

医院蓝皮书
中国医院竞争力报告（2017）
著(编)者：庄一强 曾益新　2017年3月出版 / 定价：108.00元
PSN B-2016-529-1/1

邮轮绿皮书
中国邮轮产业发展报告（2017）
著(编)者：汪泓　2017年10月出版 / 估价：89.00元
PSN G-2014-419-1/1

智能养老蓝皮书
中国智能养老产业发展报告（2017）
著(编)者：朱勇　2017年10月出版 / 估价：89.00元
PSN B-2015-488-1/1

债券市场蓝皮书
中国债券市场发展报告（2016~2017）
著(编)者：杨农　2017年10月出版 / 估价：89.00元
PSN B-2016-573-1/1

中国节能汽车蓝皮书
中国节能汽车发展报告（2016~2017）
著(编)者：中国汽车工程研究院股份有限公司
2017年9月出版 / 估价：98.00元
PSN B-2016-566-1/1

中国上市公司蓝皮书
中国上市公司发展报告（2017）
著(编)者：张平 王宏淼
2017年10月出版 / 估价：98.00元
PSN B-2014-414-1/1

中国陶瓷产业蓝皮书
中国陶瓷产业发展报告（2017）
著(编)者：左和平 黄速建　2017年10月出版 / 估价：98.00元
PSN B-2016-574-1/1

中国总部经济蓝皮书
中国总部经济发展报告（2016~2017）
著(编)者：赵弘　2017年9月出版 / 估价：89.00元
PSN B-2005-036-1/1

中医文化蓝皮书
中国中医药文化传播发展报告（2017）
著(编)者：毛嘉陵　2017年7月出版 / 估价：89.00元
PSN B-2015-468-1/1

装备制造业蓝皮书
中国装备制造业发展报告（2017）
著(编)者：徐东华　2017年12月出版 / 估价：148.00元
PSN B-2015-505-1/1

资本市场蓝皮书
中国场外交易市场发展报告（2016~2017）
著(编)者：高峦　2017年4月出版 / 估价：89.00元
PSN B-2009-153-1/1

资产管理蓝皮书
中国资产管理行业发展报告（2017）
著(编)者：智信资产管理研究院
2017年6月出版 / 估价：89.00元
PSN B-2014-407-2/2

文化传媒类

传媒竞争力蓝皮书
中国传媒国际竞争力研究报告（2017）
著(编)者：李本乾 刘强
2017年11月出版 / 估价：148.00元
PSN B-2013-356-1/1

传媒蓝皮书
中国传媒产业发展报告（2017）
著(编)者：崔保国 2017年5月出版 / 估价：98.00元
PSN B-2005-035-1/1

传媒投资蓝皮书
中国传媒投资发展报告（2017）
著(编)者：张向东 谭云明
2017年6月出版 / 估价：128.00元
PSN B-2015-474-1/1

动漫蓝皮书
中国动漫产业发展报告（2017）
著(编)者：卢斌 郑玉明 牛兴侦
2017年9月出版 / 估价：89.00元
PSN B-2011-198-1/1

非物质文化遗产蓝皮书
中国非物质文化遗产发展报告（2017）
著(编)者：陈平 2017年5月出版 / 估价：98.00元
PSN B-2015-469-1/1

广电蓝皮书
中国广播电影电视发展报告（2017）
著(编)者：国家新闻出版广电总局发展研究中心
2017年7月出版 / 估价：98.00元
PSN B-2006-072-1/1

广告主蓝皮书
中国广告主营销传播趋势报告 No.9
著(编)者：黄升民 杜国清 邵华冬 等
2017年10月出版 / 估价：148.00元
PSN B-2005-041-1/1

国际传播蓝皮书
中国国际传播发展报告（2017）
著(编)者：胡正荣 李继东 姬德强
2017年11月出版 / 估价：89.00元
PSN B-2014-408-1/1

国家形象蓝皮书
中国国家形象传播报告（2016）
著(编)者：张昆 2017年3月出版 / 定价：98.00元
PSN B-2017-605-1/1

纪录片蓝皮书
中国纪录片发展报告（2017）
著(编)者：何苏六 2017年9月出版 / 估价：89.00元
PSN B-2011-222-1/1

科学传播蓝皮书
中国科学传播报告（2017）
著(编)者：詹正茂 2017年7月出版 / 估价：89.00元
PSN B-2008-120-1/1

两岸创意经济蓝皮书
两岸创意经济研究报告（2017）
著(编)者：罗昌智 林咏能
2017年10月出版 / 估价：98.00元
PSN B-2014-437-1/1

媒介与女性蓝皮书
中国媒介与女性发展报告(2016~2017)
著(编)者：刘利群 2017年9月出版 / 估价：118.00元
PSN B-2013-345-1/1

媒体融合蓝皮书
中国媒体融合发展报告（2017）
著(编)者：梅宁华 宋建武 2017年7月出版 / 估价：89.00元
PSN B-2015-479-1/1

全球传媒蓝皮书
全球传媒发展报告（2017）
著(编)者：胡正荣 李继东 唐晓芬
2017年11月出版 / 估价：89.00元
PSN B-2012-237-1/1

少数民族非遗蓝皮书
中国少数民族非物质文化遗产发展报告（2017）
著(编)者：肖远平（彝）柴立（满）
2017年8月出版 / 估价：98.00元
PSN B-2015-467-1/1

视听新媒体蓝皮书
中国视听新媒体发展报告（2017）
著(编)者：国家新闻出版广电总局发展研究中心
2017年7月出版 / 估价：98.00元
PSN B-2011-184-1/1

文化创新蓝皮书
中国文化创新报告（2017）No.7
著(编)者：于平 傅才武 2017年7月出版 / 估价：98.00元
PSN B-2009-143-1/1

文化建设蓝皮书
中国文化发展报告（2016~2017）
著(编)者：江畅 孙伟平 戴茂堂
2017年6月出版 / 估价：116.00元
PSN B-2014-392-1/1

文化科技蓝皮书
文化科技创新发展报告（2017）
著(编)者：于平 李凤亮 2017年11月出版 / 估价：89.00元
PSN B-2013-342-1/1

文化蓝皮书
中国公共文化服务发展报告（2017）
著(编)者：刘新成 张永新 张旭
2017年12月出版 / 估价：98.00元
PSN B-2007-093-2/10

文化蓝皮书
中国公共文化投入增长测评报告（2017）
著(编)者：王亚南 2017年2月出版 / 定价：79.00元
PSN B-2014-435-10/10

皮书系列 2017全品种

文化传媒类·地方发展类

文化蓝皮书
中国少数民族文化发展报告（2016~2017）
著(编)者：武翠英 张晓明 任乌晶
2017年9月出版 / 估价：89.00元
PSN B-2013-369-9/10

文化蓝皮书
中国文化产业发展报告（2016~2017）
著(编)者：张晓明 王家新 章建刚
2017年4月出版 / 估价：89.00元
PSN B-2002-019-1/10

文化蓝皮书
中国文化产业供需协调检测报告（2017）
著(编)者：王亚南 2017年2月出版 / 定价：79.00元
PSN B-2013-323-8/10

文化蓝皮书
中国文化消费需求景气评价报告（2017）
著(编)者：王亚南 2017年2月出版 / 定价：79.00元
PSN B-2011-236-4/10

文化品牌蓝皮书
中国文化品牌发展报告（2017）
著(编)者：欧阳友权 2017年5月出版 / 估价：98.00元
PSN B-2012-277-1/1

文化遗产蓝皮书
中国文化遗产事业发展报告（2017）
著(编)者：苏杨 张颖岚 王宇飞
2017年8月出版 / 估价：98.00元
PSN B-2008-119-1/1

文学蓝皮书
中国文情报告（2016~2017）
著(编)者：白烨 2017年5月出版 / 估价：49.00元
PSN B-2011-221-1/1

新媒体蓝皮书
中国新媒体发展报告No.8（2017）
著(编)者：唐绪军 2017年6月出版 / 估价：89.00元
PSN B-2010-169-1/1

新媒体社会责任蓝皮书
中国新媒体社会责任研究报告（2017）
著(编)者：钟瑛 2017年11月出版 / 估价：89.00元
PSN B-2014-423-1/1

移动互联网蓝皮书
中国移动互联网发展报告（2017）
著(编)者：官建文 2017年6月出版 / 估价：89.00元
PSN B-2012-282-1/1

舆情蓝皮书
中国社会舆情与危机管理报告（2017）
著(编)者：谢耘耕 2017年9月出版 / 估价：128.00元
PSN B-2011-235-1/1

影视蓝皮书
中国影视产业发展报告（2017）
著(编)者：司若 2017年4月出版 / 估价：138.00元
PSN B-2016-530-1/1

地方发展类

安徽经济蓝皮书
合芜蚌国家自主创新综合示范区研究报告（2016~2017）
著(编)者：黄家海 王开玉 蔡宪
2017年7月出版 / 估价：89.00元
PSN B-2014-383-1/1

安徽蓝皮书
安徽社会发展报告（2017）
著(编)者：程桦 2017年4月出版 / 估价：89.00元
PSN B-2013-325-1/1

澳门蓝皮书
澳门经济社会发展报告（2016~2017）
著(编)者：吴志良 郝雨凡 2017年6月出版 / 估价：98.00元
PSN B-2009-138-1/1

北京蓝皮书
北京公共服务发展报告（2016~2017）
著(编)者：施昌奎 2017年3月出版 / 定价：79.00元
PSN B-2008-103-7/8

北京蓝皮书
北京经济发展报告（2016~2017）
著(编)者：杨松 2017年6月出版 / 估价：89.00元
PSN B-2006-054-2/8

北京蓝皮书
北京社会发展报告（2016~2017）
著(编)者：李伟东 2017年6月出版 / 估价：89.00元
PSN B-2006-055-3/8

北京蓝皮书
北京社会治理发展报告（2016~2017）
著(编)者：殷星辰 2017年5月出版 / 估价：89.00元
PSN B-2014-391-8/8

北京蓝皮书
北京文化发展报告（2016~2017）
著(编)者：李建盛 2017年4月出版 / 估价：89.00元
PSN B-2007-082-4/8

北京律师绿皮书
北京律师发展报告No.3（2017）
著(编)者：王隽 2017年7月出版 / 估价：88.00元
PSN G-2012-301-1/1

北京旅游蓝皮书
北京旅游发展报告（2017）
著(编)者：北京旅游学会 2017年4月出版 / 估价：88.00元
PSN B-2011-217-1/1

地方发展类

皮书系列 2017全品种

北京人才蓝皮书
北京人才发展报告（2017）
著(编)者：于淼　2017年12月出版 / 估价：128.00元
PSN B-2011-201-1/1

北京社会心态蓝皮书
北京社会心态分析报告（2016~2017）
著(编)者：北京社会心理研究所
2017年8月出版 / 估价：89.00元
PSN B-2014-422-1/1

北京社会组织管理蓝皮书
北京社会组织发展与管理（2016~2017）
著(编)者：黄江松　2017年4月出版 / 估价：88.00元
PSN B-2015-446-1/1

北京体育蓝皮书
北京体育产业发展报告（2016~2017）
著(编)者：钟秉枢　陈杰　杨铁黎
2017年9月出版 / 估价：89.00元
PSN B-2015-475-1/1

北京养老产业蓝皮书
北京养老产业发展报告（2017）
著(编)者：周明明　冯喜良　2017年8月出版 / 估价：89.00元
PSN B-2015-465-1/1

滨海金融蓝皮书
滨海新区金融发展报告（2017）
著(编)者：王爱合　张锐钢　2017年12月出版 / 估价：89.00元
PSN B-2014-424-1/1

城乡一体化蓝皮书
中国城乡一体化发展报告·北京卷（2016~2017）
著(编)者：张宝秀　黄序　2017年5月出版 / 估价：89.00元
PSN B-2012-258-2/2

创意城市蓝皮书
北京文化创意产业发展报告（2017）
著(编)者：张京成　王国华　2017年10月出版 / 估价：89.00元
PSN B-2012-263-1/7

创意城市蓝皮书
天津文化创意产业发展报告（2016~2017）
著(编)者：谢思全　2017年6月出版 / 估价：89.00元
PSN B-2016-537-7/7

创意城市蓝皮书
武汉文化创意产业发展报告（2017）
著(编)者：黄永林　陈汉桥　2017年9月出版 / 估价：99.00元
PSN B-2013-354-4/7

创意上海蓝皮书
上海文化创意产业发展报告（2016~2017）
著(编)者：王慧敏　王兴全　2017年8月出版 / 估价：89.00元
PSN B-2016-562-1/1

福建妇女发展蓝皮书
福建省妇女发展报告（2017）
著(编)者：刘群英　2017年11月出版 / 估价：88.00元
PSN B-2011-220-1/1

福建自贸区蓝皮书
中国（福建）自由贸易实验区发展报告（2016~2017）
著(编)者：黄茂兴　2017年4月出版 / 估价：108.00元
PSN B-2017-532-1/1

甘肃蓝皮书
甘肃经济发展分析与预测（2017）
著(编)者：安文华　罗哲　2017年1月出版 / 定价：79.00元
PSN B-2013-312-1/6

甘肃蓝皮书
甘肃社会发展分析与预测（2017）
著(编)者：安文华　包晓霞　谢增虎
2017年1月出版 / 定价：79.00元
PSN B-2013-313-2/6

甘肃蓝皮书
甘肃文化发展分析与预测（2017）
著(编)者：王俊莲　周小华　2017年1月出版 / 定价：79.00元
PSN B-2013-314-3/6

甘肃蓝皮书
甘肃县域和农村发展报告（2017）
著(编)者：朱智文　包东红　王建兵
2017年1月出版 / 定价：79.00元
PSN B-2013-316-5/6

甘肃蓝皮书
甘肃舆情分析与预测（2017）
著(编)者：陈双梅　张谦元　2017年1月出版 / 定价：79.00元
PSN B-2013-315-4/6

甘肃蓝皮书
甘肃商贸流通发展报告（2017）
著(编)者：张应华　王福生　王晓芳
2017年1月出版 / 定价：79.00元
PSN B-2016-523-6/6

广东蓝皮书
广东全面深化改革发展报告（2017）
著(编)者：周林生　涂成林　2017年12月出版 / 估价：89.00元
PSN B-2015-504-3/3

广东蓝皮书
广东社会工作发展报告（2017）
著(编)者：罗观翠　2017年6月出版 / 估价：89.00元
PSN B-2014-402-2/3

广东外经贸蓝皮书
广东对外经济贸易发展研究报告（2016~2017）
著(编)者：陈万灵　2017年8月出版 / 估价：98.00元
PSN B-2012-286-1/1

广西北部湾经济区蓝皮书
广西北部湾经济区开放开发报告（2017）
著(编)者：广西北部湾经济区规划建设管理委员会办公室
广西社会科学院广西北部湾发展研究院
2017年4月出版 / 估价：89.00元
PSN B-2010-181-1/1

巩义蓝皮书
巩义经济社会发展报告（2017）
著(编)者：丁同民　朱军　2017年4月出版 / 估价：58.00元
PSN B-2016-533-1/1

广州蓝皮书
2017年中国广州经济形势分析与预测
著(编)者：庾建设　陈浩钿　谢博能
2017年7月出版 / 估价：85.00元
PSN B-2011-185-9/14

25

皮书系列 2017全品种 地方发展类

广州蓝皮书
2017年中国广州社会形势分析与预测
著（编）者：张强 陈怡霓 杨秦　2017年6月出版／估价：85.00元
PSN B-2008-110-5/14

广州蓝皮书
广州城市国际化发展报告（2017）
著（编）者：朱名宏　2017年8月出版／估价：79.00元
PSN B-2012-246-11/14

广州蓝皮书
广州创新型城市发展报告（2017）
著（编）者：尹涛　2017年7月出版／估价：79.00元
PSN B-2012-247-12/14

广州蓝皮书
广州经济发展报告（2017）
著（编）者：朱名宏　2017年7月出版／估价：79.00元
PSN B-2005-040-1/14

广州蓝皮书
广州农村发展报告（2017）
著（编）者：朱名宏　2017年8月出版／估价：79.00元
PSN B-2010-167-8/14

广州蓝皮书
广州汽车产业发展报告（2017）
著（编）者：杨再高 冯兴亚　2017年7月出版／估价：79.00元
PSN B-2006-066-3/14

广州蓝皮书
广州青年发展报告（2016~2017）
著（编）者：徐柳 张强　2017年9月出版／估价：79.00元
PSN B-2013-352-13/14

广州蓝皮书
广州商贸业发展报告（2017）
著（编）者：李江涛 肖振宇 荀振英
2017年7月出版／估价：79.00元
PSN B-2012-245-10/14

广州蓝皮书
广州社会保障发展报告（2017）
著（编）者：蔡国萱　2017年8月出版／估价：79.00元
PSN B-2014-425-14/14

广州蓝皮书
广州文化创意产业发展报告（2017）
著（编）者：徐咏虹　2017年7月出版／估价：79.00元
PSN B-2008-111-6/14

广州蓝皮书
中国广州城市建设与管理发展报告（2017）
著（编）者：董皞 陈小钢 李江涛
2017年7月出版／估价：85.00元
PSN B-2007-087-4/14

广州蓝皮书
中国广州科技创新发展报告（2017）
著（编）者：邹采荣 马正勇 陈爽
2017年7月出版／估价：79.00元
PSN B-2006-065-2/14

广州蓝皮书
中国广州文化发展报告（2017）
著（编）者：徐俊忠 陆志强 顾涧清
2017年7月出版／估价：79.00元
PSN B-2009-134-7/14

贵阳蓝皮书
贵阳城市创新发展报告No.2（白云篇）
著（编）者：连玉明　2017年10月出版／估价：89.00元
PSN B-2015-491-3/10

贵阳蓝皮书
贵阳城市创新发展报告No.2（观山湖篇）
著（编）者：连玉明　2017年10月出版／估价：89.00元
PSN B-2011-235-1/1

贵阳蓝皮书
贵阳城市创新发展报告No.2（花溪篇）
著（编）者：连玉明　2017年10月出版／估价：89.00元
PSN B-2015-490-2/10

贵阳蓝皮书
贵阳城市创新发展报告No.2（开阳篇）
著（编）者：连玉明　2017年10月出版／估价：89.00元
PSN B-2015-492-4/10

贵阳蓝皮书
贵阳城市创新发展报告No.2（南明篇）
著（编）者：连玉明　2017年10月出版／估价：89.00元
PSN B-2015-496-8/10

贵阳蓝皮书
贵阳城市创新发展报告No.2（清镇篇）
著（编）者：连玉明　2017年10月出版／估价：89.00元
PSN B-2015-489-1/10

贵阳蓝皮书
贵阳城市创新发展报告No.2（乌当篇）
著（编）者：连玉明　2017年10月出版／估价：89.00元
PSN B-2015-495-7/10

贵阳蓝皮书
贵阳城市创新发展报告No.2（息烽篇）
著（编）者：连玉明　2017年10月出版／估价：89.00元
PSN B-2015-493-5/10

贵阳蓝皮书
贵阳城市创新发展报告No.2（修文篇）
著（编）者：连玉明　2017年10月出版／估价：89.00元
PSN B-2015-494-6/10

贵阳蓝皮书
贵阳城市创新发展报告No.2（云岩篇）
著（编）者：连玉明　2017年10月出版／估价：89.00元
PSN B-2015-498-10/10

贵州房地产蓝皮书
贵州房地产发展报告No.4（2017）
著（编）者：武廷方　2017年7月出版／估价：89.00元
PSN B-2014-426-1/1

贵州蓝皮书
贵州册亨经济社会发展报告(2017)
著（编）者：黄德林　2017年3月出版／估价：89.00元
PSN B-2016-526-8/9

贵州蓝皮书
贵安新区发展报告(2016~2017)
著(编)者:马长青 吴大华 2017年6月出版 / 估价:89.00元
PSN B-2015-459-4/9

贵州蓝皮书
贵州法治发展报告(2017)
著(编)者:吴大华 2017年5月出版 / 估价:89.00元
PSN B-2012-254-2/9

贵州蓝皮书
贵州国有企业社会责任发展报告(2016~2017)
著(编)者:郭丽 周航 万强
2017年12月出版 / 估价:89.00元
PSN B-2015-511-6/9

贵州蓝皮书
贵州民航业发展报告(2017)
著(编)者:申振东 吴大华 2017年10月出版 / 估价:89.00元
PSN B-2015-471-5/9

贵州蓝皮书
贵州民营经济发展报告(2017)
著(编)者:杨静 吴大华 2017年4月出版 / 估价:89.00元
PSN B-2016-531-9/9

贵州蓝皮书
贵州人才发展报告(2017)
著(编)者:于杰 吴大华 2017年9月出版 / 估价:89.00元
PSN B-2014-382-3/9

贵州蓝皮书
贵州社会发展报告(2017)
著(编)者:王兴骥 2017年6月出版 / 估价:89.00元
PSN B-2010-166-1/9

贵州蓝皮书
贵州国家级开放创新平台发展报告(2017)
著(编)者:申晓庆 吴大华 李泓
2017年6月出版 / 估价:89.00元
PSN B-2016-518-1/9

海淀蓝皮书
海淀区文化和科技融合发展报告(2017)
著(编)者:陈名杰 孟景伟 2017年5月出版 / 估价:85.00元
PSN B-2013-329-1/1

杭州都市圈蓝皮书
杭州都市圈发展报告(2017)
著(编)者:沈翔 戚建国 2017年5月出版 / 估价:128.00元
PSN B-2012-302-1/1

杭州蓝皮书
杭州妇女发展报告(2017)
著(编)者:魏颖 2017年6月出版 / 估价:89.00元
PSN B-2014-403-1/1

河北经济蓝皮书
河北省经济发展报告(2017)
著(编)者:马树强 金浩 张贵
2017年4月出版 / 估价:89.00元
PSN B-2014-380-1/1

河北蓝皮书
河北经济社会发展报告(2017)
著(编)者:郭金平 2017年1月出版 / 定价:79.00元
PSN B-2014-372-1/2

河北蓝皮书
京津冀协同发展报告(2017)
著(编)者:陈路 2017年1月出版 / 定价:79.00元
PSN B-2017-601-2/2

河北食品药品安全蓝皮书
河北食品药品安全研究报告(2017)
著(编)者:丁锦霞 2017年6月出版 / 估价:89.00元
PSN B-2015-473-1/1

河南经济蓝皮书
2017年河南经济形势分析与预测
著(编)者:王世炎 2017年3月出版 / 定价:79.00元
PSN B-2007-086-1/1

河南蓝皮书
2017年河南社会形势分析与预测
著(编)者:刘道兴 牛苏林 2017年4月出版 / 估价:89.00元
PSN B-2005-043-1/8

河南蓝皮书
河南城市发展报告(2017)
著(编)者:张占仓 王建国 2017年5月出版 / 估价:89.00元
PSN B-2009-131-3/8

河南蓝皮书
河南法治发展报告(2017)
著(编)者:丁同民 张林海 2017年5月出版 / 估价:89.00元
PSN B-2014-376-6/8

河南蓝皮书
河南工业发展报告(2017)
著(编)者:张占仓 丁同民 2017年5月出版 / 估价:89.00元
PSN B-2013-317-5/8

河南蓝皮书
河南金融发展报告(2017)
著(编)者:河南省社会科学院
2017年6月出版 / 估价:89.00元
PSN B-2014-390-7/8

河南蓝皮书
河南经济发展报告(2017)
著(编)者:张占仓 完世伟 2017年4月出版 / 估价:89.00元
PSN B-2010-157-4/8

河南蓝皮书
河南农业农村发展报告(2017)
著(编)者:吴海峰 2017年4月出版 / 估价:89.00元
PSN B-2015-445-8/8

河南蓝皮书
河南文化发展报告(2017)
著(编)者:卫绍生 2017年4月出版 / 估价:88.00元
PSN B-2008-106-2/8

河南商务蓝皮书
河南商务发展报告(2017)
著(编)者:焦锦淼 穆荣国 2017年6月出版 / 估价:88.00元
PSN B-2014-399-1/1

黑龙江蓝皮书
黑龙江经济发展报告(2017)
著(编)者:朱宇 2017年1月出版 / 定价:79.00元
PSN B-2011-190-2/7

皮书系列 重点推荐 — 地方发展类

黑龙江蓝皮书
黑龙江社会发展报告（2017）
著(编)者：谢宝禄　2017年1月出版 / 定价：79.00元
PSN B-2011-189-1/2

湖北文化蓝皮书
湖北文化发展报告（2017）
著(编)者：吴成国　2017年10月出版 / 估价：95.00元
PSN B-2016-567-1/1

湖南城市蓝皮书
区域城市群整合
著(编)者：童中贤　韩未名
2017年12月出版 / 估价：89.00元
PSN B-2006-064-1/1

湖南蓝皮书
2017年湖南产业发展报告
著(编)者：梁志峰　2017年5月出版 / 估价：128.00元
PSN B-2011-207-2/8

湖南蓝皮书
2017年湖南电子政务发展报告
著(编)者：梁志峰　2017年5月出版 / 估价：128.00元
PSN B-2014-394-6/8

湖南蓝皮书
2017年湖南经济展望
著(编)者：梁志峰　2017年5月出版 / 估价：128.00元
PSN B-2011-206-1/8

湖南蓝皮书
2017年湖南两型社会与生态文明发展报告
著(编)者：梁志峰　2017年5月出版 / 估价：128.00元
PSN B-2011-208-3/8

湖南蓝皮书
2017年湖南社会发展报告
著(编)者：梁志峰　2017年5月出版 / 估价：128.00元
PSN B-2014-393-5/8

湖南蓝皮书
2017年湖南县域经济社会发展报告
著(编)者：梁志峰　2017年5月出版 / 估价：128.00元
PSN B-2014-395-7/8

湖南蓝皮书
湖南城乡一体化发展报告（2017）
著(编)者：陈文胜　王文强　陆福兴　邝奕轩
2017年6月出版 / 估价：89.00元
PSN B-2015-477-8/8

湖南县域绿皮书
湖南县域发展报告 No.3
著(编)者：袁准　周小毛　黎仁寅
2017年3月出版 / 定价：79.00元
PSN G-2012-274-1/1

沪港蓝皮书
沪港发展报告（2017）
著(编)者：尤安山　2017年9月出版 / 估价：89.00元
PSN B-2013-362-1/1

吉林蓝皮书
2017年吉林经济社会形势分析与预测
著(编)者：邵汉明　2016年12月出版 / 定价：79.00元
PSN B-2013-319-1/1

吉林省城市竞争力蓝皮书
吉林省城市竞争力报告（2016~2017）
著(编)者：崔岳春　张磊　2016年12月出版 / 定价：79.00元
PSN B-2015-513-1/1

济源蓝皮书
济源经济社会发展报告（2017）
著(编)者：喻新安　2017年4月出版 / 估价：89.00元
PSN B-2014-387-1/1

健康城市蓝皮书
北京健康城市建设研究报告（2017）
著(编)者：王鸿春　2017年8月出版 / 估价：89.00元
PSN B-2015-460-1/2

江苏法治蓝皮书
江苏法治发展报告 No.6（2017）
著(编)者：蔡道通　龚廷泰　2017年8月出版 / 估价：98.00元
PSN B-2012-290-1/1

江西蓝皮书
江西经济社会发展报告（2017）
著(编)者：张勇　姜玮　梁勇　2017年10月出版 / 估价：89.00元
PSN B-2015-484-1/2

江西蓝皮书
江西设区市发展报告（2017）
著(编)者：姜玮　梁勇　2017年10月出版 / 估价：79.00元
PSN B-2016-517-2/2

江西文化蓝皮书
江西文化产业发展报告（2017）
著(编)者：张圣才　汪春翔
2017年10月出版 / 估价：128.00元
PSN B-2015-499-1/1

街道蓝皮书
北京街道发展报告No.2（白纸坊篇）
著(编)者：连玉明　2017年8月出版 / 估价：98.00元
PSN B-2016-544-7/15

街道蓝皮书
北京街道发展报告No.2（椿树篇）
著(编)者：连玉明　2017年8月出版 / 估价：98.00元
PSN B-2016-548-11/15

街道蓝皮书
北京街道发展报告No.2（大栅栏篇）
著(编)者：连玉明　2017年8月出版 / 估价：98.00元
PSN B-2016-552-15/15

街道蓝皮书
北京街道发展报告No.2（德胜篇）
著(编)者：连玉明　2017年8月出版 / 估价：98.00元
PSN B-2016-551-14/15

街道蓝皮书
北京街道发展报告No.2（广安门内篇）
著(编)者：连玉明　2017年8月出版 / 估价：98.00元
PSN B-2016-540-3/15

皮书系列 重点推荐 — 地方发展类

街道蓝皮书
北京街道发展报告No.2（广安门外篇）
著(编)者：连玉明　2017年8月出版 / 估价：98.00元
PSN B-2016-547-10/15

街道蓝皮书
北京街道发展报告No.2（金融街篇）
著(编)者：连玉明　2017年8月出版 / 估价：98.00元
PSN B-2016-538-1/15

街道蓝皮书
北京街道发展报告No.2（牛街篇）
著(编)者：连玉明　2017年8月出版 / 估价：98.00元
PSN B-2016-545-8/15

街道蓝皮书
北京街道发展报告No.2（什刹海篇）
著(编)者：连玉明　2017年8月出版 / 估价：98.00元
PSN B-2016-546-9/15

街道蓝皮书
北京街道发展报告No.2（陶然亭篇）
著(编)者：连玉明　2017年8月出版 / 估价：98.00元
PSN B-2016-542-5/15

街道蓝皮书
北京街道发展报告No.2（天桥篇）
著(编)者：连玉明　2017年8月出版 / 估价：98.00元
PSN B-2016-549-12/15

街道蓝皮书
北京街道发展报告No.2（西长安街篇）
著(编)者：连玉明　2017年8月出版 / 估价：98.00元
PSN B-2016-543-6/15

街道蓝皮书
北京街道发展报告No.2（新街口篇）
著(编)者：连玉明　2017年8月出版 / 估价：98.00元
PSN B-2016-541-4/15

街道蓝皮书
北京街道发展报告No.2（月坛篇）
著(编)者：连玉明　2017年8月出版 / 估价：98.00元
PSN B-2016-539-2/15

街道蓝皮书
北京街道发展报告No.2（展览路篇）
著(编)者：连玉明　2017年8月出版 / 估价：98.00元
PSN B-2016-550-13/15

经济特区蓝皮书
中国经济特区发展报告（2017）
著(编)者：陶一桃　2017年12月出版 / 估价：98.00元
PSN B-2009-139-1/1

辽宁蓝皮书
2017年辽宁经济社会形势分析与预测
著(编)者：曹晓峰　梁启东
2017年4月出版 / 估价：79.00元
PSN B-2006-053-1/1

洛阳蓝皮书
洛阳文化发展报告（2017）
著(编)者：刘福兴　陈启明　2017年7月出版 / 估价：89.00元
PSN B-2015-476-1/1

南京蓝皮书
南京文化发展报告（2017）
著(编)者：徐宁　2017年10月出版 / 估价：89.00元
PSN B-2014-439-1/1

南宁蓝皮书
南宁法治发展报告（2017）
著(编)者：杨维超　2017年12月出版 / 估价：79.00元
PSN B-2015-509-1/3

南宁蓝皮书
南宁经济发展报告（2017）
著(编)者：胡建华　2017年9月出版 / 估价：79.00元
PSN B-2016-570-2/3

南宁蓝皮书
南宁社会发展报告（2017）
著(编)者：胡建华　2017年9月出版 / 估价：79.00元
PSN B-2016-571-3/3

内蒙古蓝皮书
内蒙古反腐倡廉建设报告 No.2
著(编)者：张志华　无极　2017年12月出版 / 估价：79.00元
PSN B-2013-365-1/1

浦东新区蓝皮书
上海浦东经济发展报告（2017）
著(编)者：沈开艳　周奇　2017年2月出版 / 定价：79.00元
PSN B-2011-225-1/1

青海蓝皮书
2017年青海经济社会形势分析与预测
著(编)者：陈玮　2016年12月出版 / 定价：79.00元
PSN B-2012-275-1/1

人口与健康蓝皮书
深圳人口与健康发展报告（2017）
著(编)者：陆杰华　罗乐宣　苏杨
2017年11月出版 / 估价：89.00元
PSN B-2011-228-1/1

山东蓝皮书
山东经济形势分析与预测（2017）
著(编)者：李广杰　2017年7月出版 / 估价：89.00元
PSN B-2014-404-1/4

山东蓝皮书
山东社会形势分析与预测（2017）
著(编)者：张华　唐洲雁　2017年6月出版 / 估价：89.00元
PSN B-2014-405-2/4

山东蓝皮书
山东文化发展报告（2017）
著(编)者：徐可国　2017年11月出版 / 估价：98.00元
PSN B-2014-406-3/4

山西蓝皮书
山西资源型经济转型发展报告（2017）
著(编)者：李志强　2017年7月出版 / 估价：89.00元
PSN B-2011-197-1/1

皮书系列重点推荐 — 地方发展类

陕西蓝皮书
陕西经济发展报告（2017）
著(编)者：任宗哲 白宽犁 裴成荣
2017年1月出版 / 定价：69.00元
PSN B-2009-135-1/5

陕西蓝皮书
陕西社会发展报告（2017）
著(编)者：任宗哲 白宽犁 牛昉
2017年1月出版 / 定价：69.00元
PSN B-2009-136-2/5

陕西蓝皮书
陕西文化发展报告（2017）
著(编)者：任宗哲 白宽犁 王长寿
2017年1月出版 / 定价：69.00元
PSN B-2009-137-3/5

上海蓝皮书
上海传媒发展报告（2017）
著(编)者：强荧 焦雨虹 2017年2月出版 / 定价：79.00元
PSN B-2012-295-5/7

上海蓝皮书
上海法治发展报告（2017）
著(编)者：叶青 2017年6月出版 / 估价：89.00元
PSN B-2012-296-6/7

上海蓝皮书
上海经济发展报告（2017）
著(编)者：沈开艳 2017年2月出版 / 定价：79.00元
PSN B-2006-057-1/7

上海蓝皮书
上海社会发展报告（2017）
著(编)者：杨雄 周海旺 2017年2月出版 / 定价：79.00元
PSN B-2006-058-2/7

上海蓝皮书
上海文化发展报告（2017）
著(编)者：荣跃明 2017年2月出版 / 定价：79.00元
PSN B-2006-059-3/7

上海蓝皮书
上海文学发展报告（2017）
著(编)者：陈圣来 2017年6月出版 / 估价：89.00元
PSN B-2012-297-7/7

上海蓝皮书
上海资源环境发展报告（2017）
著(编)者：周冯琦 汤庆合
2017年2月出版 / 定价：79.00元
PSN B-2006-060-4/7

社会建设蓝皮书
2017年北京社会建设分析报告
著(编)者：宋贵伦 冯虹 2017年10月出版 / 估价：89.00元
PSN B-2010-173-1/1

深圳蓝皮书
深圳法治发展报告（2017）
著(编)者：张骁儒 2017年6月出版 / 估价：89.00元
PSN B-2015-470-6/7

深圳蓝皮书
深圳经济发展报告（2017）
著(编)者：张骁儒 2017年7月出版 / 估价：89.00元
PSN B-2008-112-3/7

深圳蓝皮书
深圳劳动关系发展报告（2017）
著(编)者：汤庭芬 2017年6月出版 / 估价：89.00元
PSN B-2007-097-2/7

深圳蓝皮书
深圳社会建设与发展报告（2017）
著(编)者：张骁儒 陈东平 2017年7月出版 / 估价：89.00元
PSN B-2008-113-4/7

深圳蓝皮书
深圳文化发展报告(2017)
著(编)者：张骁儒 2017年7月出版 / 估价：89.00元
PSN B-2016-555-7/7

丝绸之路蓝皮书
丝绸之路经济带发展报告（2017）
著(编)者：任宗哲 白宽犁 谷孟宾
2017年1月出版 / 定价：75.00元
PSN B-2014-410-1/1

法治蓝皮书
四川依法治省年度报告No.3（2017）
著(编)者：李林 杨天宗 田禾
2017年3月出版 / 定价：118.00元
PSN B-2015-447-1/1

四川蓝皮书
2017年四川经济形势分析与预测
著(编)者：杨钢 2017年1月出版 / 定价：98.00元
PSN B-2007-098-2/7

四川蓝皮书
四川城镇化发展报告（2017）
著(编)者：侯水平 陈炜 2017年4月出版 / 估价：85.00元
PSN B-2015-456-7/7

四川蓝皮书
四川法治发展报告（2017）
著(编)者：郑泰安 2017年4月出版 / 估价：89.00元
PSN B-2015-441-5/7

四川蓝皮书
四川企业社会责任研究报告（2016~2017）
著(编)者：侯水平 盛毅 翟刚
2017年4月出版 / 估价：89.00元
PSN B-2014-386-4/7

四川蓝皮书
四川社会发展报告（2017）
著(编)者：李羚 2017年5月出版 / 估价：89.00元
PSN B-2008-127-3/7

四川蓝皮书
四川生态建设报告（2017）
著(编)者：李晟之 2017年4月出版 / 估价：85.00元
PSN B-2015-455-6/7

皮书系列 重点推荐

地方发展类 · 国际问题类

四川蓝皮书
四川文化产业发展报告（2017）
著(编)者：向宝云 张立伟
2017年4月出版 / 估价：89.00元
PSN B-2006-074-1/7

体育蓝皮书
上海体育产业发展报告（2016~2017）
著(编)者：张林 黄海燕
2017年10月出版 / 估价：89.00元
PSN B-2015-454-4/4

体育蓝皮书
长三角地区体育产业发展报告（2016~2017）
著(编)者：张林 2017年4月出版 / 估价：89.00元
PSN B-2015-453-3/4

天津金融蓝皮书
天津金融发展报告（2017）
著(编)者：王爱俭 孔德昌
2017年12月出版 / 估价：98.00元
PSN B-2014-418-1/1

图们江区域合作蓝皮书
图们江区域合作发展报告（2017）
著(编)者：李铁 2017年6月出版 / 估价：98.00元
PSN B-2015-464-1/1

温州蓝皮书
2017年温州经济社会形势分析与预测
著(编)者：潘忠强 王春光 金浩
2017年4月出版 / 估价：89.00元
PSN B-2008-105-1/1

西咸新区蓝皮书
西咸新区发展报告（2016~2017）
著(编)者：李扬 王军 2017年6月出版 / 估价：89.00元
PSN B-2016-535-1/1

扬州蓝皮书
扬州经济社会发展报告（2017）
著(编)者：丁纯 2017年12月出版 / 估价：98.00元
PSN B-2011-191-1/1

长株潭城市群蓝皮书
长株潭城市群发展报告（2017）
著(编)者：张萍 2017年12月出版 / 估价：89.00元
PSN B-2008-109-1/1

中医文化蓝皮书
北京中医文化传播发展报告（2017）
著(编)者：毛嘉陵 2017年5月出版 / 估价：79.00元
PSN B-2015-468-1/2

珠三角流通蓝皮书
珠三角商圈发展研究报告（2017）
著(编)者：王先庆 林至颖
2017年7月出版 / 估价：98.00元
PSN B-2012-292-1/1

遵义蓝皮书
遵义发展报告（2017）
著(编)者：曾征 龚永育 雍思强
2017年12月出版 / 估价：89.00元
PSN B-2014-433-1/1

国际问题类

"一带一路"跨境通道蓝皮书
"一带一路"跨境通道建设研究报告（2017）
著(编)者：郭业洲 2017年8月出版 / 估价：89.00元
PSN B-2016-558-1/1

"一带一路"蓝皮书
"一带一路"建设发展报告（2017）
著(编)者：孔丹 李永全 2017年7月出版 / 估价：89.00元
PSN B-2016-553-1/1

阿拉伯黄皮书
阿拉伯发展报告（2016~2017）
著(编)者：罗林 2017年11月出版 / 估价：89.00元
PSN Y-2014-381-1/1

北部湾蓝皮书
泛北部湾合作发展报告（2017）
著(编)者：吕余生 2017年12月出版 / 估价：85.00元
PSN B-2008-114-1/1

大湄公河次区域蓝皮书
大湄公河次区域合作发展报告（2017）
著(编)者：刘稚 2017年8月出版 / 估价：89.00元
PSN B-2011-196-1/1

大洋洲蓝皮书
大洋洲发展报告（2017）
著(编)者：喻常森 2017年10月出版 / 估价：89.00元
PSN B-2013-341-1/1

皮书系列重点推荐 — 国际问题类

德国蓝皮书
德国发展报告（2017）
著(编)者：郑春荣　　2017年6月出版 / 估价：89.00元
PSN B-2012-278-1/1

东盟黄皮书
东盟发展报告（2017）
著(编)者：杨晓强　庄国土
2017年4月出版 / 估价：89.00元
PSN Y-2012-303-1/1

东南亚蓝皮书
东南亚地区发展报告（2016~2017）
著(编)者：厦门大学东南亚研究中心　王勤
2017年12月出版 / 估价：89.00元
PSN B-2012-240-1/1

俄罗斯黄皮书
俄罗斯发展报告（2017）
著(编)者：李永全　　2017年7月出版 / 估价：89.00元
PSN Y-2006-061-1/1

非洲黄皮书
非洲发展报告 No.19（2016~2017）
著(编)者：张宏明　　2017年8月出版 / 估价：89.00元
PSN Y-2012-239-1/1

公共外交蓝皮书
中国公共外交发展报告（2017）
著(编)者：赵启正　雷蔚真
2017年4月出版 / 估价：89.00元
PSN B-2015-457-1/1

国际安全蓝皮书
中国国际安全研究报告(2017)
著(编)者：刘慧　　2017年7月出版 / 估价：98.00元
PSN B-2016-522-1/1

国际形势黄皮书
全球政治与安全报告（2017）
著(编)者：张宇燕
2017年1月出版 / 定价：89.00元
PSN Y-2001-016-1/1

韩国蓝皮书
韩国发展报告（2017）
著(编)者：牛林杰　刘宝全
2017年11月出版 / 估价：89.00元
PSN B-2010-155-1/1

加拿大蓝皮书
加拿大发展报告（2017）
著(编)者：仲伟合　　2017年9月出版 / 估价：89.00元
PSN B-2014-389-1/1

拉美黄皮书
拉丁美洲和加勒比发展报告（2016~2017）
著(编)者：吴白乙　　2017年6月出版 / 估价：89.00元
PSN Y-1999-007-1/1

美国蓝皮书
美国研究报告（2017）
著(编)者：郑秉文　黄平　2017年6月出版 / 估价：89.00元
PSN B-2011-210-1/1

缅甸蓝皮书
缅甸国情报告（2017）
著(编)者：李晨阳　　2017年12月出版 / 估价：86.00元
PSN B-2013-343-1/1

欧洲蓝皮书
欧洲发展报告（2016~2017）
著(编)者：黄平　周弘　江时学
2017年6月出版 / 估价：89.00元
PSN B-1999-009-1/1

葡语国家蓝皮书
葡语国家发展报告（2017）
著(编)者：王成安　张敏　2017年12月出版 / 估价：89.00元
PSN B-2015-503-1/2

葡语国家蓝皮书
中国与葡语国家关系发展报告·巴西（2017）
著(编)者：张曙光　　2017年8月出版 / 估价：89.00元
PSN B-2016-564-2/2

日本经济蓝皮书
日本经济与中日经贸关系研究报告（2017）
著(编)者：张季风　　2017年5月出版 / 估价：89.00元
PSN B-2008-102-1/1

日本蓝皮书
日本研究报告（2017）
著(编)者：杨伯江　　2017年5月出版 / 估价：89.00元
PSN B-2002-020-1/1

上海合作组织黄皮书
上海合作组织发展报告（2017）
著(编)者：李进峰　吴宏伟　李少捷
2017年6月出版 / 估价：89.00元
PSN Y-2009-130-1/1

世界创新竞争力黄皮书
世界创新竞争力发展报告（2017）
著(编)者：李闽榕　李建平　赵新力
2017年4月出版 / 估价：148.00元
PSN Y-2013-318-1/1

泰国蓝皮书
泰国研究报告（2017）
著(编)者：庄国土　张禹东
2017年8月出版 / 估价：118.00元
PSN B-2016-557-1/1

土耳其蓝皮书
土耳其发展报告（2017）
著(编)者：郭长刚　刘义　2017年9月出版 / 估价：89.00元
PSN B-2014-412-1/1

亚太蓝皮书
亚太地区发展报告（2017）
著(编)者：李向阳　　2017年4月出版 / 估价：89.00元
PSN B-2001-015-1/1

印度蓝皮书
印度国情报告（2017）
著(编)者：吕昭义　　2017年12月出版 / 估价：89.00元
PSN B-2012-241-1/1

国际问题类

印度洋地区蓝皮书
印度洋地区发展报告（2017）
著（编）者：汪戎　　2017年6月出版／估价：89.00元
PSN B-2013-334-1/1

英国蓝皮书
英国发展报告（2016~2017）
著（编）者：王展鹏　　2017年11月出版／估价：89.00元
PSN B-2015-486-1/1

越南蓝皮书
越南国情报告（2017）
著（编）者：谢林城
2017年12月出版／估价：89.00元
PSN B-2006-056-1/1

以色列蓝皮书
以色列发展报告（2017）
著（编）者：张倩红　　2017年8月出版／估价：89.00元
PSN B-2015-483-1/1

伊朗蓝皮书
伊朗发展报告（2017）
著（编）者：冀开运　　2017年10月出版／估价：89.00元
PSN B-2016-575-1/1

中东黄皮书
中东发展报告No.19（2016~2017）
著（编）者：杨光　　2017年10月出版／估价：89.00元
PSN Y-1998-004-1/1

中亚黄皮书
中亚国家发展报告（2017）
著（编）者：孙力　吴宏伟　　2017年7月出版／估价：98.00元
PSN Y-2012-238-1/1

　　皮书序列号是社会科学文献出版社专门为识别皮书、管理皮书而设计的编号。皮书序列号是出版皮书的许可证号，是区别皮书与其他图书的重要标志。

　　它由一个前缀和四部分构成。这四部分之间用连字符"-"连接。前缀和这四部分之间空半个汉字（见示例）。

《国际人才蓝皮书：中国留学发展报告》序列号示例

　　从示例中可以看出，《国际人才蓝皮书：中国留学发展报告》的首次出版年份是2012年，是社科文献出版社出版的第244个皮书品种，是"国际人才蓝皮书"系列的第2个品种（共4个品种）。

社会科学文献出版社　　　　　　　　　　　**皮书系列**

❖ 皮书起源 ❖

"皮书"起源于十七、十八世纪的英国，主要指官方或社会组织正式发表的重要文件或报告，多以"白皮书"命名。在中国，"皮书"这一概念被社会广泛接受，并被成功运作、发展成为一种全新的出版形态，则源于中国社会科学院社会科学文献出版社。

❖ 皮书定义 ❖

皮书是对中国与世界发展状况和热点问题进行年度监测，以专业的角度、专家的视野和实证研究方法，针对某一领域或区域现状与发展态势展开分析和预测，具备原创性、实证性、专业性、连续性、前沿性、时效性等特点的公开出版物，由一系列权威研究报告组成。

❖ 皮书作者 ❖

皮书系列的作者以中国社会科学院、著名高校、地方社会科学院的研究人员为主，多为国内一流研究机构的权威专家学者，他们的看法和观点代表了学界对中国与世界的现实和未来最高水平的解读与分析。

❖ 皮书荣誉 ❖

皮书系列已成为社会科学文献出版社的著名图书品牌和中国社会科学院的知名学术品牌。2016年，皮书系列正式列入"十三五"国家重点出版规划项目；2012~2016年，重点皮书列入中国社会科学院承担的国家哲学社会科学创新工程项目；2017年，55种院外皮书使用"中国社会科学院创新工程学术出版项目"标识。

中国皮书网
www.pishu.cn

发布皮书研创资讯，传播皮书精彩内容
引领皮书出版潮流，打造皮书服务平台

栏目设置

关于皮书：何谓皮书、皮书分类、皮书大事记、皮书荣誉、
皮书出版第一人、皮书编辑部

最新资讯：通知公告、新闻动态、媒体聚焦、网站专题、视频直播、下载专区

皮书研创：皮书规范、皮书选题、皮书出版、皮书研究、研创团队

皮书评奖评价：指标体系、皮书评价、皮书评奖

互动专区：皮书说、皮书智库、皮书微博、数据库微博

所获荣誉

2008年、2011年，中国皮书网均在全国新闻出版业网站荣誉评选中获得"最具商业价值网站"称号；

2012年，获得"出版业网站百强"称号。

网库合一

2014年，中国皮书网与皮书数据库端口合一，实现资源共享。更多详情请登录www.pishu.cn。

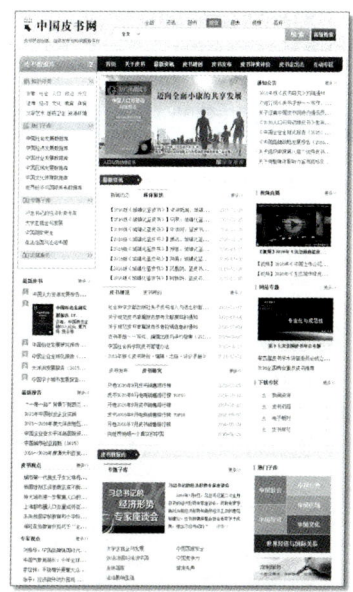

权威报告·热点资讯·特色资源

皮书数据库
ANNUAL REPORT(YEARBOOK) DATABASE

当代中国与世界发展高端智库平台

所获荣誉

- 2016年，入选"国家'十三五'电子出版物出版规划骨干工程"
- 2015年，荣获"搜索中国正能量 点赞2015"、"创新中国科技创新奖"
- 2013年，荣获"中国出版政府奖·网络出版物奖"提名奖
- 连续多年荣获中国数字出版博览会"数字出版·优秀品牌"奖

成为会员

通过网址www.pishu.com.cn或使用手机扫描二维码进入皮书数据库网站，进行手机号码验证或邮箱验证即可成为皮书数据库会员（建议通过手机号码快速验证注册）。

会员福利

- 使用手机号码首次注册会员可直接获得100元体验金，不需充值即可购买和查看数据库内容（仅限使用手机号码快速注册）。
- 已注册用户购书后可免费获赠100元皮书数据库充值卡。刮开充值卡涂层获取充值密码，登录并进入"会员中心"—"在线充值"—"充值卡充值"，充值成功后即可购买和查看数据库内容。

数据库服务热线：400-008-6695 图书销售热线：010-59367070/7028
数据库服务QQ：2475522410 图书服务QQ：1265056568
数据库服务邮箱：database@ssap.cn 图书服务邮箱：duzhe@ssap.cn

1997~2017
皮书品牌20年
YEAR BOOKS

更多信息请登录

皮书数据库
http://www.pishu.com.cn

中国皮书网
http://www.pishu.cn

皮书微博
http://weibo.com/pishu

皮书博客
http://blog.sina.com.cn/pishu

皮书微信"皮书说"

请到当当、亚马逊、京东或各地书店购买，也可办理邮购

咨询/邮购电话：010-59367028 59367070
邮　　箱：duzhe@ssap.cn
邮购地址：北京市西城区北三环中路甲29号院3号楼
　　　　　华龙大厦13层读者服务中心
邮　编：100029
银行户名：社会科学文献出版社
开户银行：中国工商银行北京北太平庄支行
账　　号：0200010019200365434